彩图 1　警告标志　　　　　　　　　　　　**彩图 2**　一般禁令标志

彩图 3　特殊禁令标志　　　　　　　　　　**彩图 4**　指示标志

彩图 5　一般道路指路标志　　　　　　　　**彩图 6**　高速公路和城市快速路指路标志

彩图 7　旅游区标志

彩图 8　作业区标志

彩图 9　告示标志

彩图 10　彩色路面

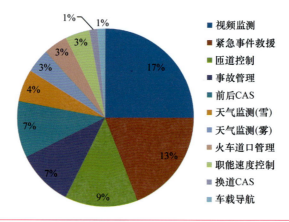

彩图 11　各种 ITS 技术对减少死亡事故贡献的百分比

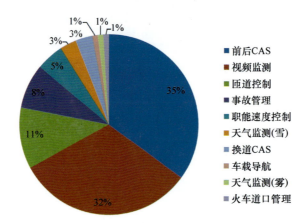

彩图 12　各种 ITS 技术对减少致伤事故贡献的百分比

普通高等教育"十三五"交通类规划教材

交通安全工程

潘福全　张丽霞　杨金顺　等编著

机械工业出版社

本书是普通高等学校交通工程、交通运输、土木工程（交通土建方向）、安全工程、汽车服务工程、车辆工程专业"交通安全工程"或"道路交通安全"课程的教材，是在作者多年授课经验的基础上，吸收作者团队及国内外交通安全领域最新研究成果编著而成的。本书从交通安全的基本概念与基本原理出发，以人、车、路、环境为主线，探究了各主要因素与交通安全的关系，并探讨了交通安全管理与新技术在交通安全中的运用。

本书共 10 章，包括绪论、交通安全基本原理、交通安全与交通事故、道路交通环境与交通安全、道路交通设施与交通安全、车辆因素与交通安全、人的因素与交通安全、道路交通安全管理、交通安全评价方法与技术，以及新技术在交通安全中的运用。

本书除作为上述专业本科生教材外，也可作为交通运输工程学科交通安全理论与技术研究方向的研究生教材，还可作为从事交通安全设计、安全管理等工作的相关人员的参考用书，并可供公安、交通、城建等部门的技术人员参考。

本书配有PPT电子课件，可免费赠送给采用本书作为教材的教师，可登录 www.cmpedu.com 免费下载，或联系编辑（tian.lee 9913@163.com）索取。

图书在版编目（CIP）数据

交通安全工程/潘福全等编著. —北京：机械工业出版社，2018.5（2024.1重印）

普通高等教育"十三五"交通类规划教材
ISBN 978-7-111-59537-3

Ⅰ.①交… Ⅱ.①潘… Ⅲ.①交通运输安全-安全工程-高等学校-教材 Ⅳ.①U491

中国版本图书馆 CIP 数据核字（2018）第 062159 号

机械工业出版社（北京市百万庄大街22号　邮政编码100037）
策划编辑：宋学敏　责任编辑：宋学敏　段晓雅　商红云
责任校对：肖　琳　封面设计：张　静
责任印制：李　昂
北京捷迅佳彩印刷有限公司印刷
2024年1月第1版第4次印刷
184mm×260mm・24印张・1插页・585千字
标准书号：ISBN 978-7-111-59537-3
定价：58.00元

凡购本书，如有缺页、倒页、脱页，由本社发行部调换

电话服务	网络服务
服务咨询热线：010-88379833	机 工 官 网：www.cmpbook.com
读者购书热线：010-88379649	机 工 官 博：weibo.com/cmp1952
	教育服务网：www.cmpedu.com
封面无防伪标均为盗版	金 书 网：www.golden-book.com

前　言

伴随生产而存在的安全问题对于所有系统都具有普遍意义,交通运输系统也不例外。交通安全是全世界范围内最严重的社会问题之一,全球每年因交通事故死亡的人数超过100万。尽管我国近几年交通事故死亡人数有下降的趋势,但交通安全形势仍不容乐观。

交通安全工程学科是指运用系统论、控制论、信息论等现代科学技术理论,从安全的角度对交通运输系统进行科学的研究,以查明事故发生的原因和经过,找出灾害的本质和规律,寻求消灭或减少交通运输事故,或减轻事故损失,保障交通安全畅通的措施和办法。研究交通安全基本原理与交通事故的发生机理,从人、车、路、环境等方面找出影响交通事故发生的因素,提出事故预防的方法并对交通安全进行评价,对于提高我国交通安全管理水平与减少道路交通事故带来的损失都具有十分重要的理论意义和现实意义。

本书共10章。第1章为绪论,介绍了安全系统工程、交通安全工程的基本概念以及交通安全工程学科的分类、研究内容等;第2章阐述了交通安全基本原理,包括可靠性理论、事故致因理论、事故预防理论,分析了交通系统安全控制的重点;第3章介绍了道路运输、铁路运输、水上运输、航空运输、管道运输五种交通运输方式中存在的交通安全问题;第4章从道路线形、道路横断面、路基路面、道路交叉口、隧道、道路景观等方面阐述了道路交通环境与交通安全的关系;第5章从交通信号灯、道路交通标志、道路交通标线、护栏与隔离栅等方面分析了道路交通设施与交通安全的关系;第6章主要介绍了车辆因素与交通安全的关系,包括车辆性能(操纵稳定性、制动安全性、动力性能等)、轮胎性能、汽车主动与被动安全技术,以及其他车辆相关因素;第7章阐述了交通参与者的心理及行为特征对交通安全的影响,分析了驾驶人、骑车人以及行人的交通特性,简要介绍了道路交通安全教育的内容和形式;第8章介绍了对车辆及驾驶人、道路旅客运输、道路货物运输等方面的交通安全管理,以及一些道路交通安全管理对策;第9章介绍了交通安全评价的指标与体系、交通安全评价类型与方法,以及事故多发地点的辨识与改造等;第10章主要介绍了新技术在交通安全中的应用,包括接入管理技术、交通静化技术、交通冲突点的计算技术等。

本书由潘福全教授、张丽霞副教授、杨金顺博士等编著。其中青岛理工大学潘福全编写第1章;青岛理工大学张丽霞、杨金顺编写第2章;潘福全、南京航空航天大学张洪海编写第3章;潘福全、东南大学马永锋编写第4章;潘福全、河海大学袁黎编写第5章;张丽霞编写第6章;潘福全、杨金顺编写第7章;兰州交通大学马昌喜、潘福全编写第8章;潘福全、上海交通大学陆林军编写第9章;潘福全、张丽霞、青岛理工大学魏金丽编写第10章。全书由潘福全、张丽霞、杨金顺统稿。

本书得到了山东省研究生教育优质课程建设项目(SDYKC17044)、青岛理工大学名校建设工程专业建设与教学改革项目(MX3-021)、教育部产学合作协同育人项目(201702117008)、山东省精品课程"交通安全工程"、山东省重点研发计划项目

（2018GGX105009）、山东省自然科学基金（ZR2016EEM14），以及国家自然科学基金（51505244、51408288）的支持，在此一并表示感谢。

本书编写过程中参考了大量书籍、期刊、网络平台资讯等文献资料，限于篇幅不一一列出，在此对相关参考文献的作者表示衷心的感谢。

鉴于编者水平有限，书中不足和疏漏之处在所难免，恳请读者批评指正。若读者对本书有任何建议，请直接与编者联系，邮箱为：fuquanpan@yeah.net 或 panfuquan@gmail.com。

编者

目 录

前 言
第1章　绪论·················· 1
　　本章学习目标·············· 1
　　1.1　安全系统工程基本概念······ 1
　　1.2　交通安全工程基本概念······ 5
　　1.3　交通安全工程学科········· 10
　　复习思考题················ 13
第2章　交通安全基本原理······ 14
　　本章学习目标·············· 14
　　2.1　可靠性理论············· 14
　　2.2　事故致因理论············ 25
　　2.3　事故预防理论············ 38
　　2.4　交通系统安全控制········ 48
　　复习思考题················ 50
第3章　交通安全与交通事故···· 52
　　本章学习目标·············· 52
　　3.1　道路运输交通安全与
　　　　交通事故················ 52
　　3.2　铁路运输交通安全与
　　　　交通事故················ 67
　　3.3　水上运输交通安全与
　　　　交通事故················ 74
　　3.4　航空运输交通安全与
　　　　交通事故················ 81
　　3.5　管道运输交通安全与
　　　　交通事故················ 86
　　复习思考题················ 91
第4章　道路交通环境与交通安全·· 92
　　本章学习目标·············· 92
　　4.1　概述··················· 92
　　4.2　道路线形与交通安全······ 93
　　4.3　道路横断面与交通安全···· 108
　　4.4　路基路面与交通安全······ 112
　　4.5　道路交叉口与交通安全···· 116
　　4.6　隧道与交通安全·········· 123
　　4.7　道路设计一致性与交通安全·· 130
　　4.8　交通条件与交通安全······ 135
　　4.9　道路景观、天气等与
　　　　交通安全················ 138
　　复习思考题················ 141
第5章　道路交通设施与交通安全·· 142
　　本章学习目标·············· 142
　　5.1　交通信号灯············· 142
　　5.2　道路交通标志············ 148
　　5.3　道路交通标线············ 154
　　5.4　护栏与隔离栅············ 157
　　5.5　防眩设施··············· 164
　　5.6　视线诱导设施············ 166
　　5.7　其他安全设施············ 169
　　复习思考题················ 174
第6章　车辆因素与交通安全···· 175
　　本章学习目标·············· 175
　　6.1　车辆性能与交通安全······ 175
　　6.2　汽车轮胎与交通安全······ 184
　　6.3　汽车被动安全技术········ 187
　　6.4　汽车主动安全技术········ 192
　　6.5　其他因素与交通安全······ 197
　　6.6　车辆礼让斑马线与交通安全·· 203
　　复习思考题················ 205
第7章　人的因素与交通安全···· 206
　　本章学习目标·············· 206
　　7.1　生理心理学············· 206

- 7.2 驾驶人与交通安全 ………… 208
- 7.3 非机动车驾驶人特征与交通安全 ………… 228
- 7.4 行人特征与交通安全 ………… 232
- 7.5 交通参与者的交通安全教育 … 237
- 复习思考题 ………………………… 240

第8章 道路交通安全管理 ………… 241
- 本章学习目标 ……………………… 241
- 8.1 道路交通安全管理概述 …… 241
- 8.2 道路交通安全立法 ………… 243
- 8.3 对道路运输车辆及驾驶人的安全管理 ………… 248
- 8.4 道路旅客运输安全管理 …… 258
- 8.5 道路货物运输安全管理 …… 260
- 8.6 道路运输事故应急与管理 … 268
- 8.7 道路交通安全管理对策 …… 271
- 复习思考题 ………………………… 277

第9章 交通安全评价方法与技术 … 278
- 本章学习目标 ……………………… 278
- 9.1 概述 ………………………… 278
- 9.2 交通安全评价指标与体系 …… 280
- 9.3 交通安全评价类型 ………… 287
- 9.4 交通安全评价方法 ………… 290
- 9.5 事故多发地点的辨识与改造 … 309
- 9.6 交通安全分析软件简介 …… 314
- 9.7 美国《道路安全手册》简介 ………………………… 317
- 复习思考题 ………………………… 318

第10章 新技术在交通安全中的应用 ………… 320
- 本章学习目标 ……………………… 320
- 10.1 接入管理技术在交通安全中的运用 ………… 320
- 10.2 交通静化技术在交通安全中的运用 ………… 327
- 10.3 交通冲突点的计算技术 …… 336
- 10.4 交叉口安全服务水平评价 … 342
- 10.5 智能交通技术在交通安全中的应用 ………… 356
- 10.6 交通大数据发展对交通安全的影响 ………… 365
- 10.7 共享单车对交通安全的影响 ………… 366
- 10.8 无人驾驶汽车发展与应用对交通安全的影响 ………… 368
- 复习思考题 ………………………… 370

参考文献 ………………………………… 371

第 1 章

绪　论

本章学习目标
1. 理解安全系统工程基本概念。
2. 掌握交通安全工程基本概念。
3. 了解交通安全工程研究内容。

安全是生命与健康的基本保障，是人类生存和发展的最基本要求。根据人类对科学的不同需要，可将科学分为两个方面：一是人类为满足物质生活和社会文化生活的需要，对物质生产和精神生产及其规律进行的认识活动和认识的结果，称为生产科学；二是人类为保全自己身心的需求，对客观事物及其规律进行的认识活动和认识的结果，称为安全科学。安全具有广义的含义，不仅包含一般意义上的社会安全、生产安全等，也包含人的健康、舒适、愉快、幸福等。由于安全现象极其普遍地存在于人类生产和生活中，人们早已司空见惯，反而忽视了对安全科学规律的认识。但是，要想更好地发展，必须对安全进行广泛而细致的研究，以认识和掌握其中的科学规律，使人们能够更安全地工作和生活。

1.1　安全系统工程基本概念

1.1.1　系统

1. 系统的概念

系统（System）就是由相互作用和相互依赖的若干组成部分结合成的具有特定功能的有机整体。系统的概念含有五个基本要素：功能、组元或组成、结构、运行和环境。

（1）**功能**　功能（Function）是指系统将一定的输入（外界对系统的作用）转换为一定的输出（系统对外界的作用）的能力，且这种输入不等于输出。如交通运输系统，输入的是客流、货流，输出的则是人和物的位移（人·公里和吨·公里）。

（2）**组元或组成**　组元（Component）是指组成系统的成分；组成是指组元的集合，每个系统都有两个以上的组元。通常人们将组元理解为相对独立、具有特定功能的部件或要素。组元按相对运动特性可分为三类：固定组元、运转组元和流动组元。交通运输系统中的基础设施（线路、港、站等）为固定组元，载运工具（飞机、轮船、汽车、列车等）为运转组元，运输计划、统计报表等为流动组元。

（3）**结构**　组元之间总以某种方式相互联系和作用。某些组元之间往往存在较为紧密而稳固的联系，在与其他组元相互作用时会呈现一定的整体特性——系统性，这种存在较为紧密而稳固的组元团体称为子系统（Subsystem）。子系统具有如下性质：

1）每个子系统的功能都影响系统的整体功能，即系统的整体功能是所有子系统共同作用的结果。

2）每个子系统功能的发挥都依赖于其他（至少一个）子系统的功能。

系统与子系统之间、子系统与子系统之间的联系，本质上都是物质、能量、信息的流通。这种流通是有方向的，相互联系的事物之间的流通是不等价的，系统的功能就是通过与外界进行（关于物质、能量和信息）不等价交换来体现的。子系统构成与子系统间流通成分的质和流动方向的规定，形成了子系统在空间上的有序性，这就是系统结构（Structure）。

（4）运行 无生命存在的系统，包括各种机器与设备，其结构决定了子系统间的联系，从而在组成固定的情况下决定了系统的功能。但对于有人参与的系统，由于存在具有能动性的组元，结构并不能唯一确定各子系统间的联系。在系统结构的基础上，即对流动组元流通的质及其方向进行规定的情况下，系统能动部分还可以对流通的具体内容、数量及其在时间上的分布进行控制。如铁路运输系统中的调度员，结构赋予他向车站下达接发列车调度命令的职能，但是命令的具体内容及其是否符合车站的实际、何时下达并不确定；驾驶人与汽车是操纵与被操纵的关系，但驾驶人可以有不同的操纵方式，或安全行驶，或发生交通事故。这种在结构的基础上决定运转组元的实际运动，从而决定流动组元的实际变换与流通的机制称为运行（Operation）。显然，依托于一定结构上的运行最终决定了系统的实际功能。

（5）环境 由系统功能的定义可知，必然有与系统相互作用（有输入、输出关系）的外界，这个客观存在的与系统有着较密切联系的外界就是系统的环境（Environment）。不存在没有环境的系统。

组元之间的有序联系形成事物的结构和事物变化的实际运行过程，事物与外界的有序联系形成事物的环境和功能，组成、结构、运行、环境与功能的统一，就是科学的系统概念。

2. 系统的特性

系统可分为自然系统与人造系统、封闭系统与开放系统、静态系统与动态系统、实体系统与概念系统、宏观系统与微观系统、软件系统与硬件系统。不管如何划分，所有系统都具有如下特性：

（1）整体性 系统是由两个或两个以上相互区别的要素（元件或子系统）组成的整体。构成系统的各要素虽然具有不同的性能，但它们通过综合与统一形成的整体具备新的特定功能，即系统作为一个整体才能发挥其应有功能。

（2）相关性 构成系统的各要素之间、要素与子系统之间、系统与环境之间都存在相互联系、相互依赖、相互作用的特殊关系，通过这些关系使系统有机地联系在一起，发挥其特定功能。

（3）目的性 任何系统都是为完成某种任务或实现某种目的而发挥其特定功能的。要达到系统的既定目的，就必须赋予系统规定的功能。

（4）层次性 系统有序性主要表现在系统空间结构的层次性和系统发展的时间顺序性。每一个系统都是其所属系统的子系统，这种系统的分割形式表现为系统空间结构的层次性。

（5）环境适应性 系统是由许多特定部分组成的有机集合体，该集合体以外的部分就是系统的环境。一方面，系统从环境中获取必要的物质、能量和信息，经过系统的加工、处理和转化，产生新的物质、能量和信息，然后再提供给环境；另一方面，环境也会对系统产生干扰或限制，即约束条件。环境特性的变化往往会引起系统特性的变化，系统要实现预定的目标或功能，必须能够适应外部环境的变化，即具有环境适应性。

3. 系统方法的基本原则

系统方法是指按照事物的系统性把对象放在系统的形式中加以考察的方法。系统方法的基本原则如下：

（1）**整体性原则** 整体性原则是把对象作为由各个组成部分构成的整体，研究整体的构成及其发展规律，即把系统当作整体对待，从整体与部分相互依赖、相互结合、相互制约的关系中揭示系统的特征和运动规律。整体功能不等于部分功能的总和，整体将产生部分所没有的功能。

（2）**综合性原则** 要求对系统从时间与空间上进行综合考察，在此基础上进行分析，再回到综合。每一层次分析的结果都要反馈到上一层次的综合中去，与整体进行比较，并进行修正，使部分与整体达到统一。

（3）**联系性原则** 构成系统的元素之间以及元素与环境之间有特定的联系，物质与能量之间的相互转换及不同物质形态之间的信息交换都体现了联系性。

（4）**有序性原则** 系统都是有序的，因此系统也是有层次的，系统的发展一般是由较低级的有序状态走向较高级的有序状态的定向演化。

（5）**动态性原则** 任何系统内部都存在矛盾运动，推动系统的发展，因此在研究系统时，应在动态中协调各部分的关系，才能准确地掌握系统的规律，取得综合的动态平衡，使系统不断得以优化。

（6）**结构性原则** 系统的整体性功能是由系统的结构决定的，同样的元素组成不同的结构，将会产生不同的功能。系统优化的一个重要方面就是取得最优的结构。

（7）**模型化原则** 模型化是使系统方法从定性到定量的重要途径，通过对真实模型的试验，可以具体分析系统的运行状况，也可以建立数学模型对系统进行定量描述。

1.1.2 工程

工程（Engineering）是将科学理论或技术应用于特定目的的各项工作的总体。这里的工程具有广泛的意义，不仅指与物质、能量等有关的工作，而且包括信息处理、人的行为、心理研究等各个方面。

从不同的角度，可以对工程进行基本的分类：

1）从学科角度，工程是将自然科学的理论应用到某具体研究或生产部门中形成的各学科的总称。如水利工程、土木工程、建筑工程、遗传工程、系统工程、生物工程、海洋工程、交通运输工程。

2）从实际生产角度，工程是指需较多的人力、物力来进行较大而复杂的工作，需要一个较长时间周期来完成。如京九铁路、工程城市改建工程。

3）从难易角度，把一个全面的、大型的、复杂的包含各子项目的工程，称为"系统工程"。这里的"系统工程"的含义与从学科角度分类的"系统工程"的含义不一样。

1.1.3 系统工程

系统工程（System Engineering）是组织与管理系统的规划、设计、制造、试验和使用的科学方法适用于所有系统。系统工程属工程技术范畴，主要是组织与管理各类工程的方法论，即组织管理工程，是解决系统整体及其全过程优化问题的工程技术。

系统工程是运筹学、系统论、控制论、信息论、计算机技术和现代管理科学等学科相互渗透发展起来的一门以大规模复杂系统为研究对象的应用学科。系统工程打破了各学科之间的界限，建立了自然科学和社会科学的联系，使人们能够摆脱传统方法的束缚，能够为综合运用现代科技成果提供最有效的方法和思路，为解决庞大复杂的系统性问题开辟新的途径。其特点可归纳为以下几点：

1. 研究方法的整体性

把研究对象看作一个整体，同时把研究过程也看作一个整体，按系统工程的三维结构，即时间维（工作阶段）、逻辑维（思维步骤）和知识维，整体配合研究并解决问题。

2. 应用学科的综合性

综合运用多学科理论和管理工程技术，揭示并协调系统各要素之间以及系统与外部环境之间的关系，为实现系统整体功能最优化提供决策、计划、方案和方法。

3. 组织管理的科学性

运用数学方法和计算机技术定量或定量与定性相结合地分析、评价系统构成和状态，以达到最优设计、最优控制和最优管理的目标。

1.1.4 安全系统工程

安全系统工程（Safety System Engineering）是采用系统工程的原理和方法，识别、分析和评价系统中存在的危险性，并根据其结果调整工艺、设备、操作、管理、生产周期和投资费用等因素，使系统中存在的危险因素能得到消除或控制，使得事故的发生概率减少到最低程度，从而达到最佳安全状态。简单地说，安全系统工程就是用系统工程的知识、方法和手段解决生产中的安全问题。它的最终目的是消除危险，防止灾害，避免损失，保证人身财产安全。

安全系统工程随着人类对自然的探索以及生产力的提高，逐步产生与发展。在石器时代，人们从狩猎和农业实践中认识到生产工具和自然现象对人类的危害，发明了一些简单的防护措施，如手套等，以保护身体不受伤害。从青铜器到铁器时代，防护器械和防护技术则出现了质的飞跃。我国历史上记载有防火、防中毒、防瓦斯等安全防护技术，如隋代巢元方编撰的《诸病源候论》中记述了防止中毒的措施。

随着生产的发展和技术的进步，人们对安全技术的要求也越来越高。特别是18世纪工业革命以来，由于使用了蒸汽机，生产得到了发展，但是产生蒸汽的锅炉却不断发生爆炸事故，导致人员伤亡与财产损失。为了防止锅炉爆炸，人们对锅炉的结构、所用材料、工作压力和炉内除垢问题进行研究，取得了一系列成果。

1885年1月29日，德国人卡尔·本茨成功研制世界上第一辆汽车，极大地方便了人们的生活。但是汽车又引发了接连不断的伤害事故。纽约市记录的第一起与机动车相关的伤害是1896年5月30日，伤者是一位骑自行车者；同年8月17日，伦敦记录了首例行人与机动车碰撞死亡的事件。自此之后，道路交通事故与交通安全逐渐提上了历史日程。进入20世纪后，安全系统工程得到了较快的发展。

安全系统工程主要应用于军工，航天航空，化工石油，铁路及公路交通等领域。一般包含系统安全原理、系统安全分析、系统安全评价、安全措施、安全预测和决策五个方面的内容。

1.2 交通安全工程基本概念

1.2.1 安全的内涵与特征

安全科学仍然处于发展的中期，有些基本概念尚未完全确定，也没有获得普遍认同。以下是现阶段对安全科学的基本概念比较一致的认识。

1. 基本概念

(1) 安全 安全可归纳为绝对安全和相对安全。

绝对安全观是人们较早时期对安全的认识，目前仅有部分生产管理人员和科技工作者坚持这一观点。绝对安全观认为，安全是指没有危险、不受威胁、不出事故，即消除能导致人员伤害，发生疾病、死亡或造成设备财产破坏、损失以及危害环境的条件。无危则安，无损则全。这种安全观认为，安全意味着发生死亡、工伤等的概率为零，这在现实生产系统中不存在，是一种非常理想的状态。由于绝对安全观过分强调安全的绝对性，其应用范围受到了很大限制。

与绝对安全观相对应的是现在被人们普遍接受的相对安全观。相对安全观认为，安全是相对的，绝对安全是不存在的。例如，美国哈佛大学的劳伦斯教授将安全定义为"被判断为不超过允许极限的危险性，即没有受到损害的危险或损害概率低的通用术语"。

因此，安全是指在生产活动过程中，能将人或物的损失控制在可接受水平的状态。该定义具有如下含义：

1) 这里所说的安全是指生产领域中的安全问题，不涉及军事或社会意义的安全以及与疾病有关的安全。

2) 安全不是瞬间的结果，而是对于某种过程状态的描述。

3) 安全是相对的，绝对安全是不存在的。

4) 构成安全问题的矛盾双方是安全与危险，而非安全与事故。

5) 不同的时代与生产领域，可接受的损失水平不同，衡量系统是否安全的标准也不同。

(2) 危险 作为安全的对立面，可以将危险定义为在生产活动过程中，人或物遭受损失的可能性超出可接受范围的一种状态。危险与安全都是与生产过程共存的一种连续型过程状态。危险包含尚未为人所知以及虽为人所知但尚未为人所控制的各种隐患。

(3) 风险（危险性） 风险在不同场合，含义有所不同。就安全而言，风险是描述系统危险程度的客观量。这里主要有两种考虑：一是把风险看成是一个系统内有害事件或非正常事件出现可能性的量度；二是把风险定义为发生一次事故的后果大小与该事故出现概率的乘积。一般意义上的风险具有概率和后果的双重性，可用损失程度 l 和发生概率 p 的函数来表示风险 R，即

$$R = f(p, l) \tag{1-1}$$

简单起见，多数文献将风险表达为概率 p 与后果 c 的乘积，即

$$R = pc \tag{1-2}$$

上述定义中的损失或后果均是针对事故而言的，包括已发生的事故和将会发生的事故。既然风险是对系统危险性的度量，则仅以事故来衡量系统的风险是很不充分的，除非能够辨识所有可能的事故形式。从整个系统的角度出发，风险是系统危险影响因素的函数，可表达为如下形式：

$$R = f(R_1, R_2, R_3, R_4, R_5) \tag{1-3}$$

式中，R_1 为人的因素；R_2 为设备因素；R_3 为环境因素；R_4 为管理因素；R_5 为其他因素。

(4) 安全性 从系统的安全性能出发，安全性是衡量系统安全程度的客观量。与安全性对立的概念是描述系统危险程度的指标风险（危险性）。

由于安全性与可靠性的联系十分密切，在实际应用中存在将安全性与可靠性混用的现象，因此有必要明确二者之间的差别。可靠性是指系统或元件在规定条件下与规定时间内完成规定功能的能力，而安全性是指系统的安全程度。安全性与可靠性有共同之处，从某种程度上讲，可靠性高的系统，其安全性通常也较高，许多事故之所以发生，就是因为其系统可靠性较低。但是，可靠性不等于安全性。可靠性要求的是系统完成规定的功能，只要系统能够完成规定功能，它就是可靠的，不管是否会带来安全问题；安全性则要求识别系统的危险所在，并将它从系统中排除。

(5) 事故 "事故"一词极为通俗，但对于事故的确切内涵，目前尚无一致的认识。牛津词典中将事故定义为"意外的、特别有害的事件"。美国安全工程师海因里希认为，事故是"非计划的、失去控制的事件"。还有的学者从能量观点出发解释事故，认为事故是能量逸散的结果。现把事故的基本含义概括如下：

1) 事故是违背人们意愿的一种现象。

2) 事故是不确定事件，其发生形式既受必然性的支配，但也不可避免地受到偶然性的影响。

3) 事故发生的原因可归结为三类：①目前尚未认识到的原因；②已经认识，但目前尚不可控制的原因；③已经认识，目前可以控制而未能有效控制的原因。

4) 事故一旦发生，可以造成以下几种后果：①人受到伤害，物受到损失；②人受到伤害，物未受损失；③人未受伤害，物受到损失；④人、物均未受到伤害或损失。有些工业领域，如铁路运输系统，将凡是造成系统运行中断的事件均归入事故的范畴，虽然系统运行中断不一定会造成直接的财产损失或人员伤害，但却严重干扰了系统的正常运行秩序，从而将带来严重的间接损失。

5) 事故的内涵相当复杂。从宏观的角度看，事故是安全与危险矛盾斗争过程中某些瞬间突变结果的外在表现形式，是时间轴上一系列离散的点；从微观的角度看，每一个事故均可看作是在极短时间内相继出现的事件序列。

因此，事故是指在生产活动过程中，由于人们受到科学知识和技术力量的限制，或者由于认识上的局限，当前还不能防止，或能防止而未有效控制所发生的违背人们意愿的事件序列。

事故具有以下特征：

1) 事故的因果性。因果性即事物之间，一事物是另一事物发生的根据，二者具有关联性。事故是许多因素互为因果连续发生的结果，一个因素既是前一个因素的结果，又是后一个因素的原因。因此，因果关系有继承性，是多层次的。事故因素及其因果关系的存在决定了事故必然要发生，其随机性仅表现在何时、何地、何原因意外事件触发产生。

2）事故的偶然性、必然性和规律性。事故是由于客观存在的不安全因素随着时间的推移出现某些意外情况而发生的，这些意外情况往往难以预知。因此，掌握事故的原因可降低事故的概率，是防止事故发生的必要条件。但即使完全掌握了事故原因，也不能保证绝对不发生事故。事故的偶然性还表现在事故是否产生后果以及后果如何都难以预测。反复发生的同类事故并不一定产生相同的后果。事故的偶然性决定了要完全杜绝事故发生是很困难的，甚至是不可能的。

事故的必然性来自因果性，同时包含着规律性，深入探查、了解事故的因果关系，就可以发现事故发生的客观规律，从而为防止事故发生提供依据。然而，由于事故具有偶然性，要完全掌握其规律非常困难。但在一定范畴内可以用相关科学仪器或手段找出其近似规律。

3）事故的潜在性、再现性、预测性和复杂性。虽然事故往往突然发生，但导致事故发生的因素，即"隐患或潜在危险"早就存在，只是未被发现或未受到重视。随着时间的推移，一旦条件成熟，这些因素就会显现而酿成事故，这就是事故的潜在性。

事故一经发生，就成为过去，完全相同的事故不会再次出现。若没有真正了解事故发生的原因并采取有效措施去消除这些原因，就会再次出现类似事故，这就是事故的再现性。

根据人们从过去发生的事故中积累的经验和知识以及对事故规律的认识，使用科学的方法和手段，可以对未来可能发生的事故进行预测，这就是事故的预测性。

事故预测是在认识事故发生规律的基础上，充分了解、掌握各种可能导致事故发生的危险因素以及它们之间的因果关系，推断其发展演变的状况和可能产生的后果。事故预测的目的在于识别和控制危险，预先采取对策，最大限度地减少事故发生的可能性。事故的发生取决于人、物和环境的关系，具有极大的复杂性。

(6) **事故隐患**　隐患是指隐藏的祸患，事故隐患即隐藏的、可能导致事故的祸患。从系统安全的角度来看，通常所说的事故隐患包括一切可能对人机环境系统带来损害的不安全因素，可定义为在生产活动过程中由于受到科学知识和技术力量的限制或者认识上的局限，未能有效控制有可能引起事故的一种行为（一些行为）或一种状态（一些状态）或二者的结合。隐患是事故发生的必要条件，隐患一旦被识别，就要予以消除。对于受客观条件所限不能立即消除的隐患，要采取措施降低其危险性或延缓危险性增长的速度，减少其被触发的概率。

(7) **危险源**　系统安全研究认为危险源的存在是事故发生的根本原因，防止事故就是控制、消除系统中的危险源。

哈默（Willie Hammer）将危险源定义为可能导致人员伤害或财物损失事故的潜在的不安全因素。按此定义，生产、生活中的许多不安全因素都是危险源。根据危险源在事故发生与发展中的作用，可以把危险源划分为第一类危险源和第二类危险源。

第一类危险源是指系统中存在的可能发生意外释放的能量或危险物质，实际工作中往往把产生能量的能量源或拥有能量的能量载体看作第一类危险源。第一类危险源具有的能量越多，或者包含的危险物质的量越多，其危险性越大。

第二类危险源是指导致约束与限制能量的措施失效或破坏的各种不安全因素，包括人、物、环境三个方面的问题。人失误可能会破坏对第一类危险源的控制，造成能量或危险物质的意外释放，也可能造成物的故障，进而导致事故。物的故障可能会使约束与限制能量或危险物质的措施失效而发生事故；有时一种物的故障可能导致另一种物的故障，最终造成能量或危险物质的意外释放；此外，物的故障有时会诱发人的失误。环境因素主要是指系统运行的环境，包括温度、湿度、亮度、粉尘、通风、噪声和振动等物理环境以及企业和社会的人文环境等。不良的物理环境会引起物的故障或人的失误；企业的管理制度、人际关系和社会环境会影响人的心理，进而可能引起人的失误。

2. 相互关系

（1）**安全与危险** 安全与危险是矛盾的，具有矛盾的所有特性，两者一方面互相排斥、互相否定，另一方面互相依存，共同处于一个统一体中，存在向对方转化的趋势。描述安全与危险的指标分别是安全性与危险性，安全性越高危险性就越低，二者存在如下关系：

$$安全性 = 1 - 危险性$$

（2）**安全与事故** 安全与事故是对立的，但事故并不是不安全的全部内容，而只是在安全与不安全矛盾斗争过程中某些瞬间突变结果的外在表现。系统处于安全状态并不一定不发生事故，系统处于不安全状态，也未必完全由事故引起。

（3）**危险与事故** 危险不仅包含作为潜在事故条件的各种隐患，还包含安全与不安全的矛盾激化后表现出来的事故结果。发生事故时系统不一定处于危险状态，不发生事故时也不能确定系统不处于危险状态，即事故不能作为判别系统危险与安全状态的唯一标准。

（4）**事故与隐患** 事故总是发生在操作现场，通常伴随隐患的发展发生于生产过程中。事故是隐患发展的结果，隐患则是事故发生的必要条件。

（5）**危险源与事故** 事故的发生是两类危险源共同作用的结果。第一类危险源的存在是事故发生的前提，第二类危险源的出现是第一类危险源导致事故的必要条件。如果没有第一类危险源就谈不上能量或危险物质的意外释放，也就不会发生事故；如果没有第二类危险源破坏对第一类危险源的控制，也就不会发生能量或危险物质的意外释放。

在事故的发生与发展过程中，两类危险源相互依存、相辅相成。第一类危险源在事故发生时释放出的能量是导致人员伤害或财物损坏的能量主体，决定了事故后果的严重程度；第二类危险源出现的难易程度决定了事故发生可能性的大小。两类危险源共同决定事故的危险性。

1.2.2 安全问题的基本特征

伴随生产而存在的安全问题对于所有的技术系统都具有普遍意义，交通运输系统也不例外。安全问题的基本特征主要表现在以下几方面：

1. 系统性

安全涉及技术系统的各个方面，包括人员、设备、环境等因素，而这些因素又涉及政治、经济、科技、教育和管理等许多方面。因此，研究和解决安全问题应从系统观点出发，运用系统工程的方法进行综合治理。

2. 相对性

安全的相对性表现在三个方面：①绝对安全的状态是不存在的，系统安全是相对于危险而言的；②安全标准是相对于人的认识和社会经济的承受能力而言，抛开社会环境讨论安全是不现实的；③人的认识是无限发展的，对安全机理和运行机制的认识也在不断深化，即安全对于人的认识而言具有相对性。因此，各种生产和生活活动过程中的事故或危害事件及其不良作用、后果和影响是可以避免的,但难以完全避免。但事故是可以预防的,可以利用安全系统工程的原理和技术,预先发现、鉴别、判明各种隐患,采取安全对策,防患于未然。

3. 依附性

安全依附于生产而存在,只要存在生产活动,就会出现安全问题。另外,安全是生产的前提和保障,如果安全工作做不好,生产便无法顺利进行。

4. 间接效益性

要保证生产安全,必须在人员、设备、环境和管理等方面有相应适时的安全投入,但安全投入所产生的经济和社会效益却是间接的、无形的,难以定量计算。因此,安全投入往往被忽视,只有造成损失或发生事故之后才会意识到安全投入的必要性和重要性。事实上,安全的效益除了表现为减少事故的直接和间接经济损失外,更重要的是在提高人员素质、改进设备性能、改善环境质量和加强生产管理等方面能够创造积极的经济和社会效益。

5. 长期性和艰巨性

人对安全的认识在时间上往往具有滞后性,很难预先完全认识到系统存在和面临的各种危险。即使认识到了,有时也会受到技术条件的限制无法予以控制。随着技术进步和社会发展,旧的安全问题解决了,新的安全问题又会产生。因此,安全工作是一个长期而艰巨的过程,必须坚持不懈,始终如一。

1.2.3 交通安全

1. 交通安全的定义

广义上的交通安全可以理解为在各种交通活动过程中,将人身伤亡或财产损失控制在可接受水平的状态,具体可分为道路交通安全、铁路交通安全、水路交通安全、航空运输安全和管道运输安全等。

交通系统是动态的开放系统,其安全既受系统内部因素的制约,又受系统外部环境的干扰,并与人、交通工具、交通环境等因素密切相关。系统内任何因素的不可靠、不平衡、不稳定,都可能导致冲突与矛盾,产生不安全因素或不安全状态。

2. 交通安全的特点

1) 交通安全是在一定危险条件下的状态,并非绝对没有交通事故发生。

2) 交通安全不是瞬间的结果,而是对交通系统在某一时期、某一阶段过程或状态的描述。

3) 交通安全是相对的,绝对的交通安全是不存在的。

4) 不同时期和地域可接受的损失水平不同,因此衡量交通系统是否安全的标准也不同。

3. 交通安全与交通事故的关系

1) 交通安全与交通事故是对立的,但事故并不是不安全的全部内容,而是在安全与不安全的矛盾斗争过程中某些瞬间突变结果的外在表现。

2) 交通系统处于安全状态,并不一定不发生事故;交通系统处于不安全状态,也未必完全是由事故引起的。

4. 交通安全的组成要素

交通安全是一门 5E 科学,5E 是指:法规(Enforcement)、工程(Engineering)、教育

（Education）、环境（Environment）及能源（Energy）。

(1) 法规 在我国，法规是指维护交通秩序、保障交通安全的交通规则、交通违法法则及其他有关交通安全的法律等。交通法规是交通安全的核心，对交通安全起保障作用。交通法规必须具备科学性、严肃性、适应性这三大条件。

(2) 工程 工程可以提升交通安全，但由于交通运输包含五大运输方式，交通安全具体到道路运输、铁路运输、水路运输、航空运输、管道运输中时，各类交通运输方式的工程要素不尽相同。

1) 对于道路运输，工程主要是指车辆在道路上的运动规律、道路线路（线网）规划、道路设施设计、信号控制、交通管理、驾驶行为等。

2) 对于铁路运输，工程主要是指铁道线路（线网）规划、铁路设计、轨道信号控制、轨道交通运营、轨道交通管理等。

3) 对于水路运输，工程主要是指航运线路（线网）规划、港口及航道设计与养护、船舶运用工程、水路信息工程及控制、水运经营与管理等。

4) 对于航空运输，工程主要是指航空运输规划、机场航班组织、航空器运用工程、航空信息工程及控制、空中管理、通信导航设施的运营管理等。

5) 对于管道运输，工程主要是指管道线（线网）的规划、管道线网的监控、管道运营与管理等。

(3) 教育 交通安全中，教育是指安全教育，包括学校教育（包括幼儿园教育）与社会教育两种。交通安全教育应该是全生命周期的，人在一生中的不同阶段都应接受对应的交通安全教育。学校教育是对在校学生进行交通法规、交通知识、珍爱生命等方面的教育；社会教育是通过报刊、广播、电视及广告等方式，广泛宣传交通安全的意义和交通法规，同时对驾驶人定期进行专业技术知识、守法思想、职业道德及交通安全等方面的教育。

(4) 环境 无论是哪种方式的交通，都离不开环境。狭义地说，对于道路交通而言，道路的线形、路面、绿化、设施等都是车辆行驶的环境，当然谈"环境"也离不开交通环境的保护。对于道路交通，在发达国家，80%以上的噪声污染及废气污染是由汽车运行造成的。因此，如何做好环境方面的工作，对于交通安全与环境保护都至关重要。

(5) 能源 任何一种交通工具的运行都离不开能源。交通安全中的能源主要是指燃料。汽油、柴油的大量使用造成不可再生资源的大量消耗，给人类发展带来影响。即使有些交通工具不直接使用燃料，使用电或其他能源，但归根结底都属于能源。目前来看，在未来很长的一段时间内，要做到既享受交通工具带来的安全高效的便利，又能够有效节省能源，还有很多的工作要做。

1.3 交通安全工程学科

交通安全工程学科是指运用系统论、控制论、信息论等现代科学技术理论，从安全的角度对交通运输系统生命周期的各个阶段（开发研制、方案设计、详细设计、建造施工、日常运行、改建扩建、事故调查等）进行科学研究，以查明事故发生的原因和经过，找出灾害的本质和规律，寻求消灭、减少交通运输事故或减轻事故损失，保障交通安全、畅通的措施和办法。简单地说，交通安全工程主要解决以下问题：分析和研究交通事故的发生机理；

总结普遍适用的交通事故理论；提出事故预防的方法。

1.3.1 交通安全工程学科分类

交通运输系统是由道路、水路和航空等多种运输方式组成的综合系统，交通安全工程学科以交通运输系统的安全问题作为研究对象，根据研究对象不同，可将该学科分为以下几类：道路交通安全工程、铁路运输安全工程、水上交通安全工程、航空运输安全工程、管道运输安全工程。

1. 道路交通安全工程

道路交通是由人、车、道路与环境等要素组成的复合动态系统，道路交通事故是由构成道路交通的诸要素在某一时空范围内的劣性组合造成的。导致道路交通诸要素劣性组合的原因有道路条件、车辆安全性能、驾驶人安全素质、参与交通者的安全意识以及交通安全管理的水平等。此外，缺乏对道路交通事故发生规律以及预防对策的深入研究也是导致道路交通事故形势严峻的重要原因。道路交通安全工程通过对道路状况（道路路面、线形、横纵断面，交叉路口以及事故多发地段等）、车辆的结构性能（驾驶视野，警告装置，碰撞保护装置，仪表、照明和信号装置等）、驾驶舒适性及其影响因素（驾驶人工作环境、制动性能、操纵稳定性、车辆类型等）、交通环境（交通量、特殊气候等）、交通控制（交通安全法规、交通执法设备系统等）以及道路交通事故发生原因等的深入研究，提出预防和减少道路交通事故的有效措施。

2. 铁路运输安全工程

铁路运输作为运送旅客和货物的直接生产系统，是一个高速运转的复杂动态系统，其安全问题尤为突出。铁路运输生产大联动机的特点决定了铁路运输作业过程是由许多子系统相互作用完成的，车务、机务、工务、电务、车辆、工程等部门需要联合作业、协同动作。铁路运输使用的设备数量庞大、种类繁多，此外，自然环境、社会环境等环境因素的影响也不容忽视。可见，铁路运输系统是一个庞大的人—机—环境动态系统。在该系统中，任何一点疏漏都可能会诱发列车冲突、脱轨、火灾或爆炸等铁路运输事故。

铁路运输安全工程主要通过对运输安全有关人员（铁路运输系统内人员、旅客、货主、铁路沿线居民、机动车驾驶人员等）、设备（铁路线路、机车、车辆、通信信号、供电供水等铁路运输基础设备和安全监测、监控、事故救援、自然灾害预报与防治等运输安全技术设备）、环境（作业环境、自然环境和社会环境）、管理（安全组织管理、安全法制管理、安全技术管理、安全教育管理、安全信息管理和安全资金管理）的深入研究，发现安全的薄弱环节，进而提出预防和减少铁路运输事故的有效措施。此外，为了确保列车运行及调车作业安全，还必须对铁路运输作业过程进行深入研究，包括行车调度指挥安全、接发列车作业安全、调车作业安全、中间站作业及运转车作业安全、铁路装卸作业安全、旅客运输安全、机务作业安全、车辆作业安全、工务作业安全、电务作业安全、非正常情况下（恶劣气候、设备故障、电话中断等）的作业安全以及应急处理作业安全（列车火灾应急处理、列车冒进信号应急处理等）。

3. 水上交通安全工程

水上交通事故按性质可划分为火灾与爆炸、碰撞、搁浅与遇风暴三大类，其后果轻则船只破损，重则船只沉没。因此，水上交通安全工程主要通过对船舶性能与结构、船员行为、港口保障设施、水上交通管理等主要影响因素以及水上交通事故发生原因的深入研究，提出确保水上运输安全、减少污染水域的有效措施。

水上交通安全工程的研究内容还包括完善的船舶消防系统研究、特殊场所的防火防爆研究、灾害险情应急技术研究、海底地貌测量、遇难船舶的救助和打捞技术的研究、船舶安全停泊系统研究、船运政策研究以及船舶避碰研究等。

4. 航空运输安全工程

航空运输是一个具有特定功能的系统，由人（机组人员、乘客）、飞机、航线、机场、航空交通管制等要素组成。各要素必须相互协调，若其中一个要素不能与其他要素协调，系统就会失去平衡，可能导致失控、碰撞、失火等空难事故。

航空运输安全工程主要通过对上述影响因素以及空难事故的深入调查研究，提出确保航空运输安全的有效措施。此外，研究内容还包括驾驶员操作可靠性，空中交通预警防碰管理系统，飞行人员培训理论与方法，空中导航系统，飞行紧急情况（起火、劫机事件、客舱减压等）对策，克服飞机维修失误对策，飞机定期检修和维护的快速、可靠技术以及机场应急救援系统等。

5. 管道运输安全工程

管道运输是用管道作为运输工具的一种长距离输送液态、气态和固态物质的运输方式。特别是专门由生产地向市场输送石油、天然气、煤和化学产品，是统一运输网中干线运输的特殊组成部分。

管道运输系统一般由三部分组成：①管道线路工程，包括管道本体工程、防护结构工程、穿跨越工程及其他附属工程；②管道站库工程，包括起点站、中间站、终点站，主要设备有驱动和监控货物运行的各种泵站和装置；③其他如通信、供电、道路等附属设施。

美国运输部（DOT）研究与特殊项目委员会（RSPA）将各种致使管道失效的原因分为五类，分别是外力、腐蚀、焊接和材料缺陷、设备和操作及其他原因。欧洲输气管道事故数据组织（EGIG）对输气管道事故进行了统计和分析，表明欧洲输气管道事故主要原因为：①外部影响；②施工缺陷和材料失效；③腐蚀；④地面运动；⑤热处理缺陷；⑥其他。

油气输送管道具有管径大、运距长、压力高、输量大的特点，一旦发生事故，会给人们的生命财产安全以及生态环境造成很大的影响，因此要重视管道运输的安全问题。

1.3.2 交通安全工程学科研究内容

交通安全工程学科至少应该包含以下几方面的研究内容：

1. 交通安全理论

交通安全理论是揭示交通安全的本质和运动规律的学科知识体系，是交通安全研究的基础，主要内容包括安全科学基本理论、可靠性理论、事故致因理论、事故预防理论等。

2. 交通安全技术

交通安全技术主要研究交通运输中所发生的安全技术问题，是在交通运输设备的设计、选材、制造（建设）、安装、养护、维修、使用（运营）、评价等一系列工程领域中，使交通运输设备实现本质安全化、无害化，以及研制和运用各类专用安全设备和安全装置的科学理论、方法、工程技术和安全控制手段的总和。

我国规定，新建、改建、扩建的基本建设项目（工程）、技术改造项目（工程）和引进的建设项目（工程）的安全设施必须符合国家规定的标准，必须与主体工程同时设计、同时施工、同时投产使用，即"三同时"制度。因此，借助设计的手段控制和消除交通系统中的不安全因素是交通安全工程的重要原则和组成部分。除交通安全设计外，交通安全技术的研究内容还包括基于事故预防和避免的安全监控检测技术、基于设备维修养护的安全检测与诊断技术以及事故救援技术等。

3. 交通安全（分析和评价）方法

交通安全（分析和评价）方法主要研究如何运用系统工程的原理和方法，对交通系统中的安全问题进行定性、定量的分析和评价，并采用综合安全措施予以控制，使系统产生交通事故的可能性降到最低，从而达到最佳安全状态。

4. 交通安全管理

交通安全管理主要研究交通安全管理体制、政策、交通安全立法及各种交通安全法规的制定和执行，研究对驾驶人的交通安全教育与培训等，旨在通过先进的安全管理体制的建立和事故预防、应急措施和保险补偿等多个手段的有机结合，力争在时间、成本、效率、技术水平等条件的约束下实现系统最佳安全水平的目的。

复习思考题

1. 何谓系统？其基本要素有哪些？系统特性主要有哪些？
2. 何谓系统工程？有何特点？
3. 系统方法的基本原则是什么？
4. 何谓安全系统工程？它有哪些方面的内容？
5. 如何理解安全、危险、风险、事故、事故隐患、危险源这些概念？简述它们之间的相互关系。
6. 何谓交通安全？交通安全与交通事故有什么样的关系？
7. 何谓交通安全工程学科？它可以分为哪几类？
8. 交通安全工程学科主要包括哪些研究内容？

第 2 章

交通安全基本原理

本章学习目标
1. 理解可靠性理论的基本概念。
2. 掌握事故致因理论。
3. 掌握事故预防理论。
4. 理解交通系统安全控制的基本概念。

 ## 2.1 可靠性理论

可靠性理论起源于机械工程领域，是为了分析由于机械零件的故障或人的差错而使设备或系统丧失原有功能或功能下降的原因而产生的。故障和差错不仅会使设备或系统功能下降，往往还是导致意外事故和灾害的原因。因此，可靠性在安全系统工程中占有重要的地位。它不仅直接反映产品的质量目标，还关系到整个系统运行过程的可靠性和安全性。

交通运输系统是一种复杂的动态系统，交通安全是伴随交通运输系统而产生的，可靠性也存在于交通运输系统中。

可靠性理论涉及可靠性、维修性、有效性、可靠度、维修度、有效度等基本概念。由于可靠性有专门的理论与学科，本书不做过多介绍，只阐述最基本的相关概念。

2.1.1 可靠性、维修性、有效性的定义

可靠性的经典定义是产品或系统（设备）在规定条件下和规定时间内完成规定功能的能力。狭义的可靠性通常包括结构可靠性和性能可靠性。一个设备或系统本身不出故障的能力称为结构可靠性，满足精度要求的能力称为性能可靠性。

对于可修复的产品或系统（设备），维修性是指在规定条件下使用的产品或系统（设备）在规定的时间内，按规定的程序和方法进行维修时，保持或恢复到能完成规定功能的能力。

有效性是指可以维修的产品或系统（设备）在某时刻具有或维持规定功能的能力。产品或系统（设备）的可靠性和维修性能反映其有效工作能力。

2.1.2 可靠度、维修度、有效度的定义

可靠度是可靠性的量度，它是指产品或系统（设备）在规定条件下和规定时间内完成规定功能的概率。

维修度是表示维修难易的客观指标，它是指在规定条件下和规定时间内，可修复产品或系统（设备）在发生故障后能够完成维修的概率。其中，规定条件与维修人员的技术水平、

熟练程度、维修方法、备件以及补充部件的后勤体制等密切相关。

有效度是在某种使用条件下和规定的时间内,产品或系统(设备)保持正常使用状态的概率。

2.1.3 系统可靠度

系统由许多零部件等组合而成,它们通过相互作用实现联系,以完成某一种或几种功能。系统的可靠度是建立在系统中各个零部件之间的作用关系和这些零部件本身可靠度的基础上的。

系统可分为储备系统、非储备系统和复杂系统,如图2-1所示。其中,储备系统又可分为工作储备系统(热储备,即部件在储备期间有可能失效且可以立即被更换)与非工作储备系统(冷储备,即部件在储备期间不会发生失效或失效率很小)。

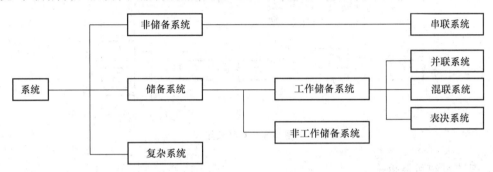

图 2-1 系统分类图

1. 串联系统可靠度

组成系统的所有单元中,任一单元故障就会导致整个系统发生故障,即只有当系统中所有单元都正常工作时系统才能正常工作的系统称为串联系统。

图2-2a所示是由 n 个相互独立的单元组成的串联系统,假定第 i 个单元的可靠度为 $R_i(t)$,那么系统的可靠度为

$$R_s(t) = \prod_{i=1}^{n} R_i(t) \tag{2-1}$$

可知,串联系统的可靠度小于或至多等于各串联单元可靠度的最小值。

2. 并联系统可靠度

并联系统属于工作储备系统。由 n 个单元组成的并联系统具有如下特征:系统中只要有一个单元正常工作,系统就能正常工作;只有系统中所有单元都失效时系统才会失效。

图2-2b所示是由 n 个相互独立的单元组成的并联系统,假定第 i 个单元的可靠度为 $R_i(t)$,不可靠度为 $F_i(t) = 1 - R_i(t)$,根据定义可得系统不可靠度为

$$F_s(t) = \prod_{i=1}^{n} F_i(t) \tag{2-2}$$

根据可靠度与不可靠度的关系,可得系统可靠度为

$$R_s(t) = 1 - \prod_{i=1}^{n} F_i(t) = 1 - \prod_{i=1}^{n} [1 - R_i(t)] \tag{2-3}$$

可知，并联系统的可靠度大于或至少等于各并联单元可靠度的最大值。

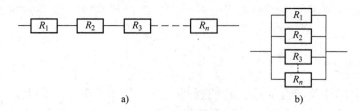

图 2-2　串联和并联系统

3. 混联系统可靠度

实际系统多为串并联的组合，称为混联系统，如图 2-3 所示。可以先求出每一组成单元（串联与并联）的可靠度，将系统转换成单纯的串联或并联系统，然后求出系统的可靠度。

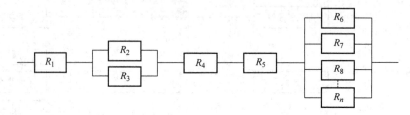

图 2-3　混联系统

4. 表决系统可靠度

表决系统的特征如下：系统的 n 个单元中，至少要有 $k(1 \leq k \leq n)$ 个单元正常工作，系统才能正常工作，也称为 k/n 系统，如图 2-4 所示。

设表决系统中每个单元的可靠度均为 $R(t)$，根据二项式定理可导出系统可靠度为

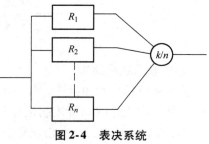

图 2-4　表决系统

$$R_s(t) = \sum_{i=k}^{n} C_n^i R^i(t) [1 - R(t)]^{n-i}$$

$$= R^n(t) + nR^{n-1}(t)[1 - R(t)] + \frac{n(n-1)}{2!}R^{n-2}(t)[1 - R(t)]^2 + \cdots +$$

$$\frac{n!}{k!(n-r)!}R^k(t)[1 - R(t)]^{n-k} \tag{2-4}$$

式中，n 为系统内单元数；k 为使系统正常工作所必需的最少正常工作的单元数。

从上述分析可知：当 $k=1$ 时，系统为并联系统，即只要有 1 个单元不失效，系统就不会失效；当 $k=n$ 时，系统为串联系统，即 n 个单元全部正常工作时，系统才能正常工作。

5. 非工作储备系统（冷储备）可靠度

考虑有两个部件的储备系统，部件 1 工作，部件 2 备用。假定备用期间部件不失效并且开关是理想的，根据复合事件概率的计算方法可得系统的可靠度为

$$R_{12}(t) = R_1(t) + \int_0^t R_2(t - t_1) f_1(t_1) \mathrm{d}t_1 \tag{2-5}$$

式中，t_1 为部件 1 的平均工作时间；$R_1(t)$ 为部件 1 工作到时间 t 的可靠度；$\int_0^t R_2$

$(t-t_1)f_1(t_1)\mathrm{d}t_1$ 为部件 1 失效以后,由部件 2 继续工作对系统可靠度的贡献。

若部件 1 和部件 2 的故障均服从指数分布,且故障率为常数 λ,则

$$R_{12}(t) = \mathrm{e}^{-\lambda t}(1+\lambda t) \tag{2-6}$$

推广到更一般的情况,由 n 个同指数分布的部件组成的储备系统可靠度为

$$R(t) = \mathrm{e}^{-\lambda t}\sum_{k=0}^{n-1}\frac{(\lambda t)^k}{k!} \tag{2-7}$$

上式为泊松分布的表达式,因此可用泊松分布计算储备系统的可靠度。

6. 复杂系统可靠度

有些系统并不能归纳为上述系统模型,而是一种网络结构,这类系统称为复杂系统,如图 2-5 所示。

计算复杂系统的可靠度可用布尔真值表法、结构函数法、最小路集法、概率分解法、联络矩阵法等。

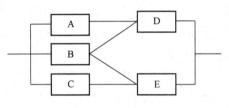

图 2-5 复杂系统

2.1.4 人的可靠性

人在系统的可靠性中起着重要作用,各种系统都是由人使之相互联系的,因此必须考虑人的可靠性因素。人的可靠性定义如下:人在系统工作的任何阶段,在规定的最小时间限度内(假定时间要求是给定的)成功地完成一项工作或任务的概率。

在系统设计阶段,遵循人的因素的原则能有效提高人的可靠性,仔细挑选和培训有关人员等也有助于提高人的可靠性。

1. 应力

应力是影响人的行为及其可靠性的一个重要因素,一个承受过重应力的人更有可能造成失误。人的工作效率与应力(忧虑)之间的关系如图 2-6 所示。

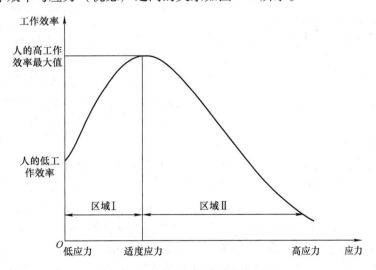

图 2-6 人的工作效率与应力的关系

由图2-6可得，应力不完全是一种消极因素，适度的应力可以把人的工作效率提高到最佳状态。若应力过轻，任务简单且单调，会使人觉得工作没有意义而变得迟钝，因而人的工作效率不会达到高峰；若应力过重，在超过中等应力的情况下，将引起人的工作效率下降，其原因是多方面的，包括疲劳、忧虑、恐惧、其他心理上的应力等。图2-6中将曲线划分为两个区域：在区域Ⅰ内，人的工作效率随应力的增加而提高；在区域Ⅱ内，人的工作效率随应力的增加而降低。

(1) 职业应力　职业应力分为以下四种类型：

1) 与工作负荷有关。在超负荷工作的情况下，任务要求超过了个人能力；在低负荷工作的情况下，个人完成的工作调动不起积极性。低负荷工作的例子有：①不需要动脑筋；②没有发挥个人专长和技能的机会；③重复性工作。

2) 与职业变动有关。职业改变破坏了个人行为上、心理上和认识上的功能模式。这种应力出现在与生产率增长有关的机构中，职业变动的形式包括调整编制、职务提升、科研开发和重新安置等。

3) 与职业上受到挫折有关。当工作不能满足预先的目标时会产生这种应力，其原因包括缺乏联系、分工不明确、官僚主义、缺乏职业开发准则等。

4) 与其他可能的职业性环境因素有关，如振动、噪声、高温、光线太暗或太亮、紧张的人际关系等。

(2) 操作人员的应力特征　人都有一定的局限性，当执行某一具体任务时，若超过某些限度，差错发生的概率就会上升。为了使人的差错减到最少，设计工程师和可靠性工程师应密切配合，在设计阶段就应考虑到操作人员的能力限度和特征。操作人员可能受到的应力特征包括：①反馈给操作人员的信息不充分，不能确定其工作正确与否；②要求操作人员迅速地对两个或两个以上的显示值做出比较；③操作人员要在很短时间内做出决策；④要求操作人员延长监视时间；⑤为了完成一项任务所要做的步骤很多；⑥有一个以上的显示值难以辨认；⑦要求同时高速完成一个以上的控制；⑧要求操作人员高速完成操作步骤；⑨要求根据不同来源收集到的数据做出决策。

(3) 个人应力因素　个人应力因素是指一般工作人员因某种原因造成了心理压力而引起的应力，将其中一些因素列举如下：①必须与性格难以捉摸的人在一起工作；②不喜欢做现在的工作或事情；③与配偶或子女有矛盾；④严重的经济困难造成心理上的压力；⑤在工作中有可能成为编外人员；⑥在工作中晋升的机会很少；⑦健康欠佳；⑧时间上要求很紧的工作。

2. 人的差错（失误）

(1) 人的差错含义及原因　人的差错是指人在执行规定任务时发生失误或做了禁止的动作导致预定操作中断或引起人员伤亡和财产损坏。人的差错对系统产生的影响因系统差异而不同，造成的后果也不一样。人的差错发生的原因各不相同，大多数人的差错发生的原因是基于人可以用各种不同的方式去做各种不同的事情。按照Meister的观点，人的差错的原因主要包括：工作环境光线不合适；操作人员由于培训上的不足而没有达到一定的技能；仪器设备的设计太差或质量不好；工作环境温度太高或噪声大；使用工具错误；操作规程写得太差或有错误；管理太差；任务太复杂；信息和语言交流太差等。

(2) 人的差错分类　人的差错一般可按以下几种形式分类：

1）按信息处理过程分类

① 未正确提供、传递信息。若发现提供的信息有误，就不能认为是操作人员的差错。在分析人的差错时，对这一点的确认非常必要。

② 识别、确认错误。识别是指对眼前出现的信号或信息的识别；确认是指操作人员积极搜寻并检查作业所需的信息。若正确提供了操作信息，则要查明眼、耳等感官是否正确接收并识别这一信息。若确定该过程中某处有误，则判定为识别、确认错误。

③ 记忆、判断错误。进行记忆、判断以及意志决定的中枢处理过程产生的差错或错误属于记忆、判断错误。

④ 操作、动作错误。中枢神经虽然发出正确指令，但未能转换为正确的动作而表现出来。这种情况包括姿势、动作的紊乱所引起的错误，拿错操作工具及弄错操作方向引起的错误，遗漏动作等。

2）按执行任务性质分类

① 设计错误。它是指由于设计人员设计不当造成的错误，一般分为三种情况：设计人员所设计的系统或设施不能满足人机工程的要求，违背了人机相互关系的原则；设计过于草率，设计人员偏爱某一局部设计导致设计具有片面性；设计人员在设计过程中对系统的可靠性和安全性分析不够或没有进行分析。

② 操作错误。它是指操作人员在现场环境下执行各种功能时所产生的错误，主要原因包括：缺乏合理的操作规程或违反操作规程；任务复杂且在超负荷条件下工作；对人的挑选和培训不够；操作人员对工作缺乏兴趣，不认真工作；工作环境太差等。

在操作运行中所产生的错误一般分为两种类型，一种是疏忽型，即由于操作人员注意力不集中，没有注意到仪表显示上的变化或记错、忘记执行某一功能而产生的错误；另一种是执行型，包括操作、识别（判断）和解释错误，如采取不必要的控制动作以达到所希望的效果，对信息的判断不正确从而进行了一些有害操作，误将正确的对象当作错误对象处理等。执行型错误发生的频率较高。

③ 装配错误。生产过程中的装配错误包括：使用不合格或错误零件；漏装零件；零部件的装配位置与图纸不符；虚焊、漏焊及导线接反等。

④ 检验错误。检验的目的是发现缺陷或毛病。由于检验产品过程中的疏忽没有把缺陷完全检测出来，从而产生检验错误，这在一定程度上是允许的，因为检验不可能有100%的准确性，一般认为检验的有效度只有85%。

⑤ 安装错误。它是指没有按照设计说明书、图样或安全手册进行设备安装而造成的错误。

⑥ 维修错误。维修保养中发生的错误屡见不鲜，如设备调试不正确、校核疏忽、检修前后忘记关闭或打开某些管道或阀门、某些部位用错润滑剂等。随着设备的老化以及维修次数的增多，发生维修错误的可能性也会增加。

3）哈默的人的差错分类

① 疏忽性：对困难做出不正确的决策。

② 执行性：不能实现所需的功能。

③ 多余性：完成一项不该完成的操作。

④ 次序性：执行操作时，发生次序差错。

⑤ 时间性：时间掌握不严，对意外事件反应迟钝，出现无法意识到的风险。

(3) 人的故障模式 人的差错的发生有各种不同的原因，如信息提供、识别、判断、操作等一个或多个人的活动都可导致人的差错。这些差错归纳起来即为人的故障模式，如图 2-7 所示。

(4) 人的差错概率估计 人的差错概率是对人的行为的基本量度，定义如下：

$$P = \frac{E}{O} \tag{2-8}$$

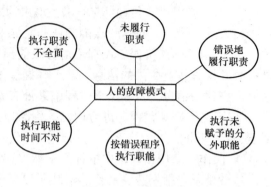

图 2-7 人的故障模式

式中，E 为某项工作或作业对象中发生的差错数；O 为某项工作中可能发生差错的机会的总次数；P 为在完成某项工作中差错发生的概率。

人的差错概率受多种因素影响，如操作的紧迫程度、单调性、不安全感、设备状况、人的生理状况、心理素质、教育及训练程度、社会影响以及环境因素等。因此，对人的可靠性进行具体分析是非常复杂的，一般要根据操作的内容、环境等因素进行修正，在决定这些修正系数时带有很大的经验性和主观性。

人在处理或执行任何一次任务时，都有对任务（情况）的识别（输入）、判断和行动（输出）这三个过程，三个过程都有发生差错的可能性。因此，就某一任务而言，人的基本可靠度 R 为

$$R = R_1 R_2 R_3 \tag{2-9}$$

式中，R_1 为与输入有关的可靠度；R_2 为与判断有关的可靠度；R_3 为与输出有关的可靠度。R_1、R_2、R_3 的参考值见表 2-1。

表 2-1 R_1、R_2、R_3 的参考值

类别	影响因素	R_1	R_2	R_3
简单	变量不超过 5 个，人机工程学上考虑全面	0.9995～0.9999	0.9990	0.9995～0.9999
一般	变量不超过 10 个	0.9990～0.9995	0.9950	0.9990～0.9995
复杂	变量超过 10 个，人机工程学上考虑不全面	0.9900～0.9990	0.9900	0.9900～0.9990

受作业条件、人的自身因素及作业环境的影响，人的基本可靠度还会降低。研究表明，人的舒适温度一般是 19～22℃，当人在作业时，环境温度若超过 27℃，人的失误概率就会上升约 40%。因此，还需要用修正系数对人的基本可靠度加以修正，从而得到单个动作的失误概率为

$$q = k(1 - R) \tag{2-10}$$

式中，k 为修正系数，$k = abcde$。其中，a 为作业时间系数；b 为操作频率系数；c 为危险状况系数；d 为生理、心理条件系数；e 为环境条件系数。a、b、c、d、e 的取值范围见表 2-2。

表 2-2　a、b、c、d、e 的取值范围

符号	项目	内容	取值范围
a	作业时间	有充足的富裕时间	1.0
		没有充足的富裕时间	1.0～3.0
		完全没有富裕时间	3.0～10
b	操作频率	频率适当	1.0
		连续操作	1.0～3.0
		很少操作	3.0～10
c	危险状况	即使误操作也安全	1.0
		误操作时危险性大	1.0～3.0
		误操作时有产生重大灾害的危险	3.0～10
d	生理、心理条件	综合条件（教育、训练、健康状况、疲劳、愿望等）较好	1.0
		综合条件不好	1.0～3.0
		综合条件很差	3.0～10
e	环境条件	综合条件较好	1.0
		综合条件不好	1.0～3.0
		综合条件很差	3.0～10

3. 人的可靠性分析方法

（1）广义人的行为可靠度函数与差错纠正函数　把人看作是系统中的一个部件，采用经典可靠性理论可以建立广义人的行为的可靠性模型。

记与时间有关的人的差错率为 $h_e(t)$，则有

$$h_e(t) = -\frac{1}{R_e(t)}\frac{dR_e(t)}{dt} \tag{2-11}$$

式中，$R_e(t)$ 为时间 t 时人的行为可靠度。

将上式改写，可得

$$h_e(t)dt = -\frac{1}{R_e(t)}dR_e(t) \tag{2-12}$$

在时间间隔 $[0, t]$ 内，对上式两边进行积分，可得

$$\int_0^t h_e(t)dt = -\int_{R_e(0)}^{R_e(t)} \frac{1}{R_e(t)}dR_e(t) \tag{2-13}$$

当 $t=0$，$R_e(0)=1$ 时，可得

$$\ln R_e(t) = -\int_0^t h_e(t)dt \tag{2-14}$$

$$R_e(t) = e^{-\int_0^t h_e(t)dt} \tag{2-15}$$

当 $h_e(t)$ 为常数时，$R_e(t)$ 服从指数分布。但对一些人的操作的统计表明，威布尔分布更接近于经验数据。

人的差错前平均时间（MTHE）为

$$\text{MTHE} = \int_0^\infty e^{-\int_0^t h_e(t)dt} dt \tag{2-16}$$

记 $r_e(t)$ 为时间 t 的差错纠正率，那么差错纠正函数 $p_e(t)$ 为

$$p_e(t) = 1 - e^{-\int_0^t r_e(t)dt} \tag{2-17}$$

式中，$p_e(t)$ 为时间 t 内差错纠正的概率；$r_e(t)$ 为与时间 t 有关的任务差错纠正率。

(2) 鲁克（Rook）模型 鲁克模型是用于计算人员操作差错发生概率的模型。设某项任务需要进行 n 次人员操作，这 n 次操作是互相独立的，其中每种操作 i 可能会出现 k_i 种不同的失效模式。已知进行第 i 种操作时，发生失效模式的概率为 q_{k_i}，而如果这次操作失误，那么它对整个任务功能的失效概率为 Q_{k_i}，因此，造成任务项目功能失效的人员差错概率 F_{k_i} 为

$$F_{k_i} = q_{k_i} Q_{k_i} \tag{2-18}$$

操作 i 的成功概率 R_{k_i} 为

$$R_{k_i} = 1 - F_{k_i} \tag{2-19}$$

为了保证在第 i 次操作中所有可能的 M 种失效模式都不发生，第 i 次操作的成功概率 R_i 应是不发生每次差错概率的乘积，即

$$R_i = \prod_{k=1}^{M_i} (1 - q_{k_i} Q_{k_i}) \tag{2-20}$$

如果完成任务时第 i 种操作不是一次，而是 S_i 次，则对整个系统的任务完成而言，不会因第 i 种操作而使系统功能失误的概率为

$$R_{s_i} = (R_i)^{S_i} \tag{2-21}$$

由于各种操作有不同的次数和人的差错概率，系统任务不因人的差错而失效的可靠度为

$$R_\tau = \prod_{i=1}^n R_{s_i} = \prod_{i=1}^n \left[\prod_{k=1}^{M_i} (1 - q_{k_i} Q_{k_i}) \right]^{S_i} \tag{2-22}$$

(3) 人的差错率预测方法 影响人失误的因素很复杂，很多专家学者对此做过研究并提出了不少关于人的差错率估算方法，但都不够完善。现在被大多数人所接受的是 1961 年斯温（Swain）和罗克（Rock）提出的人的差错率预测方法（Technique for Human Error Rate Prediction，THERP），用来分析操作人员在系统运行过程中采取必要的操作与措施时发生失误的概率。这种方法的分析步骤如下：

1）根据人的差错定义系统故障或分系统故障。

2）辨识和分析有关人的操作，主要采用系统和任务分析方法，把整个程序分解成单个作业，再把每一单个作业分解成单个动作。

3）确定单人单项操作或多项操作的差错率。可以根据从各种渠道得到的数据来估算与系统故障有关的人的操作差错，具体程序如下：①根据经验和试验，适当选择每个动作的可靠度；②用单个动作的可靠度之积表示每个操作步骤的可靠度，如果各个动作中存在非独立事件则用条件概率计算；③用各操作步骤可靠度之积表示整个程序的可靠度；④用可靠度的补数（1 - 可靠度）表示每个程序的不可靠度，即为该程序人的失误概率。

4）评估人的差错对所考虑系统的影响。

5）提出必要的建议。

上述五个步骤是一个累积的过程，而且一直重复到由人的差错引起的系统性能下降到某个可容许的水平为止。要注意的是，上述步骤未必总是按同样次序进行重复。

4. 人的差错预防办法

（1）人—机系统分析法 20世纪50年代初，米勒（Robert B. Miller）研究并提出了人—机系统分析法。该方法能使系统中人的差错的不良效果降低到某种可容许的程度，该方法包括如下十个步骤：

1）概括系统的功能和目标。

2）概括情况特征。它与人们完成各种任务和工作时必须承受的工效形成因子（情况特征）有关。典型的工效形成因子有照明、联合动作、空气的新鲜程度、清洁状况等。

3）概括有关系统的人力特征。它涉及有关系统中人力特征的辨识和估计，如培训、经验、工作动机和技能等。

4）概括由系统人力实现的任务和工作。

5）根据表面潜在可能差错条件和其他有关的困难完成任务和工作的分析。

6）得出每种潜在差错出现的估计。

7）得出对某种潜在差错未被发现或未经校正的可能性分析。

8）得出对每种未被发现潜在差错的后果估计。

9）对系统提出修改意见。

10）重复大部分上述步骤后再评价每个系统的修改。

（2）差错原因排除程序法 差错原因排除程序法不只是强调弥补，主要是强调预防性措施，它可在生产操作进行时把人的差错减少到可容许的程度。这种方法要求工人直接参加，工人参与数据的收集、分析和设计、建议等，这种直接参与使工人把差错原因排除程序作为他们自己的任务，因此可提高工人完成工作的满意程度，也可把此方法称为减少人的差错的工人参与程序法。

差错原因排除程序法要求有若干个工人小组，每个小组都有一名协调员，他的责任是使本组瞄准自己的活动目标，减少差错。这些协调员具有特定的技术和组织才能，而他们本人可以是工人，也可以是管理人员。每个工人小组的规模不应超过8~12人。在定期召开的差错原因排除会上，由工人提出已发生或可能发生的差错情况报告，然后对这些报告进行评审和讨论，最后提出补救或预防措施。各组的协调员向小组提出管理工作的建议，每个小组和管理人员都将得到人因工程（Human Factors Engineering）专家和其他专家就设计方法的评估与实现的帮助。

（3）质量控制小组法 1963年，日本开始用质量控制小组法解决质量控制问题并获得了极大成功。质量控制小组法和差错原因排除程序法有许多共同点，相同的内容如下：

1）参加者享有民主权利。

2）目的在于解决问题。

3）各管理等级之间有交叉。

质量控制小组法和差错原因排除程序法的不同点在于：

1）质量控制小组法利用因果图和巴雷特分析法来研究问题。

2）质量控制小组法强调协同工作和成员与集体的一致性。

3) 质量控制小组法强调进行质量控制统计方法培训。

一个小组在自愿的基础上由 8~10 人组成，这些人员是进行相关或相同工作的生产工程师、管理人员和工人。对所有人都要进行质量控制统计方法的培训，培训包括：因果图，质量控制图，巴雷特图，直方图，二项分布。其中，因果图是由日本人石川馨（Ishikawa）在 1950 年提出的，是指先确定一个结果，然后把它化为若干个称为原因的起作用的因素的统计方法。提出因果图首先要列出用材料、人员、机器、技术四种分类法表示的有关原因。此外，还要把有关原因反复分成更小的分原因。只有列出了全部可能的原因后，过程才终止。巴雷特分析建立在巴雷特原理的基础上。巴雷特（Vilfredo Pareto，1848—1923）是意大利社会活动家和经济学家，他关于质量控制的原理如下：在硬件生产中经常出现为数不多的缺陷，但从出现的频率和严重性来看，这些缺陷显得十分突出。巴雷特原理有助于识别应着重研究的范围，也能用来分析人的差错。

(4) 防止操作人员发生差错的预防措施 引起操作人员差错的原因如下，其中注意力不集中和疲劳是引起操作员差错的两个主要原因。

1) 注意力不集中。防止注意力不集中的措施包括：在重要场所安装能引起注意的装置；提供舒适的工作场所；在程序步骤之间避免过长的间隔等。

2) 疲劳。防止疲劳的措施包括：消除不合理的工作位置和操作方式；避免精力集中的时间过长；排除环境产生的应力和产生疲倦的精神因素等。

3) 注意不到重要的指示。仅凭指针显示危险情况易造成人的差错。若采用发声和发光手段来引起操作人员的注意，则可避免出现忽视重要显示的情况。

4) 操作员对控制器件的调整不精确。采用带定位销的控制器件或不需进行精密调整的控制器件可避免因操作员对控制器件调整不精确而引起的问题。对要求精确调节的控制装置，首先要求机构灵活且用力较小，同时可利用"咔嗒咔嗒"发声来控制装置，则能避免由操作人员引起的控制不精确问题。

5) 接通控制器件的顺序不对。为避免不按顺序要求接通控制装置，可在关键部位设置联锁装置，并保证功能控制装置按要求以一定的顺序排列。另外要避免采用外形相似或控制记号难以理解的控制装置。

6) 读错仪表读数。一般从仪表上读数会造成错误，可采取的预防措施包括：消除视觉误差问题；当仪表位置分散时，读表人可移动身体；合理安排仪表位置；采用数字排列方式以达到符合人视觉的要求等。

7) 用错控制器件。避免用错控制器件的办法包括：使用时不要用力过大；关键的控制器件不要离得很近或相似；控制器件不要使用难以看懂的标记等。

8) 振动和噪声的刺激。在不规则的振动和高噪声的环境下，操作易发生差错，可采用隔振器和吸声装置来克服，最好是从振源和声源上采取措施。

9) 设备有缺陷，该工作时不能工作。克服的办法是采取各种措施保证仪器工作正常并提供一些测试和校准的程序。

10) 没有遵照规程操作。不遵守规定的程序是操作人员产生差错的一个重要原因，其预防措施是避免太长、太慢或太快的操作程序和设置符合人的群体习惯的操作方式等。

11) 生理和心理上的应力。减轻和消除生理和心理上的应力是减少人的差错的重要方面，除了加强教育与培训之外，改善环境条件及创造和谐的氛围都是有力的预防措施。如工作场所的布置除保证操作人员能迅速地在设备之间活动并及时与其他操作人员保持联络外，应设法避免其他人员对操作人员个人空间的侵犯。这不仅涉及人体尺寸和感觉系统，还涉及人的性别、年龄、个性、文化、感情状态和人际关系等社会因素。

（5）容错与防错措施 为了尽量减少人的错误，在实际工作中人们运用了许多办法，如检查单制度、双岗制等，这里列出其中七条行之有效的方法。

1）提高操作的冗余度。冗余度一般是指为了保障设备或某项工作在非正常情况下也能正常运转，而增加的一个量。这样做的目的是保障安全，防止操作失误而导致事故发生。

2）系统界面改进。技术改进、容错和防错装置及程序的采用也是减少人员操作错误的重要途径。如航空运输中近地警告系统的大面积采用减少了约90%的可控飞行撞地事故；某些程序设计中没有考虑认读可能出错的因素，如3280有可能被误认为是2380从而导致事故的发生，但如果考虑该因素，将其改为3300，便可大大增加认读的准确性。

3）提高人的意识水平。保持良好的心境和情绪，避免消极心理和有害态度的影响，调整工作负荷，改变技能层次，增加任务难度等，都能在一定程度上提高意识水平。

4）检查单制度。事先对问题的解决方案进行归纳并制成检查单。一旦发生类似问题，对照检查单便可以从容不迫地应对。检查单须用心念，而不能死记硬背。念检查单要口到、手到、眼到，还要心到，才能使错误不漏掉。

5）按章办事，坚持标准操作程序。标准操作程序综合考虑安全、效益和操作方便，是精心设计和经验累积的结果。偏离标准操作程序是导致各类交通事故的主要原因。只有严格按章作业，杜绝违章操作，才能保证安全和效益。

6）班（机）组分工明确，配合协调。现代交通运输更加强调班（机）组的协调与配合。班（机）组成员之间应当进行信息交换以达到信息共享、协调配合、互相提醒的目的，从而及时纠正错误。若班（机）组缺少合理分工、协调配合以及充分的交流，可能造成班（机）组成员之间的操作矛盾，不了解对方的操作意图，后果是十分危险的。

7）主动报告安全问题，实事求是地对待人的错误。我国部分航空公司根据自身实际情况建立了自愿报告制度。需要指出的是自愿（主动）报告制度是事件报告体系的有益补充。尽管为了鼓励主动报告采取了减轻处罚或免于处罚的做法，但没有任何单位不加限制地无条件不处罚。处罚也是必不可少的手段之一，要看问题的实质和情节轻重，不能一概而论。

2.2 事故致因理论

2.2.1 事故致因理论的发展历程

事故是给人类带来财产损失和人员伤亡的事件。为了防止事故的发生，必须弄清事故为什么会发生，造成事故发生的致因因素是什么，事故发生过程是怎样的，以及如何防止事故发生。研究通过控制、消除事故致因因素来防止事故发生的理论称为事故致因理论。

事故致因理论是一定生产力发展水平的产物。在生产力发展的不同阶段，生产过程中的安全问题不同，特别是随着生产方式的变化，人们在生产过程中所处地位也发生变化，从而引起人们安全观念的变化，产生了反映安全观念变化的不同的事故致因理论。

20世纪50年代以前，工业生产方式是利用机械的自动化迫使人适应机器，一切以机器为中心，而人是机器的附属和奴隶。与这种情况相对应，人们往往将生产中的事故原因归结于操作者。

1919年，英国的格林伍德（M. Greenwood）和伍兹（H. H. Woods）通过统计分析发现，工人中的某些人比其他人更容易发生事故。1939年，法默（Farmer）等人据此提出了事故频发倾向的概念，其基本观点是，从事同样的工作和在相同的工作环境下，某些人比其他人更易发生事故，这些人即为事故倾向者，他们的存在会使生产中的事故增多，若通过人的性格特点等区分出这部分人而不予雇佣，就可以减少工业生产中的事故。因此，人员选择就成为预防事故的重要措施。但由于个性研究中量度界限难以确定以及不能解决危险的同等暴露等问题，该理论一直得不到证实。在现代社会中，该理论主要应用于工作任务分配、工作选择等方面，具有一定的参考价值。

1936年，美国安全工程师海因里希（H. W. Heinrich）提出事故因果连锁理论。该理论认为，伤害事故的发生是一连串的事件按一定因果关系依次发生的结果，并用多米诺骨牌形象地说明了这种因果关系。这一理论建立了事故致因的事件链的概念，为事故机理研究提供了一种极有价值的方法。但是，该理论与事故频发倾向理论类似，仅关注人的因素，把大多数的工业事故责任都归因于工人的不注意等方面，表现出时代的局限性。

第二次世界大战后，科学技术飞速发展，也促进了人们安全观念的变化。越来越多的人认为，不能把事故的发生简单地说成是人的性格缺陷或粗心大意，应该重视机械与物质的危险性在事故中的作用，强调实现生产条件、机械设备的固有安全，才能切实有效地减少事故的发生。

1949年，葛登（Gordon）利用流行病传染机理来论述事故的发生机理，提出了流行病学方法。葛登认为，流行病病因与事故致因之间具有相似性，可参照分析流行病因的方法分析事故。按照流行病学的分析，流行病的病因有三种，即当事者的特征（年龄、性别、心理状况、免疫能力等）、环境特征（温度、湿度、季节、社区卫生状况、防疫措施等）和致病媒介特征（病毒、细菌、支原体等）。这三种因素相互作用，可以导致人的疾病发生。与此类似，对于事故，一要考虑人的因素，二要考虑环境的因素，三要考虑引起事故的媒介。

1961年，由吉布森（Gibson）提出并由哈登（Hadden）完善的能量转移论是事故致因理论发展过程中的重要一步。该理论认为，事故是一种不正常的或不希望的能量转移，各种形式的能量构成了伤害的直接原因。因此，应该通过控制能量或控制能量载体来预防伤害事故，并提出了防止能量逆流人体的措施。

20世纪70年代以来，随着生产设备、工艺及产品越来越复杂，人们开始结合信息论、系统论和控制论的观点与方法进行事故致因分析，提出了一些有代表性的、现在仍发挥较大作用的事故致因理论。

1969年，由瑟利（J. Surry）提出的瑟利模型以人对信息的处理过程为基础描述了事故发生的因果关系。该理论认为，人在信息处理过程中出现失误从而导致人的行为失误，进而引发事故。1970年海尔（Hale）提出的海尔模型，1972年威格里沃思（Wigglesworth）提出的人失误的一般模型，1974年劳伦斯（Lawrence）提出的金矿山人失误模型以及1978年安德森（Anderson）等人对瑟利模型的扩展和修正等，都从不同角度探讨了人的失误与事故的关系。

1972年，本纳（Benner）提出扰动起源事故理论，即P理论，指出在处于动态平衡的系统中，是由于扰动的产生导致事故的发生。约翰逊（W. G. Johnson）于1975年提出变化—失误模型，塔兰茨（W. E. Talanch）在1980年介绍了变化论模型，佐藤吉信在1981年提出作用—变化与作用连锁模型，都从动态和变化的观点阐述了事故的致因。

20世纪80年代初期，人们又提出了轨迹交叉论。该理论认为，事故的发生不外乎是人的不安全行为和物的不安全状态两大因素综合作用的结果，即人、物两大系列时空运动轨迹的交叉点就是事故发生的所在。预防事故的发生就是设法从时空上避免人、物运动轨迹的交叉。

至今，事故致因理论虽然还不够完善，某个事故致因理论只能在对应类型事故的研究与分析中起到指导或参考作用，但该理论处在日益发展之中。对事故致因理论的研究有助于人们深入理解事故发生的机理，同时，该理论还可以指导事故调查分析及预防工作，为安全分析、安全评价和安全决策提供充分的信息和依据，实现安全管理的科学化。

2.2.2 事故频发倾向理论

本节主要介绍两种理论，即事故频发倾向理论和事故遭遇倾向理论。

1. 事故频发倾向

事故频发倾向（Accident Proneness）是指个别人容易发生事故的、稳定的、个人的内在倾向。

1926年，纽鲍尔德（E. M. Newbold）研究大量工厂中事故发生次数的分布，证明事故发生次数服从发生概率极小且每个人发生事故概率不等的统计分布。他计算了一些工厂中前5个月和后5个月里事故次数的相关系数，其分布范围为（0.04 ± 0.09）~（0.71 ± 0.06）。之后，马勃（Marbe）跟踪调查一个有3000人的工厂时发现，第一年里没有发生事故的工人在以后几年里平均发生0.30~0.60次事故；第一年里发生过一次事故的工人在以后几年里平均发生0.86~1.17次事故；第一年里发生过两次事故的工人在以后几年里平均发生1.04~1.42次事故，这些都充分证明了存在事故频发倾向者这一观点。1939年，法默和查姆勃（Chamber）明确提出事故频发倾向的概念，认为事故频发倾向者的存在是工业事故发生的主要原因。对于发生事故次数较多、可能是事故频发倾向者的人，可以通过一系列的心理学测试来判别。日本曾采用内田 - 克雷贝林测验（Uchida Krapelin Test）测试人员大脑工作状态曲线，采用YG测验（Yatabe - Guilford Test）测试工人的性格来判别事故频发倾向者。另外，也可以通过对工人日常行为的观察来发现事故频发倾向者。一般来说，具有事故频发倾向的人在进行生产操作时往往精神动摇，注意力不能经常集中在操作上，因而不能适应迅速变化的外界条件。事故频发倾向者往往有如下性格特征：感情冲动、容易兴奋；脾气暴躁；厌倦工作、没有耐心；慌慌张张、不沉着；动作生硬且工作效率低；喜怒无常、感情多变；理解能力低，判断和思考能力差；极度喜悦或悲伤；缺乏自制力；处理问题轻率、冒失；运动神经迟钝，动作不灵活等。

2. 事故遭遇倾向

事故遭遇倾向（Accident Liability）是指某些人员在某些生产作业条件下容易发生事故的倾向。研究表明，在事故发生的前后不同时期，事故发生次数的相关系数与作业条件有关。罗奇（Roche）发现，工厂规模不同，生产作业条件也不同，大工厂的事故发生次数相关系数在0.6左右，小工厂则或高或低，表现出作业条件的影响。高勃（P. W. Gob）考察了6年和12年两个时期内事故频发倾向的稳定性，结果发现前后两段时间内事故发生次数的相关系数与职业有关，其变化范围为 -0.08~0.72。当从事规则的重复性作业时，事故频发倾向较为明显。

明兹（A. Mintz）和布卢姆（M. L. B）建议用事故遭遇倾向取代事故频发倾向的概念，认为事故的发生不仅与个人因素有关，而且与生产条件有关。根据这一观点，克尔（W. A. Kerr）调查了53个电子工厂中的40项个人因素及生产作业条件因素与事故发生频度和事故后果严重度之间的关系，发现影响事故发生频度的主要因素有搬运距离短、噪声严重、临时工多、工人自觉性差等，与事故后果严重度有关的主要因素是工人的"男子汉"作风，其次是缺乏自觉性、缺乏指导、老年职工多、不连续出勤等。这也就说明事故发生情况与生产作业条件有着密切关系。

米勒等人的研究表明，对于一些危险性高的职业，工人需要一个适应期，在此期间内新工人容易发生事故。内田和大内田对东京出租车驾驶员的年平均事故件数进行了统计，发现平均事故数与参加工作后一年内的事故数无关，而与进入公司工作时间的长短有关。驾驶员们在刚参加工作的前3个月内发生事故的次数相当于每年5次，之后的3年内事故数急剧减少，在第5年时则稳定在每年一次左右，这符合经过训练可以减少失误的心理学规律，表明熟练可以大大减少事故。

3. 关于事故频发倾向理论的争议

关于事故频发倾向者存在与否的问题一直有争议。实际上，事故遭遇倾向就是对事故频发倾向理论的修正。但许多研究结果表明，事故频发倾向者并不存在。

1）当每个人发生事故的概率相等且极小时，一定时期内发生事故的次数服从泊松分布。根据泊松分布，大部分工人不发生事故，少数工人只发生一次，只有极少数工人发生2次以上事故。大量的统计资料表明大部分的事故发生服从泊松分布理论。如莫尔（D. I. Morh）等人研究了海上石油钻井工人连续两年时间内的伤害事故情况，得到了受伤次数多的工人数没有超出泊松分布范围的结论。

2）研究表明，某段时间内发生事故次数多的人在以后的时间里发生事故的次数往往不再多了，其并非永远是事故频发倾向者。即使做了数十年的试验及临床研究，也很难找出事故频发者稳定的个人特征，许多人发生事故是由他们行为的某种瞬时特征引起的。

3）根据事故频发倾向理论，防止事故发生的重要措施是人员选择。然而，研究表明，把事故发生次数多的工人调离后，企业的事故发生率并没有降低。如韦勒（Waller）对驾驶员的调查以及伯纳基（Bernacki）对铁路调车员的调查，都证实了调离或解雇发生事故多的工人并不能减少伤亡事故的发生率这一观点。

在实际生产中，企业对一些涉及安全的重要岗位往往要进行该岗位胜任人群的适宜性筛选。如某运输公司把发生事故多的驾驶员定为"危险人物"，并规定这些驾驶员不能担负长途运输任务，也取得了一定的事故预防效果。

2.2.3 道路交通事故因果理论

道路交通事故因果理论是根据事故的因果关系与逻辑关系来分析事故产生原因的理论。

1. 道路交通事故因果关系的类型

（1）连锁型 一个因素促成下一个因素发生，下一个因素又促成再下一个因素发生，彼此互为因果、互相连锁导致道路交通事故的发生。

如图 2-8 所示,由于甲车保养不良导致车辆撞伤行人,又由于车辆避让措施不当而撞翻畜力车,最后导致与乙车发生碰撞,这就是典型的连锁型道路交通事故。

(2) 多因致果型 又称集中型,是多种相互独立的原因在同一时间共同导致道路交通事故的发生。如图 2-9 所示,车辆碰撞可能由疲劳驾驶、灯光失效、视力不佳、制动不良等任意一个原因引起,这属于多因致果型因果关系。

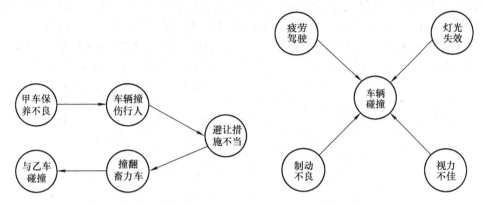

图 2-8　典型的连锁型道路交通事故　　　　图 2-9　多因致果型因果关系

(3) 复合型 某些因素连锁,某些因素集中,互相交叉、复合造成道路交通事故。如图 2-10 所示,复合型道路交通事故是连锁型和多因致果型二者的综合体。

2. 多米诺骨牌理论

海因里希最先提出事故因果连锁论,阐明了导致伤亡事故的各种因素之间以及这些因素与事故、伤害之间的关系。该理论的核心思想是:伤亡事故的发生不是一个孤立的事

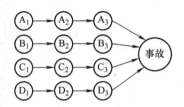

图 2-10　复合型道路交通事故

件,而是一系列原因事件相继发生的结果,即伤害与各原因相互之间具有连锁关系。海因里希把工业事故的发生、发展过程描述为具有如下因果关系的事件的连锁:①人员伤亡的发生是事故的结果;②事故的发生是人的不安全行为或(和)物的不安全状态导致的;③人的不安全行为、物的不安全状态是由人的缺点造成的;④人的缺点是由不良环境诱发的,或者是由先天遗传因素造成的。

(1) 多米诺骨牌理论的基本观点 海因里希认为,伤亡事故的发生是一连串事件按一定的顺序互为因果,他把导致伤害的事故分为五个因素或阶段,并将其看作是五个顺序放置的骨牌。一块骨牌倒下,就会引起后面的骨牌连锁倒下,最终导致伤害的发生,这就是多米诺(Domino)理论。

(2) 事故顺序的五个因素 海因里希提出的事故因果连锁过程包括以下五个因素:

1) 遗传及社会环境。遗传因素及社会环境是造成人的缺点的原因。遗传因素可能会使人具有鲁莽、固执、粗心等对于安全来说属于不良的性格,社会环境可能会妨碍人的安全素质培养,助长不良性格的发展。这些因素是因果链上最基本的因素。

2) 人的缺点,即由遗传因素和社会环境因素所造成的人的缺点。人的缺点是使人产生不安全行为或造成物的不安全状态的重要原因。这些缺点既包括鲁莽、固执、过激、神经质、轻率等先天性格缺陷,也包括缺乏安全生产知识和技能等后天不足。

3) 人的不安全行为或物的不安全状态。人的不安全行为或物的不安全状态是指那些曾

经引起过事故或可能引起事故的人的行为或机械、物质的状态，它们是造成事故的直接原因。海因里希认为，人的不安全行为是由人的缺点导致的，是造成事故的主要原因。

4）事故。事故是由于物体、物质、人或放射线等的作用或反作用，使人员受到或可能受到伤害、出乎意料、失去控制的事件。

5）损害或伤害，即直接由事故产生的财物损坏或人身伤害。

海因里希事故因果连锁过程可以用多米诺骨牌来形象地描述，如图2-11所示。在多米诺骨牌系列中，若一块骨牌被碰倒了，将发生连锁反应，其余的几块骨牌也会相继倒下。如果移去连锁中的一块骨牌，连锁将被破坏，过程也会被中止。因此，事故预防工作的中心就是防止人的不安全行为，消除物的不安全状态，中断事故连锁的进程从而避免事故的发生。

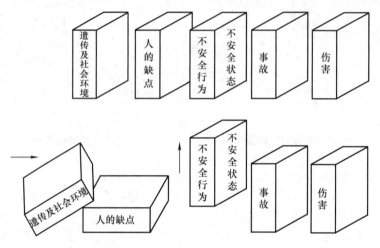

图2-11 海因里希事故因果连锁过程

（3）对预防和减少交通事故的意义 根据多米诺骨牌理论，移去因果连锁中的任一骨牌，将破坏连锁，中断事故连锁进程，从而达到预防伤害事故的目的。同时可以建立事故致因的事件链这一重要概念，清楚地验证在事故过程中实施干预的重要性，从而为后来者研究事故机理提供一种有价值的方法。

多米诺骨牌理论对于道路交通事故预防具有重要的指导意义：①道路交通事故是在一连串事件或环境中以一个固定的、逻辑的顺序发生的结果；②事故仅仅是事故顺序中的一个环节，如果消除了前几个环节中的任何一个环节，事故顺序就会中断，就不会导致伤害的发生；③人的不安全行为和物的不安全状态是导致事故发生的核心，预防道路交通事故应以消除中心环节为目标，使其之前的因素无效。

多米诺骨牌理论形象直观地揭示了事故发生的因果关系，指明了分析事故应从事故现象逐步深入到各层次的原因。

多米诺骨牌理论的不足之处在于，它将事故致因的事件过于绝对化。事实上，各块骨牌之间的连锁不是绝对的，而是随机的。

2.2.4 人失误的事故模型

1. 人失误的一般模型

1972年，威格里沃思提出，人失误构成了所有类型伤害的基础。他将人失误定义为错误地或不适当地响应一个刺激。他认为,人在操作过程中,会不断感受到危险信号的刺激,如果人能够正确恰当地响应这些刺激,事故就不会发生。如果人错误地或不适当地响应了一个刺激,就产生了人失误,就有可能出现危险。机会因素的不同情况会造成伤亡或无伤亡事故,图 2-12 所示为人失误的一般模型。

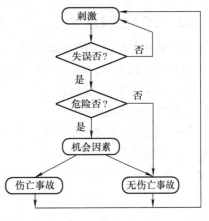

图 2-12　人失误的一般模型

2. 以人失误为主因的事故模型

上述模型仅阐述了因人失误导致事故发生的一般机理,并没有回答人为什么会发生失误,人失误后又是怎样导致事故的发生等问题。1974 年,劳伦斯提出了一个以人失误为主因的事故模型。该模型虽然是通过对南非金矿中的事故情况进行分析后得出的,但也普遍适用于比较复杂的事故情况。图 2-13 所示为以人失误为主因的事故模型。

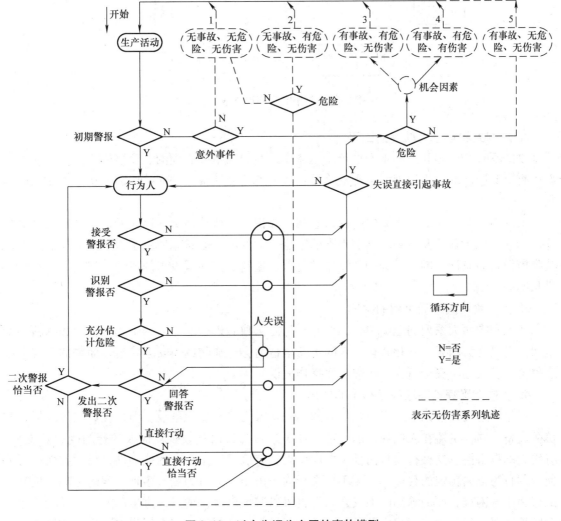

图 2-13　以人失误为主因的事故模型

2.2.5 轨迹交叉理论

1. 轨迹交叉理论的基本思想

轨迹交叉理论是人、物合一的归因理论,是着重强调人的不安全行为和物的不安全状态相互作用的事故致因理论。其基本观点是,伤害事故是许多互相关联的事件顺序发展的结果,这些事件概括起来即为人和物两个发展系列。人的不安全行为和物的不安全状态在发展过程中会受到各种因素的作用,并形成各自的运动轨迹。如图 2-14 所示,当人、物系列轨迹在一定的时间、空间发生接触(交叉)时,会产生能量失控的现象,能量"逆流"于人体时,伤害事故就发生了。

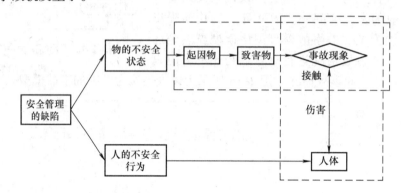

图 2-14 轨迹交叉理论事故模型

2. 影响人和物系列轨迹的因素

物的不安全状态和人的不安全行为是造成道路交通事故表面的、直接的原因,但它们后面还有更深层次的背景原因。管理缺陷就是造成道路交通事故的间接原因,也是本质的原因之一。

人的不安全行为取决于人的生理、心理、知识、技能等情况,而人的上述情况又会受到遗传因素、社会环境及教育培训等因素的影响;物的不安全状态取决于道路交通运输工具及其附属设备的设计、制造、维护和操作情况以及道路及其附属设施的设计、建设、养护和使用状况等。

3. 人、物两大系列之间的关系

在人和物两大系列的运动中,二者并不是完全独立进行的。人的不安全行为和物的不安全状态可以互为因果、互相转化。人的不安全行为会造成物的不安全状态,而物的不安全状态也会引发人的不安全行为,进而导致操作失误。

4. 轨迹交叉理论在事故预防中的应用

根据轨迹交叉理论的观点,消除人的不安全行为可以避免事故。但是应该注意到,人与机械设备不同,机器在人们规定的约束条件下运转,自由度较少,而人的行为受思想支配,有较大的自由性。这种行为自由性一方面使人具有搞好安全生产的能动性,另一方面也可能使人的行为偏离预定的目标,产生不安全行为。由于人的行为受到多种因素的影响,控制人的行为十分困难,而消除物的不安全状态也可以避免事故。通过改进生产工艺,设置有效安全防护装置,根除生产过程中的危险条件,即使人员产生了不安全行为也不致酿成事故。在安全工程中，把设施设备、物理环境等生产条件的安全称作本质安全。在所有的安全措施中，首先应该考虑的就是实现本质安全。但是，受实际的技术、经济条件等客观条件的限制，完全根除生产过程中的危险因素几乎是不可能的，只能努力减少与控制不安全因素，使事故不容易发生。在采取了工程技术措施，减少和控制了不安全因素的情况下，仍然要通过教育、训练和规章制度来规范人的行为，避免不安全行为的发生。

在实际工作中，应用轨迹交叉理论预防事故可以从以下三个方面考虑：

(1) 防止人、物运动轨迹的时空交叉 按照轨迹交叉理论的观点，防止和避免人、物运动轨迹的交叉是避免事故发生的根本出路。防止能量逸散，隔离、屏蔽、改变能量释放途径，脱离受害范围，保护受害者等防止能量转移的措施都是防止轨迹交叉的措施。另外，防止交叉还有另一层意思，就是防止时间交叉，人和物都在同一空间范围内，但占用空间的时间可以不同。如道路交叉口的车辆、行人信号控制系统就是将交通流在时间上进行分离。

(2) 控制人的不安全行为 其目的是切断轨迹交叉中行为的形成系列。人是机械、设备、环境的设计者、创造者、使用者和维护者，因此人的不安全行为在事故形成的过程中占有主导位置。人的行为受多方面因素影响，如作业时间紧迫程度、作业条件的优劣、个人生理心理素质、安全文化素质和家庭社会影响因素等。安全行为科学、安全人机学等对控制人的不安全行为都有较深入的研究，概括起来主要有如下控制措施：

1）在招工和职业聘用时应根据工作的特点、要求选择适合该职业的人员，认真考虑其各方面的素质，特别是从事特种作业的职工的选择以及职业禁忌证的问题，避免因职工生理、心理素质的欠缺而造成工作失误。

2）创造良好的行为环境，包括良好的人际关系和积极向上的集体精神、融洽和谐的同事关系及上下级关系；实行民主管理，职工参与管理的模式；尽一切努力消除工作环境中的有害因素，使机械、设备、环境适合人的工作，也使人容易适应工作环境，使工作环境达到安全、舒适、卫生的要求，从而减少人失误的可能性。

3）加强培训教育，提高职工的安全素质，包括文化素质、专业知识与技能、安全知识与技能。企业安全管理除了重视职工安全素质的提高以外，还应注重文化知识水平、专业知识与技能水平的提高，密切关注文化层次低、专业技能差的人群。应坚持一切行之有效的安全教育制度、形式和方法，如全员教育、特殊工种教育等制度，影视、广播、图片宣传等形式以及知识竞赛、无事故活动等方法。

4）严格管理，建立健全管理组织与机构，按国家要求配备安全人员，完善管理制度。贯彻执行国家安全生产方针和各项法规、标准，制订并落实企业安全生产长期规划和年度计划。实行全面、全员、全过程的安全管理，使企业形成人人管安全的氛围，才能有效防止违法现象的发生。

(3) 控制物的不安全状态 其目的是切断轨迹交叉中物的形成系列，最根本的解决办法是创造本质安全条件，使系统在人发生失误的情况下也不会发生事故。在条件允许的情况下，应尽量消除不安全因素，或采取防护措施削弱不安全状态的影响程度，这就要求在系统的设计、制造、使用等阶段采取严格的措施，使危险被控制在允许的范围之内。

2.2.6 能量意外释放理论

能量是物体做功的本领，人类社会的发展就是不断地开发和利用能量的过程。但能量也是对人体造成伤害的根源，没有能量就没有事故，没有能量就没有伤害。1961年吉布森（Gibson）提出解释事故发生物理本质的能量意外释放理论，并于1966年由哈登（Haddon）补充完善。其基本观点是，不希望或异常的能量转移是伤亡事故的致因，即人受伤害的原因只能是某种能量向人体的转移，而事故则是一种能量的不正常或不期望的释放。

能量按其形式不同可分为动能、势能、热能、电能、化学能、原子能、辐射能（离子辐射和非离子辐射）、声能和生物能等。人受到伤害都可归结为上述一种或若干种能量的不正常或不期望的转移。在能量意外释放理论中，能量引起的伤害可分为两类。第一类伤害是由于施加了超过局部或全身性的损伤阈值的能量而产生。人体各部分对每一种能量都有一个损伤阈值。当施加于人体的能量大于该阈值时，就会对人体造成损伤，大多数伤害均属于此类伤害。第二类伤害则是由影响局部或全身性的能量交换引起，包括机械因素或化学因素引起的窒息（溺水、一氧化碳中毒等）等。

能量意外释放理论中的另一个重要概念是，在一定条件下，某种形式的能量能否造成伤害及事故主要取决于人所接触的能量的大小、接触时间长短及频率、力的集中程度、受伤害的部位及屏障设置的早晚等。该理论阐明了伤害事故发生的物理本质，指明了防止伤害事故就是防止能量的意外释放，防止人体接触能量。因此，人们应经常注意生产过程中能量的流动、转换以及不同形式能量的相互作用，防止发生能量的意外释放或逸出。

用能量意外释放的观点分析事故致因的基本方法是，先确认某个系统内的所有能量源，然后确定可能遭受该能量伤害的人员及可能伤害的严重程度，进而确定控制该类能量不正常或不期望转移的方法。

能量意外释放理论与其他事故致因理论相比具有两个主要优点：①把各种能量对人体的伤害归结为伤亡事故的直接原因，从而决定了以对能量源及能量输送装置加以控制作为防止或减少伤害发生的最佳手段这一原则；②依照该理论所建立的对伤亡事故的统计分类可以全面概括并阐明伤亡事故的类型和性质。能量意外释放理论的不足之处在于，由于机械能（动能和势能）是工业伤害的主要能量形式，按能量意外释放的观点对伤亡事故进行统计分类的方法只具有理论上的优越性，在实际应用中却存在困难，需要对机械能的分类做更为深入细致的研究，以便对机械能造成的伤害进行分类。

从能量意外释放理论出发，预防伤害事故就是防止能量或危险物质的意外释放，防止人体与过量的能量或危险物质接触。约束、限制能量，防止人体与能量接触的措施称为屏蔽，这是一种广义的概念。常用的屏蔽措施主要有以下几种：

1）用安全的能源代替不安全的能源。有时使用的能源危险性较高，可考虑用较安全的能源取代。如在容易发生触电的作业场所用压缩空气代替电力可以防止触电事故。但是，绝对安全的事物是没有的，以压缩空气作为动力虽然避免了触电事故，但压缩空气管路破裂、脱落的软管抽打等都可能带来新的危害。

2）限制能量。在生产工艺中尽量采用低能量的工艺或设备，这样一来，即使发生了意外的能量释放，也不至于发生严重伤害。如利用低电压设备防止电击，限制设备运转速度以防止机械伤害等。

3）防止能量蓄积。能量的大量蓄积会导致能量突然释放，因此要及时泄放多余的能量，防止能量蓄积。如通过接地消除静电蓄积，利用避雷针放电保护重要设施等。

4）缓慢地释放能量。缓慢地释放能量可以降低单位时间内释放的能量，减轻能量对人体的作用。如各种减振装置可以吸收冲击能量，防止人员受到伤害。

5）设置屏蔽设施。屏蔽设施是一些防止人员与能量接触的物理实体，可以设置在能源上（如安装在机械转动部分外面的防护罩），也可以设置在人员与能源之间（如安全围栏）。人员佩戴的个体防护用品可看作是设置在人员身上的屏蔽设施。

6）在时间或空间上把能量与人隔离。在生产过程中也有两种或两种以上的能量相互作用引起事故的情况。如一台吊车移动的机械能作用于化工装置时会使化工装置破裂，造成有毒物质泄漏，引起人员中毒。针对两种能量相互作用的情况，可考虑设置两组屏蔽设施，一组设置于两种能量之间，防止能量间的相互作用，另一组设置于能量与人之间，防止能量达及人体。

7）信息形式的屏蔽。各种警告措施等信息形式的屏蔽可以阻止人员的不安全行为或者避免发生行为失误，防止人员接触能量。根据可能发生的意外释放能量的大小，可以设置单一屏蔽或多重屏蔽，并且应该尽早设置屏蔽，防患于未然。

从能量的观点出发，按能量与被害者之间的关系，可以把伤害事故分为以下三种类型，相应的可以采取不同的措施预防伤害：

1）能量在规定的能量流通渠道中流动，人员意外进入能量流通渠道而受到伤害。设置防护装置之类的屏蔽设施防止人员进入可以避免此类事故。此外，警告、劝阻等信息形式的屏蔽也可以约束人的行为。

2）在与被害者无关的情况下，能量意外地从原来的渠道里逃脱出来，开辟新的流通渠道使人员受到伤害。按事故与伤害发生时间之间的关系可分为两种情况：①事故发生的瞬间人员即受到伤害，受害者甚至尚不知发生了什么就遭受了伤害。在这种情况下，人员没有时间采取措施避免伤害。为了防止伤害，必须全力以赴地控制能量，避免事故的发生。②事故发生后人员有时间躲避能量的作用，可以采取恰当的对策防止受到伤害。如在发生火灾或有毒有害物质泄漏事故的场合，远离事故现场的人们可以恰当地采取隔离、撤退或者避难等行动，避免遭受伤害。此情况下人员行为正确与否往往决定着他们的生死存亡。

3）能量意外地越过原有的屏蔽设施而开辟新的流通渠道，同时被害者误进入新开通的能量渠道而受到伤害。这种情况实际上较少发生。

2.2.7 系统理论

系统理论把人、机、环境作为一个系统（整体），研究人、机、环境之间的相互作用、反馈和调整，从中发现事故的致因，揭示预防事故的途径。

系统理论着眼于下列问题：机械的运行情况和环境状况如何；人的特性（生理、心理、知识技能）如何；人对系统中危险信号的感知、认识理解和行为响应如何；机械特性与人的特性是否相匹配；人的行为响应时间与系统允许响应时间是否相容等。在这些问题中，系统理论特别关注对人的特性的研究，包括人对机械和环境状态变化信息的感觉和察觉，对这些信息的认识和理解情况，采取适当响应行动的知识，面临危险时的决策，响应行动的速度和准确性等。

系统理论认为，事故的发生来自于人的行为与机械特性的不协调，是多种因素互相作用的结果。系统理论有多种事故致因模型，虽然它们的形式不同，但涉及的内容大体相同。其中瑟利模型和安德森模型比较具有代表性。

1. 瑟利模型

瑟利模型是 1969 年由美国人瑟利提出的，是一个典型的根据人的认知过程分析事故致因的理论。如图 2-15 所示，瑟利模型把事故的发生过程分为危险出现（形成潜在危险）和危险释放（危险由潜在状态变为现实状态）两个阶段，在危险出现阶段，如果人的信息处理的每个环节都正确，危险就能被消除或得到控制，反之，就会使操作者直接面临危险；在危险释放阶段，如果人的信息处理过程的各个环节都是正确的，虽然面临已经显现出来的危险，但仍然可以避免危险释放出来，不会带来伤害或损害；反之，危险就会转化成伤害或损害。

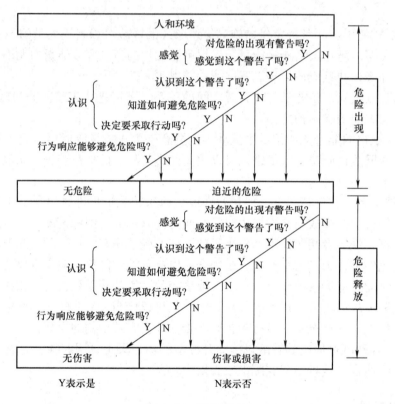

图 2-15　瑟利模型

该模型中，危险出现和危险释放两个阶段具有相似的信息处理过程，即感觉、认识和行为响应三个部分，它们分别通过一个或几个问题来描述。

1）对危险的出现有警告吗？警告是指工作环境中对安全状态与危险状态之间差异的指示。任何危险的出现都伴随着某种变化，只是有些变化易于察觉，有些则不然。只有使人感觉到这种变化或差异，才有避免或控制事故的可能。

2）感觉到这个警告了吗？包括两个方面：①人的感觉能力问题，如视力、听力等较差，过度集中注意力于工作或其他方面；②工作环境对人的感觉能力的影响问题。

3）认识到这个警告了吗？主要是指操作者在感觉到警告信息之后，是否能够正确理解该警告的含义，进而较为准确地判断出危险可能造成的后果及其发生的可能性。

4）知道如何避免危险吗？主要指操作者是否具备为避免或控制危险做出正确的行为响

应所需要的知识和技能。

5）决定要采取行动吗？无论是危险的出现或释放，其是否会对人或系统造成伤害或损害是不确定的。在有些情况下，采取行动虽然可以消除危险，却要付出相当大的代价，特别是运输、冶金、化工等企业中连续运转的系统。是否立即采取行动应主要考虑两个方面的问题：①该危险立即造成损失的可能性；②现有的措施和条件能够控制该危险的可能性，包括操作者本人控制和避免危险的技能。当然，这种决策也与经济效益、工作效率紧密相关。

6）能够避免危险吗？在操作者决定采取行动的情况下，能否避免危险取决于人采取行动的迅速、正确、敏捷与否以及是否有足够的时间等其他条件。

上述六个问题中，前两个问题均与人对信息的感觉有关，第 3～5 个问题与人的认识有关，最后一个问题与人的行为响应有关。这六个问题涵盖了人的信息处理全过程，并且反映了在此过程中可能导致事故的因素。

瑟利模型不仅分析了危险出现、释放直至导致事故的原因，而且为事故预防提供了一个良好的思路。要想预防和控制事故，首先应采用技术的手段使危险状态充分地显现出来，使操作者能够有更好的机会感觉到危险的出现或释放，这样才有预防或控制事故的条件和可能；其次，应通过培训和教育的手段提高人对危险信号的敏感性，包括抗干扰能力等，同时也应采用相应的技术手段帮助操作者正确地感觉危险状态信息，如采用能避开干扰的警告方式或加大警告信号的强度等；再次，应通过教育和培训的手段，使操作者在感觉到警告之后能够准确地理解其含义，并知道应采取何种措施避免危险发生或控制其后果，在此基础上结合各方面的因素做出正确的决策；最后，应通过系统及其辅助设施的设计，使人在做出正确的决策后有足够的时间和条件并且能够迅速、敏捷、正确地做出行为响应，这样一来，事故就会在相当大的程度上得到控制，可以取得良好的预防效果。

2. 安德森模型

瑟利模型实际上研究的是已经存在潜在危险（存在于机械的运行和环境中）的客观情况下，人与危险之间的关系、反馈和调整控制的问题，并没有探究为什么会产生潜在危险，也没有涉及机械及其周围环境的运行过程。安德森等人在分析 60 件工业事故时应用了瑟利模型并发现了上述问题，从而对它进行了扩展，形成了安德森模型，如图 2-16 所示。该模型是在瑟利模型的基础上增加了一组问题，所涉及的是危险线索的来源及可察觉性、运行系统内的波动（机械运行过程及环境状况的不稳定性），以及控制或减少这些波动使之与人（操作者）的行为的波动相一致。

安德森模型对工作过程提出的八个问题如下：

1）过程是可控制的吗？不可控制的过程（如闪电）带来的危险无法避免，此模型所讨论的是可控制的工作过程。

2）过程是可以观察的吗？指的是依靠人的感官或借助于仪表设备能否观察了解工作过程。

3）察觉是可能的吗？指的是工作环境中的噪声、照明不良、栅栏等是否会妨碍对工作过程的观察了解。

4）对信息的理智处理是可能的吗？此问题有两方面的含义，一是问操作者是否知道系统是怎样工作的，如果系统工作不正常，他是否能感觉、认识到这种情况；二是问系统运行给操作者带来的疲劳、精神压力（如长期处于高度精神紧张状态）以及注意力减弱是否会

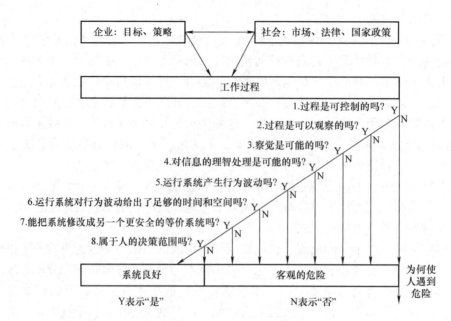

图 2-16 安德森模型

妨碍其对系统工作状况的准确观察和了解。

上述四个问题的含义与瑟利模型第一阶段问题的含义有类似的地方，不同的是安德森模型针对整个系统，而瑟利模型仅仅针对具体的危险线索。

5）运行系统产生行为波动吗？指的是操作者行为响应的稳定性如何，是否有不稳定出现以及不稳定波动的大小。

6）运行系统对行为波动给出了足够的时间和空间吗？指的是运行系统（机械、环境）是否有足够的时间和空间以适应操作者行为的不稳定性。如果否，则转入下一个问题才能保证系统安全。

7）能把系统修改成另一个更安全的等价系统吗？其目的是使系统能够适应操作者行为在预期范围内的不稳定性。

8）属于人的决策范围吗？指修改系统是否可以由操作和管理人员做出决定。尽管系统可以被改为安全系统，但如果操作和管理人员无权改动，或者涉及政策法律，不属于人的决策范围，那么修改系统也不可能实现。

对模型中的每个问题，若回答肯定，则能保证系统安全可靠；若对问题 1~4、7~8 做出否定答复，则会导致系统产生潜在的危险，从而转入瑟利模型。对问题 5 若回答否定，则跨过问题 6、7 而直接回答问题 8。对问题 6 若回答否定，则要进一步回答问题 7，才能继续系统的发展。

2.3 事故预防理论

2.3.1 事故预防目标

事故预防的目标，包括道德、法律和经济三个方面。

1. 道德的目标

道德的目标是从任何一个人都要关心他人的观念出发的。随着物质文化生活水平的逐步提高，人们对安全与健康的要求越来越强烈，环境问题、人口问题、产品安全问题等均引起了广泛讨论。越来越多的人认为，为了盈利或者其他目的引起工作场所内外的人的安全与健康的风险问题，从道德上讲是无法接受的，由于伤残和死亡而造成的艰难和痛苦是无法用金钱来衡量的。

2. 法律的目标

法律的目标是由国家的法律所规定的，当违背及未能遵守法律时，就会受到起诉及一系列强制性行动的处理。根据法律，受到伤害的工人和其他人是由于企业破坏了其法律义务或未能达到法律所规定的标准，因而应得到法律规定的赔偿。

3. 经济的目标

经济的目标是确保企业的财政状况，持续保证职业安全健康，避免造成与事故相关的损失，包括雇主的现金损失、社区及社会因工人伤亡而受到的损失、财产的损失及工作受到影响而造成的损失。其中的一些项目可以列入保险之中，称为直接损失。由于索赔、保险金也要增加，一旦发生事故，总的开支也会增加。间接损失包括没有保险的财产损失、计划延期、加班支出、由事故引起的管理付出及维修、重建造成的产量下降等费用。

2.3.2 事故预防原则

事故有其固有规律，除了人类无法左右的自然因素造成的事故（地震、洪水、泥石流等）以外，在生产和生活中所发生的各种事故是可以预防的。事故的预防工作应该从技术和组织管理两方面考虑，应遵循的基本原则如下：

1. 技术原则

在生产过程中，客观存在的隐患是事故发生的前提。因此，要预防事故的发生，就需要针对隐患采取有效的技术措施进行治理，在治理过程中应当遵循的基本原则包括：

（1）**消除潜在危险原则** 即从本质上消除事故隐患，其基本做法是以新的系统、技术和工艺代替旧的不安全的系统和工艺，从根本上消除发生事故的可能性，从而最大可能地保证生产过程的安全。如改进机器设备，消除人体操作对象与作业环境的危险因素，消除噪声、尘毒对工人的影响等。

（2）**降低潜在危险严重度原则** 即在无法彻底消除危险的情况下，最大限度地限制和减少危险程度。如手电钻工具采用双层绝缘措施，利用变压器降低回路电压，在高压容器中安装安全阀等。

（3）**闭锁原则** 在系统中将一些元器件的机器联锁或机电、电气互锁作为保证安全的条件。如冲压机械的安全互锁器，电路中的自动保护器。

（4）**能量屏蔽原则** 在人、物和危险源之间设置屏障，防止意外能量作用到人体与物体，以保证人与设备的安全。如建筑高空作业的安全网，核反应堆的安全壳等。

（5）**距离保护原则** 当危险和有害因素的伤害作用随着距离的增加而减弱时，应尽量使人与危害源距离远一些。如爆破时的危险距离控制等。

（6）**个体保护原则** 根据不同作业性质与条件，配备相应的保护用品及用具，以保护作业人员的安全与健康。如采取安全带、护目镜等。

（7）警告、禁止信息原则　用光、声、色等其他标志作为传递组织和技术信息的目标，以保证安全。如警灯、警报器、安全标志、宣传画等。

此外，还有时间保护原则、薄弱环节原则、坚固性原则、代替作业人员原则等，可以根据需要确定采取相关的预防事故的技术原则。

2. 组织管理原则

预防事故的发生不仅要遵循上述技术原则，还要在组织管理上采取相关措施，才能最大限度地减少事故发生。

（1）系统整体性原则　安全工作是一项系统性、整体性的工作，涉及企业生产过程中的各个方面。安全工作的整体性要体现出有明确的工作目标，综合考虑问题的原因，动态认识安全状况，落实措施要有主次，要有效抓住各个环节，并且能够适应变化的要求。

（2）计划性原则　安全工作要有计划和规划，近期和长远的目标要协调进行。工作方案、人财物的使用要按照规划进行，并且有最终的评价，形成闭环的管理模式。

（3）效果性原则　安全工作的好坏要通过最终成果来衡量。但由于安全问题的特殊性，安全工作的成果既要考虑经济效益，又要考虑社会效益。正确认识和理解安全的效果性，是落实安全生产措施的重要前提。

（4）党政工团协调安全工作原则　党制定正确的安全生产方针和政策，教育干部和群众遵章守法，了解和解决工人的思想负担，把不安全行为变为安全行为。政府实行安全监察管理职责，不断改善劳动条件，提高企业生产的安全性。工会代表工人的利益，监督政府和企业把安全工作搞好。青年是有生力量，青年工人中往往事故发生率高，因此动员青年开展事故预防活动是安全生产的重要保证。

（5）责任制原则　各级政府及相关的职能部门和企事业单位应当实行安全生产责任制，对违反劳动安全法规和不负责任的人员造成的伤亡事故应当给予行政处罚，造成重大伤亡事故的应当追究其刑事责任。只有将安全责任落到实处，安全生产才能得以保证，安全管理才能有效。

2.3.3　事故法则

事故法则是事故的统计规律，又称 1∶29∶300 法则，是指每 330 次事故中可能会造成死亡或重伤事故有 1 次，轻伤或微伤事故有 29 次，无伤害事故有 300 次，这一法则是海因里希统计分析了 55 万起工业伤害事故后提出的。根据事故法则的比例关系绘制成的三角形图称为事故三角形，如图 2-17 所示。

图 2-17　事故三角形

事故法则表明，要消除 1 次死亡或重伤事故以及 29 次轻伤或微伤事故，必须首先消除 300 次无伤害事故。防止灾害的关键不在于防止伤害，而是要从根本上防止事故。因此，安全工作必须从基础抓起，若基础安全工作做得不好，小事故不断，就很难避免大事故的发生。

2.3.4　海因里希工业安全公理

海因里希在《工业事故防止》一书中对事故预防工作进行了深入研究，提出工业事故预防的十项原则，称为海因里希工业安全公理（Axioms of Industrial Safety），具体内容如下。

1）工业生产过程中人员伤亡的发生往往是处于一系列因果连锁末端的事故的结果，而事故的起因通常是人的不安全行为或（和）物的不安全状态。

2）人的不安全行为是大多数工业事故的原因。

3）由于不安全行为而受到伤害的人几乎重复了300次以上没有造成伤害的同样事故。即人员在受到伤害之前已经面临数百次来自物方面的危险。

4）在工业事故中，人员受到伤害的严重程度具有随机性。大多数情况下，人员在事故发生时可以免遭伤害。

5）人员产生不安全行为的主要原因包括：

① 不正确的态度——个别职工忽视安全，甚至故意采取不安全行为。

② 技术、知识不足——缺乏安全生产知识，缺乏经验或技术不熟练。

③ 身体不适——生理状态或健康状况不佳，如听力、视力不良，反应迟钝、疾病、醉酒或其他生理机能障碍。

④ 物的不安全状态及不良的物理环境——照明、温度、湿度不适宜，强烈的噪声、振动，物料堆放杂乱，作业空间狭小，设备、工具缺陷等不良的物理环境，以及操作规程不合适、没有安全规程和其他妨碍贯彻安全规程的事物。

以上原因因素是采取不安全行为预防措施的依据。

6）防止工业事故的四种有效方法包括：①工程技术方面的改进。②对人员进行说服、教育。③人员调整。④惩戒。

7）防止事故的方法与企业生产管理、成本管理及质量管理的方法类似。

8）企业领导者有进行事故预防工作的能力，并且能把握进行事故预防工作的时机，应该承担预防事故工作的责任。

9）专业安全人员及车间干部、班组长是预防事故的关键，他们工作的好坏对能否做好事故预防工作有重要影响。

10）除了人道主义动机之外，以下两种强有力的经济因素也是促进企业事故预防工作的动力：①安全的企业生产效率高，不安全的企业生产效率低；②事故后用于赔偿及医疗费用的直接经济损失只占事故总经济损失的1/5。

随着时代的发展、社会的进步以及人们认识的深化，该公理中的一些观点已经不再是自明之理了，许多新观点、新理论相继问世，但该理论中的许多内容仍然具有强大的生命力，在现今的事故预防工作中仍有重大的影响力。

2.3.5 事故预防的3E准则

海因里希把造成人的不安全行为和物的不安全状态的主要原因归结为四个方面：不正确的态度；技术、知识不足；身体不适；不良的工作环境。针对这四个方面的原因，海因里希提出在工程技术方面改进、说服教育、人事调整和惩戒四种对策。这四种安全对策后来被归纳为众所周知的3E准则，包括：

1）工程技术（Engineering），即利用工程技术手段消除不安全因素，实现生产工艺、机械设备等生产条件的安全。

2）教育（Education），即利用各种形式的教育和训练使职工树立安全第一的思想，掌握安全生产所必需的知识和技能。

3）强制（Enforcement），即借助规章制度、法规等必要的行政乃至法律手段约束人们的行为。

其中，工程技术着重解决物的不安全状态的问题，教育则主要着眼于人的不安全行为的问题，而强制则要求人必须怎么做。

一般来讲，在选择安全对策时应该首先考虑工程技术措施，然后是教育、训练。实际工作中，应该针对不安全行为和不安全状态的产生原因灵活采取对策。如对关键岗位上的人员要认真挑选，并且加强教育和训练，若能从工程技术上采取措施，则应该优先考虑；对于技术、知识不足的问题，应该加强教育和训练，提高其知识水平和操作技能；尽可能根据人机学原理进行工程技术方面的改进，降低操作的复杂程度；为了解决身体不适的问题，在分配工作任务时要考虑心理学和医学方面的要求，并尽可能从工程技术上改进，降低对人员素质的要求；对于不良的物理环境，应采取恰当的工程技术措施来改进等。即使在采取了工程技术措施，减少并控制了不安全因素的情况下，仍然要通过教育、训练和强制手段来规范人的行为，避免不安全行为的发生。

为了防止事故发生，不仅要在上述三个方面实施事故预防与控制的对策，还应始终保持三者间的均衡，合理地采取相应措施，只有综合使用上述措施，才有可能搞好事故预防工作。

2.3.6 事故预防工作五阶段模型

海因里希将事故预防定义为以控制人的不安全行为与物的不安全状态为目标而开展的以某些知识、态度和能力为基础的综合性工作以及一系列相互协调的活动。掌握事故发生及预防的基本原理，树立对人类、国家负责的基本态度，拥有从事事故预防工作的知识和能力，是开展事故预防工作的基础。在此基础上，事故预防工作包括以下五个阶段：

1）建立健全事故预防工作组织，形成由企业领导牵头的、包括安全管理人员和安全技术人员在内的事故预防工作体系，并切实发挥其效能。

2）通过实地调查、检查、观察及对有关人员的询问，加以认真判断与研究，同时对事故原始记录反复研究，收集第一手资料，找出事故预防工作中存在的问题。

3）分析事故及不安全问题产生的原因，包括弄清伤亡事故发生的频率、严重程度、场所、工种、生产工序、有关的工具、设备及事故类型等，找出其直接原因和间接原因，主要原因和次要原因。

4）针对分析事故和不安全问题所得到的原因，选择恰当的改进措施，包括工程技术方面的改进、对人员说服教育、人员调整、制定及执行规章制度等。

5）实施改进措施。通过工程技术措施实现机械设备、生产作业条件的安全，消除物的不安全状态；通过人员调整、教育、训练，消除人的不安全行为。在实施过程中要进行监督。

以上被称作事故预防工作五阶段模型，该模型包括企业事故预防工作的基本内容。但是，它以实施改进措施作为事故预防的最后阶段，不符合认识实践—再认识—再实践的认识规律以及事故预防工作永无止境的客观规律。因此，对事故预防工作五阶段模型进行改进，得到图2-18所示的改进的事故预防工作五阶段模型。

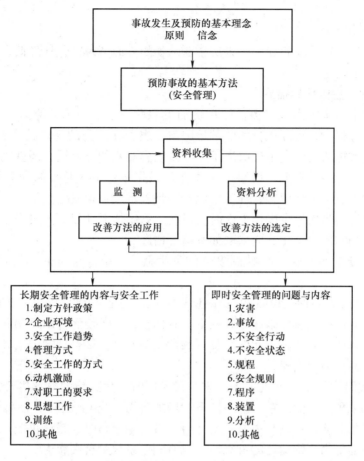

图 2-18 改进的事故预防工作五阶段模型

事故预防工作是一个不断循环与提高的过程，不可能一劳永逸。预防事故的基本方法是安全管理，包括：资料收集，对资料进行分析来查找原因，选择改进措施，实施改进措施，对实施过程及结果进行监测和评价，在监测和评价的基础上再收集资料，发现问题等。

事故预防工作的成败，取决于有计划、有组织地采取改进措施的情况，特别是执行者工作的好坏。海因里希认为，建立与维持职工对事故预防工作的兴趣是事故预防工作的第一原则，其次是要不断地分析问题和解决问题。因此，为了获得事故预防工作的成功，必须建立健全事故预防工作组织，采用系统的安全管理方法，唤起和维持广大干部职工对事故预防工作的重视，不断做好日常安全管理工作。

改进措施可分为直接控制人员操作及生产条件的即时措施，以及通过指导、训练和教育逐渐养成安全操作习惯的长期改进措施。前者对现存的不安全状态及不安全行为立即采取措施解决，后者用于克服隐藏在不安全状态及不安全行为背后的深层原因。如果有可能运用技术手段消除危险状态、实现本质安全，无论是否存在人的不安全行为，都应该首先考虑采取工程技术上的对策。当某种人的不安全行为引起或可能引起事故，而又没有恰当的工程技术手段防止事故发生时，应立即采取措施防止不安全行为反复发生。

2.3.7 本质安全化方法

预防事故应当采取的本质安全化方法主要从物的方面考虑，包括降低事故发生概率和降低事故严重程度的措施。

1. 降低事故发生概率的措施

影响事故发生概率的因素很多，如系统的可靠性、系统的抗灾能力、人的失误和违章等。在生产作业过程中，既存在自然的危险因素，也存在人为的生产技术方面的危险因素。这些因素能否导致事故发生，不仅取决于组成系统各要素的可靠性，还受到企业管理水平和物质条件的限制。因此，降低系统事故发生概率最根本的措施是设法使系统达到本质安全化，使系统中的人、物、环境和管理安全化。一旦设备或系统发生故障，能自动排除、切换或安全地停止运行；当人发生操作失误时，设备、系统能自动保证人机安全。

要做到系统的本质安全化，应采取如下综合措施。

(1) 提高设备的可靠性 要控制事故的发生概率，提高设备的可靠性是基础。为此，应采取以下措施：

1) 提高元件的可靠性。设备的可靠性取决于组成元件的可靠性，要提高设备的可靠性，必须加强对元件的质量控制和维修检查，具体包括：①使元件的结构和性能符合设计要求和技术条件，选用可靠性高的元件代替可靠性低的元件。②合理规定元件的使用周期，严格检查维修，定期更换或重建。

2) 增加备用系统。在规定时间内，多台设备同时发生故障的概率等于每台设备单独发生故障的概率的乘积。因此，在一定条件下，增加备用系统（设备），使每台单元设备或系统都能完成同样的功能，一旦其中一台或几台设备发生故障时，系统仍能正常运转，不致中断正常运行，从而提高系统运行的可靠性，也有利于系统的抗灾救灾。

3) 对处于恶劣环境下运行的设备采取安全保护措施。为了提高设备运行的可靠性，防止发生事故，对处于恶劣环境下运行的设备应当采取安全保护措施。如对处于有摩擦、腐蚀、浸蚀等条件下运行的设备，应采取相应的防护措施；对振动大的设备应加强防振、减振和隔振措施等。

4) 加强预防性维修。预防性维修可以有效排除事故隐患以及设备的潜在危险，为此，应制定相应的维修制度并认真贯彻执行。

(2) 选用可靠的工艺技术，降低危险因素的感度 危险因素的存在是事故发生的必要条件，危险因素的感度是指危险因素转化成事故的难易程度。降低危险因素的感度，关键是选用可靠的工艺技术。

(3) 提高系统的抗灾能力 系统的抗灾能力是指当系统受到自然灾害和外界事物干扰时，自动抵抗而不发生事故的能力，或是指系统中出现某危险事件时，系统自动将事态控制在一定范围的能力。如采用漏电保护装置，安全监测、监控装置等安全防护装置。

(4) 减少人的失误 由于人在生产过程中的可靠性远比机电设备差，很多事故大多因人的失误造成，降低系统事故发生概率，必须首先减少人的失误，主要方法有：

1) 对工人进行充分的安全知识、安全技能、安全态度等方面的教育和训练。

2) 以人为中心，改善工作环境，为工人提供安全性较高的劳动生产条件。

3) 提高机械化程度，尽可能用机器操作代替人工操作，减少现场工作人员。

4）注意采用人机工程学原理进行系统设计，合理分配人机功能，并改善人机接口的安全状况。

（5）加强监督检查　建立健全各种自动制约机制，加强专职与兼职、专管与群管相结合的安全检查工作，对系统中的人、事、物进行严格监督检查在各种劳动生产过程中必不可少。实践表明，只有加强安全检查工作，才能有效保证企业的安全生产。

2. 降低事故严重度的措施

事故严重度指因事故造成的财产损失和人员伤亡的严重程度。事故的发生是由系统中的能量失控造成的，事故的严重度与系统中危险因素转化为事故时释放的能量大小有关，能量越高，事故的严重度越大。因此，降低事故严重度十分重要，目前可采取的措施有：

（1）限制能量或分散风险　为了减少事故损失，必须对危险因素的能量进行限制，如各种油库、火药库的储存量的限制，各种限流、限压、限速设备。此外，通过把大的事故损失化为小的事故损失也可达到分散风险的效果。

（2）防止能量逸散　防止能量逸散就是设法把有毒、有害、有危险的能量源储存在有限允许范围内而不影响其他区域的安全，如防爆设备的外壳、密闭墙、密闭火区、放射性物质的密封装置等。

（3）加装缓冲能量装置　在生产中，设法使危险源能量的释放速度减慢可大大降低事故的严重度。使能量释放速度减慢的装置称为缓冲能量装置。在工业企业和生活中使用的缓冲能量装置较多，如汽车、轮船上装备的缓冲设备、缓冲阻车器，以及各种安全带、安全阀等。

（4）避免人身伤亡　包括防止发生人身伤害和一旦发生人身伤害时采取的相应急救措施，如采用遥控操作、提高机械化程度、使用整体或局部的人身个体防护。在生产过程中应注意及时观察各种灾害的预兆，以便采取有效措施防止事故发生。即使不能防止事故发生，也可及时撤离人员，避免人员伤亡。做好救护和工人自救准备工作，对降低事故的严重度有着十分重要的意义。

2.3.8　人机匹配法

事故的发生往往因人的不安全行为和物的不安全状态造成。因此，为了防止事故的发生，主要应当防止出现人的不安全行为和物的不安全状态，在此基础上充分考虑人和物的特点，使之在工作中相互匹配，对防止事故的发生十分有益。

1. 防止人的不安全行为

为了防止出现人的不安全行为，首先要对人员的结构和素质情况进行分析，找出容易发生事故的人员层次和个人以及最常见的人的不安全行为。然后，在对人的身体、生理、心理进行检查测验的基础上，合理选配人员。从研究行为科学出发，加强对人的教育、训练和管理，提高生理心理素质，增强安全意识，提高安全操作技能，从而最大限度地减少、消除不安全行为。可采取的具体措施包括：

1）职业适应性检查。
2）人员的合理选拔和调配。
3）安全知识教育。

4）安全态度教育。
5）安全技能培训。
6）制定作业标准和异常情况处理标准。
7）作业前的培训。
8）制定和贯彻实施安全生产规章制度。
9）开好班前会。
10）实行确认制。
11）作业中的巡视检查，监督指导。
12）竞赛评比，奖励惩罚。
13）经常性的安全教育和活动。

2. 防止物的不安全状态

为了消除物的不安全状态，应把重点放在提高技术装备（机械设备、仪器仪表、建筑设施等）的安全化水平上。技术装备安全化水平的提高也有助于改善安全管理以及防止人的不安全行为。可以说，技术装备的安全化水平在一定程度上决定了工伤事故和职业病的发生概率。

为了提高技术装备的安全化水平，必须大力推行本质安全技术，具体包括以下两方面的内容：

1）失误安全功能，指操作者即使操纵失误也不会发生事故和伤害。或者说设备、设施或工艺技术具有自动防止人的不安全行为的功能。

2）故障安全功能，指设备、设施发生故障或损坏时还能暂时维持正常工作或自动转变为安全状态。

上述安全功能应该潜藏于设备、设施或工艺技术内部，即在它们的规划设计阶段就应该被纳入，而不应在事后再行补偿。

3. 人机相互匹配

随着科学技术的进步，人类的生产劳动越来越多地被各种机器所代替，如各类机械取代了人的手脚，检测仪器代替了人的感官，计算机部分地代替了人的大脑。用机器代替人，既减轻了人的劳动强度，有利于安全健康，又提高了工作效率。

(1) 人与机器功能特征的比较 人与机器各有特点，在人机环境系统中，如何使人机分工合理，从而达到整个系统最佳效率的发挥，这是需要进一步研究的问题。人与机器功能特征的比较可从九个方面进行，见表2-3。

从表2-3中可以看出，机器优于人的方面包括：操作速度快，精度高，能高倍放大和进行高阶运算。人的操作活动适宜的放大率在1∶1～4∶1之间，机器的放大倍数可达10个数量级。机器能量大，能同时完成各种操作，且能保持较高的效率和准确度，不存在单调和疲劳，感受和反应能力较强，抗不利环境能力强，信息传递能力强，记忆速度和保持能力强，可进行短暂的储存记忆等。人优于机器的方面包括：人的可靠度高，能进行归纳、推理和判断，并能形成概念和创造方法，人的某些感官目前优于机器，人的学习、适应和应付突发事件的能力强。人的情感、意识与个性是人的最大特点，人具有无限的创造性和能动性，这是机器无法比拟的。

第2章 交通安全基本原理

表2-3 人与机器功能特征的比较

比较内容	人的特征	机器的特征
创造性	具有创造能力，能够对各种问题有全新的、完全不同的见解，具有发现特殊原理或关键措施的能力	没有创造性
信息处理	有智慧、思维、创造、辨别、归纳、演绎、综合、分析、记忆、联想、决断、抽象思维等能力	对信息有存储和迅速提取的能力，能长期储存，也能一次废除，有数据处理、快速运算和部分逻辑思维能力
可靠性	人脑可靠性远远超过机器，但工作过程中人的技术高低、生理和心理状况等对可靠性都有影响	经可靠性设计后，可靠性高且质量保持不变，但本身的检查和维修能力差，不能处理意外的紧急事态
控制能力	可进行各种控制，且在自由度调节和联系能力等方面优于机器。同时，其动力设备和效应运动完全合为一体	操纵力、速度、精密度操作等方面都超过人的能力，必须外加动力源
工作效能	可依次完成多种功能作业，但不能进行高阶运算，不能同时完成多种操作或在恶劣环境条件下工作	能在恶劣环境条件下工作，可进行高阶运算，同时完成多种操纵控制，单调、重复的工作也不降低效率
感受能力	能识别物体大小、形状、位置和颜色等特征，并对不同音色和某些化学物质也有一定的分辨能力	在识别超声、辐射、微波、电磁波、磁场等信号方面，超过人的感受能力
学习能力	具有很强的学习能力，能阅读也能接收口头指令，灵活性强	无学习能力
归纳性	能够从特定的情况推出一般的结论，具有归纳思维能力	只能理解特定的事物
耐久性	容易产生疲劳，不能长时间地连续工作	耐久性高，能长期连续工作，并超过人的能力

（2）人和机器的功能分配 将人和机器的特性有机结合起来，可以组成高效、安全的人机系统。将人在紧急情况下处理意外事态和进行维护修理的能力与机器在正常情况下持久工作的能力结合起来，可以较好地保证系统的可靠性和安全性。如绕月球飞行中全自动飞行的成功率为22%，人参与飞行的成功率为70%，人承担维修任务的飞行成功率可达到93%以上，可见，具有高智能的人和最先进的机器相结合的人机环境系统最有发展前途。

为了充分发挥人与机器各自的优点，合理分配人与机器的工作任务，实现安全高效的生产，应根据人与机器的功能特征进行功能分配。具体的分配原则如下：

1）利用人的有利条件
① 能判断被干扰阻碍的信息。
② 在图形变化的情况下能识别图形。
③ 能辨认多种输入信息。
④ 对于发生频率低的事态，在判断时人的适应性好。
⑤ 解决需要归纳推理的问题。
⑥ 对意外发生的事态能预知、探讨，要求报告欣喜状况时，用人较好。

2）利用机器的有利条件

① 对决定的工作能反复计算，能储存大量的信息资料。
② 迅速地给予很大的物理力。
③ 整理大量的数据。
④ 受环境限制，由机器来完成有危险或易犯错误的作业。
⑤ 需要调整操作速度。
⑥ 对操纵器需要精密地施加力。
⑦ 需要施加长时间的力时，用机器好。

概括地说，在进行人、机功能分配时，应该考虑人的准确度、体力、动作速度及知觉能力四个方面的基本界限，以及机器的性能、维持能力、正常动作能力、判断能力及成本五个方面的基本界限。人适合从事要求智力、视力、听力、综合判断力、应变能力及反应能力较强的工作，机器适合承担功率大、速度快、重复性作业及持续作业的任务。应该注意的是，即使是高度自动化的机器，也需要人员来监视其运行情况。另外，在异常情况下需要由人员来操作，以保证安全。

2.4 交通系统安全控制

2.4.1 交通事故演化的一般过程

1. 交通事故演化的一般结论

交通事故的演化过程，是指道路交通事故酝酿、发生、发展的过程。根据事故致因理论，对于交通事故的演化机理，可以得出以下结论：

1）交通事故的发生是偶然、随机的现象，但却有其必然的统计规律性。事故的发生是众多事件互为因果、一步步组合的结果。

2）产生交通事故的原因是多层次的，不能简单地把交通事故的原因归结为违章违法行为，必须从表面的原因追溯到每一个层次，直至本质的原因。如此，才能彻底掌握交通事故发生的机理，找出预防和减少交通事故的有效对策。

3）交通事故致因是多种因素的组合，可以归结为人和物两大系列的运动。人、物系列轨迹交叉，事故就会发生，应该分别研究人和物两大系列的运动特性，追踪人的不安全行为和物的不安全状态，研究人、物的影响因素以及人、物之间相互匹配的问题。

4）人和物的运动都是在一定的环境（社会环境和自然环境）中进行的，纠正人的不安全行为和物的不安全状态应该与对环境的分析结合起来，要弄清环境对人产生不安全行为、物产生不安全状态有哪些影响。

5）人和物都要受管理因素的支配。人的不安全行为和物的不安全状态是造成伤亡事故的直接原因，而管理失误则是事故产生的本质原因。预防和减少道路交通事故归根结底应从提高管理水平入手。

2. 交通事故的发展阶段

交通事故有其产生、发展以及消除的过程。一般交通事故的发展可归纳为三个阶段，即孕育阶段、生长阶段和损失阶段。

（1）孕育阶段　孕育阶段是事故的无形阶段，系统中的危险因素处于潜伏状态，人们可能会感觉到它的存在，估计到它必然会出现，但往往不能指出它的具体形式。

（2）成长阶段　由于社会或环境的原因，在交通安全管理上出现了管理缺陷，使系统内人的不安全行为和物的不安全状态得以显现。在此阶段，交通事故已处于萌芽状态，人们可以具体地指出它的存在，并可以采取针对性的措施，抑制事故隐患的发展，从而消除人的不安全行为和物的不安全状态，根除道路交通事故产生的危险性。

（3）损失阶段　系统中的危险因素被某些偶然事件触发时，就会产生交通事故。随着肇事人的肇事、起因物的加害和环境因素的影响，交通事故发生并扩大，造成人员伤亡和经济损失。

3. 道路交通事故演化的一般过程

在道路交通事故的酝酿、产生和发展的过程中，以下四个因素至关重要：

（1）人的不安全行为　由于存在组织机构不健全、规章制度不落实、奖励惩罚不严格、教育培训不认真、人员调配不合理等管理上的失误，当道路和车辆出现某些设计、使用上的缺陷，对交通环境产生不正常的影响时，极易产生人的不安全行为。

（2）车辆的不正常行驶　驾驶人的不安全行为与道路、车辆的特定缺陷相交叉，极有可能导致车辆偏离正常的行驶状态，从而进一步增加了人与物的不安全程度，削弱了道路交通系统安全控制的功能。

（3）车、物的碰撞　当系统内部能量非正常聚集达到一定程度时，便会突破安全控制措施的约束，致使车、物发生碰撞，产生道路交通事故。

（4）人身伤亡和车物损失　道路交通事故的直接后果是道路交通事故当事人的人身伤害、死亡，或者车辆、财物的损失。

道路交通事故因果关系分析表明，道路交通事故的发生是上述四个因素顺序作用的结果，因此，控制乃至消除这些因素就成为道路交通系统安全控制的核心任务。

2.4.2　道路交通系统安全控制及其基本环节

1. 道路交通系统安全控制

（1）道路交通系统安全控制的概念　道路交通系统安全控制是指综合运用各种方法和手段，确保道路交通系统的状态不偏离道路交通安全目标的过程。

（2）道路交通系统安全控制的目的

1）确定系统的安全目标。

2）检测系统的安全状态。

3）调整控制系统的状态。

（3）道路交通系统安全控制技术

1）宏观控制技术。

2）微观控制技术。

（4）道路交通系统安全控制的原则

1）闭环控制原则。

2）动态控制原则。

3）分级控制原则。

4）多层次控制原则。

2. 道路交通系统安全控制的基本环节

道路交通事故的伤害和损失只是一连串事件的最终环节，若能够控制乃至消除前几个因素中的任何一个，事故顺序就会中断，也就不会发生伤害事故。因此，道路交通系统安全控制的重点是控制、消除道路交通事故演化过程的中心因素，包括以下内容：

（1）消除人的不安全行为　消除人的不安全行为的核心任务是分析安全行为中人的特征，找出产生不安全因素的原因，提出有针对性的措施，防止人的失误，提高人在交通活动时的可靠性。其基本内容如下：

1）人的安全化。
2）管理安全化。
3）工作环境安全化。

（2）控制行驶　控制行驶的核心任务是制定切实可行的道路交通安全法律法规、道路交通安全政策、公共政策、财政政策和道路交通安全监督管理办法，确保道路交通活动中的行驶安全，其主要内容如下：

1）道路使用者的控制。
2）车辆行驶速度控制。
3）车辆行驶路径控制。

（3）防止碰撞　碰撞的发生是车辆与车辆、车辆与人、车辆与固定物相互接触与作用的结果，而这种碰撞是由人的不安全行为和物的不安全状态引发的，因此，防止碰撞必须减少人的失误，提高人的应变能力，进行车辆、道路的安全设计，提高交通系统的安全性和可靠性，使车辆发生碰撞的可能性降到最低，其主要内容如下：

1）道路交通安全状况分析。
2）道路交通事故多发地段排查与整治。

（4）控制道路交通事故损失　控制道路交通事故损失的核心在于找出引发道路交通事故的起因物和使人受到伤害的致害物，从改善车辆、道路、环境的安全性入手，强化对道路交通事故的起因物和致害物的控制；从建立道路交通事故紧急救援体制入手，减轻道路交通事故受损的程度，从而达到最大限度地控制道路交通事故损失的目的。其基本内容如下：

1）控制道路交通事故的起因物。
2）改善事故致害因素，提高系统安全性。
3）强化道路交通事故紧急救援工作。

复 习 思 考 题

1. 请解释以下概念：可靠性、维修性和有效性，可靠度、维修度和有效度，人的可靠性、人的差错。
2. 海因里希工业安全公理的主要内容有哪些？
3. 列举10种以上运输系统中产生人的差错的原因。
4. 差错原因排除程序和质量控制小组法有哪些异同点？
5. 预防人的差错的容错与防错措施主要有哪些？
6. 何谓事故致因理论？掌握事故致因理论有何作用？

7. 何谓多米诺骨牌理论？根据多米诺骨牌理论，应当如何防止事故的发生？
8. 何谓能量意外释放理论？根据能量意外释放理论，应当如何防止事故的发生？
9. 何谓系统理论？系统理论研究的主要内容有哪些？
10. 何谓轨迹交叉理论？从轨迹交叉理论中可以得到何种启示？
11. 何谓瑟利模型？从瑟利模型中可以得到何种启示？
12. 何谓安德森模型？瑟利模型和安德森模型有何不同？
13. 结合具体事故案例，说明如何运用事故致因理论分析交通事故的发生原因。
14. 何谓事故法则？从事故法则中可以得到何种启示？
15. 预防事故应当遵循哪些基本原则？
16. 道路交通事故演化的一般过程是什么？

第 3 章

交通安全与交通事故

本章学习目标
1. 掌握道路交通安全、道路交通事故的概念。
2. 掌握道路交通事故的要素、分类及特点。
3. 了解国内外道路交通安全概况。
4. 掌握铁路交通事故的定义、铁路交通事故考核指标，了解铁路安全问题。
5. 了解水上交通事故的定义以及分类。
6. 了解民航飞行安全的概念、飞行事故的分类。
7. 了解管道运输的概念、优缺点。

交通运输有五大方式，分别为道路运输、铁路运输、水上运输、航空运输、管道运输，交通安全问题在不同的运输方式中差别很大，交通事故的定义、事故的形式等在不同的运输方式领域里也有很大差别。

3.1 道路运输交通安全与交通事故

道路运输具有"门到门"的特点，道路的普及性使得道路交通安全问题成为人们接触最多的交通安全问题，也是对人们交通出行影响最大的交通安全问题。

3.1.1 道路交通事故

1. 道路交通事故定义

目前世界各国的交通规则和交通管理规定不尽相同，对道路交通事故的定义也不一致。《中华人民共和国道路交通安全法》（以下简称《道路交通安全法》）中对道路交通事故有明确的定义。《道路交通安全法》是 2003 年 10 月 28 日公布，自 2004 年 5 月 1 日起施行的关于道路交通安全的法律，并于 2007 年与 2011 年分别进行了两次修订。2007 年 12 月 29 日，第十届全国人民代表大会常务委员会第三十一次会议通过《关于修改〈中华人民共和国道路交通安全法〉的决定》，自 2008 年 5 月 1 日起施行。2011 年 4 月 22 日，第十一届全国人民代表大会常务委员会第二十次会议通过《全国人民代表大会常务委员会关于修改＜中华人民共和国道路交通安全法＞的决定》，自 2011 年 5 月 1 日起施行。本次修订的重点是危险驾驶入刑，加大了对醉酒驾驶、飙车等危险驾驶行为的惩罚力度。在《道路交通安全法》中，对道路交通事故的定义是：车辆在道路上因过错或意外造成的人身伤亡或者财产损失的事件。

联合国和欧洲经济委员会将道路交通事故定义为：发生在或者来源于开放交通的道路或

街巷，涉及至少一辆运动的车辆，造成一个或一个以上人员死亡或受伤的事件。

美国国家安全委员会对道路交通事故的定义是：在道路上所发生的意料不到的有害或危险事件。这些有害或危险事件妨碍交通行动的完成，其原因常常是不安全的行动（精神方面——不注意交通安全）或不安全的因素（客观物质基础条件），或者是两者的结合，或者是一系列不安全的行动或一系列不安全的因素。

日本对交通事故的定义是：由于车辆在交通中所引起的人的死亡或物的损伤。由于交通事故的增加，日本警察部门在统计交通事故中不考虑物损事故，只考虑人身事故。

英国对道路交通事故的定义为：发生在公共道路上、涉及至少一辆车，并且造成人员受伤或死亡的事件。

2. 构成道路交通事故的要素

由道路交通事故的定义可知，构成道路交通事故必须具备以下七个要素：

（1）**车辆要素**　必须是车辆造成的，这是道路交通事故的前提条件，即当事方中至少有一方使用车辆。无车辆参与的道路事故不算交通事故。车辆包括机动车和非机动车。机动车是指以动力装置驱动或牵引，上道路行驶的供人员乘用或用于运送物品以及进行工程专项作业的轮式车辆。非机动车是指以人力或畜力驱动，上道路行驶的交通工具，以及虽有动力装置驱动但设计最高时速、空车质量、外形尺寸符合有关国家标准的残疾人机动轮椅车、电动自行车等交通工具。

（2）**道路要素**　道路范围的界定直接涉及道路交通管理调整的范围。准确界定道路的概念，可以解决交通事故处理工作中不如实统计上报、管辖权限争议、罪与非罪、交通肇事罪与过失致人死亡（伤害）罪、作为与不作为等许多问题。

《道路交通安全法》第一百一十九条规定，道路是指公路、城市道路和虽在单位管辖范围但允许社会机动车通行的地方，包括广场、公共停车场等用于公众通行的场所。从该定义的表述可以看出道路有以下两层含义：①道路的范畴，包括公路、城市道路；②特定情况，虽在单位管辖范围，但允许社会机动车通行的地方，含广场、公共停车场等用于公众通行的场所也属于道路。因此，厂矿、企业、机关、学校、住宅区内不具有公共使用性质的道路不在此列。此外，还应以事态发生时车辆所在的位置而不是事故发生后车辆所在的位置来判断其是否在道路上。

（3）**人员要素**　人是发生交通事故的主体，与交通有关的、从事交通活动的自然人包括驾驶人员、行人、乘车人及其他人员。其中驾驶人员包括没有驾驶证而驾驶机动车辆或驾驶与驾驶证不相符车辆的人员。

（4）**违章违法要素**　违章违法要素是指当事人有违反《道路交通安全法》或其他道路交通管理法规、规章的行为，这是依法追究其肇事责任、以责论处、予以处罚的必要条件。无违章行为而出现损害后果的事故不属于道路交通事故；有违章行为，但违章与损害后果无因果关系的也不属于道路交通事故。

（5）**事态要素**　事态要素是指道路交通事故发生了碰撞、碾压、刮擦、翻车、坠车、爆炸、失火等其中的一种或几种现象。若没有发生上述事态，而是行人或旅客因其他原因（如疾病）造成死亡的，不属于道路交通事故。

（6）**后果要素**　道路交通事故必须有人身伤亡或财物损失的后果，如果没有损害后果则不能称为交通事故。

(7) 过错或者意外要素 道路交通事故是偶然发生出乎人的意料之外的事件,当事人的心理状态可以是过错,也可以是没有任何过错,但不能是故意。若当事人的心理状态是故意,则不属于交通事故。凡利用交通工具自杀或故意制造车辆事故的,不属于交通事故,而应运用《中华人民共和国刑法》或《中华人民共和国治安管理处罚法》去解决。这里必须指出,当事人的交通违法行为可能是故意,但是交通事故一定是过错或者意外。

过错包括故意和过失。故意是指明知自己的行为会产生危害他人或社会的结果,并希望或者放任这种结果发生的一种心理状态。过失是指行为人的行为可能产生危害社会的结果,而行为人因疏忽大意而没有预见或者已经预见并轻信能够避免,以致发生了这种危害后果的心理态度。

以上七种要素可以作为鉴别道路交通事故的必要条件和依据,在实际工作中应加以利用,对确定事故的管辖权和保护当事人的合法权益具有十分重要的意义。

3. 道路交通事故类型

对道路交通事故进行科学合理的分类,有利于人们研究、发现、分析不同类别的道路交通事故的特征和发生规律,并进行有效的预防与处理。可以按照事故形态、事故后果、事故责任和事故原因等对道路交通事故进行分类。

(1) 按事故形态分类 按照道路交通事故发生时的外观形态特征分类,可以将其分为以下八种:

1)碰撞。碰撞是指相对而言的交通强者的正面部分与他方接触,或同类车的正面部分相互接触。碰撞主要发生在机动车之间、机动车与非机动车之间、机动车与行人之间、非机动车之间、非机动车与行人之间及车辆与其他物体之间。

2)碾压。碾压是指作为交通强者的机动车对交通弱者(自行车、行人等)的推碾或压过。尽管在碾压之前通常有碰撞现象,但习惯上一般都统称为碾压。

3)刮擦。刮擦是指相对而言的交通强者的侧面部分与他方接触,造成自身或他方损坏,主要表现为车刮车、车刮物和车刮人。对车辆乘员而言,发生刮擦事故时的最大危险来自破碎的玻璃,也有车门被刮开导致车内乘员摔出车外的现象。根据肇事者的运动情况,机动车之间的刮擦可以分为会车刮擦和超车刮擦。

4)翻车。翻车通常是指车辆没有发生其他形态,部分或全部车轮悬空而车身着地的现象。翻车一般可分为侧翻和滚翻两种。车辆的一侧轮胎离开地面称为侧翻;所有的车轮都离开地面称为滚翻。为了准确地描述翻车过程和最后的静止状态,也可用90°翻车、180°翻车、270°翻车、360°翻车、720°翻车等来描述。

5)坠车。坠车是指车辆的坠落,且在坠落的过程中有一个离开地面的落体过程,通常是指车辆跌落到与路面有一定高度差的路外,如坠入边沟、坠落桥下等。

6)爆炸。爆炸是指有爆炸物品被带入车辆内,在行驶过程中由振动、挤压等引起突然爆炸造成的事故。

7)失火。失火是指车辆在行驶过程中由人为或车辆自身的原因引起的火灾。常见的原因有乘员使用明火、违章供油、发动机回火、电路系统短路及漏电等。

8)其他。其他是指以上七种事故形态所不涵盖的所有交通事故,如车辆碰撞突然出现的动物等。

(2) 按事故后果分类 按照事故后果分类,目前有以下两种方法:

1)《公安部关于修订道路交通事故等级划分标准的通知》(1991年12月2日公通字[1991]113号)将道路交通事故分为以下四类：

① 轻微事故，是指一次造成轻伤1至2人，或者财产损失机动车事故不足1000元，非机动车事故不足200元的事故。

② 一般事故，是指一次造成重伤1至2人，或者轻伤3人以上，或者财产损失不足3万元的事故。

③ 重大事故，是指一次造成死亡1至2人，或者重伤3人以上10人以下，或者财产损失3万元以上不足6万元的事故。

④ 特大事故，是指一次造成死亡3人以上，或者重伤11人以上，或者死亡1人，同时重伤8人以上，或者死亡2人，同时重伤5人以上，或者财产损失6万元以上的事故。

2)我国2007年6月1日起开始实施的《生产安全事故报告和调查处理条例》(中华人民共和国国务院493号令)第三条规定，根据生产安全事故（以下简称事故）造成的人员伤亡或者直接经济损失，事故一般分为以下等级：

① 特别重大事故，是指造成30人以上死亡，或者100人以上重伤（包括急性工业中毒，下同），或者1亿元以上直接经济损失的事故。

② 重大事故，是指造成10人以上30人以下死亡，或者50人以上100人以下重伤，或者5000万元以上1亿元以下直接经济损失的事故。

③ 较大事故，是指造成3人以上10人以下死亡，或者10人以上50人以下重伤，或者1000万元以上5000万元以下直接经济损失的事故。

④ 一般事故，是指造成3人以下死亡，或者10人以下重伤，或者1000万元以下直接经济损失的事故。

(3) 按事故责任分类 按照事故责任分类，可将道路交通事故分为以下几类：

1) 机动车事故。机动车事故是指事故当事方中，汽车、摩托车和拖拉机等机动车负主要以上责任的事故。在机动车与非机动车或行人发生的事故中，如果机动车负同等责任，由于机动车相对为交通强者，而非机动车或行人属于交通弱者，也应视为机动车事故。

2) 非机动车事故。非机动车事故是指自行车、电动自行车、人力车、三轮车等按非机动车管理的车辆负主要以上责任的事故。在非机动车与行人发生的事故中，若非机动车一方负同等责任，由于非机动车相对为交通强者，而行人属于交通弱者，也应视为非机动车事故。

3) 行人事故。行人事故是指在事故当事方中，行人负主要以上责任的事故。

(4) 按事故原因分类 按照道路交通事故原因不同分类，可以分为主观原因造成的事故和客观原因造成的事故。

1) 主观原因造成的事故。主观原因是指造成交通事故的当事人本身内在的因素，如主观过失或有意违章，主要表现为分神、疏忽大意、违反规定或操作不当等造成的事故。

① 分神是指当事人没有能够把注意力全部放在行车驾驶方面，导致注意力分散，如开车时打电话，开车时与乘员说话聊天等。

② 疏忽大意是指当事人由于心理或生理方面的原因，如心情烦躁、身体疲劳造成的精力分散、反应迟钝等，表现出反应迟钝、采取措施不当或不及时，没有正确地观察和判断外界事物而造成的失误。也有当事人凭主观想象判断事物，或过高地估计自己的驾驶技术，引

起行为不当而造成的事故。

③ 违反规定是指当事人由于思想方面的原因不按交通法规规定行驶或行走，致使正常的道路交通秩序变化等，如酒后开车、非驾驶人开车、超速行驶、争道抢行、违章超车、超载、非机动车走快车道和行人不走人行道等。

④ 操作不当是指由当事人驾驶技术生疏、经验不足，对车辆、道路情况不熟悉，遇到突然情况惊慌失措而引起的操作错误，如有的驾驶人制动时却踩下加速踏板，有的骑自行车人遇到紧急情况不知停车等。

2) 客观原因造成的事故。客观原因造成的事故是指车辆、道路、环境方面的不利因素引发的交通事故。目前对客观原因还没有很好的测试与证明手段，因此事故分析中往往会忽视这些因素。但随着人们安全意识的提高，现有道路设计和交通管理中存在的交通安全隐患已经逐步受到重视。

(5) 按事故对象分类 按照事故对象可将道路交通事故分为以下五类。

1) 车辆间的交通事故。车辆间的交通事故是指车辆之间发生刮擦、碰撞等而引起的事故。碰撞可分为正面碰撞、追尾碰撞、侧面碰撞和转弯碰撞等；刮擦可分为超车刮擦、会车刮擦等。

2) 车辆与行人的交通事故。车辆与行人的交通事故是指机动车对行人的碰撞、碾压和刮擦等事故，包括机动车闯入人行道及行人横穿道路时发生的交通事故。其中，碰撞和碾压常导致行人重伤、残疾或死亡；刮擦相对前两者而言后果一般较轻，但有时也会造成严重后果。

3) 机动车与非机动车的交通事故。由于我国的交通组成主要是混合交通，而机动车又是交通强者，因而这类事故在我国主要表现为机动车碾压骑自行车人的事故。

4) 车辆自身事故。车辆自身事故是指机动车在没有发生碰撞、刮擦的情况下由于自身原因导致的事故。如车辆由于行驶速度太快或车辆在转弯及掉头时所发生的翻车事故，以及在桥上因大雾天气或机器失灵而产生的机动车坠落事故等。

5) 车辆对固定物的事故。车辆对固定物的事故是指机动车与道路上的设施或固定物相撞的事故。其中，设施与固定物包括道路上的工程结构物、护栏、信号灯的灯杆、路灯的灯杆、交通标志等。

(6) 按事故发生地点分类 我国公路分为高速公路、一级公路、二级公路、三级公路和四级公路共五个等级；城市道路分为快速路、主干路、次干路和支路四个等级。按照事故发生地点分类一般是指事故发生在什么级别的道路上。另外，按照地点位置还可以分为交叉口交通事故、路段交通事故。

除上述主要分类方法外，还可以按当事人的年龄、驾龄、性别、职业、人员类型、驾驶证种类等进行分类。

4. 道路交通事故的特点

交通事故具有随机性、突发性、频发性、社会性及不可逆性等明显的特点。

(1) 随机性 交通工具本身是一个系统，当它在交通系统中运行时则涉及一个更大的系统。交通系统是一种开放的动态大系统，某个因素或某个因素的某个方面失误就可能引起一系列其他失误，从而引发危及整个系统的大事故，而这些失误绝大多数是随机的。

道路交通事故往往是多种因素共同作用或互相引发的结果，其中有许多因素，如天气因素本身就是随机的，而多种因素组合在一起或互相引发则具有更大的随机性。因此，道路交通事故的发生具有极大的随机性。

(2) **突发性** 道路交通事故的发生通常没有任何先兆，具有明显的突发性。从驾驶人感知到危险至交通事故发生的这段时间极为短暂，往往小于驾驶人的反应时间与采取相应措施所需的时间之和，或者即使事故发生前驾驶人有足够的反应时间，但由于驾驶人在突发事件面前反应不正确、不准确造成操作错误或不适宜，从而导致交通事故的发生。

(3) **频发性** 世界各国汽车工业的快速发展，机动车数量急剧增加，交通量增大，道路资源相对短缺，在某些区域车辆与道路的比例严重失调，加之交通管理跟不上机动车的发展等原因，造成道路交通事故频繁发生，伤亡人数居高不下，道路交通事故已成为世界性的人类公害。

(4) **社会性** 道路交通活动与社会经济发展相辅相成，经济越繁荣，交通活动就越频繁，而且交通运输行业是社会经济发展的支柱行业，因此，交通活动是一种社会活动，随着生活质量的提高，人们对交通出行的要求也越来越高，交通活动成为一种个人需要与社会需要的双重客观需求。在这种背景下，道路交通事故的发生必然具有明显的社会性。交通事故一旦发生，尤其是特殊重大交通事故的发生，不仅仅涉及当事方，而且还会受到媒体、老百姓的关注以及舆论的传播。因此，交通事故的社会性明显。

(5) **不可逆性** 不可逆性是指道路交通事故不可真实重现，事故一旦发生永不可逆。事故是人、车和路组成的系统中各种因素不协调的产物，与该系统的变量有关，并受一些外部因素的影响。尽管交通事故是人类行为的结果，但却不是人类行为的期望结果。

3.1.2 道路交通安全概况

在现代社会，安全、能源、资源和环境一起构成全世界共同关注的、人类可持续发展的四大支柱和热点问题。世界卫生组织（WHO）2015年发布的《2015年全球道路安全现状报告》显示，全球每年大约有125万人死于道路交通事故，自2007年以来，这一数字处于稳定水平。据统计，道路交通伤害是全球第八大死因，而且是15~29岁年轻人的十大死因之首。目前的趋势表明，如果不采取紧急行动，到2030年，道路交通伤害将上升为全球第五大死因。道路交通安全问题已成为一种人类行为所致的"灾害"和世界最大公害，严重影响人类的生存环境与生命财产的安全，给家庭、社会带来的危害是巨大和深远的。从发展的情况来看，严重的道路交通安全问题已成为全世界不得不面对的棘手问题。

1. 国外道路交通安全概况

据报道，自有道路交通事故死亡记录以来，全世界死于道路交通事故的人数已超过3500万人。全球每年大约有100万人死于道路交通事故，平均每天有3000多人死亡，而受伤总人数高达5000多万人。因此，人们把道路交通事故称为"无休止的战争"。由于世界各个国家和地区在文化素质、交通发展状况和机动车保有量等方面存在差异，各国道路交通安全状况也存在差异。

(1) **美国** 美国机动车保有量和公路总里程均居世界首位，机动车的使用也十分频繁，近年来平均每天的出行人数约10亿人次，年均车辆行驶总里程更是高达4.875万亿km。同时，美国年道路交通事故数量也居世界前列。自汽车诞生以来美国曾经出现过两次道路交通事故高峰期，一次为1935~1939年，另一次为1965~1971年。图3-1所示为美国2001~2014年道路交通事故死亡人数变化趋势，可以看出，美国交通事故死亡人数、车公里伤亡人数以及车均死亡率已经度过了最高峰期，在最近10年中呈下降趋势。

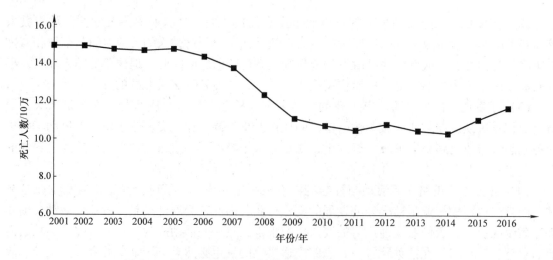

图 3-1 美国 2001~2016 年道路交通事故死亡人数变化趋势

20世纪70年代以来，美国的交通安全水平总体呈提升趋势，与美国政府的重视以及相关道路与设施标准、交通控制等规定日益深化和细化密切相关。美国在道路交通安全研究方面起步早，于1930年成立的美国交通工程师协会（Institute of Transportation Engineers，ITE）是世界上第1个交通研究机构，该协会的主要目标之一便是保障美国道路交通安全。1935年，美国国家公路与运输协会（AASHTO）和美国国家道路安全会议（NCSHS）成立了一个联合的统一交通控制设施委员会，出版了第1版《统一交通控制设备手册》（The Manual on Uniform Traffic Control Devices，MUTCD），当年11月，MUTCD被批准为美国国家标准。此后MUTCD不断被更新，出现了多个版本。1971年美国联邦公路管理局（Federal Highway Administration）接管MUTCD的管理与更最新工作。最新的版本是2009年版MUTCD，目前已成为道路交通控制的权威手册，为提升道路交通安全做出了贡献。

20世纪30年代以来，AASHTO以不同形式陆续发表了大量有关公路几何设计的指南，其中以1984年开始出版的《公路与城市道路几何设计政策》（A Policy on Geometric Design of Highway and Street）最为权威，该书俗称"绿皮书"，通常被视为美国公路几何设计标准，也被国际上公认为现代适用的公路设计专业著作，并不断更新，目前新的版本是第五版。1967年AASHTO发表了《考虑公路安全的公路设计与操作实践》（俗称"黄皮书"）委员会报告。黄皮书经修改、扩充后再版，并于1991年形成AASHTO标准《道路安全设计与操作指南》，该标准要求道路设计和运行管理人员除遵循其他技术标准和规范外，还应特别遵循安全规范。1997年AASHTO颁布了《道路安全与操作指南》的最新版本。

另外，美国制订实施了一系列的道路交通安全相关规划，如国家安全委员会（National Safety Council，NSC）实施的国家安全记录项目，美国交通研究委员会（Transportation Research Board，TRB）在国家联合公路研究计划（National Cooperative Highway Research Program，NCHRP）中实施的路侧安全改善战略规划，以及紧急医疗服务战略计划等。特别是TRB的多年努力，2010年AASHTO出版了《道路安全手册》（Highway Safety Manual，HSM）为美国及其他国家和地区提供了基于交通安全性能的丰富知识和实用工具。

（2）欧盟　欧盟每10年制订一次道路交通安全战略行动计划。2003年6月2日，欧盟委员会正式施行"第三次道路交通安全行动计划（2001~2010）"，该行动计划提出到2010年道路交通事故死亡人数比2001年降低一半的目标，并提出62项具体行动建议，内容涵盖车辆安全、道路基础设施安全和交通参与者安全三个方面。尽管当初提出的目标在2010年底未能实现，但目标本身对各成员国努力提高本国道路交通安全状况形成了有力刺激。2010年7月欧盟委员会向欧洲议会、欧盟理事会、欧盟经济和社会委员会以及欧盟地区委员会递交了题为《欧盟2011~2020年道路交通安全政策取向（草案）》的第四次道路交通安全战略行动计划，该计划草案修改通过后，将成为欧盟未来10年内道路交通安全的政策蓝本和共同行动战略。

欧盟2001~2015年道路交通事故死亡人数变化趋势如图3-2所示。

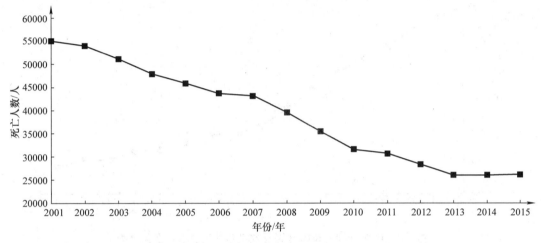

图3-2 欧盟2001~2015年道路交通事故死亡人数变化趋势

（3）澳大利亚 澳大利亚在降低道路交通事故方面为其他国家提供了成功的经验，实施了许多有效的道路交通安全措施，并于1992年制定了国家道路交通安全战略，包括3个总体目标、4个特殊目标和8个优先解决的关键问题。根据这一战略制订了国家道路交通安全行动计划，在道路交通安全方面进行了大量研究工作。

澳大利亚第一起有记录的道路交通死亡事故发生在1925年。此后，因道路交通事故而死亡的人数大幅上升（世界经济大萧条和第二次世界大战期间除外）。至1954年道路交通事故死亡人数超过所有的传染病死亡人数，并在20世纪60年代末达到高峰，后经治理便一直呈下降的趋势，但道路交通事故死亡人数仍占所有死亡人数的3%，且道路交通事故成为年龄在5~35岁之间的居民死亡的主要原因。由于事故造成死亡的居民偏年轻，道路交通事故死亡对澳大利亚人均寿命的影响及其造成的社会损失程度均大于疾病死亡。因此，澳大利亚政府非常重视对道路交通安全的研究，除了对已有道路和发生的道路交通事故进行分析研究，对驾驶人行为、道路设施与环境和车辆安全性能加以改善以外，澳大利亚还较早开展了道路安全评价工作，并形成了规范和制度。

2000年11月，澳大利亚运输委员会通过了2001~2010年国家道路安全战略和第一阶段行动计划（2001~2002）。制定国家道路安全战略的目的在于显著降低交通冲突事件中的伤亡人数。对道路安全给予高度重视，优先考虑道路安全应该能够从总体上反映社会的最大价值，即力求挽回生命和防止严重伤害。道路安全使用的有效方法和手段不断推进，相应地，社会公众也在此推进过程中发挥着关键作用。

（4）日本　日本的公路网密度居世界之首，达 303km/100km²。第二次世界大战后日本经济快速发展，道路交通事故数也随之迅速增加。为了遏制急速上升的交通事故数，1966 年日本开始制订和实施《交通安全综合计划》，经过十多年的努力，日本道路交通事故死亡人数从 1970 年的最高峰 16765 人，降至 1980 年的 8760 人，之后日本道路交通事故死亡人数虽有所反弹，但目前已基本稳定在 4000～6000 人/年。日本 2000～2016 年道路交通事故死亡人数变化趋势如图 3-3 所示。

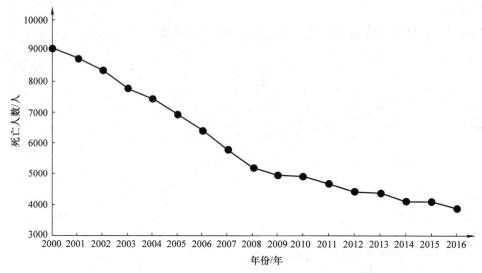

图 3-3　日本 2000～2016 年道路交通事故死亡人数变化趋势

（5）部分发展中国家　据估计，道路交通伤害的经济损失在低收入国家约占国民生产总值的 1% 左右，在中等收入国家约占 1.5% 左右，在高收入国家约占 2% 左右，如 2010 年美国为 2.12%。世界道路死亡人数约 90% 发生在低收入和中等收入国家，而这些国家拥有的车辆数量不足世界一半。中等收入国家的年道路交通死亡率最高，为 20.1 人/10 万人，远远高于高收入国家（8.7 人/10 万人）和超过低收入国家（18.3 人/10 万人）。中等收入国家人口占全世界总人口的 72%，拥有全世界 52% 的注册车辆，而道路交通死亡人数占全世界 80%。相对其机动车数量而言，这些国家的道路交通死亡负担过高。

在中等收入和低收入国家中，很大比例的道路伤害受害者是道路使用者中的弱势人群，如行人和自行车骑乘者。他们在政府为机动车所制定的政策中获益最少，却在伤害、污染和小区隔离等方面承受着机动化所带来的不平等危害。

按世卫组织区域和收入组分类的道路交通事故平均死亡率见表 3-1。按照世界卫生组织的统计，全球所有的低收入和中等收入国家的道路交通死亡率高于高收入国家的道路交通事故率，分别为每 10 万人死亡 21.5 人、19.5 人和 10.3 人。

世界银行的道路交通安全专家指出，发展中国家对道路交通安全问题的认识水平可分为三级。

第一级是在这类国家与地区中，对道路交通安全问题缺少认识，道路交通事故数据几乎没有，缺少道路交通事故数据系统。对道路交通安全问题的发展趋势所知甚少，没有专门的机构负责道路交通安全事宜，政府也不太关心道路交通安全问题。

表 3-1　按世卫组织区域和收入组分类的道路交通事故平均死亡率（每 10 万人）[①]

（单位:%）

世卫组织区域	高收入国家	中等收入国家	低收入国家	总计
非洲区域[②]	—	32.2	32.3	32.2
美洲区域[③]	13.4	17.3	—	15.8
欧洲区域	7.9	19.3	12.2	13.4
东南亚区域[②]	—	16.7	16.5	16.6
东地中海区域	28.5	35.8	27.5	32.2
西太平洋区域	7.2	16.9	15.6	15.7
全球	10.3	19.5	21.5	18.8

① 道路交通死亡的 30 日定义。
② 无高收入国家。
③ 无低收入国家。

第二级是政府意识到了道路交通安全问题却没有给予重视，道路交通事故资料残缺不全。媒体开始注意道路交通安全问题，一些大学或研究机构也开始研究道路交通安全问题。

第三级是政府认识到道路交通安全问题并给予关注，改进了道路交通事故数据管理系统，成立了一些机构并培训职员，可进行道路交通事故黑点的分析。这些国家已经开始进行道路交通安全教育，研究机构尽管缺少数据资源，但正进行道路交通安全方面的研究。

2. 我国道路交通安全概况

与发达国家相比，我国现代交通基础设施与机动车发展的起步时间比较晚，但发展的速度却很快，大约用了 30 年的时间完成西方一些国家一百年的发展过程。1949 年新中国成立后，我国改建与新建了大量公路，包括举世闻名的川藏公路、青藏公路等。尽管有些公路的等级比较低，但是到 1978 年为止，我国的公路总里程就已达到 89 万余公里。自 1951 年我国开始统计交通事故资料，当年全国共发生交通事故 5922 起，死亡 852 人，受伤 5159 人。由于当时机动车数量少，每年全国道路交通事故死亡人数也较少。在 20 世纪 50～60 年代每年交通事故死亡人数为几百至几千人，70 年代发展至 1 万～2 万人。改革开放后，我国经济开始回暖，道路交通事故数量也开始增长。1984 年国家开放运输市场，个体运输车辆迅速增加，对加速城乡物资交流、缓解运输压力起到了积极的作用，但是由于缺乏相关的规定和监督，个体运输车辆中破旧车辆比重大，技术性能落后，驾驶员技术水准偏低，引发交通事故的概率较大且后果一般都很严重，使得从 1985 年开始道路交通事故死亡人数急剧上升。1988～1990 年期间道路交通事故死亡人数稍有回落，1991 年后随着国家改革开放的深化，总体经济不断增强，汽车工业和交通运输业迅速发展，机动车保有量急剧增加，驾驶人数激增，道路交通事故死亡人数又出现了急剧增长。

1998 年，为了应对亚洲金融危机，国家采取积极的财政和货币政策，进一步加大基础设施的投入力度，实施扶持汽车工业优先发展的国策，然而我国的道路交通事故数量也随着汽车工业的发展而迅速增长。1998～2002 年的 5 年中，全国道路交通事故绝对数呈上升趋势，事故数、死亡人数、受伤人数年均增长率分别为 32.5%、8.8% 和 42.7%。2002 年全国共发生道路交通事故 77.31 万起，造成 10.94 万人死亡、56.21 万人受伤，直接经济损失 33.24 亿元，与 2001 年相比分别增长了 2.41%、3.26%、2.85%、7.66%，是历年之最。

2004年，交通部在全国国道、省道干线公路和重要县道公路上开展了以"消除隐患，珍视生命"为主题的安全保障工程。公路安全保障工程是对急弯、陡坡、连续下坡、险要路侧、桥头（宽路窄桥、弯路直桥等）、隧道、平交叉口、抗滑能力不足路面、标志标线路面等影响行车安全路段采用交通工程等措施进行综合整治，以达到公路行车被动安全防护和主动引导警示目的的专项工程。该工程针对影响行车安全路段的缺陷类型，结合事故数量和形态进行综合整治，目的是提高公路行车安全水平，降低交通事故率和重大事故发生率，贯彻以人为本的道路交通服务理念。2004~2006年，全国公路部门共投入资金90.1亿元用于安保工程，有66条国道、1051条省道和253条县道共计27.8万处行车隐患路段得到整治，累计里程达8.5万km。安全保障工程实施过程中，增设了各种交通安全防护设施，如护栏、标志、标线、避险车道等，显著提高了公路安全防护设施的等级，同时增设和完善了大批服务设施，如停车休息区、卫生服务区、加水站等，有效提高了公路行车的安全性和舒适性。2008年国家三部委（科技部、公安部和交通部）联合启动"国家道路交通安全科技行动计划"，全国道路交通事故数量进一步下降。

2000~2016年我国道路交通事故状况统计结果见表3-2。

表3-2　2000~2016年我国道路交通事故状况统计结果

年份	事故起数/起	死亡人数/人	受伤人数/人	直接经济损失/万元
2000	616 974	93 493	418 721	266 890.4
2001	754 919	105 930	546 485	308 787.3
2002	773 137	109 381	562 074	332 438.1
2003	667 507	104 372	494 174	336 914.7
2004	517 889	107 077	480 864	239 141.0
2005	450 254	98 738	469 911	188 401.2
2006	378 781	89 455	431 139	148 956.0
2007	327 209	81 649	380 442	119 878.3
2008	265 204	73 484	304 919	100 972.2
2009	238 351	67 759	275 125	91 436.8
2010	219 521	65 225	254 075	92 633.5
2011	210 812	62 387	237 421	107 873.0
2012	204 196	59 997	224 327	117 489.6
2013	198 394	58 539	213 724	103 896.6
2014	196 812	58 523	211 882	107 542.9
2015	187 781	58 022	199 880	103 691.7
2016	212 846	63 093	226 430	121 000.0

注：表中的道路交通事故均涉及人员伤亡，不涉及人员伤亡的事故不在统计之内。

图3-4所示为2000~2016年我国道路交通事故四大指标（事故起数、死亡人数、受伤人数、直接经济损失）的变化趋势，可以看出，从2004年开始我国道路交通事故开始呈现下降趋势。

与道路安全状况较好的国家相比，我国道路交通事故有以下特点：

(1) 事故死亡人数多　我国的道路交通事故死亡人数多，不仅表现在绝对数量，还表

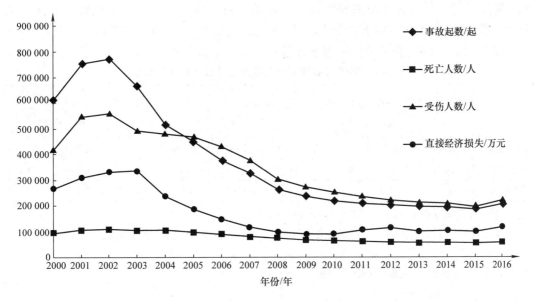

图 3-4 2000～2016 年我国道路交通事故四大指标的变化趋势

现在单位事故的死亡人数上。数据显示，虽然我国的年交通事故数量绝对数不是最多，但单位事故死亡人数在各国中却是最多的。美国 2011 年发生道路交通事故（涉及人员伤亡）156 万起，事故绝对数世界第一，死亡 3.24 万人，约每 48 起事故死亡 1 人，我国 2011 年发生道路交通事故（涉及人员伤亡）21.08 万起，死亡 6.24 万人，约每 3.4 起事故就有 1 人死亡。

如果再将道路长度、交通量等因素加以考虑，我国的交通安全状况更加堪忧。从万车死亡率来看，2011 年美国每万车死亡 1.35 人，日本每万车死亡 0.61 人，而我国每万车死亡高达 7.95 人，远远超过这些发达国家。

（2）**事故总数有所减少，安全形势依旧严峻**　由于发达国家的道路运输发展比我国相对超前，一些国家的道路交通事故已度过了高峰期，目前呈下降或平稳态势。在我国，2004 年以前道路交通事故数、伤亡人数和直接经济损失一直呈上升趋势；从 2004 年开始，虽然全国道路交通事故数、死亡人数逐年递减，但目前年死亡总人数仍有 5 万～6 万人，安全形势依旧严峻。

（3）**高速公路事故率高于普通公路事故率**　高速公路具有线形指标高、路面质量好、全封闭、无行人和慢车干扰以及交通安全设施齐全等特点。因此，无论从理论上还是国外的实际情况来看，高速公路的交通安全状况都要比普通公路好得多。发达国家高速公路交通事故率只有普通公路的 1/3～1/2，死亡率约为一般公路的 43%～76%。

随着我国高速公路里程的快速增长，高速公路网逐步承担起骨干的运输任务，现已成为综合交通运输系统的重要组成部分。由于我国高速公路的建设速度快，无论是高速公路及其设施的规划、设计、设置和管理水平，还是驾驶人的意识与素质以及车辆性能，都还在逐步提升的过程中。因此，我国高速公路事故率高事出有因。1994～2006 年全国道路交通事故资料显示，高速公路以占全国公路 1%～2% 的里程数，导致约占公路事故总数 7% 的事故量，造成约占公路事故 6% 的死亡人数；高速公路交通事故百公里事故率、百公里死亡人数均高于普通公路，约为普通公路相应指标的 4 倍左右；高速公路交通事故致死率（交通事故死亡人数占交通事故伤亡人数的比例）平均约为 27%，比普通公路高出 30%～40%。2015 年我国高速公路与普通公路的事故比较见表 3-3（不含城市道路）。

表 3-3　2015 年我国高速公路与普通公路的事故比较

指标 路面	事故数/ 起	死亡数/ 人	受伤数/ 人	直接经 济损失 /万元	公路里程/ km	事故率 /(起/km)	死亡率 /(人/km)	受伤率 /(人/km)	直接经济 损失率/ (万元/km)
高速公路	8252	5477	11 515	34 825.1	120 998	0.068	0.045	0.095	0.288
普通公路	94 029	34 553	100 448	694 008.4	4 453 773	0.021	0.008	0.023	0.156
全部公路	102 281	40 030	111 963	728 833.5	4 577 296	0.022	0.009	0.024	0.159

注：此表不包括重庆高速公路的事故数据与里程数（2525km）。

可见，解决高速公路事故率偏高的问题是道路交通安全工作者最重要的工作之一。

3.1.3　道路交通安全研究的内容

1. 道路交通系统四要素（三要素）

如前所述，道路交通系统是一个由人、车、路、环境构成的复杂动态系统。系统中，驾驶人从交通环境中获取信息，这种信息综合到驾驶人的大脑中，经判断形成动作指令，指令通过驾驶操作行为使汽车在道路上产生相应的运动，运动后汽车的运行状态和道路环境的变化又作为新的信息回馈给驾驶人，如此循环反复，完成整个行驶过程。因此，人、车、路、环境被称为道路交通系统四要素。

在道路交通系统的安全分析中，人、车、道路环境（路与环境绝对分开的难度非常大，因此路与环境可以合为一个要素）三要素在道路交通事故中的作用一直是各国专家学者研究的热点之一。美国、英国和澳大利亚等国的专家学者经过对大量事故的深入研究发现，与人有关的原因占 90% 左右，与车有关的占 10% 左右，与道路有关的原因占 30% 左右。这表明，人是道路交通事故的关键因素。但需要注意的是，在处理记录道路交通事故时，只要是与人有关的因素就认为人是主要因素，这实际上减弱了道路环境等因素在道路交通事故中所起的作用，也在一定程度上降低了研究者与管理者对这些因素的关注程度，对道路交通安全状况的改善起到了一定的负面作用。事实上，道路交通系统三要素不是单独运行，而是相互渗透、相互作用。

2. 道路交通安全研究的主要内容

(1) 交通参与者的交通特性研究

1) 人的安全行为研究。人在交通活动中安全行为的研究比较复杂，其最终目的是控制和消除人的不安全因素。这主要包括对交通参与者的生理、心理等各方面进行测验与系统分析，研究人的行为心理特点以及不安全行为特征。

通过交通事故人为因素及事故分布特征分析，应用事故再现技术进行道路交通事故模拟，寻求规律性的参数以及相关的结论，为道路和车辆的安全设计提供可靠依据。

2) 交通参与者安全防护研究。交通参与者主要包括驾驶人、乘客、行人、道路及设施维护人员等。研究交通参与者在事故发生过程中的行为状态、运动特性，对进一步研究开发安全防护装置、减少交通事故人员伤亡具有重要的应用价值。

3）交通事故救援与救护技术研究。主要包括交通事故救援与事故现场受伤人员快速救护的方法、技术装备的合理配备、事故的实时监测、事故发生地点的准确定位、各部门信息系统的相互沟通等。这方面的研究对改善事故现场的紧急救护和救援、拯救更多的生命和减少财产损失具有重要的意义。根据澳大利亚的研究，在交通事故发生后 1~2h 之内的人员死亡约占全部事故死亡人数的 35%，因此，若第二部分救援与抢救及时，这部分死亡人数可以大为减少。

(2) 车辆安全技术的研究 车辆安全、环保与节能是当今车辆技术发展的三大主题，其中安全技术是最重要的内容。车辆安全技术可分为主动安全技术和被动安全技术。主动安全技术是预防和避免发生交通事故的技术措施，如采用防抱死制动系统、驱动防滑装置、驾驶人不安全状态的监测装备等，保证车辆在发生事故之前能够安全制动。被动安全技术是指发生交通事故时和发生交通事故后减轻伤害的技术措施，如采用车身安全防撞、安全气囊、安全带等装置，可以减轻事故对人的伤害。

(3) 道路、安全设施与环境方面的研究

1）道路的研究。对于道路的研究主要包括道路与人相适应的几何线形、光线照明条件、安全防护、道路等级与功能划分、路面条件、附属工程技术条件等方面，同时，分别对各种道路交通安全运行状态进行系统的研究，并对事故多发点的原因进行深入研究，总结本质性的规律。

2）安全设施的研究。国内外许多学者经过长期研究证实，视觉良好的标志、标线可以使道路交通事故数量下降。因此，除了要研究安全设施本身的性能外，要充分考虑人、车、路、环境这个系统的整体性，如何系统地布设道路交通安全设施至关重要。我国一些公路上，经常能见到限速标志，却见不到解除限速标志，标志设置的不连续性往往埋下了安全隐患。

3）环境方面的研究。对于环境的研究越来越受到世界各国的广泛关注，我国在此方面的研究也正在逐步深入，研究内容主要包括各种气候条件、地形、道路周边环境（社会环境、自然环境）、雾霾、交通流、混乱交通、交通干扰等方面。另外，应大力研究交通环境的整体安全性及其综合评价体系，涉及研究方法、规范、标准、规则，以及交通参与者在身体因素和心理因素方面的交通安全适应性。

(4) 安全管理方面的研究 这方面的研究包括交通安全管理政策与机制、交通参与者的安全教育模式、交通事故调查统计等。

1）交通安全管理政策的研究。安全管理政策是全社会交通安全管理行为的准则，对提高交通安全水平起着举足轻重的作用，研究内容主要包括相关法规的立法与执法、安全技术政策、规范与标准、保险政策、财政政策等方面。加快研究安全管理政策对我国今后提高安全管理水平具有重要的意义。

2）交通安全管理机制的研究。根据国外经验，为遏制我国道路交通事故比较严重的态势，应研究成立由政府牵头主持的全国交通安全组织机构。此方面的研究主要包括政府和职能部门的职责、安全管理机制及其相互关系、突发事件的应急能力、通信手段、警力配备、技术装备管理等方面。结合国外的成功经验，应进一步研究和改革我国的交通安全管理体制。

3）交通参与者安全教育模式的研究。交通参与者的安全意识对提升整体安全水平的作用不容小觑，应该开展全生命周期的安全教育模式。每个教育阶段均需要把安全教育列为重要的实施内容，针对不同年龄段的公民采取不同的安全教育方式，从专业素质训练及缺陷校正的方面来研究驾驶人，并加强综合培训，深入研究交通参与者的交通意识教育和安全宣传的各个方面，并从各种技术措施上给予充分保障。

4）交通事故调查统计的研究。交通事故调查统计包括宏观和微观两个方面，涉及保险、医疗、交通、车辆、公安等部门，主要包括交通事故调查程序与统计要素。因为关系到人民生命财产的安全问题，交通事故调查统计的客观性、公正性、准确性显得尤为重要。世界上许多发达国家依靠政府有关部门行政、立法、执法的权威性，建立了行之有效的调查统计网络系统。如美国的交通安全策划与推进由交通部负责，统计工作由国家公路交通安全局和美国联邦道路管理局进行组织实施，其中国家公路交通安全局对人和车辆安全全面负责，联邦道路管理局主要负责全国道路安全措施。此外，所有交通事故调查数据应集中到国家统计分析中心统一存储，并且交通事故资料应该对外开放，以便研究者能够获得基础的交通事故资料，进行交通事故发生的规律机理研究，进而提出改善交通安全的方法与措施，提升交通安全水平。

（5）其他相关技术研究

1）交通安全信息技术的综合研究。在交通安全领域里，人们期望能够有效地运用信息科技，许多国家一直在持续不断地利用信息技术来改变交通安全的一些领域。在实际工作中，虽然很难直接给出指标去衡量交通安全领域里信息技术能够起到多大作用，但随着大数据技术的发展，信息技术在事故多发地点的甄别、交通执法、交通安全教育等方面将会有广泛的应用前景。

2）交通安全管理信息系统的研究。管理信息系统是实施交通安全管理的重要手段，可以确保交通安全信息流通的实时性、准确性，并将其他各类与交通安全有关的部门联系起来，共同开发并分享信息数据。此方面的研究主要包括各种交通管理信息联网方式、方法、格式、采集、处理、发布、统计、存储、检索以及回馈制度等方面，向交通参与者提供信息服务，向安全管理部门提供决策依据。

3）交通安全经济学的研究。交通安全经济学是交通安全科学与经济学交叉的综合性科学，它是以经济学理论为主要基础、研究交通安全经济活动规律的一门科学，主要研究交通安全投资与社会经济发展速度的关系，把握和控制交通安全规模的发展方向和发展速度，研究交通事故的损失规律、对社会经济的影响规律、交通安全活动的效果规律以及交通安全经济的科学管理。

4）交通事故社会经济损失的研究。这方面的研究主要包括事故损失量化指标体系的评定、事故损失的评估方法、事故损失科学统计等，特别是根据事故损失的间接性、潜在性等特征研究科学的测算理论和方法，为掌握交通事故对社会经济的影响提供可靠依据。

实际上道路交通事故对社会造成的损失很大，如2010年美国GDP为14.96万亿美元，道路交通事故导致经济损失2420亿美元，综合社会成本损失8360亿美元，大约占GDP的1.6%~5.5%。目前在我国大陆地区，关于交通事故的经济损失统计一般仅统计直接财产损失，尚无类似的财务测算和统计资料，整个社会较难直观地认识每年因为交通事故到底付出了多大的社会代价，某种程度上也导致了全社会尚未对道路交通安全的需求认知达成高水平共识。

5）交通事故预测方法的研究。交通事故预测是依据交通事故的历史与现状对未来可能发生的事故状况进行估计，分析未来事故的危险程度和发展趋势。根据数学理论和历史资料研究建立多指标体系的数学模型，利用计算机处理技术科学预测交通事故的未来状况，为交通安全管理部门进行科学决策提供参考依据，有利于制定预防交通事故的管理对策和技术措施。

3.2 铁路运输交通安全与交通事故

3.2.1 铁路交通事故

为及时准确地调查处理铁路交通事故，严肃追究事故责任，防止和减少铁路交通事故的发生，2007年9月1日起施行的《铁路交通事故应急救援和调查处理条例》（国务院令第501号）（2012年进行了修正并于2013年1月1日起开始施行），以及原铁道部根据该条例制定的《铁路交通事故调查处理规则》（2007年8月28日铁道部令第30号公布，自2007年9月1日起施行）等对铁路交通事故进行了相关规定。这些条例与规则是调查和处理铁路交通事故的基本依据，对铁路交通事故的调查处理、定性定责和统计分析具有鲜明的法规性和权威性。国家铁路、合资铁路、地方铁路以及专用铁路、铁路专用线等发生事故的调查处理也适用以上规则。

1. 铁路交通事故的定义

铁路机车车辆在运行过程中与行人、机动车、非机动车、牲畜及其他障碍物相撞，或发生冲突、脱轨、火灾、爆炸等影响铁路正常行车的事故，均为铁路交通事故。

2. 铁路交通事故的分类

（1）铁路交通事故的分类原则和依据

1）依据事故性质的严重程度。客运列车事故比其他列车事故性质严重，列车事故比调车事故性质严重，冲突、脱轨、火灾和爆炸事故比构成设备事故以及一般违章、违纪行为性质严重。

2）依据事故损失的大小。事故损失主要是指人员伤亡多少及机车、车辆、线路、桥梁、供电、信号等设备的损坏程度和经济损失。

3）依据事故对行车造成的影响大小。繁忙干线和其他线路发生事故、双线行车中断和单线行车中断、延误本列时间所构成的事故种类均不同。

（2）按事故性质、损失和对行车所造成的影响分类　按事故性质、损失和对行车所造成的影响，铁路交通事故分为特别重大事故、重大事故、较大事故和一般事故四个等级。

（3）按事故内容分类　按事故内容可分为列车事故、调车事故和因铁路技术设备破损或货物装载不良造成的事故。

3. 铁路交通事故构成条件

（1）特别重大事故构成条件　有下列情形之一的，为特别重大事故。

1）造成30人以上死亡。

2）造成100人以上重伤（包括急性工业中毒，下同）。

3）造成1亿元以上直接经济损失。

4）繁忙干线客运列车脱轨 18 辆以上并中断铁路行车 48h 以上。

5）繁忙干线货运列车脱轨 60 辆以上并中断铁路行车 48h 以上。

（2）重大事故构成条件 有下列情形之一的，为重大事故。

1）造成 10 人以上 30 人以下死亡。

2）造成 50 人以上 100 人以下重伤。

3）造成 5000 万元以上 1 亿元以下直接经济损失。

4）客运列车脱轨 18 辆以上。

5）货运列车脱轨 60 辆以上。

6）客运列车脱轨 2 辆以上 18 辆以下，并中断繁忙干线铁路行车 24h 以上或者中断其他线路铁路行车 48h 以上。

7）货运列车脱轨 6 辆以上 60 辆以下，并中断繁忙干线铁路行车 24h 以上或者中断其他线路铁路行车 48h 以上。

（3）较大事故构或条件 有下列情形之一的，为较大事故。

1）造成 3 人以上 10 人以下死亡。

2）造成 10 人以上 50 人以下重伤。

3）造成 1000 万元以上 5000 万元以下直接经济损失。

4）客运列车脱轨 2 辆以上 18 辆以下。

5）货运列车脱轨 6 辆以上 60 辆以下。

6）中断繁忙干线铁路行车 6h 以上。

7）中断其他线路铁路行车 10h 以上。

（4）一般事故构成条件 一般事故分为一般 A 类事故、一般 B 类事故、一般 C 类事故、一般 D 类事故。

有下列情形之一，未构成较大以上事故的，为一般 A 类事故。

A1. 造成 2 人死亡。

A2. 造成 5 人以上 10 人以下重伤。

A3. 造成 500 万元以上 1000 万元以下直接经济损失。

A4. 列车及调车作业中发生冲突、脱轨、火灾、爆炸、相撞，造成下列后果之一的：

A4.1 繁忙干线双线之一线或单线行车中断 3h 以上 6h 以下，双线行车中断 2h 以上 6h 以下。

A4.2 其他线路双线之一线或单线行车中断 6h 以上 10h 以下，双线行车中断 3h 以上 10h 以下。

A4.3 客运列车耽误本列 4h 以上。

A4.4 客运列车脱轨 1 辆。

A4.5 客运列车中途摘车 2 辆以上。

A4.6 客车报废 1 辆或大破 2 辆以上。

A4.7 机车大破 1 台以上。

A4.8 动车组中破 1 辆以上。

A4.9 货运列车脱轨 4 辆以上 6 辆以下。

有下列情形之一，未构成一般 A 类以上事故的，为一般 B 类事故。

B1. 造成 1 人死亡。
B2. 造成 5 人以下重伤。
B3. 造成 100 万元以上 500 万元以下直接经济损失。
B4. 列车及调车作业中发生冲突、脱轨、火灾、爆炸、相撞，造成下列后果之一的：
B4.1 繁忙干线行车中断 1h 以上。
B4.2 其他线路行车中断 2h 以上。
B4.3 客运列车耽误本列 1h 以上。
B4.4 客运列车中途摘车 1 辆。
B4.5 客车大破 1 辆。
B4.6 机车中破 1 台。
B4.7 货运列车脱轨 2 辆以上 4 辆以下。

有下列情形之一，未构成一般 B 类以上事故的，为一般 C 类事故。
C1. 列车冲突。
C2. 货运列车脱轨。
C3. 列车火灾。
C4. 列车爆炸。
C5. 列车相撞。
C6. 向占用区间发出列车。
C7. 向占用线接入列车。
C8. 未准备好进路接、发列车。
C9. 未办或错办闭塞发出列车。
C10. 列车冒进信号或越过警冲标。
C11. 机车车辆溜入区间或站内。
C12. 列车中机车车辆断轴，车轮崩裂，制动梁、下拉杆、交叉杆等部件脱落。
C13. 列车运行中碰撞轻型车辆、小车、施工机械、机具、防护栅栏等设备设施或路料、胡体、落石。
C14. 接触网接触线断线、倒杆或塌网。
C15. 关闭折角塞门发出列车或运行中关闭折角塞门。
C16. 列车运行中刮坏行车设备设施。
C17. 列车运行中设备设施、装载货物（包括行包、邮件）、装载加固材料（或装置）超限（含按超限货物办理超过电报批准尺寸的）或坠落。
C18. 装载超限货物的车辆按装载普通货物的车辆编入列车。
C19. 电力机车、动车组带电进入停电区。
C20. 错误向停电区段的接触网供电。
C21. 电化区段攀爬车顶耽误列车。
C22. 客运列车分离。
C23. 发生冲突、脱轨的机车车辆未按规定检查鉴定编入列车。
C24. 无调度命令施工，超范围施工，超范围维修作业。
C25. 漏发、错发、漏传、错传调度命令导致列车超速运行。

有下列情形之一，未构成一般 C 类以上事故的，为一般 D 类事故。

D1. 调车冲突。

D2. 调车脱轨。

D3. 挤道岔。

D4. 调车相撞。

D5. 错办或未及时办理信号致使列车停车。

D6. 错办行车凭证发车或耽误列车。

D7. 调车作业碰轧脱轨器、防护信号，或未撤防护信号动车。

D8. 货运列车分离。

D9. 施工、检修、清扫设备耽误列车。

D10. 作业人员违反劳动纪律、作业纪律耽误列车。

D11. 滥用紧急制动阀耽误列车。

D12. 擅自发车、开车、停车、错办通过或在区间乘降所错误通过。

D13. 列车拉铁鞋开车。

D14. 漏发、错发、漏传、错传调度命令耽误列车。

D15. 错误操纵、使用行车设备耽误列车。

D16. 使用轻型车辆、小车及施工机械耽误列车。

D17. 应安装列尾装置而未安装发出列车。

D18. 行包、邮件装卸作业耽误列车。

D19. 电力机车、动车组错误进入无接触网线路。

D20. 列车上工作人员往外抛掷物体造成人员伤害或设备损坏。

D21. 行车设备故障耽误本列客运列车 1h 以上，或耽误本列货运列车 2h 以上；固定设备故障延时影响正常行车 2h 以上（仅指正线）。

此外，中国铁路总公司可将影响行车安全的其他情形列入一般事故。因事故死亡、重伤人数 7 日内发生变化导致事故等级变化的，应相应改变事故等级。

4. 铁路交通事故考核指标

铁路交通安全是保证铁路正常运输的重要条件，是铁路运输管理水平和各项工作质量的综合反映，是铁路运输质量的重要指针。目前，铁路交通安全考核指标主要有事故件数、安全天数、百万机车走行公里铁路交通事故件数（事故率）和职工死亡事故率。

（1）事故件数 事故件数是指在一定时期（月、季度、半年、年度）内，全路、铁路局或站段所发生的特别重大事故、重大事故、较大事故和一般事故的总件数。事故总件数可以是全部铁路交通事故的总件数，也可以按事故等级或事故种类分别统计。

（2）安全天数 安全天数（连续安全生产无事故天数）是衡量铁路局、站段安全绩效的重要指标。各铁路单位通常以 100 天为统计单位，开展百日安全生产无事故活动。

（3）事故率 事故件数和安全天数与铁路繁忙程度没有直接关系，较难反映一个单位在一定时期内运输生产的质量和交通安全管理的水平，而事故率是指全路、铁路局、站段在一定时期内每百万机车走行公里所发生的铁路交通事故件数，因此相对而言能比较客观地反映一个单位的交通安全状态和管理水平。

（4）职工死亡事故率 职工死亡事故率是铁路交通安全的一个相关指标，它是指在一定时期内，某单位每一百万在册职工所发生的职工死亡总人数。

3.2.2 铁路交通安全概况

相对而言，世界各国的铁路交通安全状况普遍好于道路交通安全状况，铁路交通事故率低于道路交通事故率。但是铁路交通事故时有发生，个别事故也很严重。如我国 2008 年的 4·28 胶济铁路列车相撞特别重大交通事故，造成 72 人死亡、416 人受伤，中断行车 21h22min；2011 年的 7·23 甬温线动车组列车追尾特别重大铁路交通事故，造成 40 人死亡、172 人受伤，中断行车 32h35min，直接经济损失约 1.93 亿元。

1. 我国铁路交通事故概况

据不完全统计，从 1954 年 8 月 4 日天兰铁路因山洪暴发冲毁路基，导致列车颠覆，11 人死亡，至 2013 年 1 月 28 日黑河铁路货运列车与客车相撞，导致 9 人死亡，这期间我国共计发生 50 起较为严重的铁路交通事故，其中 20 世纪 50 年代 1 起，60 年代 3 起，70 年代 5 起，80 年代 17 起，90 年代 9 起，2000～2010 年 13 起，2011 年以来 2 起。这 50 起交通事故共造成 1135 人死亡，平均每年发生 1 起，每起事故死亡人数 23 人。

2. 铁路交通事故的特点

（1）交通长时间中断 由于铁路的轨道和线路固定，分隔行驶，难以像公路交通多线同时运行，一旦发生铁路交通事故，该条铁路线路交通便会中断，后续列车无法运行，影响铁路往返班次的正常运行。从统计的 50 起铁路交通事故来看，大部分事故均造成行车中断 10 个多小时，甚至更久，如 1981 年 7 月 9 日成昆线重大铁路交通事故导致成昆铁路运营中断超过半个月。

（2）易产生连锁反应 铁路交通事故容易引发以下系列连锁反应：①容易引发火灾，撞击、电路等因素可能会引燃车内物品和行李等。②引发高架桥坍塌，若发生碰撞、追尾和脱轨等铁路交通事故，易导致高架桥坍塌，阻断桥下公路交通。③导致大量旅客滞留和聚集，容易引发社会矛盾，发生群体性事件等。

（3）紧急救援难度极大 武广高速铁路全长 1068.6km，其中桥梁 684 座，共 468km，隧道 226 座，共 117km，桥梁和隧道的总长度占线路总长的 66.7%。襄渝铁路有 716 座桥梁、405 条隧道，襄渝线所有桥梁隧道加起来的长度占整条线路总长的 45%。若这些线路上发生交通事故，救援工作将极为艰难。为了满足铁路高速运行的需要，在交通主干道上，普通铁路、高速公路以及高速铁路已形成立体交通网，如果在高架桥梁上、隧道中或立体交通交汇处发生事故，灾情会错综复杂。重型机械是铁路交通事故救援的必要设备，由于无法靠近或运到现场，救援难度将进一步加大。

（4）救援环境条件受限 铁路轨道一般远离城市中心区及公路要道，事故常发生在偏僻路段。因此，受自然和地理环境等因素的影响，消防救援工作受到极大限制。铁路作为轨道交通，一般无专门的消防通道，消防车辆难以驶入事故现场。若事故发生在高架桥上，受登高作业条件影响，救援环境将更加复杂。对于事故列车来说，车厢受损或挤压变形，或者列车坠落桥下、山谷等情况将使得疏散和营救受伤人员的工作变得更为困难。此外，高速铁路一般建有隔离网，救援装备难以快速抵达事故地点，也会使救援工作受到限制。

（5）伤亡和经济损失大 发生铁路交通事故时，列车紧急制动，由惯性导致的车厢撞击和挤压容易造成人员群死群伤，尤其是客运列车，铁路交通事故伤亡人数往往较多。大多数铁路交通事故受伤人数都为几十人，甚至数百人。在统计的50起铁路交通事故中，导致人员死亡超过70人的铁路交通事故有5起。同时，高速列车运行系统的建设和制造成本高，发生事故时铁路运行中断，将导致多次客货列车停运，恢复运行要投入大量人力物力，经济损失巨大，因交通中断导致的间接经济损失更是无法估量。

（6）**铁路道口事故多** 道口安全是铁路运输安全的重要组成部分，道口安全系统也是铁路行车安全保障系统的重要组成部分。目前，我国的铁路运输快速发展，这使得列车速度迅速提高，列车密度显著增大，从而对铁路安全提出了新的要求，在铁路道口方面表现在占用频率会显著提高，列车平均占用道口的时间也相应缩短。因此，铁路道口的安全防护任务会越来越繁重，道口将成为制约铁路行车安全的瓶颈之一。据统计，2004年发生铁路道口事故729起，伤亡513人，中断正线行车2292h，直接经济损失1200余万元。

（7）**影响社会和谐稳定** 铁路交通事故容易造成交通堵塞、旅客滞留，影响正常的社会秩序。如在2008年春节前后，雨雪冰冻灾害导致铁路交通中断，大量乘客滞留，给社会秩序造成极大的压力。铁路交通事故往往伤亡较大，易引起中外媒体关注，社会影响较大。若事故赔偿和善后工作处理不当或不及时，容易激化矛盾，进而引发群体性事件，影响社会和谐稳定。

3. 铁路安全问题

（1）**现场作业方面** 因现场作业人员违反规章制度导致的铁路交通事故时有发生，包括无计划擅自施工、超范围施工、天窗点外违规上线作业、施工人员和机具侵入限界、现场作业控制措施落实不到位等。

（2）**铁路沿线环境方面** 因机动车抢越道口、行人非法上道造成的铁路交通事故时有发生。行人非法上道仍是铁路交通事故造成人员伤亡的主要原因。此外，安全保护区内违法施工、乱采乱挖、异物侵限等违法问题也屡禁不止。

（3）**主要行车设备方面** 因线路日常维修养护管理不到位造成的铁路交通事故时有发生。机车车辆、通信信号、线路接触网等故障也会影响铁路运输安全秩序，主要行车设备的生产制造、养护维修等需进一步加强。

（4）**自然灾害影响方面** 水害、台风、雾霾、降雪、低温冰冻等极端恶劣天气和自然灾害对铁路运输安全的影响较大，由此导致的线路中断、危岩落石、边坡溜坍、泥石流掩埋线路、机车动车污闪、上跨电力线断线、外来物挂落接触网等险情较多。

4. 我国铁路营运基本情况

近些年，我国的铁路事业得到了长足发展，特别是高铁。至2016年年底，全国铁路营业里程达到12.4万km，比2015年增长2.5%。全国铁路路网密度129.2km/万km^2，比上年增加3.2km/万km^2。全国铁路旅客发送量完成28.14亿人，比上年增长11.0%；铁路货物发送量完成33.32亿t，货运总周转量完成23 792.26亿t·km，比上年增长0.2%。至2016年年底，全国高铁营业里程超过1.9万km，比2015年约增加3000km。

近几年，全国铁路交通事故死亡人数呈下降趋势。2013年，全国铁路交通事故死亡人数1336人，同比下降5.7%；2014年死亡1232人，同比下降7.8%；2015年死亡人数1037人，同比下降15.8%；2016年死亡人数932人，同比减少105人，下降10.1%；10亿t·km死亡率0.256，同比下降11.7%；且全年未发生特别重大、重大铁路交通事故。

3.2.3 城市轨道交通事故

从广义上说,铁路运输也属于轨道运输,但从具体应用而言两者有所区别。一般来说,铁路主要承担区域对外的中长距离客货运输,城际铁路主要承担区域内部各城市、城市组团、城镇之间的旅客交流,城市轨道交通主要承担城市内部跨组团客流为主、兼顾部分城市组团内部的交通出行。城市轨道交通沿城市客流走廊布设,在城市客运网络中起骨干信道运输的作用。

随着我国大城市交通拥堵问题越来越严重,交通矛盾越来越突出,并成为制约城市经济快速发展的主要障碍。近些年来我国城市轨道交通建设发展迅速,截止到2016年底,建成以及在建城市轨道交通(地铁)的城市近70个。

地铁系统构成复杂,一般位于地下封闭空间内,具有速度高、起停频繁、客流量大、应急疏散相对困难的特点。一旦发生安全事故后果极其严重,不但会造成设施设备损坏,还会造成乘客伤亡,产生不良的社会影响。

根据相关资料,对1990~2017年国外地铁运营安全事故进行统计分析并分类,见表3-4。

表3-4 1990~2017年国外地铁运营安全事故统计表

时间	地点	事故原因	事故结果
列车脱轨			
1990年	美国费城	列车脱轨	3人死亡,162人受伤
1991年	美国纽约	列车脱轨	6人死亡,100多人受伤
2000年	法国巴黎	超速致使列车脱轨	24人受伤
2000年	日本东京	列车脱轨致使列车相撞	3人死亡,44人受伤
2000年	美国纽约	列车脱轨	89人受伤
2003年	澳大利亚悉尼	列车脱轨	8人死亡
2003年	英国伦敦	列车脱轨	32人受伤
2005年	日本东京	列车脱轨	91人死亡,456人受伤
2006年	西班牙巴伦西亚	超速致使列车脱轨翻车	41人死亡,47人受伤
2006年	印度新德里	列车脱轨	运营中断
2010年	美国华盛顿	列车脱轨	乘客受困1.5h,3人受伤
2014年	美国纽约	列车脱轨	4人重伤,15人轻伤
列车相撞			
2004年	西班牙巴塞罗那	列车相撞	50多人受伤
2006年	意大利罗马	列车相撞	1人死亡,236人受伤
2007年	委内瑞拉	列车相撞	1人死亡,12人受伤
2009年	美国华盛顿	列车相撞	9人死亡,70人受伤
2012年	巴西圣保罗	列车相撞	40余人受伤

(续)

时间	地点	事故原因	事故结果
设施设备故障			
1995 年	阿塞拜疆巴库	机车电路故障诱发火灾	558 人死亡，269 人受伤
1999 年	德国科隆	系统故障致使列车相撞	70 多人受伤
2003 年	英国伦敦	机械故障导致列车脱轨	32 人受伤
2003 年	英国伦敦	大面积停电	2/3 地铁停运，25 万人被困
2007 年	日本东京	供电故障	运营中断 1h
2010 年	巴西圣保罗	车门故障	多条线路停运，15 万人受阻
2017 年	美国纽约	供电故障	运营中断 4h
人为操作故障			
2005 年	泰国曼谷	人为操作故障致使列车相撞	212 人受伤
2008 年	美国芝加哥	集装箱拖车撞入地铁站	2 人死亡，18 人受伤
2009 年	西班牙马德里	司机站内未看到红灯	22 人受伤
1996 年	白俄罗斯	站内踩踏事故	54 人死亡

由表 3-4 可见，列车脱轨事故有 12 起，列车相撞事故有 5 起，设施设备故障引起的事故有 7 起，人为操作故障引起的事故有 3 起。有些地铁交通事故伤亡人数较多，因此，提高地铁运营安全管理与保障水平是地铁运营单位的首要任务。

3.3 水上运输交通安全与交通事故

3.3.1 水上交通事故的含义

在业内水路运输更多地称为水上运输，本书认为水路运输就是水上运输。我国有关水上交通安全管理规章中基本上采用海损事故一词表示船舶在海上和内河水域中航行或停泊时发生的各种事故。在 1983 年颁布的《中华人民共和国海上交通安全法》和 2002 年颁布的《中华人民共和国内河交通安全管理条例》中规定，船舶、设施和排筏在海上或内河水域中航行、停泊或作业时发生的事故称为水上交通事故，发生在沿海水域中的事故称为海上交通事故，发生在内河通航水域中的事故称为内河交通事故。海上交通事故和内河交通事故又合称为水上交通事故或船舶交通事故，通常称为海事。海事并不限于船舶在海上发生的事故，船舶在江河湖泊等内陆水域中发生的事故以及在港口水域中系泊或锚泊时发生的事故也属于海事的范畴。此外，海事不仅包括船舶发生的事故，还包括水上设施发生的事故。2015 年开始施行的《水上交通事故统计办法》中规定，水上交通事故是指船舶在航行、停泊、作业过程中发生的造成人员伤亡、财产损失、水域环境污染损害的意外事件。

3.3.2 海事的定义

海事一词，不同行业的人对其理解不同。根据最新《现代汉语词典》的解释，海事有两层含义：①泛指一切有关海上的事务，如航海、造船、验船、海运、海损事故处理等；

②指船舶在航行或停泊时所发生的事故，如触礁、失火等。本书所涉及的海事为上述第二个释义，即狭义上的海事。

1. 我国海事法规中海事的定义

1990年3月3日发布施行的《中华人民共和国海上交通事故调查处理条例》所称海上交通事故是指船舶、设施发生的下列事故：①碰撞、触碰或浪损；②触礁或搁浅；③火灾或爆炸；④沉没；⑤在航行中发生影响适航性能的机件或重要属具的损坏或灭失；⑥其他引起财产和人身伤亡的海上交通事故。

由交通部发布的自1990年8月1日起施行的《船舶交通事故统计规则》将船舶交通事故定义为船舶发生碰撞、搁浅、触礁、触损、浪损、风灾、火灾及其他造成财产和营业损失或人身伤亡的交通事故。该规则指出，船舶污染事故、船员工伤和失足落水事故，以及船舶发生船员、旅客自杀或他杀事故等，不适用该规则。

上述两个法规中的海上交通事故包含一些基本上与船舶运动无关的事故，如火灾、爆炸、风灾以及船舶重要机件或属具的损坏或灭失等，这与海上交通工程学中海上交通事故的概念不同。海上交通工程学中，海上交通事故仅指与船舶动力和行为有关的事故，如碰撞、搁浅、触礁、触碰和浪损等。

2. 国际公约、规则与南外海事法规中海事的定义

国际海事组织（IMO）在其国际公约、大会决议、规则和指南等文件中主要采用Marine Casualty，Marine Incident或Maritime Casualty等词，如1997年11月27日通过的《海事调查规则》第4条第1款给出了Maritime Casualty（海难事故）的定义，即一个事件导致以下任何一种情况：

1）由船舶操作引起的或与船舶操作有关致使人员死亡或严重受伤。
2）由船舶操作引起的或与船舶操作有关致使船上人员失踪。
3）船舶全损、推定全损或弃船。
4）船舶的重大损坏。
5）船舶搁浅、丧失航行能力或涉及一件碰撞事故。
6）由船舶操作引起的或与船舶操作有关致使船舶遭受重大损失。
7）由船舶操作引起的或与船舶操作有关而造成船舶对环境的损害。

该规则的第4条第4款也给出了Marine Incident（海上意外事故）的定义，是指由船舶操作引起的或与船舶操作相关的事件，且这类事件已使船舶或任何人员受到威胁，或可能对船舶构造或环境造成严重损害。

《1969年国际干预公海油污事故公约》第2条和《1982年联合国海洋法公约》第21条定义Maritime Casualty（海难事故）为：船舶碰撞、搁浅或其他航行事故，或是在船上或船舶外部发生的对船舶或货物造成物质损失或有造成物质损失的紧迫威胁的事故。

英国《商船航运法案》（1988）第33节海事报告与调查中，将海事定义为事故和事件。事故（Accident）是指意外事件导致人员伤亡或物质损失，包括人员死亡、船上人员重伤、船上人员失踪、船舶全损、推定全损、被弃船或船舶严重损坏、搁浅或碰撞以及由船舶引起的丧失能力或物质损失。事件（Incident）是指意外事件，如果情况稍微不同，就可能引起事故，如重大事故隐患。

加拿大《航运事故调查和安全法案》（1990）中规定，海事是指：①任何与船舶作业有关的事故；②任何情形或状况，如任这些情形或状况发展，委员会确信会引起①所述的事故。

日本《海难审判法》第 2 条规定，海难是指：①船舶发生损伤或与船舶营运相关而导致船舶以外的设施发生损伤；②与船舶的构造、设备或营运相关而导致人员死伤；③船舶的安全和航行受到妨碍。

在德国，如果船舶的操作严重危及自身安全、该船上人员的安全、交通安全或水域安全，就认为发生了事故。除了上述抽象的定义外，如果船舶或其货物已遭受或造成严重损害，船舶沉没、失踪或被弃船，人员死亡，以及在救助海上遇险船舶上有疏忽，都被认为是事故。

此外，一些国家将船舶污染事故也列入海事的范围，也有部分国家将船上人员的工伤事故（Working Accident）排除在海事概念之外。有些国家将损失小的事故不看作海事，而一些国家将未造成损失但很危险的情况看作海事。

综上所述，海事随着国家、法规、目的的不同而有各式各样的内涵。在比较不同国家或单位的海事统计数字，或在海事研究中参考他人的研究资料时，要充分注意海事定义上的差异，不可将其简单化。

3.3.3　海事的分类

常见的海事分类方法如下：

1）按海事发生水域分，有海上事故、港内事故、内河（内陆水域）事故等。

2）按发生海事的对象分，有船舶事故、水上设施事故等。

3）按发生海事的船舶种类分，有运输船舶事故、油船事故、渔船事故、小船事故等。

4）按船舶发生海事时的状态分，有航行事故、停泊事故，还有交通事故、非交通事故的区分。

5）按海事致损原因分，有碰撞事故、搁浅事故、触礁事故、火灾事故、爆炸事故、风灾事故、沉船事故等。

6）按海事致损对象分，有船舶损害事故、人员伤亡事故、货损事故、机损事故、污染事故等。

7）按海事发生过程与结果分，有单一性海事和连带性海事。连带性海事包括碰撞爆炸、触礁沉船—污染等。1937 年菲律宾油船与客船在海上相撞，造成客船沉没、3000 余人死亡的特大海事就属于碰撞失火沉船污染这一连带性事故。

我国《船舶交通事故统计规则》将船舶交通事故分为碰撞、搁浅、触礁、触损、浪损、火灾、风灾和其他事故八个类别，并分别给出如下定义：

1）碰撞：指船舶之间或船舶与排筏、水上浮动装置之间相互碰撞造成事故。

2）搁浅：指船舶搁置在浅滩上，造成停航或损坏。

3）触礁：指船舶触碰或搁置在礁石上。

4）触损：指船舶触碰岸壁、码头、航标、桥墩、钻井平台等固定物或沉船、沉物、木桩、鱼栅等障碍物。

5）浪损：指船舶余浪冲击其他船舶、排筏、设施等造成损失的事故。

6）火灾：指船舶遭受雷电、爆炸、火烧致损达到事故等级标准的。

7）风灾：指船舶遭受强风袭击造成事故。

8）其他事故：指上述七类事故以外的因素造成的船舶交通事故。

我国《海上交通事故案例调查处理条例》将海事分成六个类别共十种，但没有对各类海事下定义。

加拿大运输部海事调查局在各年度的海事统计报告（Statistical Summary of Marine Accidents）中将海事分成海难事故（Marine Casualty）、船上事故（Accident aboard Ship）、危险事件（Dangerous Occurrence）三大类。海难事故包括：碰撞（Collision）、搁浅触礁（Grounding）、触碰（Contact）、撞击（Striking）、从上面进水沉没（Foundering）、从下面进水沉没（Sinking）、火灾（Fire）、爆炸（Explosion）、倾覆（Capsizing）、冰损（Ice Damage）和其他共11种。船上事故指非海难事故引起的人员伤亡事故。危险事件包括：①会造成人员伤亡的任何船舶属具、结构或机器的损坏或故障；②可能导致海难事故或船上事故的严重情况。

《国际海事组织示范教程：海事管理者和调查员》中第三部分海事调查将海事分为下列几个类别：

1）沉没（Foundering）：包括恶劣天气、渗漏、断裂造成的沉没。

2）失踪（Missing）：经过相当长的一段时间没有从一船收到任何消息，其结局不能确定，该船应被宣布失踪。

3）火灾和爆炸（Fire and Explosion）：船舶发生火灾或爆炸，以及由其引起的其他事故。

4）碰撞（Collision）：一船被另一船撞击，无论该船是在航、锚泊或系泊。

5）触碰（Contact）：船舶撞击外界物质，包括钻井架或平台，但不包括撞击另一船舶或海底。

6）搁浅（Grounding）：船舶触碰海底、沙坝、浅滩、海岸等，包括被沉船刮碰。

7）恶劣天气和冰损（Heavy Weather and Ice Damage）：由于大浪或风灾引起的重大损坏和冰损。

8）船体和机器损坏（Hull and Machinery）：设备、机器损坏、主机丧失机动性。

9）其他（Other）：任何上述没有列出且能引起严重损失的事故。

3.3.4 我国海事分级

世界上几乎每天都有海事发生，所造成的损失和社会影响差别很大，小的事故可能只造成几百元的直接经济损失，而大的事故可能造成上千的人员伤亡，几千万的经济损失，甚至上亿元的污染赔偿。海事造成的社会影响也有大有小，有些事故不会引起人们的反应，而有的事故由于其严重程度较高，会引起社会的广泛关注或国际上的强烈反应，造成人们的不安全感和社会的不稳定。为了集中财力、人力调查处理和研究预防重大海事，同时考评某地区、某单位的安全程度，在海事统计报告或调查处理上需要按海事的严重程度进行分级。

1. 我国的海事分级规定

《船舶交通事故统计规则》根据事故船舶的等级、死亡人数和造成的直接经济损失，将船舶交通事故分为小事故、一般事故、大事故、重大事故4个等级。我国的海事分级标准见表3-5。

表3-5 我国的海事分级标准

等级标准级别	重大事故	大事故	一般事故
20000 总吨以上或 14 704kW 以上的船舶	1. 死亡3人及以上 2. 船舶沉没、全损或无修复价值 3. 直接经济损失150万元以上	1. 死亡1~2人 2. 直接经济损失70万元以上至150万元以下	1. 人员有重伤 2. 直接经济损失20万元以上至70万元以下
10 000 总吨以上至20 000 总吨以下或7 352kW 以上至14 704kW 以下的船舶	1. 死亡3人及以上 2. 船舶沉没、全损或无修复价值 3. 直接经济损失130万元以上	1. 死亡1~2人 2. 直接经济损失50万元以上至130万元以下	1. 人员有重伤 2. 直接经济损失15万元以上至50万元以下
5000 总吨以上至10 000 总吨以下或3676kW 以上至7352kW 以下的船舶	1. 死亡3人及以上 2. 船舶沉没、全损或无修复价值 3. 直接经济损失100万元以上	1. 死亡1~2人 2. 直接经济损失30万元以上至100万元以下	1. 人员有重伤 2. 直接经济损失10万元以上至30万元以下
3000 总吨以上至5000 总吨以下或2266kW 以上至3676kW 以下的船舶	1. 死亡3人及以上 2. 船舶沉没、全损或无修复价值 3. 直接经济损失75万元以上	1. 死亡1~2人 2. 直接经济损失20万元以上至75万元以下	1. 人员有重伤 2. 直接经济损失8万元以上至20万元以下
1500 总吨以上至3000 总吨以下或1103kW 以上至2266kW 以下的船舶	1. 死亡3人及以上 2. 船舶沉没、全损或无修复价值 3. 直接经济损失60万元以上	1. 死亡1~2人 2. 直接经济损失15万元以上至60万元以下	1. 人员有重伤 2. 直接经济损失6万元以上至15万元以下
1000 总吨以上至1500 总吨以下或735kW 以上至1103kW 以下的船舶	1. 死亡3人及以上 2. 船舶沉没、全损或无修复价值 3. 直接经济损失50万元以上	1. 死亡1~2人 2. 直接经济损失10万元以上至50万元以下	1. 人员有重伤 2. 直接经济损失4万元以上至10万元以下
500 总吨以上至1000 总吨以下或368kW 以上至735kW 以下的船舶	1. 死亡3人及以上 2. 船舶沉没、全损或无修复价值 3. 直接经济损失35万元以上	1. 死亡1~2人 2. 直接经济损失8万元以上至35万元以下	1. 人员有重伤 2. 直接经济损失3万元以上至8万元以下

(续)

等级标准级别	重大事故	大事故	一般事故
300 总吨以上至 500 总吨以下或 221kW 以上至 368kW 以下的船舶	1. 死亡 3 人及以上 2. 船舶沉没、全损或无修复价值 3. 直接经济损失 25 万元以上	1. 死亡 1~2 人 2. 直接经济损失 6 万元以上至 25 万元以下	1. 人员有重伤 2. 直接经济损失 1.5 万元以上至 6 万元以下
200 总吨以上至 300 总吨以下或 147kW 以上至 221kW 以下的船舶	1. 死亡 3 人及以上 2. 船舶沉没、全损或无修复价值 3. 直接经济损失 10 万元以上	1. 死亡 1~2 人 2. 直接经济损失 1 万元以上至 10 万元以下	1. 人员有重伤 2. 直接经济损失 6000 元以上至 1 万元以下
20 总吨以上至 200 总吨以下或 14kW 以上至 147kW 以下的船舶	1. 死亡 3 人及以上 2. 船舶沉没、全损或无修复价值 3. 直接经济损失 3 万元以上	1. 死亡 1~2 人 2. 直接经济损失 7500 元以上至 3 万元以下	1. 人员有重伤 2. 直接经济损失 750 元以上至 7500 元以下
20 总吨以下或 14kW 以下的船舶	1. 死亡 3 人及以上 2. 船舶沉没、全损或无修复价值 3. 直接经济损失 2 万元以上	1. 死亡 1~2 人 2. 直接经济损失 7500 元以上至 2 万元以下	1. 人员有重伤 2. 直接经济损失 450 元以上至 7500 元以下

注：1. 凡符合表内标准之一的即达到相应的事故等级。
  2. 本表中"以上"含本数，"以下"不含本数。
  3. 船舶等级的划分，拖船按主机额定功率划分，其他船舶按总吨划分，既未核定吨位又无功率的船舶按载重吨比照总吨划分。

从表 3-5 可以看出，事故船舶按其总吨位或主机额定功率（仅适用于拖船）分为 11 级。如果事故导致人员伤亡，则事故的分级与船舶等级（吨位或功率）大小无关，即不论事故船舶大小，凡事故造成死亡 3 人及以上，则是重大事故；死亡 1~2 人，是大事故；人员有重伤，是一般事故；事故只造成人员有轻伤，则是小事故。如果事故导致船舶沉没、全损或无修复价值，则无论船舶大小，一律算重大事故。至于事故未造成人员伤亡或船舶灭失而只带来直接经济损失的，则要按船舶大小的 11 个等级分别确定属于哪一级别的事故。

此外，1990 年 10 月 20 日交通部交通安全委员会发出《关于报告船舶重大事故隐患的通知》，要求交通部下属单位自 1991 年 1 月 1 日起上报船舶重大事故隐患，其目的在于及时掌握船舶重大事故隐患，分析研究事故隐患原因，总结经验教训，采取有效措施防止重大事故的发生。该通知将船舶重大事故隐患定义为船舶由于严重违章、操作人员过失、机电设备故障或其他因素等，虽未直接造成伤亡或经济损失，但潜伏着极大险情，严重威胁船舶（旅客、船员、货物）安全及性质严重的重大隐患，并将船舶重大事故隐患分为以下四类：

（1）严重违章 严重违反安全航行和防火规定，船舶超载、超速、违章追越、违章抢航、违章抢槽、违章明火作业、违章装载、运输危险货物、违反交通管制规定等。

(2) 操作人员过失 在航行、锚泊或靠离泊时，操作人员失误，疏忽瞭望，擅离职守，助航设备、通信设备和信号使用不当等。

(3) 机电设备故障 船舶主机、辅机、舵机、机件、电器或通信设备、应急设备失灵等故障。

(4) 其他因素 《海上交通事故调查处理条例》第34条规定，"对违反海上交通安全管理法规进行违章操作，虽未造成直接的交通事故，但构成重大潜在事故隐患的，海事局可以依据本条例进行调查和处罚"。因此，也可以将船舶重大事故隐患（重大潜在事故隐患）考虑为我国海事分级的最低海事等级。

自1989年2月17日起，交通部建立了重大水上交通事故的跟踪制度。在交通部交通安全委员会下发的［1991］安监字43号通知中，做出了对重大水上交通事故实行分级跟踪的有关规定，将重大水上交通事故分为部级跟踪对象和省交通厅和部大型骨干运输企业跟踪对象两个等级。

部级跟踪对象包括：①大中型客船重大事故及涉外船舶发生人员死亡的事故。②200总吨及以上或147kW及以上船舶直接经济损失达到重大事故标准的事故。③交通部门船舶、非交通部门运输船（包括乡镇运输船）一次死亡20人及以上的重大事故。④交通部认为有必要跟踪的重大事故隐患和重大违章案件。

省交通厅和部大型骨干运输企业跟踪对象包括：①大中型客船大事故及其以上事故和涉外船舶发生人员伤亡的事故。②100总吨及以上或73.5kW及以上船舶直接经济损失达到重大事故标准及以上的事故。③交通部门船舶、非交通部门运输船（包括乡镇运输船）一次死亡10人及以上的重大事故。④省交通厅和部大型骨干运输企业认为有必要跟踪的重大事故隐患和重大违章案件。

综上所述，我国关于海事分级的规定和标准贯穿了重视事故导致的人命损失，偏重相对的直接经济损失，顾及事故造成的社会影响，不放过重大事故隐患或重大违章案件等思路。

2. 我国《水上交通事故统计办法》中的规定

2015年1月1日开始施行的《水上交通事故统计办法》中规定，水上交通事故按照下列分类进行统计：①碰撞事故。②搁浅事故。③触礁事故。④触碰事故。⑤浪损事故。⑥火灾、爆炸事故。⑦风灾事故。⑧自沉事故。⑨操作性污染事故。⑩其他引起人员伤亡、直接经济损失或者水域环境污染的水上交通事故。

水上交通事故按照人员伤亡、直接经济损失或者水域环境污染情况等要素，分为以下等级：

1）特别重大事故，指造成30人以上死亡（含失踪）的，或者100人以上重伤的，或者船舶溢油1000t以上致水域污染的，或者1亿元以上直接经济损失的事故。

2）重大事故，指造成10人以上30人以下死亡（含失踪）的，或者50人以上100人以下重伤的，或者船舶溢油500t以上1000t以下致水域污染的，或者5000万元以上1亿元以下直接经济损失的事故。

3）较大事故，指造成3人以上10人以下死亡（含失踪）的，或者10人以上50人以下重伤的，或者船舶溢油100t以上500t以下致水域污染的，或者1000万元以上5000万元以下直接经济损失的事故。

4）一般事故，指造成1人以上3人以下死亡（含失踪）的，或者1人以上10人以下重伤的，或者船舶溢油 1t 以上 100t 以下致水域污染的，或者 100 万元以上 1000 万元以下直接经济损失的事故。

5）小事故，指未达到一般事故等级的事故。

可见，在我国，《船舶交通事故统计规则》与《水上交通事故统计办法》中的水上交通事故分级标准不同。

3.4 航空运输交通安全与交通事故

3.4.1 民航飞行安全

民航飞行安全，是指航空器在运行中处于一种无危险的状态，即指民用航空器在运行过程中，不出现由于民用航空器质量和飞行组操纵原因以及其他各种原因而造成民用航空器上的人员伤亡和航空器损坏的事件。

不同的国家和地区对于民用航空器飞行安全的运行范围有不同的界定，概括起来有以下几种：

1）指航空器从跑道上起飞滑跑开始时起，到航空器在跑道上降落滑跑结束时止的时间内，不出现航空器上的人员伤亡和航空器损坏事件。

2）指航空器为了执行飞行任务从停机坪上滑行开始时起，到航空器在停机坪上停止时止的时间内，不出现航空器立的人员伤亡和航空器损坏的事件。

3）指航空器为了执行飞行任务从航空器开始启动发动机时起，到航空器结束飞行任务关闭发动机时止的时间内，不出现航空器上的人员伤亡和航空器损坏的事件。

4）指航空器为了执行飞行任务从旅客和机组登上航空器时起，到旅客和机组走下航空器时止的时间内，不出现航空器上的人员伤亡和航空器损坏的事件。

3.4.2 飞行事故等级的标准

按照民用航空器在运行过程中发生人员伤亡的数量和航空器损坏的程度及其造成的影响，分别规定飞行事故等级标准。

1. 国际民航组织飞行事故标准

(1) 失事（Accident，我国称为事故） 在任何人登上航空器准备飞行直至所有人员下了航空器为止的时间内，所发生的与该航空器操作使用有关的事件，在此事件中满足以下的一种即为失事：

1）有人因在航空器内或因与航空器的任何部分包括已脱离航空器的部分直接接触，或因直接暴露于喷流而受致命伤或重伤，但由自然原因和由自己或别人造成的受伤，或藏在通常供旅客和机组使用的范围之外偷乘飞机而造成的受伤除外。为了统计上的一致，国际民航组织规定，凡在失事之日起 30 天内造成死亡的受伤，均作为致命伤。

2）航空器受到损坏或结构破坏，对结构强度、性能或飞行特性有不利影响，通常需要大修或更换有关部件。但损坏只限于发动机、整流罩或附件的发动机失效或损坏除外；损坏只限于螺旋桨、翼尖、天线、轮胎、刹车、整流片、航空器蒙皮的小凹坑或穿孔时也除外。

3）航空器失踪或处于完全不能接近的地方。需要说明的是，在官方搜寻工作已结束仍不能确定残骸位置时，即认为航空器失踪。

(2) 事故（Incident，我国称为事故征候） 不是失事而是与航空器的操作使用有关，会影响或可能影响操作使用安全的事件。

2. 中华人民共和国国务院飞行事故标准

根据中华人民共和国劳动部劳安字［1990］9号通知，对中华人民共和国国务院第34号令《特别重大事故调查程序暂行规定》有关条文所作解释，凡符合下列情况之一者，即为《暂行规定》所称特别重大事故：

1) 民航客机发生的机毁人亡（死亡40人及其以上）事故；
2) 专机和外国民航客机在中国境内的机毁人亡事故。

3. 中国民用航空局飞行事故标准

中国民航在不同的历史时期对飞行事故的定义和等级的划分曾有不同规定（2008年以来，中国民用航空总局更名为中国民用航空局，但之前的规定仍然适用）。

1956年12月3日，中国民用航空总局颁发《中国民航飞行事故等级及其调查、预防程序工作细则草案》，规定"自发动机启动，机长在飞机上进行飞行准备时起，到飞行结束在停机坪上关闭发动机为止，凡于此段期间内由执行任务而发生的事故，即为飞行事故"。飞行事故按对空勤组、旅客和飞机造成的后果分为四等。一等飞行事故是"飞机毁伤时造成空勤组成员或旅客死亡（包括飞行事故后在五昼夜内发生死亡，或飞机失踪并由民航局局长决定停止寻找的飞行事故）"。二等飞行事故是指"凡未造成空勤组或旅客死亡，但飞机损伤，须进行修复、修理，或飞机报废的飞行事故"。三、四等飞行事故"根据修理飞机所需的劳动量来确定"。

但下述情况，不论飞机是否损坏，也定为四等飞行事故，即"凡因航空机械全都或部分故障、油料过量消耗、迷航、空勤组健康情况不良、调度指挥和商务过失等而使飞机在机场上或机场外进行非预定着陆，但平安无事"。

1980年6月16日，中国民用航空总局颁发《中国民用航空飞行事故调查条例》，规定"空勤组执行飞行任务，自飞行前开车时起，至飞行后关车时止，在此期间内发生飞机损坏或机上人员伤亡，称为飞行事故"。根据飞机损坏和人员伤亡的程度，可以将飞行事故划分为一等飞行事故，二等飞行事故和三等飞行事故。一等飞行事故包括：①机毁人亡（包括有一人或多人在10天内死亡）。②飞机严重损坏或报废，并且有一人或多人在10天内死亡。③飞机迫降在水中、山区、沼泽区、森林中无法运出，并且有一人或多人在10天内死亡。④飞机失踪。二等飞行事故包括：①飞机严重损坏或报废，但人员在10天内无死亡。②飞机迫降在水中、山区、沼泽区、森林中无法运出，但人员在10天内无死亡。③有一人或多人在10天内死亡，但飞机没有严重损坏或报废。三等飞行事故包括：①飞机损坏，并且有一人或多人受重伤。②飞机损坏，人员无重伤。③有一人或多人受重伤，飞机基本完好。

进入20世纪90年代后，根据国务院有关事故调查的规定，并借鉴国际通行的飞行事故等级，中国民用航空总局提出新的《民用航空器飞行事故等级》，经国家技术监督局批准，并于1993年10月16日发布，1994年7月1日起实施，此标准被列为国家标准（GB 14648—1993）。

该标准将飞行事故分为特别重大飞行事故、重大飞行事故和一般飞行事故。特别重大飞行事故包括：①人员死亡，死亡人数在40人及其以上者。②航空器失踪，机上人员在40人及其以上者。重大飞行事故包括：①人员死亡，死亡人数在39人及其以下者。②航空器严重损坏或迫降在无法运出的地方，最大起飞重量5.7t及其以下的航空器除外。③航空器失踪，机上人员在39人及其以下者。一般飞行事故包括：①人员重伤，重伤人数在10人及其以上者。②最大起飞重量5.7t及其以下的航空器严重损坏，或迫降在无法运出的地方。③最大起飞重量5.7~50t的航空器一般损坏，其修复费用超过事故当时同型或同类可比新航空器价格的10%者。④最大起飞重量50t以上的航空器一般损坏，其修复费用超过事故当时同型或同类可比新航空器价格的5%者。

3.4.3 飞行安全水平的指标

飞行安全是衡量一个国家的民航事业与一个航空公司的经营管理状态的主要指标。航空器是在空中运行的，其设计制造与维护修理难免有缺陷，此外，航空器的运行环境，包括人工环境和自然环境（如机场、航路、天气、地形、通信、导航等）复杂多变，机组操作有时也会失误。因此，国际上通常采用能够被普遍接受的一种指标衡量一个国家或一个航空公司的飞行安全水平。

目前，全世界普遍采用的方法是把定期飞行的亿客公里死亡率、亿飞行公里事故率、10万飞行小时事故率、10万起降架次事故率作为指标，来衡量一个国家或一个航空公司的飞行安全水平，尤其以10万飞行小时事故率最为常用。这说明民航是否安全以及安全程度如何，均以是否发生事故、发生事故多少为标志。亿客公里死亡率是指1个客运飞行单位平均每运送1亿旅客飞行1km发生飞行事故而造成的旅客死亡人数，即按照飞行公里的死亡人数来衡量飞行安全的水平。亿飞行公里事故率是指1个飞行单位平均每飞行1亿km发生飞行事故的次数，即按照飞行公里的事故次数来衡量飞行安全水平。10万飞行小时事故率是指1个飞行单位平均每飞行10万h发生飞行事故的次数，即按照飞行小时来衡量飞行安全水平。10万起降架次事故率是指1个飞行单位平均每起飞降落10万架次发生飞行事故的次数，即按照航空器起飞降落架次来衡量飞行安全水平。

各个国家、各个地区和各个飞行单位所使用的飞行安全指标各有差异。目前，中国民航衡量飞行安全水平的方法是以每飞行1万小时的事故率、飞行1万架次的事故率、每亿客公里死亡人数作为指标，同时以飞行事故次数多少作为衡量飞行安全水平的高低，实行安全一票否决制。

3.4.4 我国航空运输安全基本现状

近年来，随着居民收入水平的提高、消费结构的升级以及跨区域经济联系的日益密切，我国航空运输业务规模稳步增长，基础设施能力明显改善，行业市场化程度不断提高，航空运输干线网络不断完善，支线航空发展初具规模，航空运输业取得了长足发展。

2016年，我国航空运输业完成运输总周转量962.51亿t·km，比上年增长13.0%；完成旅客周转量8378.13亿人·km，比上年增长15.0%；完成货邮周转量222.45亿t·km，比上年增长6.9%；完成旅客运输量48796万人次，比上年增长11.9%。国内航线完成旅客运输量43 634万人次，比上年增长10.7%，其中港澳台航线完成985万人次，比上年下降3.4%；国际航线完成旅客运输量5162万人次，比上年增长22.7%。

2016年，民航安全形势平稳。全行业未发生运输航空事故，运输航空百万小时重大事故率10年滚动值为0.016（世界平均水平为0.217），发生通用航空事故10起，死亡19人。自2010年8月25日至2016年底，运输航空连续安全飞行76个月，累计安全飞行4623万h。

2016年，全年共发生运输航空事故征候519起，其中运输航空严重事故征候18起。严重事故征候和人为责任原因事故征候万时率分别为0.019和0.039，各项指标均较好控制在年度安全目标范围内。

近三四十年，我国主要的航空运输事故如下：

1）1982年中国民航三叉戟阳朔撞山空难，机组8人、旅客104人遇难。
2）1982年中国民航IL18广州事故，旅客25人遇难。
3）1983年中国民航三叉戟桂林地面撞机事故，旅客11人遇难。
4）1985年中国民航AN24济南复飞坠地空难，机组7人、旅客31人遇难。
5）1988年中国西南航空IL18重庆空难，机组10人、旅客98人遇难。
6）1988年中国民航三叉戟香港着陆冲入海中意外，机组6人、旅客1人共7人遇难。
7）1988年中国山西航空IL14坠机意外，机组4人、旅客38人、地面2人共44人遇难。
8）1989年中国东方航空AN24起飞意外，机组6人、旅客28人共34人遇难。
9）1990年中国厦门航空劫机空难，厦门航空B-2510机组7人、旅客75人遇难，南方航空B-2812旅客46人遇难，共128人遇难，相关三架飞机全部报废。
10）1992年中国通用航空YK42起飞意外，机组共106人遇难。
11）1992年中国南方航空B737阳朔撞山空难，机组8人、旅客131人遇难。
12）1993年中国西北航空Bae146银川中断起飞意外，机组1人、旅客54人共55人遇难。
13）1993年中国东方航空MD82福州落地意外，旅客2人遇难。
14）1993年中国北方航空MD82乌鲁木齐降落意外，机组4人、旅客8人共12人遇难。
15）1994年中国西北航空TU154西安空难，机组14人、旅客146人遇难。
16）1997年中国南方航空B737深圳空难，机组2人、旅客33人共35人遇难。
17）1999年中国西南航空TU154瑞安空难，机组11人、旅客50人遇难。
18）2000年中国武汉航空Y7武汉空难，机组4人、旅客40人、地面7人共51人遇难。
19）2002年中国国际航空釜山空难，机组8人、旅客120人共128人遇难。
20）2002年中国北方航空MD82大连坠海，机组9人、旅客103人遇难。
21）2004年中国东方航空CRJ200包头失事，机组6人、旅客47人遇难。
22）2010年河南航空有限公司B-3130在伊春市林都机场坠毁，44人遇难。
23）2015年重庆通用航空有限公司贝尔407GX直升机坠毁，4人遇难。
24）2016年石家庄通用航空展暨爱飞客飞行大会，飞行表演结束后，一架进行体验飞行的小鹰500型飞机坠落，飞行员1人、乘客3人遇难。

3.4.5 无人机安全基本状况

1. 无人机基本状况

近几年无人机发展很快，频频进入媒体与大众的视野中，与其相关的安全问题值得关注。无人机是无人驾驶飞行器（飞机）的简称，英文缩写为UAV，是利用无线电遥控设备和自备的程序控制装置操纵的不载人飞机，或者由车载计算机完全地或间歇地自主地操作。与载人飞机相比，它具有体积小、造价低、使用方便、对作战环境要求低、战场生存能力较强等优点。除了军事应用外，目前无人机在航拍、农业、植保、微型自拍、快递运输、灾难救援、观察野生动物、监控传染病、测绘、新闻报道、电力巡检、救灾、影视拍摄等领域也具有广泛的应用。

无人机多种多样，从不同的方面有不同的分类方法。按飞行平台构型分类，无人机可分为固定翼无人机、旋翼无人机、无人飞艇、伞翼无人机、扑翼无人机等。按用途分类，无人机可分为军用无人机和民用无人机。军用无人机可分为侦察无人机、诱饵无人机、电子对抗无人机、通信中继无人机、无人战斗机以及靶机等；民用无人机可分为巡查/监视无人机、农用无人机、气象无人机、勘探无人机以及测绘无人机等。按尺度分类（民航法规），无人机可分为微型无人机、轻型无人机、小型无人机以及大型无人机。按活动半径分类，无人机可分为超近程无人机、近程无人机、短程无人机、中程无人机和远程无人机。按任务高度分类，无人机可以分为超低空无人机、低空无人机、中空无人机、高空无人机和超高空无人机。

2. 无人机"黑飞"的安全隐患

随着无人机市场的蓬勃兴起，无人机"黑飞"事件也被不断曝光，甚至连一些国家的总统府、首相府这些戒备森严的"禁飞区"也屡屡遭遇"黑飞"。2015年1月27日，一架无人机闯入并坠毁在美国白宫南草坪。2015年4月22日，在日本首相官邸顶楼发现一架坠落的四旋翼小型无人机，无人机携载有摄像机、类似发烟筒的物品和装有液体的塑料容器，并在塑料容器中测出辐射反应。

在我国，无人机"黑飞"事件也屡屡发生。2013年12月28～29日，北京一家不具备航空摄影测绘资质的公司在没有申请空域的情况下，擅自安排人员操纵无人机升空拍摄，导致多架次民航班机避让、延误。幸好被空军雷达及时监测发现，无人机随后被空军两架直升机拦截迫降。2015年11月17日，空军又及时处置了一起在河北涿州发生的无人机"黑飞"事件。据统计，从2015年到2017年5月共计30多次无人机"黑飞"，导致近100个航班被迫备降，超2万名旅客因出行受阻被滞留。

大量无人机"黑飞"事件存在严重安全隐患，其直接危害是严重扰乱空中交通管制，危害空中交通安全。与地面交通类似，若没有一系列的交通法规加以规范，没有大量的交警指挥管制，就不会有顺畅的安全行车。天空虽然广阔，但飞机飞行速度太快，空中交通必须建立在有计划、有秩序的基础上。一只小鸟就可能造成军用飞机、民用客机机毁人亡，民用无人机的安全隐患更是不容小觑。若不对无人机进行空管或者无人机不遵守空管，后果不堪设想。

此外，无人机"黑飞"还可能危及普通人民群众的生命财产安全，扰乱社会治安。如果民用无人机在几十米或一百多米的空中掉下来，可能造成人员伤亡。一些不法分子可能利用无人机干一些非法勾当——无人机可以携带摄像机，从而窥视并录制他人隐私，进行不当牟利等。

对于无人机的管理，2009年民航局颁发了《民用无人机空中交通管理办法》和《关于民用无人机管理有关问题的暂行规定》。此后，《轻小无人机运行规定（试行）》、《民用无人驾驶航空器系统空中交通管理办法》等规定、办法的发布，使得无人机适用范围和分类、驾驶员资格等方面的规定逐渐清晰。2017年1月公安部发布的《治安管理处罚法》（修订公开征求意见稿）明确了对违规使用无人机行为的处罚。2017年5月16日，中国民用航空局航空器适航审定司发布《民用无人驾驶航空器实名制登记管理规定》，要求对于在2017年6月1日前购买的民用无人机，其拥有者必须在2017年8月31日前完成实名登记。希望在这些规定的严格执行下，无人机能够合理有序地飞行，不再发生"黑飞"事件，提高空中交通安全。

3.5 管道运输交通安全与交通事故

3.5.1 管道运输的概念

管道运输（Pipeline Transportation）是指用管道作为运输工具的一种长距离输送液体和气体物资的运输方式，是一种专门由生产地向市场输送石油、煤和化学产品的运输方式，是统一运输网中干线运输的特殊组成部分。

管道运输中的管道一般是指长输管道，属于压力管道的一种。根据我国《特种设备安全监察条例》的规定，压力管道是指利用一定的压力，用于输送气体或者液体的管状设备，其范围规定为最高工作压力大于或者等于0.1MPa（表压）的气体、液化气体、蒸汽介质或可燃、易爆、有毒、有腐蚀性、最高工作温度高于或者等于标准沸点的液体介质，且公称直径大于25mm的管道。

根据我国《压力管道安全管理与监察规定》的相关规定，压力管道是在生产、生活中使用的可能引起燃爆或中毒等危险性较大的特种设备。压力管道按其用途划分为工业管道、公用管道和长输管道。工业管道是指企业、事业单位所属的用于输送工艺介质的工艺管道、公用工程管道及其他辅助管道。公用管道是指城市或乡镇范围内的用于公用事业或民用的燃气管道和热力管道。长输管道是指产地、储存库、使用单位间的用于输送商品介质的管道。

管道运输与其他运输方式最大的不同是，管道既是运输工具（但并不移动），又是运输信道，驱动方式是用机泵给货物以压能，使货物本身连续不断地被运送。

管道运输已有130多年的历史，在各主要工业国均已成为独立的技术门类，形成了庞大的工业体系，与铁路、公路、水路和航空运输并列为五大现代运输方式之一。

3.5.2 管道运输系统的基本设施

管道运输系统的基本设施包括管道、储存库、压力站（泵站）和控制中心。

（1）管道 管道是管道运输系统中最主要的部分，它的制造材料可以是金属、混凝土或塑料，完全由输送的货物种类及输送过程中所要承受的压力大小决定。

（2）储存库 由于管道运输的过程是连续进行的，管道两端必须建造足够容纳其所载货物的储存库。

（3）压力站（泵站） 压力站是管道运输动力的来源，靠压力推动货物经由管道从甲地输送到乙地。一般管道运输压力的来源可有气压式、水压式、重力式及最新的超导体磁力式。通常气体的输送动力来源靠压缩机来提供，这类压力站彼此的设置距离一般为80~

160km。液体的输送动力来源则是靠泵提供,这类压力站设置距离为30~160km。

(4) 控制中心 管道运输虽具有高度自动化的特点,但仍需要良好的控制中心,并配合最现代的监测器及熟练的管理与维护人员,随时检测、监视管道运输设备的运转情况,以防止意外事故发生时所造成的漏损及危害。

管道工程由三部分组成:①管道线路工程,包括管道本体工程、防护结构工程、穿跨越工程及其他附属工程;②管道站库工程,包括起点站、中间站、终点站,主要设备有驱动和监控货物运行的各种泵站和装置;③其他如通信、供电、道路等附属设施。

3.5.3 管道运输的优缺点

1. 优点

1) 运营费用低、能耗小。管道运输方式是流体和浆体的输送方式,不存在其他运输方式所需的牵引机车、车厢、船舶等非物料额外能耗,只要克服流体或浆体在管道内的摩擦阻力和提升,即可完成运输作业,并且没有其他运输方式所需的运载工具的维护检修费用。

2) 基建投资少、建设速度快、施工周期短。由于输送系统简单,建设投资少。管道由厂家订货,工程量相对其他运输方式较少,且输送管道多为埋设,主要是土方施工,采用分段施工方式,因此建设速度快、施工周期短。

3) 受地形条件的限制少。管道运输方式不同于铁路或公路运输方式,对地形没有严格限制,因而管线线路没有铁路或公路的迂回曲折问题,易于克服地形障碍使输送路径最短,从而可为节约投资、加快建设进度创造有利条件。

4) 可以实现连续输送、安全可靠、劳动生产率高。管道运输方式几乎可以不停顿地进行全年输送,不受气候的影响,不存在其他运输方式运输时物料的损耗,可实现封闭式输送。管道运输是连续不断地进行输送,不存在空载回程,因而劳动生产率高、运输量大。管道输送方式隐蔽性强,事故机率小,比较安全可靠。

5) 占地少、有利于环境保护和生态平衡。长输管道绝大部分为埋设,占地少,受气候变化的影响小,不污染环境,有利于生态平衡。

2. 缺点

1) 管道运输系统只能输送特定的物料,如特定的石油、天然气、特定的粉状或粒状物料(精矿、矿石、煤或其他固体物料),运输功能比较单一,不像铁路和公路运输可以进行任何物资的运输以及客运。

2) 只能进行定向定点运输。所谓定向定点运输,是根据用户对物料的质量、品位和需求量要求,按合同要求确定。根据使用者的分布情况,确定一个或几个输送系统。每个输送系统可以向一个或几个用户输送物料,要根据市场调查并通过技术经济比较合理确定。一般只能运输大宗、特定、适宜于管道运输的物料,不像铁路和公路运输可以进行双向不定点多种物资的运输。不论是输送石油、天然气,还是输送粉粒状物料,对物料的质量均有严格的要求。特别是粒状物料的浆体管道输送,对粒状物料的粒度、密度、输送浓度和输送流速均有严格要求。

3) 管道运输系统的输送能力不易改变。每个管道运输系统的输送能力一经确定,其设备和管道就是确定的,不能改变。若要增加输送能力,管道的承压力就须提高,设备的输送压力也随之提高,采用原有的设备和管道在技术上通不过,只好另建管道运输系统。而对于铁路运输，若想提高铁路输送能力，可通过提速、改变机车等措施解决，较为简便。

4) 浆体脱水处理。浆体管道输送物料到达终点后，须进行脱水（过滤甚至干燥），以供用户使用。

3.5.4 我国管道运输发展概况

截至 2016 年底，我国油气长输管道总里程累计约为 12.6 万 km，其中天然气管道约 7.43 万 km（已扣减退役封存管道），原油管道约 2.62 万 km，成品油管道约 2.55 万 km。按国家分布，世界上油气长输管道总里程长度的排名前四位分别为美国、俄罗斯、加拿大、中国。我国已初步形成横跨东西、纵贯南北、覆盖全国、连通海外的油气管网格局，正在逐步形成资源多元化、调配灵活化、管理自动化的产运销体系。

长期以来我国成品油运输主要依靠铁路、公路和水路转运。20 世纪 80 年代前，成品油运输铁路大约占 70%，公路占 21%，水路占 8%，管道运输只占运量的 1%，成品油管道建设严重滞后于原油加工业发展和油品运输的需要。进入 20 世纪 90 年代，克乌线、兰成渝的建成投产和茂名－昆明成品油输送管道的开工建设，标志着国内商业性长距离成品油管道的建设开始起步。

油气长输管道具有管径大、运距长、压力高和运量大的特点，上接油气田，下连城市与工矿企业，一旦发生事故，不仅给管道系统本身造成严重后果，而且会给社会和环境带来不良影响。

目前，我国长输管道尚未建立地理信息系统，SCADA（Supervisory Control And Data Acquisition）系统（即数据采集与监视控制系统）的泄漏监测功能尚待开发；对管道沿线地质灾害的实时监控、天然气微泄漏监控、管道裂纹缺陷检测技术还是空白；不具备海底管道检测、维护与修复能力；管道抗震设防方面还没有可对穿越活动断层埋地管道数值模拟、求得精确变形分析的软件，管道穿越大位移活动断层尚无具体的构造措施；管道的完整性评价与管理技术还缺乏完整的体系结构和深入系统的基础研究，适用标准和条件不统一，尚未形成一个能与国际先进标准接轨的完整体系；对影响管道储运系统安全的主要因素理论研究与实验研究不系统，缺乏持久连续的研究，难以做到通过现代方法对管道的安全进行有效控制和预防。

管道运输物质大多数是石油化工物质或产品，这些物质或产品大多易燃、易爆、有毒及具有腐蚀性，一旦发生泄漏，可能引起爆炸、燃烧、中毒等事故，因此压力管道的安全可靠运行受到人们的普遍关注。国际上如美国、日本、德国等国家都把压力管道与锅炉压力容器并列为特种设备，实行国家安全监察。

我国由于多年来没有法规性的压力管道安全管理及监察规定，各行业对压力管道规范、标准约束力不够，且社会和企业对管道不够重视，导致压力管道在设计、制造、安装、运行过程中出现了较多问题，压力管道事故时有发生，而大多数事故都在压力管道运行时表现出来。据历年来的 200 起各种压力管道事故原因的统计分析，管理问题占 32.6%，管子、管件、阀门质量问题占 27.3%，安装问题占 18%，设计问题占 11%，腐蚀问题占 10.6%，竣工试验和盲板问题占 0.5%。

多年以来，由于压力管道事故不断发生，我国逐渐重视压力管道的安全管理，1996 年，劳动部颁发了［劳部发］140 号文《压力管道安全管理与监察规定》，就压力管道的设计、制造、安装、使用、检验和修理改造等方面做出了安全管理和监察的框架规定,标志着我国压力管道管理进入了法制管理阶段(规定已于2014年废止)。2003年6月1日,国务院373号令《特种设备安全监察条例》正式实施,《条例》将压力管道与压力容器、电梯、起重机等一起列为特种设备来实行安全监察管理。近几年,国家相继颁发了《压力管道组件制造许可规则》(TSG D2001—2006)、《压力容器压力管道设计许可规则》(TSG R1001—2012)、《压力管道安装许可规则》(TSG D3001—2009)、《压力管道安全技术监察规程—工业管道》(TSG D0001—2009)、《压力管道使用登记管理规则》(TSG D5001—2009)、《压力管道定期检验规则—公用管道》(TSG D7004—2010)、《压力管道定期检验规则—长输管道》(TSG D7003—2010),压力管道法制管理日趋完善。

3.5.5 国内外典型管道运输事故

1. 美国华盛顿州汽油管道爆炸事故

1999年6月10日下午3点左右,华盛顿州Bellingham的1条406mm汽油管道发生断裂,约89.7×10^4L汽油泄漏并流入1条小溪,扩散长度约850m,30min后,小溪中的汽油因被点燃而发生爆炸,两名约10岁的儿童和1名18岁的年轻人死亡,8人受伤,1户居民住宅以及1座城市水处理工厂严重损坏,直接财产损失450百万美元。

管道泄漏的直接原因是:在一处管道划痕处产生了69mm长的裂口,事故后检查包括管道断裂部位在内的5.5m长的管道时,发现33处划痕,裂口起源于其中之一。实验室检查表明,这些划痕的外表面残留有高铬合金,这是一种用于挖掘机械铲斗齿上的典型合金材料,可见这些划痕是挖掘活动所致。

2. 新墨西哥天然气管道爆炸事故

2000年8月19日上午5时26分,美国新墨西哥州Carlsbad附近的1条天然气管道发生爆炸,造成12人死亡。该管道属于El Paso天然气公司,建于1950年,管材X52,直径762mm,厚度8.5mm。事故发生时,管道运行压力约为最大允许运行压力的80%。

这次管道事故的直接原因是内腐蚀引起的管壁严重减薄。通过现场观察发现,管道底部存在严重的内腐蚀,最大深度达管道原壁厚的72%。内腐蚀是管道内部的微生物、湿气、氯化物、O_2、CO_2和H_2S等腐蚀性成分综合作用的结果。

3. 黄岛输油管道爆炸事故

2013年11月22日上午10时25分,位于山东省青岛市黄岛区的中国石油化工股份有限公司管道储运分公司东黄输油管道泄漏原油进入市政排水暗渠,油气在形成密闭空间的暗渠内积聚,遇火花时发生爆炸,造成62人死亡、136人受伤,直接经济损失7.5亿元。

通过现场勘验、物证检测、调查询问、查阅资料,并经综合分析认定,与排水暗渠交叉段的输油管道所处区域土壤盐碱和地下水氯化物含量高,同时排水暗渠内随着潮汐变化海水倒灌,输油管道长期处于干湿交替的海水及盐雾腐蚀环境,加之管道受到道路承重和振动等因素影响,导致管道加速腐蚀减薄、破裂,造成原油泄漏。泄漏点位于秦皇岛路桥涵东侧墙体外15cm,处于管道正下部位置。经计算认定,原油泄漏量约2000t。泄漏原油部分反冲出路面,大部分从穿越处直接进入排水暗渠。泄漏原油挥发的油气与排水暗渠空间内的空气形成易燃易爆的混合气体,并在相对密闭的排水暗渠内积聚。由于原油泄漏到发生爆炸达8个多小时,受海水倒灌影响,泄漏原油及其混合气体在排水暗渠内蔓延、扩散、积聚,最终造成大范围连续爆炸。

我国经济发展对能源的需求日益增加，油气管道规模也会进一步扩张，管道安全更加受到重视。了解国内外管道事故及其原因，吸取其经验教训，有助于提升我国管道安全的管理水平。

3.5.6 真空管道运输

随着生活节奏的加快，人们越来越追求运输方式的速度，因此，一些"科技狂人"热衷于研究真空管道运输这种快捷迅速的运输方式。

真空管道运输（Evacuated Tube Transport）是一种无空气阻力、无摩擦的运输形式。其技术原理是在地面或地下建一个密闭的管道，用真空泵将管道抽成真空或部分真空。在这样的环境中开行车辆，行车阻力会大大减小，可有效降低能耗，同时气动噪声也会明显降低，符合环保要求。

真空管道运输的概念可以追溯到1922年德国工程师赫尔曼·肯培尔（Herman Kemper）提出磁浮列车概念的同时提出有关真空管道的设想。20世纪80年代，美国机械工程师达里尔·奥斯特（Daryl Oster）开始思考真空管道运输的可行性，并于1999年为真空管道运输这一概念申请了专利。2010年，奥斯特成立了致力于开发真空运输项目的公司ET3。按照ET3公司的设想，真空管道运输是一个类似胶囊一样的运输容器，它通过真空管道进行点对点传送。由于管道处于真空状态，胶囊容器的速度可以达到时速6500km。

2013年，有着"科技狂人"之称的马斯克对真空运输这一概念进行了丰富，提出了"超级高铁"的理念。马斯克对超级高铁的速度预期比奥斯特保守，他所提出的预期时速为1200km，接近音速。这一速度将比现在最快的列车快两三倍，是飞机速度的近两倍。除了速度快，超级高铁还具有安全、环保的优点，因为它处于全封闭的真空系统中，可以对复杂天气免疫，还可以使用太阳能作为驱动力。

然而我国一些权威人士并不看好真空管道运输。中国工程院院士、高铁专家王梦恕认为真空管道运输的可行性值得怀疑。他指出，目前磁悬浮列车在实际运行中还存在许多无法克服的障碍，更不用说建立在悬浮技术基础上的真空运输了。"交通运输工具最重要的是安全、实用、经济、可靠。这四条，真空管道运输一条也做不到。"王院士解释，真空管道运输在实践中会出现很多具体问题，这些问题如何解决从来没有人提出过可行的方案。他举例说，电压在真空环境中容易出现"真空击穿"现象，产生自持放电，破坏电极导致运输系统瘫痪。如何保证真空环境中的电压稳定？此外，管道中是真空状态，而在其中运行的磁浮车辆中必须具备适宜人类乘坐的大气环境，如何保证车厢内外环境都达到标准，也是一个难点。

本章涉及的相关法规等

1.《中华人民共和国道路交通安全法》，2003年10月28日公布，于2007年与2011年两次修订。

2. 公安部《关于修订道路交通事故等级划分标准的通知》（1991年12月2日公通字〔1991〕113号）。

3. 《生产安全事故报告和调查处理条例》（中华人民共和国国务院 493 号令），自 2007 年 6 月 1 日起实施。

4. 2007 年 9 月 1 日起施行的《铁路交通事故应急救援和调查处理条例》（国务院令第 501 号）（2013 年 1 月 1 日起开始施行《铁路交通事故应急救援和调查处理条例》（2012 年修正本））。

5. 1984 年 1 月 1 日起施行的《中华人民共和国海上交通安全法》。

6. 2002 年 8 月 1 日起施行的《中华人民共和国内河交通安全管理条例》。

7. 1990 年 3 月 3 日起施行的《中华人民共和国海上交通事故调查处理条例》。

8. 1990 年 8 月 1 日起施行的《船舶交通事故统计规则》。

9. 1989 年 3 月 29 日起施行的《特别重大事故调查程序暂行规定》。

10. 2009 年 6 月 26 日起施行的《民用无人机空中交通管理办法》。

11. 2017 年 6 月 1 日起施行的《民用无人驾驶航空器实名制登记管理规定》。

复习思考题

1. 道路交通安全与道路交通事故的定义是什么？二者有何联系与区别？
2. 道路交通事故有哪些构成要素？
3. 道路交通事故有哪些特点？其分类方法有哪些？
4. 中国的道路交通安全概况如何？
5. 道路交通安全研究的主要内容有哪些？
6. 何谓铁路交通事故？如何分类？铁路交通事故的考核指标有哪些？
7. 何谓民航飞行安全？飞行事故的分类方法有哪些？
8. 何谓水上交通事故？简述海事的定义。
9. 简述海事的分类和分级标准。
10. 简述管道运输的概念及优缺点。

第 4 章

道路交通环境与交通安全

本章学习目标
1. 掌握道路线形对交通安全的影响。
2. 掌握道路横断面对交通安全的影响。
3. 掌握路面病害对交通安全的影响。
4. 掌握道路交叉口交通事故的原因及影响交叉口安全的因素。
5. 掌握隧道交通事故特征与照明对交通安全的影响。
6. 了解公路线形设计一致性的概念与评价标准。
7. 掌握交通流状态与交通安全的关系。
8. 了解道路景观对交通安全的影响。
9. 掌握恶劣天气对交通安全的影响。

4.1 概述

道路交通系统是一个由人、车、路、环境构成的复杂动态系统。在该系统中，人是自主变量，车依靠人来操纵，是可控变量（无人驾驶车也是由软硬件控制），道路与环境是交通环境客观变量，交通参与者在交通过程中无法将其改变。同时，道路与环境也是交通活动的基础条件和关键要素，对交通安全有明显的影响。虽然道路交通事故统计结果显示，人是道路交通事故的关键因素，但是特别需要注意的是道路与环境提供的条件与信息限定或影响了人的行为与车的行驶状态，并且在实际的交通事故统计中存在为了登记方便与及时定性，本来可能是道路或环境的原因而记在了驾驶人身上的现象。良好的道路条件对预防道路交通事故的发生有明显的影响，而不良的道路条件对诱发道路交通事故亦有相应的影响。如果充分考虑到这类情况，现有的关于道路交通事故形成原因统计资料中关于驾驶人的原因所占比例会下降，同时也将使道路因素在保证交通安全方面的间接作用明显增强。

道路交通环境是指车辆在运行过程中，所处的道路条件、交通条件、道路交通设施、恶劣气候和道路景观等相互作用的关系。掌握道路交通环境影响交通安全的相关因素，改善道路线形与交通条件，完善道路结构物，加强恶劣天气条件下的交通管理以及道路景观和安全教育等，对有效减少交通事故的发生具有重要意义。

4.1.1 道路条件

道路是交通的基础和载体，道路条件对交通安全有着重要影响，与安全相关的道路特性一般由几何线形和道路结构两部分组成。道路线形包括平面、纵断面、横断面、交叉口等，道路结构包括路基、路面、桥梁、涵洞、隧道等工程实体。

由于道路形态的复杂性和状态的动态性，道路因素对交通安全的影响呈多样化趋势，主要反映在不能满足正常行驶时驾驶人视觉、心理、反应等方面的需要。道路条件的改善应主要依据人和车对道路安全的需要。

4.1.2 交通条件

交通流特性、交通密度、交通流速度及车型构成比例等是交通条件中的典型要素，决定了机动车、非机动车和行人之间的相互作用方式以及发生冲突的可能性与强度，对交通运行的安全性有明显影响。道路交通安全保障措施的制定也要充分考虑路段的交通运行情况。

4.1.3 交通设施

交通设施能够警示（提示）和引导驾驶人合理操作、及时避险，可以有效地分离交通冲突，规范交通秩序，引导车辆运行轨迹，防止车辆冲出车道，从而使驾驶人保持安全的行驶状态。交通设施的设计不合理、缺乏、误导、信息过载等都会造成安全隐患。

4.1.4 交通环境

行驶车辆的交通环境主要包括道路景观、气候条件和人文社会环境。

良好的道路景观可为驾驶人、乘客及其他道路使用者提供一个舒适优美的道路环境，使道路使用者心情愉快，处于最佳精神状态，可减少驾驶人的疲劳感，保证行车安全，并能与自然环境和社会环境相协调，体现社会文化的内涵和价值。

气候条件与交通安全有着密切的关系。雨、雾和冰雪天气等恶劣的气候条件会减小道路的摩擦力，也会使驾驶人视线受阻、心理变化较大等，行车安全系数随之下降。

4.2 道路线形与交通安全

道路是供各种车辆和行人等通行的工程设施，是一种带状的三维空间人工构造物，线形是指立体描述道路中心线的形状。道路线形主要包括平面、纵断面和横断面。道路中心线在水平面上的投影称为平面图，反映的是道路的平面线形；道路中心线的竖向剖面图为纵断面图，反映出道路的纵断面线形；横断面是道路中心线法线方向的切面。

道路因受自然条件或地形的限制，在平面上有转折，在纵断面上有起伏。为了满足车辆行驶顺畅、安全和速度的要求，平面线形转折点和纵断面起伏处（变坡点）的两侧相邻直线必须用合适的曲线连接，因此，道路的平面和纵断面均由直线和曲线组成。

道路几何线形要考虑地形、地物及土地使用，同时要使线形连续，并与平面、纵断面两种线形以及横断面的组成相协调，更要从施工、维护管理、经济、交通运营等角度来确定。线形对于交通流安全畅通具有极其重要的作用。如果线形不合理，不仅会造成道路使用者时间和经济上的损失、降低通行能力，而且可能诱发交通事故。

道路设计车速是道路线形设计的重要指标，一般由道路等级及所处的地形决定。我国《公路工程技术标准》（JTG B01—2014）中规定，公路根据功能和适应的交通量划分为高速公路、一级公路、二级公路、三级公路和四级公路5个等级。我国《城市道路工程设计规范》（CJJ37—2012）按照道路在城市路网中的地位、交通功能以及对沿线的服务功能等，将我国城市道路分为快速路、主干路、次干路和支路四个等级。我国公路和城市道路等级及设计车速见表4-1和表4-2。

表4-1 公路等级及设计车速

公路等级	高速公路			一级公路			二级公路		三级公路		四级公路
设计车速/(km/h)	120	100	80	100	80	60	80	60	40	30	20

表4-2 城市道路等级及设计车速

城市道路等级	快速路			主干路			次干路			支路		
设计车速/(km/h)	100	80	60	60	50	40	50	40	30	40	30	20

4.2.1 道路平面线形对交通安全的影响

道路平面线形是根据规划确定的路线大致走向，其具体方向是在满足车辆行驶技术要求的前提下，结合地形、地质水文条件确定的。平面线形可分为直线和平曲线，其中平曲线包括圆曲线和缓和曲线。直线、圆曲线和缓和曲线是平面线形的三种要素，如图4-1所示。

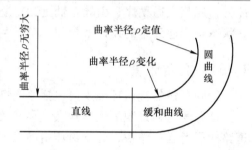

图4-1 平面线形的三种要素

1. 直线

直线是平面线形设计最常用的一种线形，具有方向明确、现场勘测简单、距离最短等特点，在平原区使用较多。

(1) 长直线 直线长度的选择与设置对交通安全有较大的影响。对于公路来说，汽车沿长直线行驶时，如果道路环境缺乏变化，易形成单调的驾驶环境。驾驶人驾驶行为单一，持续时间过长，驾驶人心理会放松，一旦发生突然情况，则会措手不及而发生交通事故。故在确定直线长度时必须慎重。

国外研究表明，驾驶人在直线上正常行驶超过70s后就会感到单调。若不需要超车，5~8km（相当于在时速97km/h下行驶3min的行程）的直线就会使驾驶人感到烦躁甚至打瞌睡，带来严重后果。我国对长直线的运用参照日本的经验，同时与德国相近，最大直线长度一般不超过20v米（v指设计速度，单位为km/h）。若超过这个极限值，就会给道路安全带来威胁，因为长直线存在以下缺点：

1) 线形过分单调，容易引起疲劳甚至打盹，从而造成反应迟钝，判断出错。
2) 容易使驾驶人放松警惕，遇到突发情况往往措手不及。
3) 由于视距良好，易于操作，驾驶人容易超速行驶，在驶出长直线末端进入曲线时，仍然保持着较高的车速，容易发生事故。
4) 视觉参照物少，对距离估计不足，造成超速和车距不足。
5) 随着直线长度的增加，可能会破坏道路线形的连续性，同时也会增加与其相连的曲线的事故率。
6) 夜间行车时，易被对向行车灯耀眼，使驾驶人目眩而造成事故。

当道路不可避免地采用长直线时，要求必须进行路侧景观绿化，或采用人工构造物，或沿线设置交通安全设施以提高驾驶人的注意力，消除长直线造成的单调驾驶环境，以避免疲劳驾驶。

(2) 短直线 直线不能过短，否则也不利于行车安全，这是基于保证线形的连续性考虑的。平曲线之间一般以直线过渡，当直线过短时，驾驶人在短时间内会频繁地转动方向盘。当车辆行驶状态与方向盘转向协调性不良时，发生交通事故的可能性将明显提高。

1) 反向曲线间直线的最小长度。反向曲线是指两个转弯方向相反的圆曲线之间以直线或缓和曲线或径相连接而成的平面线形，如图4-2a所示。图中的 α_1、α_2 表示圆曲线转角，m 表示两个曲线间直线的长度，是指前一曲线终点到后一曲线起点之间的距离，T（具体为 T_1、T_2）表示曲线的切线长。若反向曲线之间直线段过短，将没有足够的时间驾驶人调整转向盘，驾驶人在进入下一个圆曲线时不能及时把握车辆方向，从而产生反应不及时、车辆轨迹突变等现象，危及行车安全。

2) 同向曲线间直线的最小长度。同向曲线是指两个转向相同的圆曲线中间以直线或缓和曲线或径相连接而成的平面线形，如图4-2b所示。同向曲线间直线较短时，在视觉上容易形成直线与两端曲线构成反弯的错觉，甚至会把两个曲线看成是一个曲线，破坏了线形的连续性，形成断背曲线，即当车辆驶入不同半径的下一个同向曲线时，由于视觉上的原因驾驶人会错误地认为还行驶在先前的曲线或短直线上，因而采取不当的驾驶行为或反应不及时，对车辆运行安全很不利。

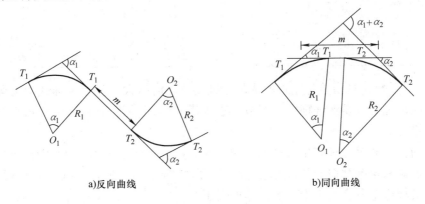

a) 反向曲线　　　　　　　　b) 同向曲线

图4-2　曲线间的直线

我国规定，当设计车速大于60km/h时，同向曲线间最小直线长度（以 m 计）以不小于设计车速（以 km/h 计）的6倍为宜，反向曲线间最小直线长度（以 m 计）以不小于设计车速（以 km/h 计）的2倍为宜。

由于城市道路网一般呈方格、放射环形等形式，设计车速较低，交通量较大，且交叉口往往是交通信号管制，停车次数较多，城市道路采用通视良好的直线对驾驶人比较有利。

2. 圆曲线

受自然地形、地势以及自然社会条件的限制，道路平面走向会出现转折点，即道路会出现许多弯道，此时，应选择合适的圆曲线。圆曲线也是一种常用的线形，其使用频率仅次于直线。适当半径的圆曲线可以使得道路线形流畅，摆脱直线的单调感，给驾驶人适当的紧张感，避免长时间不需要改变驾驶行为而造成的困倦。

(1) 圆曲线半径 对交通安全产生负面影响的是半径过小的圆曲线。车辆在圆曲线上行驶时会受到离心力的作用，如果车速很快且弯道半径较小，驾驶人偶尔疏忽以致不能及时地转动转向盘,行驶的车辆就有可能发生危险,导致横向翻车或滑移。

在某一设计车速 v 下,圆曲线半径按下列关系式求算:

$$R = \frac{v^2}{127(\mu + i)} \tag{4-1}$$

式中,R 为圆曲线半径(m);v 为设计速度(km/h);μ 为横向力系数;i 为超高(%)(超高的含义与作用见下文)。

1)圆曲线半径对行车安全的影响,更明显地表现在圆曲线与其他因素的组合作用上。据统计,圆曲线半径太小、超高不适、视距不足都容易造成交通事故。圆曲线半径过小会降低驾驶人的停车视距,使其不能提前观察到前方转弯处,一旦发生意外情况,驾驶人稍有疏忽大意就会发生事故。因此,为保证行车安全,现行的路线设计规范中对不同设计车速均规定了圆曲线半径的最小值,见表4-3。圆曲线的半径 R 是弯道的一个重要数据,圆曲线半径 R 的倒数 $1/R$ 称作圆曲线的曲率 ρ,表示圆曲线弯曲的程度。半径越小,曲率越大,圆曲线弯曲的程度越大,发生的事故就越多。

表 4-3 圆曲线最小半径

设计车速/(km/h)		120	100	80	60	40	30	20
圆曲线半径/m	一般值	1000	700	400	200	100	65	30
	极限值	650	400	250	125	60	30	15
不设超高最小半径/m	$i \leq 2\%$	5500	4000	2500	1500	600	350	150
	$i > 2\%$	7500	5250	3350	1900	800	450	200

2)横向力系数 μ 是指单位车重所受的横向力,μ 值越大,汽车在曲线上行驶的稳定性就越差。一般情况下只要保证横向力系数 μ 小于横向摩擦系数 f,就可保证汽车在曲线上行驶的横向稳定性。

横向力的存在会对行车产生种种不利的影响。μ 值较大时,会增加驾驶操纵的困难,使车辆的燃油消耗和轮胎磨损增加。μ 值过大则会影响行车的舒适性,甚至危及行车安全,μ 值变化对乘员舒适感及汽车稳定性的影响见表4-4。

表 4-4 μ 对乘员舒适感及汽车稳定性的影响

μ	驶过曲线时的感觉
0.01	感觉不到有曲线存在,驾驶人不紧张
0.15	略感到有曲线存在,但尚平稳,驾驶人不太紧张,没有不舒服感
0.20	已感到有曲线存在,感到明显紧张,并略感到不稳定
0.25	40%的乘员感到不舒服,感到非常紧张,并略感不稳定
0.30	所有通过曲线的乘员都感到不舒服
0.35	非常不舒服,很紧张,有侧翻危险,不稳定
0.40	站不住,欲倒,车有倾覆危险

因此,必须对 μ 值加以限制。根据我国研究资料,采用最大横向力系数见表4-5。

表 4-5 最大横向力系数

设计速度/(km/h)	120	100	80	60	40	30	20
最大横向力系数	0.10	0.12	0.13	0.15	0.15	0.16	0.17

(2) 圆曲线转角 研究证明,当曲线转角过小时,设置常规半径的圆曲线会使驾驶人产生错觉,认为圆曲线长度比实际值小,对道路产生急转弯的错觉,从而产生过度的减速与转弯行为,危及行车安全。而圆曲线转角越大,行车越困难,在圆曲线路段上,许多情况下转角对事故的影响要比圆曲线半径的影响大。图4-3所示为某高速公路亿车事故率与路线转角关系的散点图。

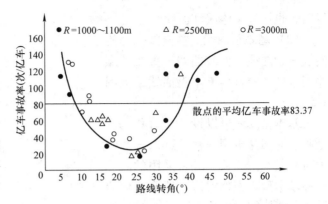

图4-3 某高速公路亿车事故率与路线转角的关系

由图4-3可得,当转角值在15°~25°之间时,事故率最低,安全状况最好。这是因为转角在20°左右时,驾驶人看到的曲线恰好落于其视点范围内,不需要移动视线或转动头部即可充分了解道路及交通情况,同时可提高行车舒适性,减少行车疲劳和紧张感。可见,合理的路线转角对保证行车安全、提高服务水平具有十分重要的意义。

3. 缓和曲线

缓和曲线是设置在直线与圆曲线之间或圆曲线与圆曲线之间的一种曲率连续变化的曲线。汽车由直线驶向曲线段时,其曲线半径由无限大变为某一定值,驾驶人会突然受到离心力的影响而产生不舒适感和危险感。为了缓和这种曲率的突然变化,保证行车安全平顺,需要在其间设置缓和曲线,增强道路交通的安全性。

当路线的曲线段需要设置超高或加宽时,都应将其设置在缓和曲线段上。另外,由直线的路拱、定宽路面改变为超高、加宽路面也需要用缓和段来实现其间的过渡。

缓和曲线按线形分为三次抛物线、双扭曲线和回旋曲线等。驾驶人按一定速度转动转向盘,曲率半径按曲线长度缓和地增大或减少,轮迹顺滑的轨迹刚好符合回旋曲线,因而回旋曲线是适合汽车行驶的良好曲线形式。

回旋曲线是指曲率 ρ 与曲线长度 L_s 成相同比例增大的曲线,二者间的关系为

$$\rho = \frac{1}{R} = A^2 \cdot L_s \tag{4-2}$$

式中,A 为回旋曲线参数,表示曲线曲率变化的缓急程度;R 为回旋曲线所连接的圆曲线半径(m);L_s 为回旋曲线的长度(m)。

4. 平面线形的组合设计

由直线、圆曲线、缓和曲线三个几何要素可得到多种平面线形的组合形式。对于道路平面线形,主要有简单型、基本型、凸形、S形、C形、复合型、卵型和回头曲线等形式。

(1) 简单型曲线 当一个弯道由直线与圆曲线组合而成时称为简单型曲线,即按直线—圆曲线—直线的顺序组合,见图4-4。(为了便于陈述与理解,对图4-4~图4-9中涉及的字面含义在此进行统一的解释。R 为直线或平曲线的半径,$1/R$ 为对应的曲率,A_1、A_2 为回旋参数,α、β、θ 为直线延长线或某一段圆曲线之间的夹角,L 为曲线的长度。)

简单型曲线在直线与圆曲线衔接处有曲率突变点,对行车不利。当半径较小时该处线形也不顺适,一般限于四级公路采用。对于其他等级公路而言,当圆曲线半径大于不设超高半

径时，也可以省略缓和曲线。

（2）**基本型曲线** 按直线—回旋曲线—圆曲线—回旋曲线—直线的顺序组合的曲线称为基本型曲线，见图4-5。

基本型曲线可以设计成对称基本型和非对称基本型两种，当 $A_1 = A_2$ 时为对称基本型，这是经常采用的。非对称基本型是根据线形、地形变化的需要在圆曲线两侧采用 $A_1 \neq A_2$ 的回旋曲线。为使线形连续协调，回旋曲线—圆曲线—回旋曲线的长度之比宜为 $1:1:1$，并应注意满足 $\alpha > 2\beta_0$ 的几何条件。

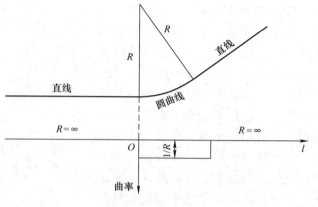

图4-4 简单型曲线

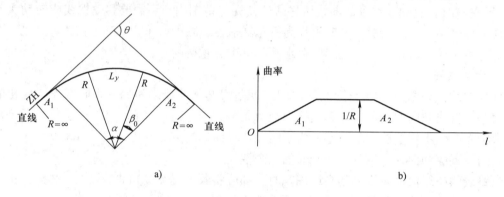

图4-5 基本型曲线

（3）**凸形曲线** 两同向回旋曲线间不插入圆曲线而径相连接的组合形式称为凸形曲线，见图4-6。

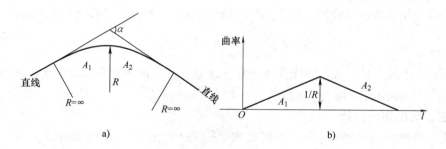

图4-6 凸形曲线

凸形曲线在两回旋曲线衔接处曲率发生突变，对驾驶操作不利，所以只有在地形、地物受限制的路段方可考虑采用。

（4）**S形曲线** 两个反向圆曲线间用两个反向回旋曲线连接的组合形式称为S形曲线，见图4-7。

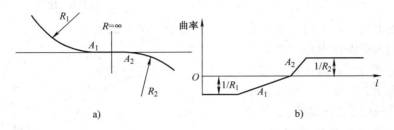

图 4-7 S 形曲线

从行驶力学、线形协调以及超高缓和方面考虑，S 形曲线相邻两个回旋曲线的参数 A_1 和 A_2 之比应小于 2，有条件时以小于 1.5 为宜。

S 形的两个反向回旋曲线以径相衔接为宜。当由于地形条件限制必须插入短直线或两个圆曲线的回旋曲线相互重合时，短直线或重合段的长度都应符合以下规定：

$$l \leqslant \frac{A_1 + A_2}{40} \tag{4-3}$$

如果中间直线超过式（4-3）计算出的长度很多，则认为该曲线不是 S 形曲线而是两个基本型的曲线。

(5) C 形曲线 同向曲线的两回旋曲线在曲率为零处径向衔接的形式称为 C 形曲线，见图 4-8。

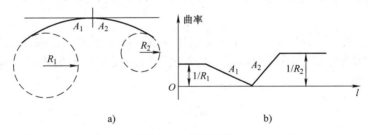

图 4-8 C 形曲线

C 形曲线连接处的曲率为 0，即 $R = \infty$，相当于两个基本型的同向曲线中间直线长度为 0，对行车和视觉均不利，易形成断背曲线。因此，C 形曲线只有在特殊地形条件下方可采用。在 C 形曲线中，两个回旋曲线参数可相等也可不相等。

(6) 复合型曲线 两个及两个以上的同向回旋曲线在曲率相等处径向衔接的组合形式称为复合型曲线，见图 4-9。

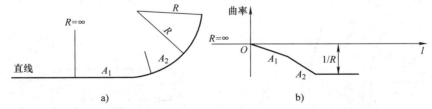

图 4-9 复合型曲线

复合型曲线的两个回旋曲线参数之比一般以小于 1.5 为宜。这种形式很少采用，仅在受地形或其他特殊原因限制时采用（互通式立交除外）。

5. 超高

车辆在弯道上行进时,由于受离心力的作用,会向圆弧外侧推移。离心力的大小与行车速度的平方成正比,与平曲线的半径成反比。因此,车辆在较小半径的弯道上行驶时,车速越快,车身受离心力推向弯道外侧的危险就越大。为预防这种危险情况的发生,驾驶人必须小心谨慎,降低车速。同时,为抵消车辆在曲线路段上行驶时所产生的离心力,把弯道的外侧提高,将路面做成外侧高于内侧的单向横坡形式,称为道路超高,如图 4-10 所示。图中,R 为曲线半径,i 为超高,B 为非加宽前转弯段的道路宽度。

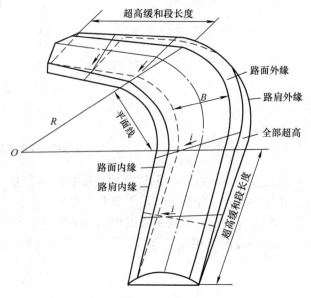

图 4-10 道路超高

道路的超高值规定为 4%~10%。在曲线部分,除曲率半径非常大和有特殊理由等情况外,都要根据道路的类别和所在地区的寒冷积雪程度,以及设计车速、曲率半径、地形情况等设置适当的超高。实际设计中还应考虑到驾驶人和乘员的心理反应。

6. 加宽

车辆在弯道上安全行驶所需要的路面宽度比在直线段上要大些,因此弯道上的路面应当加宽。如图 4-11 所示,R 为平曲线半径,L 为汽车前挡板至后轴的距离,单车道路面所需要增加的宽度 W 为

$$W = \frac{L^2}{2R} \tag{4-4}$$

如果是双车道路面,则式 (4-4) 中求得的 W 值应加倍,再加上与车速有关的经验数值公式,可得双车道拐弯处路面所需增加的宽度为

$$W_{双} = \frac{L^2}{R} + \frac{V}{10\sqrt{R}} \tag{4-5}$$

加宽值 W 加在弯道的内侧边沿,并按抛物线处理,如图 4-12 所示。这样既符合汽车的行驶轨迹,有利于车辆平顺行驶,又改善了路容。

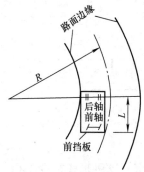

图 4-11 弯道加宽

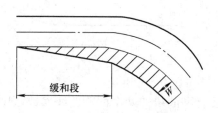

图 4-12 路面加宽的过渡

4.2.2 道路纵断面线形对交通安全的影响

由于道路经过的地形起伏不平,纵断面线形反映了道路中线地面起伏和设计路线的坡度情况。如图 4-13 所示,纵断面线形要素主要包括表示道路前进方向上坡、下坡的纵向坡度和在两个坡段的转折处插入的两类竖曲线类型。

纵坡与竖曲线的设计,既要满足汽车行驶力学和安全的需要,又要满足人视觉上的舒适性,因此,纵断面线形的连续性很重要。

1. 纵坡与坡长

(1) 最大纵坡 研究发现道路的纵坡对交通安全的影响很大,尤其是当坡度比较大的时候,事故率将明显增大。据统计,平原区的事故中有 7% 发生在上下坡段,丘陵区为 18% 左右,重丘区为 25% 左右。纵坡对交通安全的影响主要表现在:坡度过大,

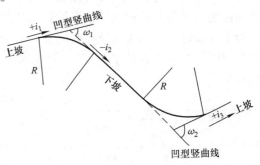

图 4-13 纵断面线形要素
$+i$—上坡 $-i$—下坡 ω—纵断面的变坡角
R—竖曲线半径

增加了驾驶人的操作强度,一旦有突发情况就可能酿成事故;驾驶人经过上坡行驶后,在下坡行驶时,心理比较放松,易造成超速行驶;下坡路段上,由于受到重力影响,易造成车辆加速行驶;车辆的机械性能较高、坡度较大时,不仅会使车辆速度差异较大,常常还会造成汽车上坡熄火或下坡失灵,进而诱发事故。

因此,我国《公路工程技术标准》(JTG B01—2014)与《城市道路工程设计规范》(CJJ 37—2012)分别对公路及城市道路的最大坡度做了比较严格的规定,见表 4-6 及表 4-7。

表 4-6 公路最大坡度

设计速度/(km/h)	120	100	80	60	40	30	20
最大坡度(%)	3	4	5	6	7	8	9

表 4-7 城市道路最大坡度

设计速度/(km/h)		100	80	60	50	40	30	20
最大坡度(%)	推荐值	3	4	5	5.5	6	7	8
	限制值	5	6	7		8		9

另外,通过对统计数据的分析,可以发现事故率随坡度的增大而明显增大。坡度与交通事故的关系见表 4-8。

表 4-8 坡度与交通事故的关系

坡度(%)	事故率(%)	坡度(%)	事故率(%)
0~1.99	27.51	4~5.99	112.43
2~3.99	39.76	6~8.0	124.26

(2) 纵坡长度 各种汽车的构造、性能及功率不同,爬坡能力也不一样,因此有必要考虑公路的坡长对道路安全的影响,主要表现在以下两方面:

1）长陡坡对车辆的影响。若陡坡过长，爬坡时会使汽车水箱出现沸腾与气阻，导致行车缓慢无力，甚至造成发动机熄火；长陡坡下行时，由于需要长时间减速与制动，会造成制动器发热或烧坏，从而导致交通事故。

2）过长纵坡易使驾驶人对坡度判断失误。如长而陡的下坡路段连接一段较平缓的下坡时，驾驶人会误认为下一路段坡度为上坡，从而采取加速行驶的错误操作。另外，长陡坡会造成加速度或减速度的积累，使车速过高或过低而诱发事故。

为了有效保证车辆在纵坡行驶的交通安全，对于较大纵坡的坡度及坡长必须加以限制和改造。我国《公路工程技术标准》（JTG B01—2014）对不同纵坡坡度的最大坡长作了规定，见表4-9。

表4-9 不同坡度最大坡长

最大坡长/m 设计速度/(km/h)	120	100	80	60	40	30	20
纵坡坡度（%） 3	900	1000	1100	1200	—	—	—
4	700	800	900	1000	1100	1100	1200
5	—	600	700	800	900	900	1000
6	—	—	500	600	700	700	800
7	—	—	—	—	500	500	600
8	—	—	—	—	300	300	400
9	—	—	—	—	—	200	300
10	—	—	—	—	—	—	200

2. 竖曲线

车辆在纵坡发生转折的地方行驶时，为了缓和在转为凹曲线行驶时的冲击或保证在凸曲线的地方留有一定的视距，必须在两个坡段之间插入一段曲线，这种曲线称为竖曲线。

（1）竖曲线半径 竖曲线包括凹形和凸形竖曲线。竖曲线的半径可用下式近似求得

$$R = \frac{100L}{|i_1 - i_2|} \tag{4-6}$$

式中，R为竖曲线半径（m）；L为竖曲线长度（m）；i_1、i_2为纵坡转折处左、右坡度值。

竖曲线半径的大小将直接影响过渡效果的好坏，它对于道路安全行车的主要影响表现在以下几个方面：

1）对行车视距产生影响，半径越大，所能提供的行车视距也就越大，一般情况下都会根据地形采用尽量大的值。

2）小半径竖曲线容易造成平纵曲线组合不合理而使视距不连续，尤其当为凸曲线时，会令驾驶人产生悬空的感觉从而失去行驶方向。

3）小半径凹曲线底部可能会出现排水不畅的问题。若排水设施不足且凹曲线位于平曲线的超高过渡段，积水会更严重。

4）由于离心力的影响，车辆与路面间的摩擦系数减小，影响交通安全。

5）使驾驶人超重或失重感过大，影响安全行驶。

我国《公路工程技术标准》（JTG B01—2014）对竖曲线半径和最小长度做了较为严格的规定，见表4-10。

表 4-10 竖曲线最小半径和最小长度

设计速度/(km/h)	120	100	80	60	40	30	20
凸形竖曲线半径/m	11000	6500	3000	1400	450	250	100
凹形竖曲线半径/m	4000	3000	2000	1000	450	250	100
竖曲线最小长度/m	100	85	70	50	35	25	20

一般说来，事故率随半径的减小而增加。在相同的半径下凸形竖曲线上的事故率明显高于凹形竖曲线，说明凸形竖曲线对道路安全的影响比较大，而且事故率明显比较高的点往往是平曲线与竖曲线相结合的路段。

（2）竖曲线长度 在配置竖曲线时，要保证竖曲线既有足够大的半径，又有足够的长度，这是因为汽车行驶在竖曲线上时，尽管竖曲线的半径取值很大，但若竖曲线长度过短，汽车瞬间通过，在竖曲线上时乘客就会有忽悠而过的不舒适感，也容易使驾驶人产生急促变坡的感觉。从直坡道进入竖曲线和从竖曲线进入直坡道时，在很短时间内要经历两次加速度的突变，也不利于行驶舒适性，并会对行车安全造成不利影响。因此，按照安全操作的需要，竖曲线最小长度必须有 3s 设计速度行程长度，见表 4-10。

另外，小半径竖曲线设置的位置也必须考虑其对交通安全的影响，除了考虑平纵线形结合外，一般不应把小半径竖曲线的始末点设在桥梁、立交、隧道的起（末）点，也不应把小半径竖曲线设置在过村镇路段或平交路口处，以利于行车安全。

4.2.3 道路平纵线形组合对交通安全的影响

平纵线形的组合协调对视觉的诱导起着重要的作用，在视觉上违背自然诱导的线形组合是导致事故多发的主要原因。如平曲线与凸形竖曲线组合时，由于视距的降低以及汽车不得不在三维空间行驶，驾驶人的工作负荷大大增加。因此，平、纵线形组合时必须发挥各自的优点，既要满足汽车运动学与力学的要求，又要充分考虑驾驶人在视觉、心理和操作方面的要求，避免产生扭曲、错觉和不良的心理反应。

下列不良的线形组合往往是导致交通事故发生的重要原因：

1）线形骤变，如长直线的末端设置小半径曲线。

2）在连续的高填方路段没有良好的视线引导，驾驶人容易使车辆偏离车道中心线，可能冲出路面而酿成事故。

3）短直线介于两个不同向的曲线之间，形成断背曲线，这样容易使驾驶人产生错觉，把线形看成反向曲线，在直线过渡段造成翻车事故。

4）在直线路段的凹形纵断面路段上，驾驶人位于下坡看对面的上坡段时容易产生错觉，把上坡的坡度看得比实际的坡度大。这样一来，驾驶人就有可能加速以便冲上对面的上坡路段，当在下坡路段遇上行车，驾驶人未察觉自己是在下坡，便有可能发生事故。

5）在凸形竖曲线与凹形竖曲线的顶部或底部插入急转弯的平曲线，前者没有视线引导而造成必须急打转向盘，后者在汽车下坡速度增加的地方也要急打转向盘，都容易引发交通事故。

6）在凸形竖曲线与凹形竖曲线的底部设置断背曲线，前者会使视线失去诱导的效果，在公路上行驶的车辆好像突然进入空中，会给驾驶人带来不安的感觉，车到达顶点后驾驶人才能知道线形开始向相反方向弯曲，因此驾驶人在操纵转向盘时也会非常紧张，后者道路排水不畅会使得道路看起来似乎是扭曲的，进而使驾驶人产生视觉偏差。

7）在一个平面曲线内如果有纵断面反复凹凸的情况，经常会产生这样的问题，即形成只能看见脚下和前方而看不见中间凹凸的线形，这样的线形也容易发生事故。

8）转弯半径比较小的平曲线与陡坡组合在一起时，会使事故在数量和严重程度上剧增。

因此，平面与纵断面组合应注意以下几个要点：

(1) 平曲线与纵面直线组合　组合时要注意平曲线半径与纵坡坡度相协调，避免急弯与陡坡相重合。

(2) 平、竖曲线对应　当平曲线与竖曲线组合时，竖曲线宜包含在平曲线之内，且平曲线应稍长于竖曲线，竖曲线的起终点最好分别位于平曲线两头的缓和曲线上，其中任一点都不要放在缓和曲线以外的直线段上，也不要放在圆弧之内。若平竖曲线半径都很大，则其位置可不受上述限制。若做不到竖曲线与平曲线较好的配合而两者半径都小于某限度时，宁可把平竖曲线拉开相当的距离使竖曲线位于直线上。

(3) 平、竖曲线大小均衡　平曲线与竖曲线在一起时，其技术指标之间的大小匹配应当均衡，不能一个大而缓，另一个小而急。一个长的平曲线内有两个以上竖曲线或一个竖曲线内有两个以上平曲线，这样的线形组合在外观上就不合理。

根据德国的经验，若平曲线的半径小于1000m，竖曲线半径约为平曲线半径的10~20倍时便能达到均衡的目的，平竖曲线半径大小的均衡关系见表4-11。

表4-11　平竖曲线半径大小的均衡关系　　　　　　　　（单位：m）

平曲线半径	600	700	800	900	1000	1100	1200	1500	2000
竖曲线半径	10 000	12 000	16 000	20 000	25 000	30 000	40 000	60 000	100 000

(4) 线形要与地形、地物及景观相协调　良好的景观设计可使道路与自然景观融为一体，给驾驶人和乘客创造舒适感和美感。此外，从交通心理学的角度讲，道路景观设计会直接或间接地影响驾驶人的心理，从而影响道路行车安全。

安全是道路景观设计的基础和前提，景观的布设应突出强调道路行车安全感。消除司乘人员在行车过程中产生的压抑、恐惧、压迫等不良感受，是线形设计、景观布设、绿化布设的重要内容。在高速公路的下坡与转弯处，应在安全视距范围内安排一定的视觉要素，如绿化等，以使驾驶人的视点能随之变化。在高填方弯道外侧边坡植树，既可以使曲线变化非常明显，又可以减轻行车时的恐惧心理，起到增加安全感的作用。

(5) 线形要连续、统一，考虑驾驶人心理需求　直线或大平曲线上的纵断面线形不得存在驼峰、暗凹、跳跃等使驾驶人视线中断或忽上忽下的线形，否则会使驾驶人的视线不连续，同时受到竖向离心力反复变化的影响，进而引起心理不适和操作失控。要避免在驾驶人的视域内出现反复变化的线形，无论是平面线形上的方向变化，还是纵面线形上的坡度变化，都会使线形外观不连贯，形成视线盲区和错觉，使驾驶人产生紧张感，影响行车舒适和安全。美国有关专家建议，驾驶人在任何一点所看到平面线形上的方向变化不应超过2个，纵坡线上不应超过3个。

在道路线形设计时，要避免线形的突变并注意以顺适的线形进行连接与配合，应避免下列情况：

1）凸形竖曲线的顶部或凹形竖曲线的底部不得插入小半径平曲线，不得与反向平曲线的拐点重合。

2）直线上的纵面线形不应反复凹凸，避免出现使驾驶人视觉中断的线形，如驼峰、暗凹、跳跃、断背等。

3）避免在长直线上设置陡坡或长度短、半径小的凹形竖曲线。

4）长平曲线内不得设置短的竖曲线，长竖曲线内也不得设置短的平曲线。

5）直线段内不得插入短的竖曲线。

6）小半径竖曲线不宜与回旋曲线相互重叠。

7）应避免急弯与陡坡相重合。

8）应避免短的平曲线与短的凸形竖曲线组合。

9）应避免驾驶人能在行驶视野内看到两个或两个以上的平曲线或竖曲线。

10）避免平曲线与竖曲线错位的组合，相邻坡段的纵坡以及相邻曲线的半径不宜相差悬殊。

4.2.4 视距对交通安全的影响

车辆运行时，应使驾驶人能够清楚地看到前方一定距离的道路，以便当发现路上的障碍物或迎面来车时，能在一定车速下及时停止或避让，避免发生事故，这一段必需的行车最短距离称为行车视距。不良的视距是导致交通事故的一个因素，足够的视距和清晰的视野是保证车辆安全与快速的重要因素。

视距是道路几何设计的重要因素。行车视距分为道路平面上和纵断面上两种。在平曲线弯道内侧有挖方边坡、障碍物以及纵断面上凸形竖曲线处、路线交叉口附近、下穿式立体交叉的凹形竖曲线上，均有可能存在视距不良的可能，见图4-14。

道路平面视距可分为停车视距、会车视距、超车视距和错车视距。

1. 停车视距

停车视距是指驾驶人在行驶过程中，从看到前方路面上的障碍物时开始制动汽车至到达障碍物前完全停止所需的最短行车距离。一般在公路设计中，停车视距由三部分组成，即驾驶人在反应时间内行驶的距离 l_1、开始制动至停车的制动距离 $l_{制}$ 和安全距离 l_0，如图4-15所示。

反应距离 l_1 是当驾驶人发现前方的阻碍物时，经过判断决定采取制动措施的那

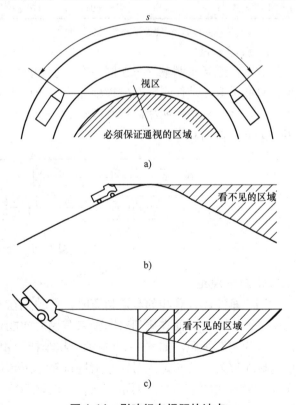

图 4-14 影响行车视距的地点
a）平面视距 b）纵断面视距 c）桥下视距

图 4-15 停车视距

一瞬间到制动器真正开始起作用的那一瞬间汽车所行驶的距离，这段行驶的时间可分为感觉时间和反应时间，并可进行进一步的分析与实验测定。感觉时间在很大程度上取决于物体的外形与颜色、驾驶人的视力与机敏度以及大气的可见度等。高速行车时的感觉时间要比低速时短一些，这是由于高速行驶时驾驶人的警惕性会更高。根据测定，公路设计中感觉时间一般取 1.5s，反应时间一般取 1.0s，感觉和反应的总时间 $t=2.5$s。

设 V_0 为汽车的行驶速度，车轮在道路上的附着系数为 φ，则停车视距为

$$s = l_1 + l_制 + l_0 = \frac{V_0}{3.6}t + \frac{\left(\frac{V_0}{3.6}\right)^2}{2g\varphi} + l_0 = \frac{V_0}{3.6} + \frac{V_0^2}{254\varphi} + l_0 \tag{4-7}$$

式中，l_0 一般取 5~10m。我国相关标准中对停车视距的规定值见表 4-12。

表 4-12 停车视距的规定值

设计车速/(km/h)	120	100	80	60	40	30	20
停车视距/m	210	160	110	75	40	30	20

注：积雪冰冻路段的停车视距宜适当增长。

2. 会车视距

会车视距是指两辆汽车在同一车道上相向行驶时，发现对向来车时无法避让或来不及错车，只能采取制动使车辆在碰撞前完全停止所需的最短行车距离。会车视距一般为停车视距的 2 倍。会车视距由两相向行驶车辆的驾驶人反应距离 l_1、l_2，制动距离 $l_{制1}$、$l_{制2}$ 和安全距离 l_0 组成，如图 4-16 所示。

图 4-16 会车视距

3. 超车视距

当汽车要越线到相邻车道超车时，驾驶人在开始离开原行车路线时能看到相邻车道上对向驶来的汽车，以便在碰到对向驶来车辆之前能超越前车并驶回原来车道所需的最短行车距离，称为超车视距。如图 4-17 所示，超车视距由四个部分组成，即后车加速进入对向车道的行驶距离 s_1，后车进入对向车道进行超车至超过前车又回到原车道上所行驶的距离 s_2，超车完成后与对向来车之间的距离 s_3，一般取 30~100m，以及在超车过程中对向来车行驶的距离 s_4。

以上四个距离之和是比较理想的全超车过程，但总距离较长，在地形比较复杂的地方很

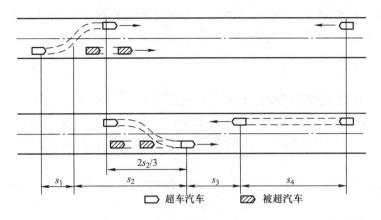

图 4-17 超车视距

难实现。实际上所需的时间只考虑超车的汽车从完全进入对向车道到超车完成所行驶的时间，这样就可以保证安全。因为尾随在慢车后面的快车驾驶人往往在未看到前面的安全区段时就会开始超车操作，若进入对向车道之后发现迎面有汽车开来而超车距离不足，还来得及返回自己的车道。因此，对向汽车行驶距离大致为 s_2 的 2/3 就足够了。超车视距的规定值见表 4-13。

表 4-13 超车视距的规定值

超车汽车及对向汽车速度/(km/h)	80	60	40	30	20
被超汽车速度/(km/h)	60	45	30	20	15
全超车视距 ($s_1+s_2+s_3+s_4$)/m	550	350	200	150	100
最小超车视距 ($2s_2/3+s_3+s_4$)/m	350	250	150	110	70

4. 错车视距

汽车在行驶过程中与迎面车辆在同一条车道上行驶，从对面来车左（右）边绕至另一车道并与来车在平面上保持安全距离时，两车所行驶的最短距离称为错车视距。如图 4-18 所示，错车视距包括第一辆车的反应距离 l_1 与让车绕行距离 l_2，以及第二辆车在此时间段内行驶的距离 l_3、l_4 和安全距离 l_0。

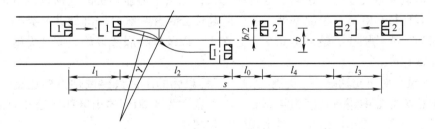

图 4-18 错车视距

5. 各级公路对视距的要求

在一条公路的车流中，经常会出现停车、会车和超车，以混合交通为主的双车道公路上更是如此。在各种视距中，超车视距最长，实际中很难做到所有暗弯与凸形变坡处都能保证超车视距的要求,因此对于不同的公路按其实际需要对视距做了不同的规定。

1) 高速公路和一级公路应满足停车视距的要求。高速公路和一级公路有中央分隔带,并且车道数均在四个以上,快慢车用划线分隔行驶,各行其道,不存在错车、会车和超车问题。

2) 二、三、四级公路的视距应满足会车视距要求,其长度应不小于停车视距的2倍。工程特殊困难或受其他条件限制采取分道行驶措施的地段,可采用停车视距。

3) 对向行驶的双车道公路,应根据需要并结合地形设置一定比例的路段保证超车视距。

4) 在公路等级较低的单车道上或不分上下行的城市道路上行驶时,应满足错车视距。

4.3 道路横断面与交通安全

道路横断面是指沿道路宽度方向垂直于道路中心线的断面。公路横断面一般包括行车道、路肩、分隔带、路缘带等,城市道路横断面包括道路建筑红线范围内的各种人工结构物,如机动车道、非机动车道、人行道、分隔带和绿化带等。道路横断面的有效设置,对于满足交通需要、保证交通运输的通畅和安全具有十分重要的意义。

1. 道路横断面形式

(1) 公路横断面形式 公路横断面一般分为单幅双车道和双幅多车道两种类型。

1) 单幅双车道。单幅双车道公路是指整体式的供双向行车的双车道公路。这类公路在我国里程中占有最大比重,二级、三级和部分四级公路均属这一类。在这种公路上行车,只要各行其道、视距良好,车速一般都不会受影响。但当交通量很大、非机动车混入率高、视距条件差时,车速和通行能力会大大降低。因此,对混合行驶相互干扰较大的路段,可专设非机动车道与人行道,将汽车与其他车辆分开。

2) 双幅多车道。对于四车道、六车道和更多车道的公路,公路中间一般都设分隔带或做成分离式路基而构成双幅路,前者是用分隔带将上下行车辆分开,后者是将上下行车道放在不同的平面上加以分隔。有些分离式路基为了利用地形或由于处于风景区等,可做成两条独立的单向双车道的道路。

双幅多车道公路的设计车速高,通行能力大,每条车道能担负的交通量比一条双车道公路的还多,而且行车舒适、事故率低。我国的高速公路和一级公路即属此种类型。高速公路和一级公路的主要差别在于是否全立交和全封闭,以及各种服务设施、安全设施、环境美化等方面的完备程度。

3) 单车道。对于交通量小、地形复杂、工程艰巨的山区公路或地方性道路,可采用单车道。我国相关标准中路基宽度为4.50m、路面宽度为3.50m的山区四级公路就属于此类。此类公路虽然交通量很小,但仍然会出现错车和超车。

(2) 城市道路横断面形式 城市道路的交通性质和组成比较复杂,尤其表现在行人和各种非机动车较多,各种交通工具和行人的交通问题都需要在横断面的设置中综合考虑予以解决。

常见的城市道路横断面形式有单幅路、双幅路、三幅路和四幅路等,如图4-19~图4-22所示。

1)单幅路。俗称"一块板"断面,各种车辆在车道上混合行驶。在交通组织上可以有两种方式:①划出快、慢行驶分车线,快车和机动车辆在中间行驶,慢车和非机动车靠两侧行驶;②不划分车道线,车道的使用可以在不影响安全的条件下予以调整。如只允许机动车辆沿同一方向行驶的单行道,限制载重汽车和非机动车行驶、只允许小客车和公共汽车通行的街道,限制各种机动车辆、只允许行人通行的步行道等。上述措施可相对不变,也可按规定的周期进行变换。

单幅路占地少,投资小,但各种车辆混合行驶,对交通安全不利,仅适用于机动车交通量不大且非机动车较少的次干路、支路以及用地不足、拆迁困难的旧城改建的城市道路。

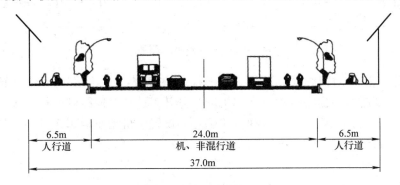

图 4-19 单幅路横断面图

2)双幅路。俗称"两块板"断面,在车道中心用分隔带将车行道分为两半,上下行车辆分向行驶,各自再根据需要决定是否划分快、慢车道。双幅路断面将对向行驶的车辆分开,减少了行车干扰,提高了车速,分隔带上还可以用作绿化、布置照明和敷设管线等。它主要用于各向有两条以上机动车道、非机动车较少的道路,也可用于有平行道路可供非机动车通行的快速路和郊区道路,以及横向高差大或地形特殊的路段。

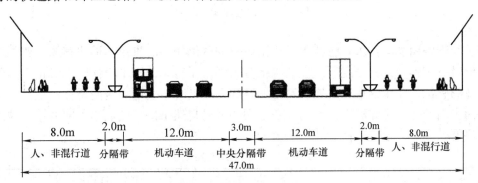

图 4-20 双幅路横断面图

3)三幅路。俗称"三块板"断面,中间为双向行驶的机动车车道,两侧为靠右侧行驶的非机动车车道。三幅路将机动车与非机动车分开,对交通安全有利,可在分隔带上布置绿化带,有利于夏天遮阴防晒、减少噪声,还可以用于照明布置等。机动车交通量大、非机动车多的城市道路一般优先考虑采用这种。但三幅路占地较多,一般只有当红线宽度大于或等于 40m 时才能满足车道布置的要求。

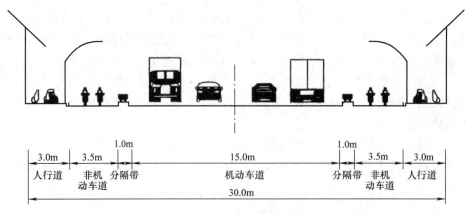

图 4-21 三幅路横断面图

4）四幅路。俗称"四块板"断面，在三幅路的基础上，再将中间机动车车道分隔为二，分向行驶。四幅路不但将机动车和非机动车分开，还将对向行驶的机动车分开，从安全和车速方面来看，它比三幅路更为有利。四幅路多设置于机动车辆车速较高、各向有两条以上机动车道、非机动车较多的快速路与主干路。

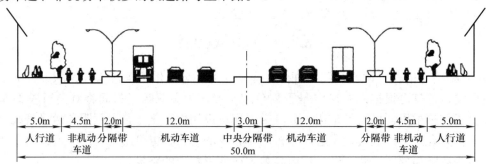

图 4-22 四幅路横断面图

2. 路拱

为了利于路面横向排水，将路面做成由中央向两侧倾斜的拱形，形成路拱。路拱对排水有利，但对行车不利，其坡度所产生的水平分力增加了行车的不平稳性，同时也会给乘员带来不舒适的感觉，当车辆在有水或者潮湿的路面上制动时还会增加侧向滑移的危险。不同类型的路面表面的平整度和透水性不同，考虑到当地的自然条件，应选用不同的路拱坡度，规定的数值见表 4-14。

表 4-14 路拱坡度规定数值

路面类型	路拱坡度（%）
水泥混凝土路面、沥青混凝土路面	1.0～2.0
其他黑色路面、整齐石块	1.5～2.5
半整齐石块、不整齐石块	2.0～3.0
碎、砾石等粒料路面	2.5～3.5
低级路面	3.0～4.0

高速公路和一级公路由于其路面较宽，迅速排除路面降水尤为重要，当此种公路处于降雨强度较大的地区时应采用大的路拱坡度，在干旱、积雪、浮冰的地区，应采用小的路拱坡

度。此外,纵坡大、路面宽、车速高、交通量大、拖挂车多时一般采用小的路拱坡度。

分离式路基每侧行车道可设置双向路拱,这样对排除路面积水有利。在降水量不大的地区也可以采用单向横坡,并向路基外侧倾斜,但在积雪冻融地区需要设置双向路拱。在小半径曲线设置超高路段,路拱形式为外侧高、内侧低的单向横坡形式。

3. 车道宽度与车道数

当车道宽度小于4.5m时,随着车道宽度的增加,交通事故率明显降低。若机动车双车道路面宽度大于6m,其事故率较5.5m要低得多。美国的标准车道宽度规定为3.65m,我国规定设计速度为120km/h、100km/h、80km/h的车道宽度为3.75m,设计速度为60km/h、40km/h的车道宽度为3.5m,设计速度为30km/h的车道宽度为3.25m。但如果车道过宽,如大于4.5m时,由于有些车辆试图利用富余的宽度超车,反而会增加事故。划分有车道标线的公路,由于规定车辆各行其道,其事故率则会相应地降低。

美国道路种类与交通量及事故次数关系的统计结果如图4-23所示。由图可知,事故次数随着平均日交通量的增加而增加;交通事故次数与车道数有关,相同的平均日交通量条件下,8车道高速公路比6车道高速公路事故率低,6车道高速公路比4车道高速公路事故率低。

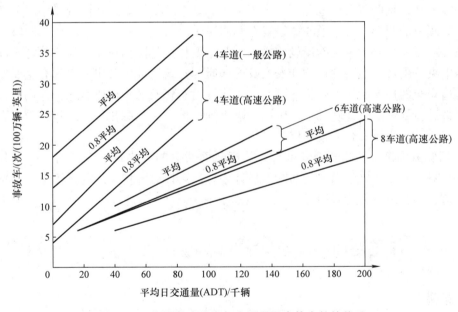

图4-23 美国道路种类与交通量及事故次数的关系

城市道路交通量大,交通组成复杂,交通事故的规律性不如公路上明显。但一般来说,车道数越多,通行能力越大,行车越畅通,道路状况越安全。

4. 路肩

路肩是指行车道外缘到路基边缘具有一定宽度的带状部分。路肩既可起到保护路面的作用,又可作为行驶车辆的侧向余宽,也可供车辆临时停车,并为公路其他设施提供场地。在我国混合交通的条件下,路肩还可供行人、自行车、助力车等通行使用。

路肩通常包括硬路肩与土路肩。硬路肩是指进行了铺装的路肩,常用于高速公路和一级公路,硬路肩宽度一般为2.5m、3.0m或3.5m。土路肩是指不加铺装的路肩,宽度一般为

0.5m 或 0.75m，四级公路双车道土路肩宽度采用 0.25m。

一般来说，交通事故率随路肩宽度的增加而减少。目前我国规范规定的二级公路路肩宽度尽管满足汽车行驶的要求，但对于城镇路段，路肩宽度还应留足非机动车通行对行驶宽度的要求。另外，如果要在路侧种植树木，或设置公共设施标杆和交通标志等，一定要保证路肩的规定宽度，在临水、临崖路段还应在路肩外侧设置安全护栏，以保证交通安全。

5. 分隔带

分隔带是在行车道路上纵向分离不同类型、不同车速或不同行驶方向车辆的设施，以保证行车速度和行车安全。分隔带常用水泥混凝土路缘石围砌，也可用水泥混凝土隔离墩或铁栅栏，还可以在路面上划出白色或黄色标线，以分隔车辆行驶。

分隔带对解决机动车与机动车、机动车与非机动车的分离，提高道路通行能力，保证交通安全具有十分重要的作用。按其在横断面上的位置与功能不同，可分为中央分隔带与两侧分隔带。

(1) 中央分隔带 中央分隔带指高速公路、一级公路及城市二、四块板断面道路中间设置的分隔上下行驶交通的设施。

分离式断面中央分隔带宽度一般大于 4.5m，此时中央分隔带宽度随地形变化而灵活改变，不一定等宽，且两侧行车道也不一定等高，而是与地形、景观相配合。中央分隔带一般做成向中央倾斜的凹形，行车道左侧设置左侧路缘带。

中央分隔带是公路的主要附属设施之一，其主要作用是隔离对向交通，使之不能随意穿越。道路中央分隔带对道路的运营和安全及通向毗邻建筑物的左转出入口都有重要影响。

从交通安全的角度看，一般将分隔对向车流并对车辆及弱势群体有保护作用的设施作为中央分隔带进行处理。在此基础上，中央分隔带除一般意义的绿化带，还包括设置在道路中线位置的安全防护措施及行人过街保护设施。

(2) 两侧分隔带 两侧分隔带是布置在横断面两侧的分隔带，其作用与中央分隔带相同。两侧分隔带常用于城市道路的横断面设计中，它可以分隔快车道与慢车道、机动车道与非机动车道、车行道与人行道等。

4.4 路基路面与交通安全

4.4.1 路基

路基是道路的基础，它是由土、石按照一定尺寸和结构要求建筑成带状的土工结构物。路基必须具有一定的力学强度和稳定性，以保证行车部分的稳定性，并防止自然破坏力的损害。

路基的横断面一般有路堤、路堑和填挖结合三种形式。路堤是指在地面上全部用岩土填筑而成的路基。路堑是指全部在天然地面开挖而成的路基。当天然地面横坡较大，需要一侧开挖而另一侧填筑时，为填挖结合路基，也称为半填半挖路基。在丘陵或山区公路上，填挖结合是路基横断面的主要形式。

路基宽度根据设计交通量和道路等级确定。路基高度由路线纵断面设计确定，是指路堤的填筑高度和路堑的开挖深度。在公路上，由于路基较高，容易发生翻车事故，翻车事故所造成的死亡率高于道路交通事故的平均死亡率。为了尽量避免翻车事故发生，在道路设计中应慎重考虑高路基的选取问题。在满足排水、防洪要求和最小路基高度规定时，尽量选择矮路堤，道路在山区穿行时也尽量走低线，以免车辆不慎冲出路基造成重大伤亡事故。在高路堤处和路线爬高后，应该在弯道、陡坡以及交通量大的路段采用加宽、错车和防护措施以保证安全。

路基边坡是为了保证路基稳定，在路基两侧做成的具有一定坡度的坡面。过陡的路基边坡会使事故后果更加严重。对于路堤边坡，车辆在坡度大的陡坡上发生意外时，事故类型接近于坠车。若减小坡度，使路基边坡变缓，发生事故的车辆可以沿缓坡行驶一段距离，减小冲击程度，从而减轻事故的严重性。若采用矮路基或缓边坡，失去控制的车辆一般不会因为驶出路外而造成翻车，事故的严重性也会降低。路堑边坡一般因地制宜设置碎落台，为滚落的岩石提供安全净区，使其有利于车辆安全行驶。边坡的形状与边坡岩土的自然属性一致，使公路尽可能融入自然环境，提高道路美感，减轻驾驶人的心理压力，创造一个舒适优美的行车环境。

4.4.2 路面

从路面结构的力学特性和设计方法的相似性出发，可以将路面划分为柔性路面、刚性路面和半刚性路面三类。本节主要分析柔性路面和刚性路面对道路安全的影响。

水泥混凝土路面属于刚性路面，具有较大的刚性与抗弯能力，其承载能力取决于路面本身的强度。路面质量对道路安全有较大的影响。路基不均匀沉降，再加上水泥混凝土质量较差，会造成断板、错台，且不易修补。如果接缝多，填缝材料失效，会导致地表水从接缝渗入基层乃至路基，使得水泥混凝土板在车辆行驶的作用下产生唧泥，继而将基层的细料掏走，板端或板底会出现脱空和断板。如果处理不及时，地表水就会渗入并积聚在破损后的基层内，进而透过基层渗入路基，使得基层和路基吸水软化、失稳、支承力下降，加剧路面损坏，直接影响行车舒适性，同时危及行车安全。

各种沥青路面及碎石路面都属于柔性路面，其路面强度是利用弯沉仪测量路面表面在标准试验车的后轮垂直静载作用下的轮隙回弹弯沉值来评定的。柔性路面具有一定的抗剪和抗弯能力，在重复荷载作用下容许有一定的变形。沥青路面具有表面平整、无接缝、振动小、噪声低、行车较舒适、施工及成形快、施工周期短、维修方便等优点，但是其强度和稳定性受基层与土基的影响较大，沥青混合料力学性能受温度影响大。沥青路面可能发生的病害会对道路安全产生如下影响：

1. 裂缝

裂缝主要分为横向裂缝、纵向裂缝、块状裂缝、龟裂及滑移裂缝等。其中，横向裂缝多由基层或路基裂缝的反射或由低温收缩造成。纵向裂缝通常由路基、基层下沉，结构承载力不足引起，其中填挖结合路段和过软地基路段比较容易产生大的、长的纵向裂缝。块状裂缝由沥青老化引起。龟裂是由于行车荷载反复作用引起路面疲劳开裂，特别在重车行驶的车道上，龟裂是主要的路面结构破坏形式。滑移裂缝是由于车辆刹车或转弯使路面出现滑动开裂。

2. 泛油

在高温的作用下，若沥青混合料中沥青含量过多或空隙率太小，就会形成泛油，程度较轻时路表面会形成一层有光泽、玻璃状的沥青膜，若程度较重，则会形成"油海"，油粘在车辆的轮胎上，会降低行车速度，增加车辆行驶阻力，若到了雨天，多余的沥青还会降低路面的防滑性能，影响行车安全。

3. 车辙

车辙是沥青路面在行车荷载的反复作用下产生永久变形的累积而形成的。轮迹处沥青层厚度减小，削弱了路面层及路面结构的整体强度，从而诱发其他病害。另外，雨天路面排水不畅甚至车辙积水会导致车辆漂滑，影响高速行车安全。车辆在超车或更换车道时可能会产生方向失控，影响车辆操纵稳定性。

4. 沉陷和胀起

沉陷是由路基或基层的凹陷引起的，胀起主要是由路基土的冻胀或膨胀引起的。在我国南方，由膨胀土引起的路面胀起应得到高度的重视。

5. 松散与坑槽

这种现象主要是由于沥青与矿料之间的黏附性较差，在水或冰冻的作用下，沥青从矿料表面剥离所致，或者是由于施工中混合料加热温度过高，致使沥青老化失去黏性，表现为沥青从矿料表面脱落，在车辆荷载作用下沥青面层呈现松散状态，以致沥青从路面剥落形成坑凹，从而造成道路安全隐患。

6. 滑溜

由于集料硬度和磨光值不够或路面使用时间长，路表集料棱角被磨成圆滑或平滑状，形成磨光现象。表面滑溜还表现在石料的磨损或路面泛油，会危及行车安全，对道路交通的影响很大。

7. 麻面

麻面主要是由施工方法不同、油石比小、搅拌不均匀等造成的，严重时可使行车颠簸，对于非机动车交通的影响更大。

为了防止或减轻沥青路面的损害对道路交通安全的影响，考虑采取如下措施：

1）提高路基的质量，严格控制路基填料，提高上路床的透水性，尽量减少膨胀土对路面结构层的影响，彻底处理软弱地基层，搞好填挖交界的施工质量，减少路基不均匀沉降。

2）提高路面面层及基层结构强度和厚度，防止在重车（尤其是超重车）反复作用下造成路面结构层损坏。注意处理好基层的各种裂缝（如贫混凝土基层的收缩裂缝），防止基层裂缝反射影响面层。

3）提高沥青面层的质量，选择强度高、磨光值大的岩石作为粗集料，正确选择适合不同区域的沥青品种。严格控制好沥青混合料配比，使混合料强度、空隙率、热稳定性、水稳定性、含油量偏差都达到较理想的指标，使沥青面层达到抗滑、密水、耐久、抗开裂、抗车辙等技术要求。

4）做好沥青路面的排水工作，在沥青面层设计中，要确保上层或中层具有较好的防浸水性能，并在基层顶面设置沥青封层，防止水浸下基层。基层和垫层应能够有效地把水排出路外。

4.4.3 路面平整度

平整度是路面表面相对于真正平面的竖向偏差，是衡量高等级路面质量好坏的重要指标。优良的平整度是车辆高速、平稳、安全通行的重要保证，差的道路平整度会加剧车辆磨损、增大燃油消耗、影响行车舒适性、降低行车速度、危及行车安全。

路面平整度不好主要反映在两个方面：①形成波浪或搓板；②有坑槽或凸起。车辆在有波浪或搓板的路面上行驶时，会出现上下起伏、摆动，时而行驶在短坡长、高频率、低振幅路段，时而在长坡长、低频率、高振幅的路面上行驶，造成驾驶人和乘员心理紧张、旅行劳累，在弯道上行驶或超车时，稍有疏忽车辆便会驶离正常轨道，发生事故。汽车在有坑槽或凸起的道路上行驶时，极易损坏轮胎和钢板弹簧，造成驾驶人和乘员心理紧张，也容易引发行车安全事故。

在实际生产中，根据平整度控制标准（见表4-15）、路面粗糙度及路面构造深度来控制路面平整度对道路交通安全的影响。

表4-15 施工中沥青路路面层平整度控制标准

沥青路面种类	允许偏差		范围/m	检查频率		检查方法	
	平整度仪 b/mm	3m 直尺 h/mm		数量		平整度仪	3m 直尺
				平整度仪	3m 直尺		
沥青混凝土或沥青碎石	≤2.5	≤5	100	连续	公路 10杆	1. 2车道测1条轨迹 2. 4车道测2条轨迹	连续或随机抽样
上拌下贯式	≤3.5	≤8			城市道路 <9m，5杆		
					9~15m，10杆		
表面处治	≤4.5	≤10			>15m，15杆		

注：水泥混凝土路面高速公路和一级公路的允许偏差为3mm，其他公路为5mm。

4.4.4 路面抗滑性能

抗滑性能是路面面层重要的安全因素，是指车辆轮胎受到制动时沿路表面滑移所产生的力。美国宾夕法尼亚州的一项路面状况调查结果显示，潮湿路面的交通事故率是干燥路面的2倍，降雪时是干燥路面的5倍，结冰时为干燥路面的8倍。路面光滑导致事故明显增加，其原因是光滑的路面易使驾驶人在行车时感到发飘，难以对汽车进行控制，在制动时会发生侧滑或在预定距离内不能有效减速停车，从而诱发交通事故。由此可见，路面具有良好的抗滑性能对交通安全起着重要的保障作用。

路面抗滑耐久性能反映了路面安全方面的使用性能，可用路表的抗滑性能指标来评定。路面的抗滑性能必须满足两个方面的要求，即表面抗滑性和耐久性。抗滑性与路面结构、表面纹理和表面处理有关，耐久性则与路面的内在质量及路面集料的耐磨性有关。

4.4.5 路面排水

路面排水是影响安全行驶的一个重要因素。澳大利亚学者LAY研究认为，6mm厚的水膜就能使路表横向摩擦系数减少到零，汽车会发生横向漂移；而在大半径的曲线段上，在相同横坡的情况下，水膜厚度比在直线段大两倍，横向排水的距离是一个远比车道宽度更重要的因素。

路面排水与路拱横坡度有关,路拱横坡度越大,事故率越高。我国在道路设计规范中对路拱横坡度做了明确规定,但在安全评价时,南方多雨地区路拱的横坡不宜太缓,而北方冬季寒冷积雪地区路拱的横坡不宜太陡。

4.5 道路交叉口与交通安全

道路交叉口是道路最重要的组成部分,如果一个路网不存在交叉口,就无法称之为路网。按照道路服务水平的概念,一些发达国家认为交叉口是一类大的广义上的交通设施,但是我国一般不这样认为。从空间角度,道路交叉口可以分为两大类,一类是平面交叉口,一类是立体交叉口,每一类又包括具体的小类。

4.5.1 平面交叉口的分类

目前我国平面交叉口的种类较多。从相交道路数目角度,可以分为3路交叉口、4路交叉口、5路交叉口;从交叉口形状角度,可以分为T型交叉口、Y型交叉口、十字型交叉口、X型交叉口、环形交叉口等;从交通控制方式角度,可以分为全无控制交叉口、让控制交叉口、停控制交叉口、信号控制交叉口;从相交道路的等级角度,公路交叉口可以分为一级公路与一级公路交叉口、一级公路与二级公路交叉口、一级公路与三级公路交叉口、二级公路与二级公路交叉口、二级公路与三级公路交叉口、三级公路与三级公路交叉口等,城市道路交叉口可以分为主干路与主干路交叉口、主干路与次干路交叉口、次干路交叉口与支路交叉口等;从相交道路的功能角度,可以分为干线道路与干线道路交叉口、干线道路与集散道路交叉口、集散道路与集散道路交叉口等;从交叉口所处位置角度,可以分为城郊交叉口、乡村交叉口;从交叉口所处地区角度,可以分为平原交叉口、丘陵交叉口、山岭区交叉口。

4.5.2 平面交叉口安全基本状况

平面交叉口是路网的关键部分,是传递路段交通流的节点和枢纽,虽然在空间上占整个路网的很小部分,但是从交通事故的角度看,平面交叉口事故占整个路网事故的很大比例。有关资料显示,过去二十年,55%的美国城市车辆交通事故发生在交叉口,32%的乡村车辆交通事故发生在交叉口,23%的城市死亡交通事故发生在交叉口,16%的乡村死亡交通事故发生在交叉口;日本发生在交叉口的交通事故和死亡交通事故分别占总交通事故的58.7%和总死亡交通事故的44.7%;德国36%的农村交通事故发生在平面交叉口,60%~80%的城市交通事故发生在平面交叉口;法国大约有24%的交通事故发生在交叉口;英国大约有33%的交通事故发生在交叉口;我国城市的交通事故大约30%发生在平面交叉口。这说明平面交叉口的交通安全存在很大问题,形势不容乐观。

4.5.3 交叉口交通事故原因分析

目前我国道路交叉口总体安全状况不好,时常发生交通事故。我国许多公路没有设置机动车中间分隔带,以分开不同流向的交通流,也没有设置机动车与非机动车或行人分隔带,以分离机动车与非机动车或行人交通,交叉口设计也很少采用接入管理技术(后续章节将详细阐述)。因此,交叉口没有在空间上对道路使用者进行一定的分离,使得不同交通流在直行、右转、左转时会产生很多内在的交通冲突点，这些冲突点交织在一起很容易导致交通冲突的发生，进而诱发交通事故。我国农村人口多，在城乡接合部或者村庄附近的交叉口，由于没有足够的交通控制措施，加之交叉口使用者交通安全意识差，机动车、非机动车和行人在交叉口混行严重，这样很容易导致交通事故。另外，不良的交叉口几何线形、不合理的交通标志标线、缺乏照明等也是导致我国道路交叉口事故发生的重要原因。

通过对江苏、山东、新疆等省份及自治区多个道路交叉口的实地调查与分析，发现我国公路交叉口存在的主要交通安全问题如下：

1）交叉口没有采取控制交通流流向的措施，并且在几何设计上也存在问题，导致交叉口存在许多冲突点，容易发生交通冲突，特别是无信号交叉口。

2）交叉口位置选取不当。交叉口位于几何水平曲线或纵坡上，会造成视距不良，驾驶人反应时间不足，车辆速度变化大，驾驶人操作困难。

3）交叉口接入太多。一方面在一、二级公路上随意开口，交叉口之间的距离太近，导致车流速度不平稳；另一方面在交叉口附近，甚至在交叉口内有支路接入，增加了冲突点数，进而加重了交通流之间的冲突。

4）交叉口几何线形不合理。交叉口交叉角度过小，车道过宽或过窄，转弯半径不合适，辅助车道设计不恰当，路肩宽度不够，交叉口面积过大或过小，没有为交通弱者设置必要的保护设施或设置不恰当等。

5）交通标志设置不合理或没有设置。很多交叉口没有设置警告标志、指示标志或指路标志，驾驶人没有得到应有的交通信息。有的交叉口虽然设置了交通标志，但是标志位置不恰当，且往往被树木等遮挡，有些标志中的图案文字变脏或磨损，反光膜剥落、破损、夜间反光性差等。另外，主次路相交时，应该设置的停让标志也往往没有设置。

6）交通标线设置不合理或没有设置。很多交叉口没有设置标线，导致路权分配不明确。对于设置的交通标线，标线往往错误使用，渠化也过于复杂，信息量过多，如停车线位置过于靠后或与人行横道距离过小。同时，也存在标线箭头和文字标记脏污，磨损严重，夜间反光性差等问题。

7）交通信号设置不合理，信号设备性能差。信号配时与各流向交通量不匹配，信号相位不合适，清场时间不足，黄灯时间偏小。信号灯亮度差，高度和尺寸不尽合理，信号灯可视性不好。

8）交通环境复杂。机动车与非机动车混行，机动车与行人混行，非机动车与行人混行，且交叉口存在随意停车现象。路面平整度和抗滑性不好，排水不通畅，排雪不及时，夜间照明不够，照明设施不完善等。

9）交叉口周围建筑设施多，街道化严重。加油站、公交站点、饭店、商店等设施距离交叉口过近，不但影响交叉口视距，而且车辆进出这些地点也影响交通流的正常运行。

4.5.4 影响交叉口安全的因素

影响交叉口安全的因素众多，既包括宏观层面上的，又包括微观层面上的。在宏观层面上有交叉口几何特征、路面条件、控制条件、交通运行环境、车辆特性和交叉口使用者状况等。在微观层面上有交叉口水平线形、纵向线形、纵横线形协调性、交叉角度、相交道路数、交叉角度、视距、车道数、车道宽度、车道设置、路肩宽度、转弯半径、交通岛、行人安全岛、路面平整度、路面摩擦系数、路面类型、路面排水性、路面完整性、交通标志、交通标线、信号灯、照明情况、交通量、机非混行、车速、车辆操纵稳定性、制动性与轮胎特性、驾驶人技术素质、驾驶行为、交通安全意识及心理生理特征等。

  从主客观角度,这些影响因素可以分为客观影响因素与主观影响因素。客观因素主要是指与交叉口本身物理特征有关的因素,如交叉口内在交通冲突点、交叉口几何线形、交通标志、交通标线、路面状况、照明条件、信号灯(对于信号控制交叉口而言)等,以及与交叉口交通运行环境有关的因素,如交通量、车速、交通运行秩序等。主观因素主要是指与人有关的因素,如驾驶行为、交通安全意识、心理生理特征等。

  由于影响交叉口安全的主要因素非常多,如果每个影响因素都考虑到,评价交叉口是否安全或者治理交叉口时难度会非常大。因此,一般的做法是运用科学合理的方法去掉存在较强相关性的因素,对这些因素进行筛选、压缩、精简。通过定性与定量分析方法,主要考虑交叉口相对固定的物理特征和具有空间与时间变化性的交通特性,确定交叉口安全水平影响因素,并将其分为主要影响因素、次要影响因素和交通特性因素3类。其中,主要影响因素与次要影响因素是从交叉口自身物理特征进行归纳的,交通特性因素是从交叉口交通量、交通运行状况进行归纳的。由于无信号控制交叉口与信号控制交叉口在交通控制方式上有所不同,影响其安全水平的因素也不完全相同。无信号控制交叉口的安全水平影响因素见表4-16。信号控制交叉口的安全水平影响因素见表4-17。

表4-16 无信号控制交叉口安全水平影响因素

影响因素		子影响因素
主要影响因素	机动车与机动车冲突点	交叉冲突点
		合流冲突点
		分流冲突点
	机动车与非机动车冲突点	直行机动车与非机动车冲突点
		左转机动车与非机动车冲突点
		右转机动车与非机动车冲突点
	机动车与行人冲突点	直行机动车与行人冲突点
		左转机动车与行人冲突点
		右转机动车与行人冲突点
次要影响因素	几何特征	纵坡度
		交叉角度
		视距
		车道设置
		物理渠化
	标志	标志可视性
		标志设置
		标志信息量
	标线	标线可视性
		标线设置
	路面	路面平整性
		路面抗滑性
	照明	路灯设置
		路灯完整性
交通特性因素		机动车交通量
		机动车与非机动车流运行状况
		机动车与行人流运行状况

表 4-17　信号控制交叉口安全水平影响因素

影响因素		子影响因素
主要影响因素	机动车与机动车冲突点	交叉冲突点
		合流冲突点
		分流冲突点
	机动车与非机动车冲突点	直行机动车与非机动车冲突点
		左转机动车与非机动车冲突点
		右转机动车与非机动车冲突点
	机动车与行人冲突点	直行机动车与行人冲突点
		左转机动车与行人冲突点
		右转机动车与行人冲突点
次要影响因素	信号灯	信号相位设置
		绿灯间隔时间
		信号灯可视性
	几何特征	纵坡度
		交叉角度
		视距
		车道设置
		物理渠化
	标志	标志可视性
		标志设置
		标志信息量
	标线	标线可视性
		标线设置
	路面	路面平整性
		路面抗滑性
	照明	路灯设置
		路灯完整性
	交通特性因素	机动车与机动车交通量
		机动车与非机动车流运行状况
		机动车与行人流运行状况

4.5.5　交叉口冲突点

1. 冲突点的种类

从影响交叉口安全的主要因素来看，无论是无信号控制交叉口，还是信号控制交叉口，交叉口的交通冲突点（简称冲突点）对交叉口安全的影响都很大。实际上，冲突点是交叉口本身所具有的物理条件的突出表现，其含义是交通主体通过交叉口时，按照进口道既定的机动车道、非机动车道及人行横道运行，相同交通流或不同交通流分离或相遇而产生的点，就是交通流运行轨迹的分离点或相交点。

理论上说，冲突点是交叉口实际交通冲突和交通事故的根本诱因，也是交叉口不安全的决定性因素。如果交叉口不存在任何内在冲突点，在正常交通流运行和正常驾驶行为下（不存在非正常的突然刹车、转向、故意肇事等），就不会发生实际的交通冲突或交通事故。

根据交通主体与运动轨迹的不同，可以把冲突点分为三类，即机动车与机动车冲突点、机动车与非机动车冲突点、机动车与行人冲突点。

（1）机动车与机动车冲突点 按照运行的轨迹方向，这类冲突点还可再细分为多种冲突点，一般来说，可以再分为交叉冲突点、合流冲突点、分流冲突点。

（2）机动车与非机动车冲突点 在这类冲突点中，机动车是交通强者。这类冲突点可以再细分为直行机动车与非机动车冲突点、左转机动车与非机动车冲突点、右转机动车与非机动车冲突点。

（3）机动车与行人车冲突点 在这类冲突点中，机动车是交通强者。这类冲突点可以再细分为直行机动车与行人冲突点、左转机动车与行人冲突点、右转机动车与行人冲突点。

以双向2车道十字形无信号交叉口为例，机动车与机动车冲突点的分布与数量如图4-24所示，机动车与非机动车冲突点如图4-25所示，机动车与行人冲突点如图4-26所示。

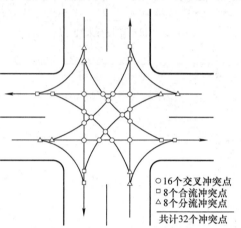

图4-24 双向2车道十字形无信号交叉口机动车与机动车冲突点

○16个交叉冲突点
□8个合流冲突点
△8个分流冲突点
共计32个冲突点

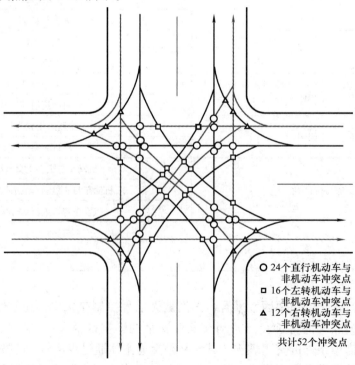

○24个直行机动车与非机动车冲突点
□16个左转机动车与非机动车冲突点
△12个右转机动车与非机动车冲突点
共计52个冲突点

图4-25 双向2车道十字形无信号交叉口机动车与非机动车冲突点

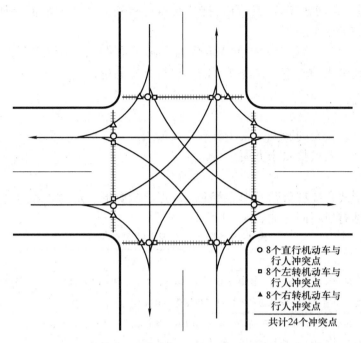

图 4-26　双向 2 车道十字形无信号交叉口机动车与行人冲突点

交叉口冲突点的数量与构成交叉口的道路条数密切相关。目前我国在交叉口设计、评价或安全改善时往往更关注机动车与机动车冲突点。表 4-18 列出了无信号控制交叉口机动车与机动车冲突点数量与道路条数的关系。

表 4-18　无信号控制交叉口机动车与机动车冲突点数量与道路条数的关系

交叉道路条数	交叉冲突点	合流冲突点	分流冲突点	合计
三路交叉	3	3	3	9
四路交叉	16	8	8	32
五路交叉	49	15	15	79
六路交叉	124	24	24	172

获得交叉口不同种类冲突点数量的方法有两种，一是作图理论分析交叉口的交通流运行轨迹，二是通过交叉口冲突点计算模型，输入相关参数，计算得到不同种类冲突点数。关于交叉口冲突点数量的计算，本书提出了一种新的技术方法，请见第 10 章。

2. 冲突点的减少或消除

交叉口冲突点的存在是交叉口发生交通事故的根源，因此，在交叉口设计中必须力求减少或消除冲突点，既能保障交通安全，又可以提高交叉口的通行能力，保证行车畅通。减少或消除冲突点的方法大致有以下四种：

1）在交叉口禁止机动车左转可以减少大部分冲突点。但在交叉口禁止机动车左转是有条件限制的，需要根据实际情况来操作。

2）在交叉口设置交通信号控制，信号相位可以将交通主体在交叉口的通行进行时间上的隔离，从而避免了一部分或大部分冲突点。

3) 渠化交通。合理地布置交通岛,把冲突点进行隔离,减少车辆行驶时的相互干扰,如设置提前右转的专用车道等。

4) 改为立体交叉。将相互冲突的车流分别设在不同平面的车行道上,各行其道,互不干扰。但是在土地紧张的城市,这种做法需要进行严格的论证。

4.5.6 立体交叉

立体交叉对交通安全的影响因素主要有立交形式、立交形式一致性、立交间距、匝道曲线半径、匝道纵坡度及坡长六个方面。

1. 立交形式

常见的立交形式主要有苜蓿叶形、菱形、环形、喇叭形、定向式和组合式等。不同形式公路立交的安全性有所不同,如表4-19所示。

表4-19 常用立交形式的安全性

主要形式	安全性
苜蓿叶形	不存在交叉冲突点;左转匝道线形差,车速低;上、下线左转匝道出入口之间存在交织运行
菱形	次线与匝道连接处为平面交叉,对行车安全不利
环形	不存在交叉冲突点,行车较安全,交通组织方便;存在交织运行;车速较低
喇叭形	不存在交叉冲突点和交织运行,行车安全;线形较差,车速低
定向式	不存在交叉冲突点,行车安全;车速高;当匝道为左进或左出时,对行车不利
组合式	取决于组合所采用的基本形式

不同立交形式对交通安全的影响也不同,见表4-20。根据英、美两国的调查,菱形立体交叉在节约工程费用及减少事故率方面均较好,特别是在载重汽车混合率高的情况下更应该使用菱形立交。

表4-20 不同立交形式与交通安全的关系

立交形式	肇事件数	立交个数	每一立交一年间肇事件数
环形汽车站	55	5	11.0
部分苜蓿叶形与喇叭形	29	3	9.7
环形	16	5	3.2
菱形	4	2	2.0
高速道路间连接	6	2	3.0

2. 立交形式一致性

当一条道路上需布设一系列立交,在选择其形式时,须注意进出口匝道的通用性和形式的一致性。不一致的进出口布置在接连不断的立交之间会引起主线上车辆的减速和意外的驾驶操作,从而增加交通事故的风险,对行车安全不利。保持立交形式的一致性要注意以下几个方面:

1) 一座互通式立交中,一条正线的一个方向车辆左转弯时设有左转专用匝道,而对向车辆左转弯时却是平交的渠化车道,当正线为主要道路时应避免出现这种情况。

2) 互通式立交的出口为右转驶出且放在构造物之前对行车安全较为有利。要避免一条道路一系列互通式立交的出口均为右转驶出且在构造物之前,却突然出现一个出口在构造物之后，甚至是出口变成左转驶出的立交，否则极易造成安全隐患。

3）采用右出右进式匝道对行车最为安全。要避免一连串立交的匝道都是从右侧驶出或在右侧汇入，却突然夹杂一个立交，其匝道是从左侧驶出或从左侧汇入，这种布置对行车极为不利。

4）一条路线上的立交出口应相似，包括端部的楔形端设计、标志的设计和标线的施划都应相似。

3. 立交间距

高速公路的安全性能很大程度上取决于立交间距，立交间距大的高速公路事故会少一些。立交间距的大小主要取决于其所在区域道路网的交通需求，合理的立交间距应能均匀地分散交通。从使用者的角度考虑，如果立交间距太大，则不能满足交通要求，且不能充分发挥道路的潜在功能。反之，间距过密，不仅会降低通行能力和行车速度，而且会导致交通运行困难，增加交通事故的风险。最小立交间距的值可参照我国《公路路线设计规范》（JTG D20—2006）。

4. 匝道曲线半径

匝道曲线半径对交通安全的影响分为圆曲线半径和竖曲线半径两种情形。公路立交匝道圆曲线是一种比较常用的匝道线形，它可以调整路线前进方向。匝道圆曲线半径越小，越不利于行车，即越容易发生危险。匝道圆曲线最小半径值可参照我国《公路路线设计规范》。公路立交匝道竖曲线主要是为了实现变坡点处坡度变化的过渡曲线，包括凸曲线与凹曲线两种。匝道竖曲线半径的大小将直接影响过渡效果的好坏，进而影响行车安全。匝道竖曲线半径需满足技术要求，其最小凹曲线和凸曲线的半径值可参照我国《公路路线设计规范》。

5. 匝道纵坡度及坡长

匝道纵坡度及坡长对交通安全的影响非常大，尤其是当坡度比较大时，事故率将明显增大。车辆在匝道中行驶时，应设置足够的纵坡度和坡长，否则容易造成汽车驶离匝道并向一侧滑移，或造成货物散落，汽车重心偏移，危及行车安全。因此，匝道的纵坡度及坡长要控制在一定的范围之内。

4.6 隧道与交通安全

4.6.1 隧道运营及安全现状

随着我国公路建设的发展，隧道的数量越来越多，隧道总里程越来越长，长、特长隧道以及海底隧道层出不穷，随之而来的是隧道交通事故率不断攀升，恶性事故时有发生，并且一旦隧道发生事故，造成的人员伤亡和财产损失往往比一般路段要严重得多，且处理难度大。

1. 国内隧道运营基本情况

我国公路隧道数量年增长率高达20%，截至2016年底，已运营的公路隧道达15 181座，总长14 039.7km。福建、贵州、浙江、陕西等省份隧道里程较多，分别占全国公路隧道总里程的13.87%、10.81%、8.40%、7.97%；贵州、福建、浙江、四川、陕西等省份长隧道里程较多，分别占全国公路长隧道总里程的13.87%、13.86%、8.83%、7.11%、7.09%；福建、山西、陕西、湖北、四川等省份特长隧道里程较多，分别占全国公路特长隧道总里程的 17.49%、12.42%、10.39%、10.38% 和 8.77%。

2. 近年我国隧道交通事故情况及特征

2012~2016 年，全国隧道路段发生的涉及人员伤亡的道路交通事故共 2391 起，造成 1154 人死亡、2981 人受伤，直接财产损失 6700.7 万元，事故起数、死亡人数分别占近 5 年事故总数的 0.24% 和 0.39%，平均每年发生事故 478 起，导致 231 人死亡。其中发生一次死亡 3 人以上事故 41 起，发生一次死亡 5 人以上事故 9 起，发生一次死亡 10 人以上事故 1 起。

隧道交通事故特征如下：

(1) 隧道交通事故多发于高速公路隧道中，隧道事故死亡率高 高速公路隧道交通事故死亡人数占全部隧道事故死亡总数的 59.4%，其次是二级公路和城市道路，死亡人数分别占隧道事故死亡总数的 13.3% 和 12%，三级以下公路、一级公路死亡人数分别占隧道事故死亡总数的 9.8% 和 2.7%。从 2012~2016 年的隧道事故情况看，隧道事故死亡率为 0.48 人/起，是同期全部事故死亡率的 1.6 倍。

国内学者曾对国内 23 座高速公路隧道的交通事故进行调查，调查结果表明隧道路段的事故率为全线的 1.3~9.67 倍，平均为 5.17 倍，隧道路段在造成经济损失及事故总数、受伤人数、死亡人数的比例方面均远高于公路正常路段。

(2) 隧道交通事故车型 隧道交通事故的车辆类型有小型客车（主要为小汽车、面包车等）、小型货车、大型客车和大型货车等，其中小型客车和大型货车所占比例较大。全国高速公路隧道交通事故以小型客车为主，京珠高速和甬台温高速的隧道交通事故以大型货车为主，这主要与各地区的经济条件和地域特征（如山区、平原）等有关。从机动车车型比例来看，大型货车保有量低，而事故所占比例较高，说明大型货车的隧道交通事故更加严重。此外，近 5 年危险化学品运输车辆隧道肇事抬头，需要得到重视。

(3) 隧道交通事故时间特征 对 2193 起高速公路隧道交通事故资料数据进行统计，分析隧道中交通事故的时间和空间分布特征。结果表明，一天中 9:00~10:00、11:00~12:00、13:00~15:00 是交通事故的频发时段，周末发生的交通事故数约占总数的 40%，1、2、4、5、7 月易发生隧道交通事故。

(4) 隧道事故形态特征 从事故形态看，两车、单车事故居多，车辆间追尾事故居第一位，占 60.1%；单车事故以碰撞隧道口挡墙和隧道内壁居多，居第二位，占 20.1%。从特长隧道纵向断面事故分布看，事故较集中在隧道入口过渡区、隧道入口区及隧道出口过渡区，而隧道中间段事故相对较少。其他事故，如火灾和货物洒落等事故发生不多，分别占 1.2% 和 1.3%。

(5) 隧道交通事故原因 从驾驶人的角度来看，超速行驶、疲劳驾驶是引发隧道交通事故的主要原因，说明驾驶人从思想上没有意识到隧道交通的危险性。从车辆角度来看，超载、制动性不良、转向失灵是主要原因，如果与超速耦合，后果会更严重。从道路角度来看，一般隧道内的路面材料使用的是水泥混凝土，而水泥路面摩擦系数较低，特别是雨雪等恶劣天气下，隧道内路面摩擦系数降低比较明显；缺少交通标志、信号灯、照明等交通安全实施或安全设施性能不足；在长隧道或特长隧道中很少设置景观带，长时间在单调的环境中行车驾驶人容易产生疲劳。此外，隧道引线线形与隧道进出口线形设计组合不合理，以及隧道入口与公路段衔接过渡不当，也容易导致撞隧道口壁等交通事故。例如 2017 年 8 月 10 日

23 点许，在京昆高速公路陕西境内安康段 1 号隧道发生的大客车碰撞隧道口事故，其主要原因之一就是隧道的入口与公路段衔接过渡不当，该事故造成 36 人死亡，13 人受伤。

（6）隧道火灾原因 引起隧道火灾的原因多种多样，归纳分析主要有三大类，即车辆自身故障、车辆交通事故以及其他原因。隧道火灾的特点是产生的烟雾大、温度高，隧道内能见度降低；容易引起爆炸，火势蔓延迅速，成灾过程快，持续时间长；洞内空间狭长密闭，人员逃生和疏散较为困难，应急救援难度大；易造成交通堵塞，引发二次火灾；具有随机性和不可预见性。

4.6.2 隧道线形

1. 平面线形

隧道的平面线形设计与明线道路一样，要按《公路路线设计规范》进行，但应考虑到隧道的特点。隧道的平面线形可以采用直线或曲线，直线便于施工，曲线段都是采用拼装模板，施工难度相对较大，有超高时就更困难。因此应尽量采用直线，如必须设曲线时，宜采用不设超高的平曲线半径并应满足视距要求。有两点应当注意：①小半径曲线会产生视距问题，为确保视距势必要加宽断面，这样不仅相应地增加工程费用，还会使施工变得困难；②超高也会导致断面的加宽，隧道边墙必须是直立的，隧道内一般是禁止超车的，故只能采用停车视距。根据停车视距可以计算出设置曲线时不加宽的最小曲线半径。因此，隧道的平面线形设置应符合以下规定：

1）隧道平面线形必须与隧道自身建设条件及连接区间的道路整体线形协调一致。
2）当设为曲线时，不宜采用设超高和加宽的平曲线。
3）隧道内一般不宜采用 S 形曲线。
4）隧道的平曲线半径应满足停车视距与会车视距的要求。隧道洞口以外的线形配合要有利于诱导驾驶人的视线，提供开阔的视野。
5）设置较大半径的平曲线时，应避免小偏角的出现，一般偏角应大于 70°，否则会引发交通事故。

2. 纵断面线形

隧道纵坡同样必须根据《公路路线设计规范》进行线形设计，对其要求比平面线形更严格。纵断面的线形设置应符合以下规定：

1）从行车安全性、运营通车规模、施工和竣工后的排水等需要方面考虑，在隧道内不应采用平坡。在施工时，为了使隧道涌水和施工用水能通过坑道内的排水侧沟流出，需要至少 0.3% 的坡度。若预计涌水量相当大，则需采用 0.5% 的坡度，必要时还可以适当加大。

2）隧道纵坡坡度的大小对通风影响很大，而汽车排出的有害物质会随纵坡坡度的增大而急剧增多（尤其是载重汽车），坡度越大，汽车废气排放量就越大。因此，隧道内最大纵坡坡度不应大于 3%，但是在隧道内不能设置平坡，即使在明洞和短于 50m 的隧道内也不能使用平坡。

3）当受到地形地貌限制导致大量人工边坡及展线困难时，高速、一级公路的中、短隧道纵坡可适当加大，但不宜大于 4%；短于 100m 的隧道纵坡可与该公路隧道外路线的指标相同。当采用较大纵坡时，必须对行车安全性、通风设备和营运费用、施工效率的影响等做充分的技术经济综合论证。

4) 隧道纵坡的变化不宜过于频繁，变坡点数不宜多于 3 个。
5) 对于间隔 100m 以内的短隧道群，可视为长隧道，宜整体考虑其平、纵线形技术指标。

3. 隧道引线

隧道引线的平面、纵断面线形应当保证进洞时的设计车速、足够的视距以及行驶安全。隧道引线分为进口引线和出口引线，它们有不同的功能，对它们也有不同的要求。

进口引线主要有两个功能：①视觉和心理反应功能；②保证进洞车速功能。视觉和心理反应功能是指在进口段驾驶人需要在足够远的距离上识别隧道洞口，是自然地而不是突然发现洞口，有足够的时间能够自然地集中注意力观察洞口及其附近的情况。保证安全视距，有足够的时间判读交通信号、标志和标线，对障碍物可以及时察觉并能有足够时间采取适当措施，这样才能保证行车安全。

隧道引线段的线形应符合以下规定：

1) 洞口的引线路段要有良好的行车视线，线形不能在隧道口内外附近发生明显的变化。隧道洞外的连接线应与隧道线形相协调。
2) 长、特长隧道的出口方向应避免在洞口连接小半径曲线。
3) 隧道入口引线段应避免设置较大的纵坡，特别要避免长大纵坡（急转弯组合大下坡）。车辆应以较低速度进入隧道，以免车速太高引发交通事故。
4) 隧道洞口内外各 3s 运行速度行程长度范围的平面、纵断面线形应一致。

4. 隧道横断面

根据《公路隧道设计规范》（JTG D70—2004）规定，各级公路隧道横断面的基本要求如图 4-27 所示。图中，W 为行车道宽度，S 为路缘带宽度，(R) 为隧道内检修带宽度，R 为隧道内人行道宽度。

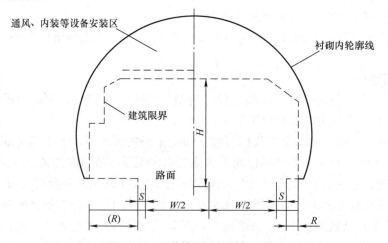

图 4-27 隧道横断面的基本要求

1) 建筑限界高度，高速公路、一级公路、二级公路取 5.0m；三、四级公路取 4.5m。当设置检修道或人行道时，不设余宽；当不设检修道或人行道时，应设置不小于 25cm 的余宽。
2) 隧道路面横坡，当隧道为单向交通时，应取单面坡；当隧道为双向交通时，可取双面坡。坡度应根据隧道长度、平、纵线形等因素综合分析确定，一般可采用 1.5% ~ 2.0%。

3）当路面采用单面坡时，建筑限界底边线与路面重合；当采用双面坡时，建筑限界底边线应水平置于路面最高处。

4）高速公路和一级公路隧道内应设置检修道。其他等级公路隧道，应根据隧道所处地区的行人密度、隧道长度、交通量及交通安全等因素确定人行道的设置。检修道或人行道宜双侧设置；检修道或人行道的高度可按 20~80cm 取值，并综合考虑检修人员步行时的安全、紧急情况下驾乘人员拿取消防设备方便、满足其下放置电缆和给水管等的空间尺寸要求等因素。

5）隧道内轮廓设计除应符合隧道建筑限界的规定外，还应满足洞内路面、排水设施、装饰的需要，并为通风、照明、消防、监控、营运管理等设施提供安装空间，同时考虑围岩变形、施工方法影响的预留富裕量，使确定的断面形式及尺寸符合安全、经济、合理的原则。公路等级和设计速度相同的一条公路上的隧道断面宜采用相同的内轮廓。

6）长、特长隧道应在行车方向的右侧设置紧急停车带。双向行车隧道的紧急停车带应双侧交错设置。紧急停车带的宽度，包含右侧向宽度应取 3.5m，长度应取 40m，其中有效长度不得小于 30m。紧急停车带的设置间距不宜大于 750m。停车带的路面横坡，长隧道可取水平，特长隧道可取 0.5%~1.0% 或水平。

7）不设检修道、人行道的隧道，可不设紧急停车带，但应按 500m 间距交错设置行人避车洞。

另外，在隧道的出入口处，由于隧道内外路面宽度、亮度等差别较大，且隧道内无硬路肩，故隧道与洞口接线的横断面存在突变，洞口的端墙容易被撞，导致事故发生。因此，可以从以下几个方面考虑采取防治措施：

1）当隧道建筑限界宽度大于所在公路的建筑限界宽度时，两端连接线应有不短于 50m 的、同隧道等宽的路基加宽段；如果隧道建筑限界宽度小于所在公路的建筑限界宽度，两端连接线的路基宽度仍按公路标准设计，其建筑限界宽度应设有 4s 设计速度行程的过渡段与隧道洞口衔接，以保持隧道洞口内外横断面顺适过渡。

2）如果隧道与路基相接，在隧道入口处，路侧波形护栏在一定范围内（≥16m）宜以抛物线形向洞口壁延伸，设置满足隧道建筑限界要求的圆形端头，护栏面宜与检修道边缘平齐，并深入到洞口以内，并同时在护栏板下增加摩擦梁，以更好地实现不同防护形式间线形、刚度与强度的平顺过渡；在隧道出口处采用护栏过渡方式，即护栏以适当长度过渡并向洞口延伸，用膨胀螺栓固定在隧道口侧壁上，以确保行车安全。如果隧道与桥梁相接，在隧道入口处，桥梁外侧护栏在一定长度范围内（≥16m）宜以抛物线形向洞口壁延伸，护栏面宜与检修道边缘平齐，或采取其他可行的过渡措施。

3）长隧道及特长隧道的双洞隧道，宜在洞口外合适位置设置联络通道，以利于车辆调头。

4）要加强进入隧道洞口前的预告标志，设置减速标线，加强进口端照明，设置遮光棚、洞门夜间发光轮廓标、洞口反光标线和反光轮廓标，引导驾驶人安全进洞。

5）对于两隧道洞口之间距离较短（长度按 3s 运行速度行程考虑）的隧道，可以按照隧道群考虑，在洞口之间的路段增加减光设施或视线诱导设施。

4.6.3 隧道通风、消防

隧道洞内地层易产生有害的气体，汽车也会产生大量废气，洞内狭窄排气不畅，这些都

会导致洞内空气污浊,严重危害人体健康和行车安全。因此,必须改善洞内的通风条件,可采取以下措施:

1) 尽可能缩短隧道的长度,合理设置隧道的平面、纵断面线形。如隧道内的纵坡控制在2%以下,并最好采用单面坡。

2) 对于长隧道,应采用机械通风方式通风,主要形式有:①纵向式,即将隧道断面作为通风渠道,通过通风机向洞内提供新鲜空气或吸出洞内被污染的空气,适用于长度<1500m的单向行驶隧道。如果是长度>2000m的超长隧道,可在洞中适当位置设通风斜井或竖井采用分段纵向式方法通风。②半横向式,即在隧道顶部设置风渠,通过风渠和通风孔向洞内提供新鲜空气或吸走污染空气,一般适用于长度为1000~2000m的隧道。③全横向式,即在半横向式的基础上增加下部风渠,由下部风渠进风、上部风渠出风达到清洁洞中空气的效果。

公路隧道内会产生火灾,据有关资料统计,火灾产生的主要原因有:

1) 隧道本身的电气线路或电气设备短路起火。
2) 汽车紧急刹车时制动器起火。
3) 汽车相撞或追尾撞击起火。
4) 汽车车轮打滑或方向失灵与洞壁相撞起火。
5) 汽车自身的机电设备起火。
6) 汽车装载的易燃品起火。

据国外统计,隧道内火灾频率为10~17次/亿车km,平均为13.5次/亿车·km。根据研究,认为火灾频率取2次/亿车·km较为合适,其对应的火灾周期见表4-21。由表可知,在交通量不算小的情况下,1000m长的隧道4~7年发生一次火灾,2000m长的隧道2~3年发生一次火灾。

表4-21 频率为2次/亿车公里时的火灾周期

隧道长度	交通量(混合车)	
	3万辆/日	2万辆/日
1000m	6.8年	4.6年
2000m	3.4年	2.3年

隧道火灾的特点是:

1) 受隧道净空限制,火焰向水平方向延伸,炽热气流可顺风传播很远,最多有10%的可燃能量传给烟气,大部分能量会传给衬砌和围岩,故烟气温度随距离的增加而迅速下降,但由于洞壁被加热后具有辐射热,可使高温保持很长一段时间。

2) 隧道火灾大多是缺氧燃烧,产生高毒性CO气体,曾观察到火灾时洞内CO浓度达7%(0.2%的浓度几分钟即可致人死亡)。

3) 某隧道内着火后的温升曲线如图4-28所示。起火10s后火灾已充分发展,2~10min后顶板即升温到1200℃,在开始灭火后温度直线下降,而洞外露天火灾的火场温度则是慢慢上升的,这主要是因为隧道内散热条件比洞外差,升温快。

4) 由于炽热气流可顺风传播很远,一旦遇到易燃物很快就会燃烧,火点即可从一辆车跳跃到另一辆车,实验中观察到最远的引燃点可距起火点50倍洞径。

5) 洞内火灾产生的热烟首先集中在隧道顶部,很长一段时间内隧道的下部仍是新鲜空气。当洞内有较大的纵向风流时,才会使隧道全断面弥漫烟气,使人迷失方向并可能中毒死亡。

6) 隧道内火场引起的局部热气流可逆风移动,当洞内纵向风速小时,热气流甚至可以到达上风方向洞口,从而使消防人员难以从上风方向到达火场救火。

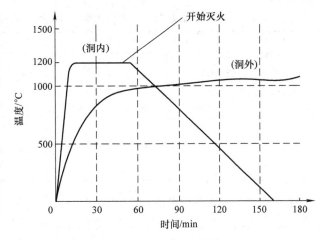

图 4-28 某隧道内着火后的温升曲线

因此,隧道设计必须考虑到消防要求。由于隧道洞内空间狭小,救援、交通疏导和灭火难度均较大,隧道洞内的混凝土应具备一定的耐火性,管线等设施均应达到消防安全要求。其次,隧道通风要考虑到对洞内火灾的防患措施,当洞中发生火灾时,要能限制通风风速,防止火势蔓延。

4.6.4 隧道照明、标志

人眼对外界光线的明暗变化有一定的适应能力,这种适应能力主要是靠瞳孔大小的变化以及视网膜上感光细胞对光线敏感程度的变化来实现的。当外界光线突然发生变化时,人眼会出现短时间的视觉障碍,这就是人眼的适应过程。汽车在晴天的白天驶入隧道,在最初的几秒钟内,驾驶人就会出现比较明显的视觉障碍。如果车速比较高,在"暗适应"的几秒钟内汽车将驶出数十米甚至上百米,这非常危险。

不设照明的隧道洞内比洞外黑,车辆驶入隧道时,驾驶人眼睛感受到的光线由强到弱突然变化,造成驾驶人短暂的视觉失控,无法辨认障碍物和方向;汽车由洞内驶向洞外时,外部光线突然变强,驾驶人在极强的眩光下会感到很不舒服。这些都极易引发道路交通事故。洞内废气浓度远大于洞外,废气颗粒形成烟雾,将洞内光线吸收并形成散射,降低能见度,危及行车安全。因此,除了能通视、行车密度不大的短隧道可不设白天照明设施外,长度超过 100m 的隧道都应设置白天照明设施。

隧道照明分白天和夜间两种情况设计亮度,如表 4-22 及表 4-23 所示。白天隧道照明应根据驾驶人眼睛感受光线的原理分为洞口引入段、适应段、过渡段、基本段和出口段,洞中照明亮度由强—较强—适中—强变化。

表 4-22 隧道夜间照明亮度设计

设计车速 /(km/h)	路面平均亮度 /(cd/m²)	换算平均亮度/lx	
		混凝土路面	沥青路面
80	4.5	60	100
60	2.3	30	50
40	1.5	20	35
20 及以下	1.1	15	20

表 4-23　隧道白天区段照明长度及路面最低亮度设计

设计车速 /(km/h)	引入段		适应段		过渡段		入口照明区间总长度/m
	距离/m	亮度/(cd/m²)	距离/m	亮度/(cd/m²)	距离/m	亮度/(cd/m²)	
80	40	80	40	80~46	40	46~4.5	120
60	25	50	30	50~30	30	30~2.3	85
40	15	30	20	30~20	20	20~1.5	55
20 及以下	—	1.0	—	1.0	—	1.0	—

隧道应设有独立的供电系统应急照明灯，应急照明亮度不低于基本段亮度的 10%。洞内照明光源应选用在烟雾中有较好透视性的低压钠灯或显示色性较好的荧光灯，灯具应尺寸合理、不易老化、防潮并耐腐蚀。洞内应设置紧急停车带，停车带处的照明亮度应达到基本段亮度的 1.5~2.0 倍。洞口外地段应尽量避免高亮度情况出现，可采用在洞口路旁铺草皮、种树或设遮阳棚、减光格栅等措施，减少光线由洞内弱到洞外强的突然变化给驾驶人带来的不适，以确保行车安全。

4.7　道路设计一致性与交通安全

道路线形设计良好与否，对汽车行驶安全性、舒适性、经济性及公路交通量都具有决定性的影响。线形设计主要包括平面、纵面及其组合设计，衡量设计好坏的标准是各要素指标（视距、超高、纵坡、曲线半径等）是否选用合理以及是否遵循组合设计原则并与沿线的环境、景观相协调，使驾驶人在视觉上能保持线形的连续，在心理上有舒适和安全感。目前，我国道路线形设计存在不少问题，如线形一致性差、设计要素不相容，标准一限到底、呆板执行规范，安全研究与线形设计脱节等。

一致性设计是指道路的几何条件既不违背驾驶人的期望，也不违背驾驶人安全地操作和驾驶汽车的能力，即确保驾驶人沿着路线以期望的速度行驶，降低误判和操作的不确定性。研究表明，若道路线形设计符合驾驶人的期望，驾驶人就很少发生驾驶错误。不一致的设计，可以描述为道路的几何线形指标、指标的组合方式对驾驶人的工作负荷或驾驶工作量要求异常偏高，超过了正常驾驶能力界限，致使驾驶操作紊乱失序，最终导致道路交通事故的发生。

可见，一致性对于道路设计非常重要。因此，需要对道路线形设计的一致性进行评价，从而提高道路交通安全性。

4.7.1　交互式公路安全设计模型

国外对双车道公路的线形一致性进行了大量研究，并得出了合理的评价标准。然而，由于国内与国外的车况、路况、交通等存在差异，国外的研究成果不一定适用于我国，应在参考与借鉴国外研究成果的基础上，研究适合于我国的评价方法。

1. 交互式公路安全设计模型（IHSDM）

美国联邦公路管理局（FHWA）很早就开始研究公路安全设计标准，目标就是建立一个交互式的道路设计过程，并且在评价成本和效益的时候也能够系统地考虑安全因素，其评价的范围应该包括道路线形、交叉口和路侧设计。在过去，安全设计仅仅指满足最低的设计标准。对于设计者来说，一直以来都没有一种非常有效的方法来对比各种安全设计方法并优化安全设计。经过几年的努力，FHWA 开发出了一套较为全面的道路安全评价方法，即交互式公路安全设计模型 IHSDM（Interactive Highway Safety Design Model），它以先进的理念和可定量操作性在很多国家和地区得到了应用，而我国对 IHSDM 的关注相对较少。

IHSDM 主要包括五个评价模型，如图 4-29 所示。每一个模型都从以下五个方面来评价已建和待建道路设计的安全性和实用性。

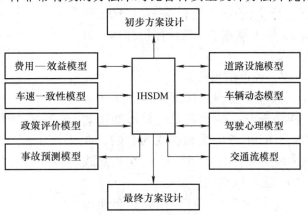

图 4-29　美国交互式公路安全设计模型结构示意图

（1）政策法规模型（PRM）PRM 主要从已有标准的角度出发，考察线形设计中是否满足各要素值。

（2）碰撞预测模型（CPM）CPM 主要用于预测道路碰撞事故的可能性和严重性。

（3）设计一致性模型（DCM）DCM 主要用于预测线形设计中的运行速度和运行速度一致性。

（4）交叉口评价模型（IRM）IRM 主要用于考察各个设计元素的可能安全性和运行特性。

（5）交通分析模型（TAM）TAM 主要是在道路通行能力和服务水平方面评价交通运行性能。

2. 设计一致性模型（DCM） 设计一致性模型 DCM（Design Consistency Model）是用于事前型分析的模块。其核心内容是预测设计元素上的运行速度（v_{85}），根据运行速度的变化或与设计速度之差来判定设计结果是否连续，进而判定道路的安全性。

（1）DCM 工作流程 DCM 工作流程主要包括道路评价指标的输入和设计一致性评价两个步骤，见图 4-30，其中速度预测的步骤如图 4-31 所示。

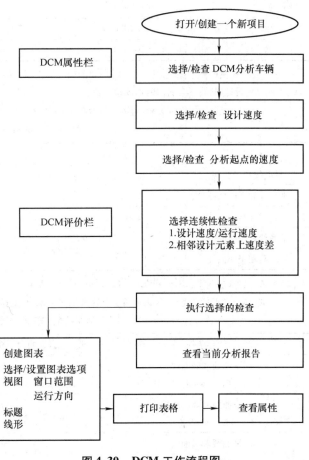

图 4-30　DCM 工作流程图

(2) DCM 工作原理

1）评价标准。Nicholson 指出，人们所看到的车速变化实质上是几何线形设计上的非一致性表现。1999 年 Lamm 等人推荐了一致性评价标准，见表 4-24。

2）速度的预测

① 基本假设。速度的预测是基于这样的假设：a. 车速只受线形变化的影响；b. 不考虑缓和曲线的影响，在圆曲线上车速保持不变；c. 在长直线上的车速可以达到期望速度。

② 评价指标。评价指标和车速预测模型见表 4-25 和表 4-26。

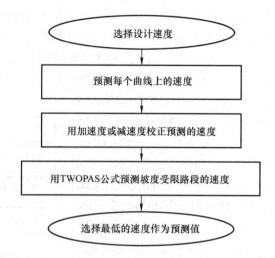

图 4-31 速度预测流程

表 4-24 一致性评价标准

评价结果	标准一	标准二	标准三
好	$v_{85}-v_d \leq 10$km/h	$\Delta v_{85} \leq 10$	$\Delta f_R = f_R - f_{RD} \geq 0.01$
中	$10 < v_{85}-v_d \leq 20$km/h	$10 < \Delta v_{85} < 20$	$-0.04 \leq \Delta f_R < 0.01$
差	$v_{85}-v_d > 20$km/h	$\Delta v_{85} > 20$	$\Delta f_R < -0.04$

注：1. f_R—（侧向）摩擦阻力因数；Δf_R—（侧向）摩擦阻力因数差值；f_{RD}—设计（侧向）摩擦阻力因数；v_d—路段的设计车速；v_{85}—路段的 85 位车速。

2. 这一标准已通过 Anderson 等人实际碰撞资料（1999 年，实验 5287 次）所证实。

表 4-25 评价指标

线形组合	可选变量	所选变量	R_a^2	C_P	n
平曲线和竖曲线	$1/R$、e、G、L_H、e/R	$1/R$、e、G	0.66	1.25	48
平直线和竖凸曲线	$1/K$、L_V	$1/K$	0.03	1.12	8
平直线和竖凹曲线	$1/K$、L_V	$1/K$、L_V	0.54	3.00	6
平曲线和竖凸曲线	$1/R$、e、G、L_H、e/R	$1/R$、e、G、L_H、e/R	0.50	4.33	25
平曲线和竖凹曲线	$1/R$、e、G、e/R	$1/R$	0.95	0.05	16

注：L_V—竖曲线长度；R_a^2—均方差；C_P—回归统计系数；n—样本量；R—平曲线半径；e—超高率；L_H—平曲线长度；K—竖曲线曲率（1% 的坡度变化需要的平面距离）；G—坡度。

表 4-26 车速预测模型

线形条件	客车的回归模型	N	R^2	MSE
平曲线和竖曲线 $0 < G \leq 4\%$	$v_{85} = 106.3 + \dfrac{3595.29}{R}$	28	0.92	2.84
平曲线和竖曲线 $4\% \leq G < 9\%$	$v_{85} = 94.46 + \dfrac{2744.49}{R}$	14	0.56	6.86
平曲线和竖曲线 $-9\% \leq G < 0$	$v_{85} = 100.87 + \dfrac{2720.78}{R}$	22	0.59	6.38

(续)

线形条件	客车的回归模型	N	R^2	MSE
平直线和凹竖曲线	$v_{85}=100.19+\dfrac{126.07}{K}$	5	0.68	3.51
平曲线和凹竖曲线	$v_{85}=106.3+\dfrac{3595.29}{R}$	28	0.92	2.84
平直线和限制视距凸竖曲线 $K\leqslant 43$	$v_{85}=111.07+\dfrac{175.98}{K}$	6	0.54	3.51
平曲线和限制视距凸竖曲线 $K\leqslant 43$	$v_{85}=101.90+\dfrac{3283.01}{R}$	16	0.78	3.96

注：R^2—均方差；MSE—均方差误差。

4.7.2 线形设计一致性分析与评价

1. 设计一致性模型在线形安全中的应用

目前我国尚未提出比较完整的道路安全评价系统框架，进行道路安全审计工作时，仍然采用历史事故资料结合专家评价的方法。从道路安全审计的大维度来看，我国目前开展的研究集中于车，即车辆的行驶性能、车速等与交通事故之间的关系，在人和路方面开展的研究比较少。现阶段我国的路网建设迅速发展，道路交通事故量却居高不下，借鉴和参考发达国家的经验，应拓宽我国道路安全审计研究的范围，尽快制定道路安全审计法规，减少我国交通事故量。

公路安全是公路设计中不可忽视的一方面，参考美国 IHSDM 模型中 DCM 的工作流程及原理，可以建立我国双车道公路线形一致性评价模型，具体流程如图 4-32 所示。

2. 我国双车道公路线形一致性及舒适性分析

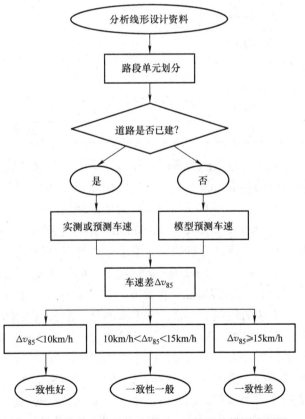

图 4-32 我国双车道公路线形一致性评价模型流程图

线形指标是否一致主要是通过驾驶人的感觉表现出来的。线形指标的变化是否符合驾驶人的期望、汽车的运行速度变化是否符合舒适性的要求等，最终表现出来的是汽车运行速度是否连续，以此来表示线形指标的一致性。

(1) 连续性的评价判断标准 研究表明，道路线形特性与大多数驾驶人期望一致时，驾驶人的操作失误会比道路线形与驾驶人期望不一致时明显减少。由于公路线形参数（平、纵曲线半径等）是影响汽车运行速度的主要因素，而线形指标是否连续是通过运行速度是否连续表现出来的，因而用速度来分析道路线形条件具有一定的可靠性。通过合理的路段划分以及推算或测得的实际运行车速，就可以分析判断该路段线形是否连续、安全，是优良还是劣质的线形。

连续性的评价标准至关重要，用不同的评价标准评价同一条公路的线形设计质量时，也许会得出截然相反的结论。由于各个国家有各自不同的国情，同一个评价标准不能完全适应所有国家。美国、澳大利亚、德国等国对线形的评价研究较早，取得了一定的研究成果。其中美国的研究数据表明，道路相邻平曲线段的运行速度差与该曲线段的安全情况存在密切的关系，运行速度变化趋势与交通事故率的相关性如表 4-27 所示。

表 4-27 运行速度变化趋势与交通事故率的相关性

设计安全水平及运行车速差	平曲线个数	3 年事故累计数	百万辆千米	百万辆千米事故率（%）
协调性好 $\Delta v_{85} \leqslant 10\text{km/h}$	4518	1483	3206.06	0.46
协调性较好 $10\text{km/h} < \Delta v_{85} \leqslant 20\text{km/h}$	622	217	150.46	1.44
协调性差 $\Delta v_{85} > 20\text{km/h}$	147	47	17.05	2.76
合计	5287	1747	3373.57	0.52

我国在分析欧美等国家和地区道路安全评价成果的基础上，结合国情，采用相邻路段运行速度的差值 Δv_{85}，作为高等级的线形连续性的评价指标，评价标准如下：

$|\Delta v_{85}| < 10\text{km/h}$，运行速度协调性好；

$10\text{km/h} \leqslant |\Delta v_{85}| \leqslant 20\text{km/h}$，运行速度协调性较好，条件允许时宜适当调整相邻路段技术指标，使运行车速的差值小于或等于 10km/h；

$|\Delta v_{85}| > 20\text{km/h}$，运行速度协调性不良，相邻路段需要重新调整平、纵面设计。

(2) 线形舒适性评价标准 安全、连续、舒适是公路设计者所追求的主要目标。在安全、连续的前提下，设计者更多的是追求公路的舒适性，而且连续性和舒适性也是紧密相连的。对于驾驶人来说，舒适性是非常重要的指标。线形设计中不仅要考虑连续性，而且要考虑舒适性，为驾驶人提供一个更加轻松的驾驶环境。线形的舒适性可以用横向加速度这一指标来评价，横向加速度的值与驾驶人舒适感的关系见表 4-28，驾驶人所感受到的横向加速度是作用于汽车的总横向加速度中未被路面横坡度抵消的那一部分。

表 4-28 横向加速度的值与驾驶人舒适感的关系

横向加速度值/(m/s^2)	舒适状况	横向加速值/(m/s^2)	舒适状况
$a_h < 1.8$	一般，不显著，舒适	$a_h < 5.0$	不能忍受
$a_h < 3.6$	能感觉到，可忍受，比较舒适	—	—

4.8 交通条件与交通安全

4.8.1 交通流特性

交通流是一定时间内连续通过某一个断面的车辆或行人所组成的车流或人流的统称，一般在交通工程学中讨论的交通流主要指车流。交通流是整体的、宏观的概念，交通流特性是指交通流运行状态的定性、定量特征。用来描述和反应交通流特性的物理量称为交通流参数，其中交通量、速度和交通流密度是用于描述交通流的宏观参数。

1. 交通量

交通量又称为流量，是指单位时间内通过道路或道路上某一条车道指定地点或断面的车辆数，是描述交通流特性最重要的参数之一。指定的单位时间不同，交通量的数值也不同，一般来说交通量有年交通量、日交通量和小时交通量等几种表达方式。在交通流的宏观分析中，通常以观测到的日交通量为基础，它是以一天为计量单位的交通量，单位是 veh/d。

2. 速度

速度是描述交通流状态的第二个基本参数，它是指车辆在单位时间内通过的距离。在交通流中，每辆车的速度都不尽相同。因此，交通流本身不可能用一个精确的速度值来表示，只能对单个车辆的速度分布进行讨论。对离散型的车辆速度分布，可用统计学的处理方法，即用平均的或有代表性的数值来近似地代表特定的交通流整体。

3. 密度

密度在这三个交通流参数中是最重要的，因为其直接反映了交通需求量，它还可以用来近似地衡量驾驶人操纵车辆的舒适性和灵活性。

交通流密度是个瞬间值，随观测的时刻和观测的路段长度而变化，通常用观测的总计时间内的平均值表示，即

$$K = \frac{N}{L}$$

式中，K 为密度；N 为车辆数；L 为观测路段长度。

4. 交通流模型

反应交通流特性的三个基本参数交通量、速度、密度的关系式可表示为

$$Q = K \cdot V$$

式中，Q 为流量（veh/h）；V 为车速（km/h）；K 为密度（veh/km）。

这个关系式是由格林希尔治假设提出的最简单、最实用的数学模型。

4.8.2 道路通行能力与服务水平

1. 通行能力

通行能力是指在一定的时段和道路、交通、管制条件下，通过道路或道路上某一条车道某一断面的最大小时交通量，也称为道路容量。通行能力按作用性质分为以下三种：

（1）**基本通行能力** 基本通行能力是指在理想的道路、交通、控制和环境条件下，某一条车道或某个断面上，单位时间内所能通过小客车的最大数量。

（2）可能通行能力 可能通行能力是指在实际道路和交通条件下，单位时间内道路某一点所能通过的最大交通量。计算时以基本通行能力为基础，考虑道路和交通实际状况，选定相应的修正系数，再乘以基本通行能力即可得到可能通行能力。

（3）设计通行能力 设计通行能力是指道路交通运行状态保持在某一设计服务水平时，单位时间内道路上某一断面可以通过的最大车辆数。

2. 服务水平

服务水平是指道路在某种交通条件下所提供的运行服务的质量水平。美国将道路服务水平分为 A~F 级，各级服务水平含义如下：

① 服务水平 A：交通量很小，交通为自由流，使用者不受或基本不受交通流中其他车辆的影响，有非常高的自由度来选择所期望的速度，为驾驶人和乘客提供的舒适和便利程度极高。

② 服务水平 B：交通量较前增加，交通处在稳定流范围内的较好部分。在交通流中，开始易受其他车辆的干扰，但选择速度的自由度相对来说还未受影响，只是驾驶自由度比服务水平 A 稍有所下降。由于其他车辆开始对少数驾驶人的驾驶行为产生影响，所提供的舒适和便利程度较服务水平 A 低一些。

③ 服务水平 C：交通量大于服务水平 B，交通处在稳定流范围的中间部分，车辆间的相互作用变得大起来，选择速度受到其他车辆的制约，驾驶时需特别注意其他车辆的动态，舒适和便利程度有明显下降。

④ 服务水平 D：交通量再增大，交通处在稳定流范围的较差部分。速度和驾驶自由度均受到严格约束，舒适和便利程度低下。当接近这一服务水平的下限时，交通量有少量增加就会在运行方面出现问题。

⑤ 服务水平 E：此服务水平下的交通常处于不稳定流范围内，接近或达到该水平最大交通量时，交通量稍有增加或交通流内部有小的扰动就将产生较大的运行障碍，甚至发生交通中断。此服务水平下所有车速均降到一个较低但相对均匀的值，驾驶自由度极低，舒适和便利程度也非常低，驾驶人受到的限制通常很大。此服务水平下限制的最大交通量即为基本通行能力或可能通行能力。

⑥ 服务水平 F：交通处于强制流状态，车辆经常排成队，跟着前面的车辆停停走走，极不稳定。在此服务水平下，交通量与速度同时由大变小，直到零为止，而交通密度随交通量的减少而增大。

我国从 2015 年开始实施的《公路工程技术标准》（JTG B01—2014），把公路服务水平从原来的四级修改为六级，这样基本上在服务水平方面实现了与国际接轨。

4.8.3 交通流状态

交通流从自由到阻塞状态是一个非常复杂的过程，大致可以分为自由流、非自由流和阻塞流三个阶段，其中非自由流可以分为稳定流、不稳定流和饱和流。不同的交通流状态对应不同的交通安全水平，其关系如图 4-33 所示。

在图 4-33 中，交通流饱和度是描述道路或交叉口的交通负荷程度的指标，由道路或交叉口的交通流量除以该道路或交叉口的通行能力得出。交通量与交通流饱和度直接相关，而交通流饱和度也会影响交通事故发生的频率和严重程度，因此，交通事故与交通量的大小有密切关系。一般认为，交通量越小，事故率越低；交通量越大，事故率越高。但实际情况并不完全符合这种规律，从图4-33中可以看出，交通量对事故率的影响分为以下几种情况：

1）a点表示交通量很小时，车辆之间的间距较大，驾驶人基本上不受同向行驶车辆的干扰，可以根据个人习惯选择行车速度。绝大多数驾驶人能保持符合车辆动力性、经济性、制动性和安全

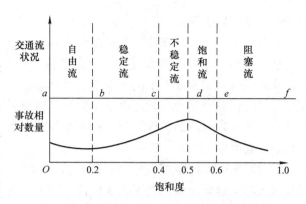

图4-33 交通流状态与交通事故相对数量关系

性要求的行驶车速，只有当个别驾驶人忽视行驶安全而冒险高速行车，遇到视距不足、车道狭窄或其他紧急情况时，来不及采取措施才会发生交通事故。

2）a至b段表示当道路上的交通流量逐渐增加时，驾驶人不再单凭个人习惯驾车，必须同时考虑与其他车辆的关系，对向来车增多使驾驶人行为更加谨慎，因此交通事故相对数量有所下降。

3）b至c段表示当道路上的交通量继续增大时，在道路上行驶的车辆大部分尾随前车行驶，形成稳定流。在这种情况下，超车变得比较困难，因此与超车有关的事故也有所增加。

4）c至d段表示当交通量进一步增大，形成不稳定流时，超车的危险越来越大，交通事故相对数量也随交通量的增加而增大。

5）d至e段表示当交通量增加到车辆间距已大大减小、不能够超车时，交通流密度增大，形成饱和交通流，饱和交通流的平均车速低，因此事故相对数量也降低。

6）e至f段表示当交通量进一步增加时，会产生交通阻塞。这时，车辆只能尾随前车缓慢行驶，在道路服务水平大幅度下降的同时，交通事故也大为减少。

由此可见，交通流处于自由流状态或稳定流状态前期时，交通安全水平和道路服务水平较高；随着饱和度的增大，交通流进入稳定流后期，超车的危险性越来越大，行车安全性较差，事故率迅速增长，并在接近饱和状态前达到最高峰；交通流处于阻塞状态时，车辆的轨迹、行驶自由度被限制，没有任何超车机会，车速缓慢，事故率迅速降低。

从驾驶人的角度而言，畅通的交通状况有利于驾驶人保持良好的心态和稳定的情绪，而拥挤和堵塞的交通状况则易造成驾驶人心理焦躁与心态变坏，随着拥挤和堵塞时间的增加，其情绪可能会变得急躁而不稳定，驾驶人驾车过程中的不良情绪很容易引发交通事故。

4.8.4 交通组成

我国道路交通组成比较复杂，混合交通是我国道路交通的显著特点。混合交通是指多种交通工具或各种交通工具与行人共同使用一条单幅道路的交通现象。混合交通的存在致使交通流运行复杂化，尤其是在城市道路中，交通信号多，机动车、非机动车及行人互相影响，车辆很难以最佳状态行驶，交通事故时有发生。因此，混合交通的交通组成对出行效率和道

路交通安全的影响很大。

混合交通流由机动车流、非机动车流和行人流三部分组成，三种交通流都具有不同的特点与运动规律。在我国城市交通中，大多数道路在机动车和非机动车之间没有物理隔离设施，少数出行者交通素质不高，交通管理较落后，不论是机动车还是非机动车，都存在为了获得较大的行驶空间与行驶速度借用附近车道空间的现象，从而对附近的车流造成干扰。随着我国机动车保有量的持续增长，机动车与非机动车的冲突越来越严重，所带来的问题日益突出，主要表现在：

1）机动车与非机动车混行使道路通行效率下降。在路段上，当机动车与非机动车交通量均较大时，经常出现机动车在非机动车道上频繁停靠，而非机动车也经常越线占用机动车道行驶，降低了道路的通行效率。在交叉口，机动车与非机动车争先抢行、相互干扰，造成交叉口交通秩序混乱，影响交叉口的通行效率。

2）安全意识差，交通安全隐患严重。由于非机动车交通方式安全性较差，而非机动车的骑乘者交通法规意识往往不够强，机动车与非机动车容易发生交通事故。以交叉口为例，在没有特殊交通管理措施的情况下，当红灯时间过长时，经常出现机动车与非机动车抢行，堵塞交叉口的局面，不仅造成交叉口通行能力下降，而且带来很大的安全隐患。

3）机动车停车设施严重短缺。我国城市机动车交通当前面临停车难的问题。机动车停车问题未引起有关规划、管理部门和社会的重视，导致目前普遍存在机动车停车场不足、停车困难、机动车占路停车等现象，严重影响了道路交通功能的正常发挥，致使交通拥挤阻塞现象频繁发生。

4.9 道路景观、天气等与交通安全

影响道路交通安全的环境因素包括道路景观、气候条件、交通管理的法律法规以及交通安全教育等，本节主要阐述道路景观和气候条件对交通安全的影响。

4.9.1 道路景观

现代道路景观包含的内容较多，道路不仅具有承载交通运输的功能，而且要求能够为人们提供美好舒适的视觉效果，并能与自然环境和社会环境相协调，体现社会文化内涵与文化价值。具体来讲，道路景观主要是由道路、附属设施、周边自然环境及人的活动等因素所构成的一个总的空间概念，它表示道路与其周边环境共同构成一条带状的大地环境，反映了路域环境特征，是人文与自然环境相结合的建筑艺术。

以路权为界，道路景观可分为自身景观和沿线景观。自身景观包括道路线形、道路构造物、服务设施以及道路绿化等。沿线景观是指道路所处的外部行驶环境，是构成道路整体景观的主体，同时也是乘员在车辆行驶过程中的主要观赏对象。道路自身景观可以通过景观设计等加以修饰，道路沿线景观只能在规划和设计阶段，通过选择与周围景观协调的路线来实现。

按照不同的结合方式，可以将道路景观分为道路线形要素的景观协调、道路与道路沿线的景观协调、道路与自然环境及社会环境的协调。道路景观的构成要素见表4-29。

表 4-29　道路景观的构成要素

类型	具体形式	内容
道路线形要素的景观协调	视觉上协调	视觉上，平面线形与纵断面线形各自协调、连续
	立体上协调	平面线形与纵断面线形互相配合，形成立体线形
道路与道路沿线的景观协调	行车道旁边的环境	中央分隔带的绿化；路肩、边坡整洁；标识清楚完整；广告招牌规则协调；商贩集中，不占道路
	构造物环境	对跨线桥、立体交叉、电线杆、护栏、隧道进出口、隔音墙等的设计有一定的艺术特色，体现一定的区域建筑特色
道路与自然环境及社会环境的协调	道路与自然环境及社会环境的协调	道路与沿线的地形、地质、古迹、名胜、绿化、地区风景间的协调；沿线与城市风光、格调的协调

道路景观与交通安全相辅相成，二者具有既相互促进又相互制约的辩证关系。优美舒适、功能科学合理的道路景观设计不仅能起到美化道路交通环境、保护自然环境的目的，也能对良好的交通安全环境起到积极地营造和辅助作用。同时，由于功能要求的差异，道路景观和交通安全之间又存在相互制约的关系，不合理的道路景观设施或施工养护行为会对交通安全造成不利影响。

4.9.2　气候条件

恶劣的天气环境可能会降低车辆轮胎与地面间的摩擦力，影响驾驶人视距，增加驾驶人的紧张感，降低交通安全性。

1. 雨天行车的交通安全

降雨是最常见的天气现象之一，由降雨引发的交通事故也最为普遍。根据国外研究结果，雨中行车的危险比在干燥路面上行车大 2~3 倍。

1) 雨天环境下，驾驶人视线容易受阻，给行车安全带来困难。下小雨时，空气能见度低。狂风骤雨时，驾驶人的视野受到刮水器运动范围的限制，前风窗玻璃和侧后视镜上会附着雨水，影响驾驶人观察路侧环境，这种情况会导致驾驶人不能及时发现障碍物而引发碰撞事故。在交叉口上，当车辆左转弯时，驾驶人容易忽略前照灯照射范围外人行横道上的行人，也可能诱发事故。

2) 雨水的作用导致路面摩擦系数降低是雨天道路交通安全性较低的关键原因，路面潮湿或积水都会影响路面摩擦系数。路面潮湿时，表面有一层很薄的水膜，使轮胎与路面及路面材料之间隔着一层"润滑剂"，水膜将路面上的微小坑洼填平，使轮胎与地面的紧密接触受到严重影响。表 4-30 给出了在晴天与雨天条件下不同车速的制动距离。

表 4-30　在晴天与雨天条件下不同车速的制动距离　　　　（单位：m）

车速/(km/h)	50	60	70	80	90	100	110
干燥沥青路面	12.3	17.8	24.0	31.5	39.9	49.2	59.5
湿润沥青路面	24.6	35.5	48.2	63.0	79.7	98.4	119.1

由表 4-30 可知，与干燥的路面相比，在湿润路面上汽车的制动距离更长，因此，在雨天遇到意外情况需要突然停车时，容易发生追尾事故。由于雨天车辆轮胎的横向摩擦力减小，在弯道处，由于离心力的作用，车辆可能会产生滑移而与对向车道上的车辆发生正面

碰撞。

3）阴雨绵绵比暴雨更具危险性。驾驶人对小雨没有足够的重视，而在暴雨中行车时，驾驶人会本能地注意到危险而集中精神，进而控制车速。小雨中轮胎与路面间的摩擦系数比暴雨中的大，车辆在小雨中的路面上行驶时更容易打滑。

2. 雾天行车的交通安全

在雾天条件下，车辆在高速行驶时容易发生追尾，酿成重大交通事故。雾天对行车产生的影响表现在以下几个方面：

1）雾天环境下，能见度降低，视线障碍大，驾驶人可视距离大大缩短。同时，雾天会使光线散漫并被吸收，使事物的亮度下降，可变情报板、标志标线及其他交通安全设施的辨别效果较差，从而无法保持前后车辆的最短安全距离。此外，驾驶人的观察和判断能力也会受到严重影响，尤其是在浓雾天气和雾带条件下，极易引发连锁追尾相撞事故。表 4-31 给出了高速公路上雾天状况与视距的关系。

表 4-31　高速公路上雾天状况与视距的关系

种类	视距/m	种类	视距/m
淡雾	300～500	特浓雾	<50
浓雾	50～150	—	—

2）雾天环境下，雾水与积灰、尘土混合，导致轮胎与路面的附着系数减小，特别是北方冬季，冰雾会在道路表面形成一层薄冰，附着系数的下降更为明显，从而导致制动距离延长、行驶打滑、制动跑偏等现象发生。

3）大雾会造成驾驶人心理紧张，在大雾中快速行驶的驾驶人常常认为车速很慢，一旦发生意外，驾驶人很难做出正确判断，采取措施不当就会引发交通事故。

3. 冰雪天行车的交通安全

冰雪天气给人们的出行带来极大不便，积雪和冰冻严重危害桥梁等结构物，给交通带来安全隐患。

1）积雪和低温易导致车辆零件冰冻，引发故障。冰雪堆积会使路面变滑，汽车转向及制动的稳定性下降，车辆控制难度增大，操纵困难。据英国气象条件与交通事故资料统计，雪天高速公路事故发生率是干燥路面的 5 倍，结冰时事故发生率是干燥路面的 8 倍。

2）在冰雪天气下，路面附着系数仅为正常干燥路面附着系数的 1/8～1/4，车速越高，路面附着系数越小，车辆制动距离也会随之增大，制动困难，对行车安全的威胁极大。表 4-32 给出了不同车速在冰、雪天条件下的制动距离。

表 4-32　不同车速在冰、雪天条件下的制动距离　　　　（单位：m）

车速/(km/h)	50	60	70	80	90	100	110
干燥沥青路面	12.3	17.8	24.0	31.5	39.9	49.2	59.5
冰雪沥青路面	49.2	71	95.5	126	150	196.9	238.2

3）冰雪会降低公路的通行能力，当冰雪厚度达到一定程度时，可阻碍车辆通行，严重时甚至发生雪崩、雪阻，使交通完全中断。飘雪会导致能见度降低，雪花也会覆盖交通标志板面，使标志失去作用。

4）当雪后天晴时，由于积雪对阳光强烈的反射作用，会产生眩光，即雪盲现象，也会使驾驶人视力下降,成为安全行车的潜在危险。

复习思考题

1. 为什么不宜设置道路的长直线线形?
2. 道路纵坡对行车安全有什么影响?
3. 为什么不良的线形组合会导致交通事故的发生?
4. 为了保证道路交通安全,应避免哪些平曲线与竖曲线组合方式?
5. 分析说明哪种板块的道路交通事故率会更低?
6. 道路在设计中高路基设计有什么优缺点?
7. 平面交叉口存在哪些主要安全问题?
8. 交叉口冲突点的含义是什么?有哪些种类?
9. 简述我国隧道交通安全现状。
10. 分析公路隧道照明的重要性。
11. 简述公路连续性的评价判断标准及方法。
12. 简述路面病害对道路交通安全的影响。
13. 雨天、雾天对行车安全的影响是什么?

第 5 章

道路交通设施与交通安全

本章学习目标
1. 掌握交通信号灯的种类与含义。
2. 掌握交通信号灯对交通安全的影响。
3. 掌握道路交通标志的含义与分类。
4. 掌握道路交通标线的含义与分类。
5. 掌握护栏与隔离栅对交通安全的作用。
6. 掌握防眩设施对交通安全的作用。
7. 掌握防撞设施、减速设施、避险车道对交通安全的作用。

道路交通设施属于道路的基础设施,是道路交通系统不可缺少的重要组成部分。功能齐全的道路交通设施是保证行车安全、防止交通事故、减轻事故后果的重要手段。交通设施主要包括交通信号灯、交通标志标线、道路照明设施、防眩设施、安全护栏等,科学合理地设计与使用道路交通设施对提高交通安全性至关重要。

道路交通设施对于提高道路的通行能力、减少交通事故的发生具有重要的作用,主要体现在以下几方面:

1. 指导交通行为,保障交通安全

交通设施可以对交通参与者的交通行为进行指导与引导,肯定正确的交通行为,防止并纠正错误的交通行为。同时还可对交通参与者进行必要的保护,防止或减轻交通伤害,保障交通安全。

2. 为交通管理提供必要的法律依据

交通标志、标线和交通信号灯是交通法规的体现,也是实施法规的保障。这些设施能够具体形象地向交通参与者提示行为的规范,也可以为执法人员维护社会治安秩序、执行交通法规、处理交通违法行为和肇事过程提供法律依据。

3. 实现交通科学管理的重要手段

交通安全管理设施具有控制、疏导交通的功能,是城市实现交通控制系统科学化的重要手段之一。城市中的交通信号灯、交通指示牌等可对混合交通进行疏导和分流,并可提供交通信息,科学地调整交通流量,使交通秩序有条不紊。

5.1 交通信号灯

世界上第一台交通信号灯诞生于英国,至今已有 100 多年的历史。随着道路交通及科学技术的发展,交通信号灯已从最早的手动控制到自动控制再到智能控制,由单点控制(点控）到干线控制（线控），再到区域控制和网络控制（面控）。

交通信号灯是以信号灯光作为指示信号，在道路交叉口或路段给道路参与者分配通行权的设施，其目的是指挥交通，保证良好的交通秩序，防止交通事故的发生。

按交通信号灯的功能分类，可分为机动车信号灯、非机动车信号灯、人行横道信号灯、闪光警告信号灯、道路与铁路平面交叉道口信号灯等。如果没有特别指出，一般提到的交通信号灯是指机动车信号灯。

交通信号灯的主要作用是从时间上将相互冲突的交通流进行时空分离，使车辆安全通过。各国交通管理的经验表明，交通信号控制是道路交叉口交通管理最有效的方法之一，也是城市道路交叉口最普遍的交通管理形式。

5.1.1 交通信号灯的含义

在信号灯的发展过程中，各国所使用的信号灯的含义也有一些差异。后来经过协商，基本上统一了信号灯的含义，各种信号灯的含义如下：

1. 非闪灯

在两相位条件下，绿灯亮时，准许车辆通行，但转弯的车辆不得妨碍被放行的直行车辆、行人通行；黄灯亮时，已越过停止线的车辆可以继续通行；红灯亮时，禁止车辆通行。三相位或更多相位时，则应按车道对应信号灯色行止。

2. 闪烁灯

闪光警告信号灯由一个黄色无图案圆形单元构成。工作状态闪烁表示车辆、行人通行时应注意瞭望，在确保安全后通过。

道口信号灯由两个或一个红色无图案图形单元构成。两个红灯交替闪烁或者一个红灯亮时，表示禁止车辆、行人通行；红灯熄灭时，表示允许车辆、行人通行。

3. 箭头灯

方向指示信号灯由红色、黄色、绿色三个几何位置分立的内有同向箭头图案的圆形单元组成，用于指导某一方向上的机动车通行。箭头方向向左、向上和向右分别代表左转、直行和右转。

绿色箭头表示允许车辆沿箭头所指的方向通行；红色或黄色箭头表示仅对箭头所指方向起红灯或黄灯的作用。对于设有车道信号灯的路口，绿色箭头灯亮时，准许本车道车辆按指示方向通行；红色叉形灯或者箭头灯亮时，禁止本车道车辆通行。

4. 专用于自行车的信号灯和专用于行人的信号灯

这两种信号灯是在普通信号灯的基础上分别增加了自行车和人形图案。绿灯亮时，准许自行车或行人通过人行横道；红灯亮时，禁止自行车或行人进入人行横道，但是已经进入人行横道的，可以继续通过或者在道路中心线处停留等候。

5. 倒计时信号灯

倒计时信号灯是由普通信号灯（可以是圆形的，也可以是箭头式的）与倒计时装置组合而成的新型交通信号灯，除了能够表示正常的信号相位灯色外，还能够同时显示该信号相位的剩余时间。

5.1.2 信号灯的排列形式

各种信号灯的排列形式也有统一规定，便于驾驶人分辨。排列原则是重要的灯色放在重要的位置。信号灯的排列形式分为竖式和横式两种。

1. 竖式

1）国际上统一规定，普通信号灯的排列顺序自上而下为红、黄、绿灯。

2）带有箭头灯时，排列顺序如下：

① 单排式：自上而下一般为红灯、黄灯、绿灯、直行箭头灯、左转箭头灯、右转箭头灯，中间可省掉不必要的箭头灯。当同时装有直、左、右三个箭头灯时，可省掉普通绿灯。

② 双排灯：一般在普通信号灯的里侧加装左转箭头灯，或左转和右转箭头灯，或左、直、右三个箭头灯。

2. 横式

1）按国际统一规定，普通信号灯的排列顺序自里向外（自靠近路中心线向路边缘）为红、黄、绿灯。

2）带有箭头灯时，安排次序如下：

① 单排式：自里向外一般为红、黄、左箭头灯、直箭头灯、右箭头灯，或红、黄、左箭头、绿灯，或红、黄、绿、右箭头灯。

② 双排灯：一般在普通信号灯下，自里向外为左箭头灯、直箭头灯和右箭头灯，中间可省掉不必要的箭头灯。

横排时，左、右箭头灯所处位置原则上同左、右车道的位置一致。

5.1.3 交通信号的设置依据

使用交通控制信号的主要目的是使各类、各向交通流有序高效地通行。只有当交叉口的交通量达到一定程度时，设置控制信号才能体现出管理方式的优势。一般来说，若一个交叉口的车流量较小，通过设置停车或让路标志就可解决交通分离问题。只有当交通量发展到接近停车或让路标志交叉口所能处理的能力时，才在这种交叉口上加设交通控制信号。

设置交通控制信号虽有理论分析依据，但尚未成为公认的有效方法，而世界各国的交通条件各有差异，所以各国制定标准时依据的具体数字不尽相同，但原则上大多根据交叉口通行能力和交叉口延误来确定是否采用交通控制信号。我国国家标准《道路交通信号灯设置与安装规范》（GB 14886—2016）对我国各道路交叉口和路段上交通信号灯的设置条件做出了具体规定。

1. 交叉口机动车信号灯设置的路口类型条件

（1）符合下列条件的城市道路路口应设置信号灯

1）城市道路主干路与主干路平交的路口。

2）城市道路主干路与次干路平交的路口。

3）按照 GB 50647—2011 的 3.2.3 规划、设计的平 A1 类、平 A2 类路口。

（2）符合下列条件的公路路口应设置信号灯

1）一级公路与一级公路平交的路口。

2）按照 JTG D20—2006 中 10.1.2 采用信号交通管理方式设计的路口。

3）平面交叉路口的安全停车视距三角形限界内有妨碍机动车驾驶人视线的障碍物时，宜设置信号灯。

（3）交叉口交通流量条件 对于机动车道交叉口，当交叉口机动车高峰小时流量超过

表5-1 所列数值,或交叉口任意连续8h的机动车小时流量超过表5-2 所列数值时,应设置信号灯。

表5-1 交叉口机动车高峰小时流量

主要道路单向车道数/条	次要道路单向车道数/条	主要道路双向高峰小时流量/(PCU/h)	流量较大次要道路单向高峰小时流量/(PCU/h)
1	1	750	300
		900	230
		1200	140
1	≥2	750	400
		900	340
		1200	220
≥2	1	900	340
		1050	280
		1400	160
≥2	≥2	900	420
		1050	350
		1400	200

注:1. 主要道路是指两条相交道路中流量较大的道路。
2. 次要道路是指两条相交道路中流量较小的道路。
3. 车道数以路口50m以上的渠化段或路段数计。
4. 在无专用非机动车道的进口,应将该进口进入路口非机动车流量折算成当量小汽车流量并统一考虑。
5. 在统计次要道路单向流量时应取每一个流量统计时间段内两个进口的较大值累计。
6. PCU 指当量小汽车。

表5-2 交叉口任意连续8h机动车小时流量

主要道路单向车道数/条	次要道路单向车道数/条	主要道路双向任意连续8h平均小时流量/(PCU/h)	流量较大次要道路单向任意连续8h平均小时流量/(PCU/h)
1	1	750	75
		500	150
1	≥2	750	100
		500	200
≥2	1	900	75
		600	150
≥2	≥2	900	100
		600	200

(4) 路口交通事故条件 根据路口的交通事故情况,达到以下条件之一的路口应设置信号灯:

1) 3年内平均每年发生5次以上交通事故,从事故原因分析得出,通过设置信号灯可避免发生事故的路口。

2) 3年内平均每年发生一次以上死亡交通事故的路口。

2. 交叉口非机动车信号灯设置

非机动车驾驶人在交叉口距停车线 25m 范围内不能清晰视认用于指导机动车通行的信号灯的显示状态时，应设置非机动车信号灯。对于机动车单行线上的交叉口，在与机动车交通流相对的进口应设置非机动车信号灯。若非机动车交通流与机动车交通流通行权冲突，可设置非机动车信号灯。

3. 交叉口人行横道信号灯设置

在采用信号控制的交叉口，已施划人行横道标线的，应相应设置人行横道信号灯。行人与车辆交通流通行权冲突，可设置人行横道信号灯。

4. 交叉口方向指示信号灯设置原则

在有专用转弯机动车道的交叉口，若采用多相位的相位设置方式，应设置方向指示信号灯。在全天 24h 均不采用多相位的相位设置方式的交叉口，不应设置方向指示信号灯。

5. 车道信号灯设置

在可变车道入口和路段、隧道、收费站等地，应设置车道信号灯。在城市快速路进出口等地视实际情况可设置车道信号灯。

6. 闪光警告信号灯设置

在需要提示驾驶人和行人注意瞭望、确认安全后通过处，宜设置闪光警告信号灯。

7. 道口信号灯设置条件

达到以下条件之一的道路与铁路的平面交叉口（以下简称道口），应设置道口信号灯：

1) 日间连续 12h 内，通过道口的车辆平均小时流量达到 500PCU/h 以上，且瞭望条件良好的道口。

2) 日间连续 12h 内，通过道口的车辆平均小时流量达到 200PCU/h 以上，且瞭望条件不良的道口。

3) 近 5 年内发生过较大事故或重复发生事故的道口。

4) 有通勤汽车或公交车通过的道口。

5.1.4 交通信号控制参数

信号配时的基本内容包括确定信号相位方案和信号基本控制参数。

1. 信号相位方案

在交通控制中，为了避免平面交叉口上各个方向交通流之间的冲突，通常采用分时通行的方法，即在一个周期的某一个时间段，交叉口上某一支或几支交通流具有通行权，该方向上的信号灯为绿色或绿箭头，而与之冲突的其他交通流不能通行，该方向上的信号灯为红色。在一个周期内，平面交叉口上某一支或几支交通流所获得的通行权称为信号相位，简称相位。一个周期内有几个信号相位，该信号系统就称为几相位系统。

2. 信号基本控制参数

点控制定时信号基本控制参数有以下两个：

(1) 周期时长 用于指挥交通的信号是循环变化的，一个循环由有限个步伐构成。一个循环内各步伐的步长之和称为信号周期，简称周期。

周期时长也是信号灯各种灯色轮流显示一次所需要的时间，即各种灯色显示时间之总和，或是某主要相位的绿灯启亮开始到下次该绿灯再次启亮之间的一段时间。

（2）绿信比　绿信比是在一个信号周期中各相位的有效绿灯时间与周期长度的比值，一般用 λ 表示。即

$$\lambda = \frac{g_e}{C} \tag{5-1}$$

式中，λ 为绿信比；C 为周期时长（s）；g_e 为有效绿灯时长（s）。

5.1.5　交通信号控制类型

1. 按照控制范围分类

交通信号控制的分类方式多种多样，按照控制范围可以分为以下三种：

（1）单个交叉口交通控制　每个交叉口的交通控制信号只按照该交叉口的交通情况独立运行，不与其邻近交叉口的控制信号有任何联系，称为单个交叉口交通控制，也称为单点信号控制，俗称点控制，这是交叉口交通信号控制最基本的形式。从技术上讲，它又分为离线点控制和在线点控制。

（2）干道交叉口信号联动控制　把干道上若干连续交叉口的交通信号通过一定的方式联结起来，同时对各交叉口设计一种相互协调的配时方案，各交叉口的信号灯按此协调方案联合运行，使车辆通过这些交叉口时，不致经常遇上红灯，称为干道交叉口信号联动控制，也叫绿波信号控制，俗称线控制。

这种控制的原始思路是：希望使车辆通过第一个交叉口后，按一定的车速行驶，到达以后各交叉口时就不再遇上红灯。但实际上各车在路上行驶时车速不一且随时有变化，交叉口又有左、右转弯车辆进出等干扰，所以很难碰巧一路都是绿灯，但可以使沿路车辆少遇上几次红灯，减少大量车辆的停车次数与延误。

根据相邻交叉口间信号灯联结方法的不同，线控制可分为有电缆线控和无电缆线控。有电缆线控由主控制机或计算机通过传输线路操纵各信号灯间的协调运行。无电缆线控通过电源频率及控制机内的计时装置来操纵各信号灯按时协调运行。

（3）区域交通信号控制系统　以某个区域中所有信号控制交叉口为协调控制的对象的控制系统。称为区域交通信号控制系统，俗称面控制。控制区内各受控交通信号都受到交通控制中心的集中控制。对范围较小的区域，可以整区集中控制，对范围较大的区域，可以分区分级控制。分区往往会使面控制成为一个由几条线控制组成的分级集中控制系统，这时，可认为各线控制是面控制中的一个单元，有时分区会使控制系统成为一个点、线、面控制的综合性分级控制系统。

2. 按照控制方法分类

（1）定时控制　交叉口交通信号控制机均按事先设定的配时方案运行，称为定时控制，也称定周期控制。一天只用一个配时方案的称为单段式定时控制；一天按不同时段的交通量采用几个配时方案的称为多段式定时控制。

最基本的控制方式是单个交叉口的定时控制。线控制、面控制也都可以用定时控制的方式，也叫静态线控系统、静态面控系统。

（2）感应控制　感应控制是在交叉口进口道上设置车辆检测器，信号灯配时方案由计算机或智能化信号控制机计算并可随检测器检测到的车流信息而随时改变的一种控制方式。感应控制的基本方式是单个交叉口的感应控制，简称单点感应控制。单点感应控制按检测器

设置方式的不同可分为半感应控制和全感应控制。半感应控制是只在交叉口部分进口道上设置检测器的感应控制。全感应控制是在交叉口全部进口道上都设置检测器的感应控制。

(3) 自适应控制 把交通系统作为一个不确定系统，能够连续测量其状态，如车流量、停车次数、延误时间、排队长度等，逐渐了解和掌握对象，把它们与希望的动态特性进行比较，并利用差值改变系统的可调参数或产生一个控制，这种方式称为自适应控制，它可以保证在环境变化的情况下控制效果达到最优或次最优。

5.1.6　交通信号灯对交通安全的影响

世界各国交通管理的经验表明，道路交叉口交通管理最有效的方法之一就是交通信号控制。交通信号灯可以有效地分离各流向的交通流，减少交通冲突，提高交通安全性。因此，交通信号控制也是道路交叉口最普遍的交通管理形式。为了保障交叉口行驶车辆的安全性，信号灯设置必须有良好的可见性，信号相位应尽可能简单。

信号控制设计合理的交叉口，通行能力比设有停车或让路标志的交叉口大。设有停车或让路标志的交叉口的交通量接近其通行能力时，车流就会不畅，这会大大增加车辆的停车与延误，特别是次要道路上的车辆，停车、延误更加严重。这时，把设有停车标志的交叉口改为信号控制的交叉口可改善次要道路上的通行状况，减少停车与延误。若交通量没有达到需要设置信号灯时，不合理地将停车标志交叉口改为信号控制交叉口，结果就可能适得其反。如果在交叉口盲目设置交通控制信号，主要道路驾驶人遇到红灯而停车，但在相当长的时间内驾驶人并未看到次要道路上有车辆通行，往往会引起故意或无意地闯红灯。信号控制交叉口的交通事故往往发生在交通量较低的交叉口或是交通量较低的时间段内。事故记录表明，危险的事故往往发生在信号控制交叉口上。因此，研究并制订合理设置交通信号灯的依据十分重要。

近些年出现了倒计时信号灯，虽然受到了许多市民的欢迎，但它对交通安全的影响也不容忽视。倒计时信号灯在提供更多信息的同时，改变了道路使用者的交通心理和交通行为，特别是机动车驾驶人的交通心理和驾驶行为。倒计时信号灯传达了绿灯剩余的时间和红灯即将结束的时间，因此可能导致一部分机动车驾驶人加速抢行通过交叉口或者提前起动车辆，准备加速通过交叉口，这两种情况很容易导致交通事故的发生。

 ## 5.2　道路交通标志

道路交通标志是道路交通管理设施的重要组成部分，是保障道路行车有序的根本措施，也是实现道路工程交通组织设计思想的具体措施。道路交通标志以颜色、形状、字符、图形等向道路使用者传递信息，其作用在于组织、管理、指导交通的运行，向道路使用者提供运行线路，给予指路、指示、警告或禁令等。

道路交通标志对于道路安全具有如下作用：

1）预告与警告作用。对道路使用者而言，标志可以预告道路上某一地段、某一地点的道路状况和周围情况，警告车辆、行人注意危险地点。

2）规范与指导作用。交通标志是法定交通信号，是交通法律的一种表现形式，可以对交通参与者的交通行为进行规范和指导，通过禁令标志明确告知交通参与者哪些交通行为不可为，通过指示标志和道路施工安全标志等告知驾驶人如何进行车道选择、如何通过交叉路口、如何选择道路通过等，对交通参与者进行必要的保护，防止或减轻交通伤害，保障交通安全。

3) 引导与服务作用。指路标志和旅游区标志都是服务性标志，可以明确表示各道路的主要去向，为道路使用者提供目的地的方向、距离以及行驶路线，或者使旅游者可以方便地识别通往旅游区的路线、方向、距离，了解旅游项目等信息。

5.2.1 道路交通标志分类

1. 按作用分类

道路交通标志按其作用不同，可分为主标志和辅助标志两大类，主标志又分为警告标志、禁令标志、指示标志、指路标志、旅游区标志、作业区标志和告示标志七类，辅助标志主要用来对主标志的适用范围、时间等进行说明，如表 5-3 所示。

表 5-3 我国道路交通标志分类

名称		用途
主标志	警告标志	警告车辆、行人注意道路交通的标志
	禁令标志	禁止或限制车辆、行人交通行为的标志
	指示标志	指示车辆、行人应遵循的标志
	指路标志	传递道路方向、地点、距离的标志
	旅游区标志	提供旅游景点方向、距离的标志
	作业区标志	告知道路作业区通行的标志
	告示标志	告知路外设施、安全行驶信息以及其他信息的标志
辅助标志		附设在主标志下，对其进行辅助说明的标志

注：本表分类摘自《道路交通标志和标线》（GB 5768—2009）。

2. 按设置位置分类

道路交通标志按设置位置不同可分为路侧式和车行道上方式两种。路侧式交通标志的支撑结构一般为柱式或路侧附着式，车行道上方式交通标志的支撑结构一般为悬臂式、门架式或车行道上方附着式。

柱式交通标志一般又分为单柱式与双柱式。悬臂式标志是指标志板安装于悬臂上，又分为单悬臂式和双悬臂式。门架式是指标志安装在门架上。附着式是指标志附着安装在上跨桥和附近构造物上，按附着板面所处位置不同又可分为车行道上方附着式和路侧附着式。

3. 按光学特性分类

道路交通标志按光学特性不同可分为逆反射式、照明式和发光式三种。逆反射式是指标志板面上的图形、字符和底色用逆反射材料（主要是反光膜）做成，在汽车前照灯灯光的照射下，在黑暗环境下能清楚地看到标志信息。照明式又可分为内部照明式和外部照明式，内部照明式是将光源安装于标志板结构内部，外部照明式是将光源安装于标志板上部以照亮标志板面。发光式标志的主动发光部分可采用高亮度二极管（LED）等器件或材料。一般情况下，道路交通标志都采用逆反射式，对于易因大雾等恶劣气象而使能见度降低的路段可采用主动发光标志。

4. 按显示方式分类

道路交通标志按板面内容显示方式不同，可分为静态标志和可变信息标志。

可变信息标志是一种因交通、道路、气候等状况的变化而改变显示内容的标志，一般用作速度控制、车道控制、道路状况、气象状况及其他内容的显示。可变信息标志的显示方式有多种，如高亮度发光二极管（LED）、翻板式、字幕式、光纤式等。公路上的行车环境由于天气（雾、雪、暴雨、结冰等）、自然灾害（地震、洪水、台风、塌方等）、交通事故等影响可能发生变化，可变信息标志能将行车环境的变化及时告知驾驶人。可变信息标志上可储存多种信息，控制人员可根据公路的情况，通过遥控装置手动或自动显示其中的某种信息。我国许多城市已经在城市快速道路及主干道上设置了许多 LED 可变信息标志，如图 5-1 所示。

图 5-1　可变信息标志

5. 其他分类

道路交通标志按设置的时效不同可分为永久性标志和临时性标志。

道路交通标志按标志传递信息的强制性程度不同可分为必须遵守标志和非必须遵守标志。禁令标志和指示标志套用于无边框的白色底板上，为道路使用者必须遵守标志。其他标志仅提供信息，如指路标志、旅游区标志。停车让行、减速让行标志不得套用于无边框的白色底板上。禁令、指示标志套用于指路标志上时，仅表示提供相关禁止、限制和遵行信息，只能作为补充说明或预告方式，并应在必要位置设置相应的禁令、指示标志。

5.2.2　各类交通标志的含义

1. 警告标志

当驾驶人在一条不熟悉的道路上行驶时，不可能知道前方道路存在的潜在危险，警告标志可以警告车辆驾驶人及行人前方有难以及时发现的危险情况，需谨慎行动。除特殊规定外，警告标志的颜色均为黄底、黑边、黑图案，形状均为等边三角形或矩形，其中三角形的一个角朝上，如图 5-2（见彩图 1）所示。

图 5-2　警告标志

2. 禁令标志

禁令标志是一种禁止或限制车辆和行人交通行为的标志，对各种车辆的流量、流向起调节、疏导和控制作用。它可根据道路的交通状况，实行单向通行、限制某种车辆通行或定时通行等，对充分利用现有道路、提高行车速度、维护交通秩序以及保证交通安全都能起到明显作用。驾驶人必须遵守禁令标志，否则就会违反交通法规。除个别标志外，一般禁令标志的颜色为白底、红圈、红杠、黑图案，图案压杠，如图 5-3（见彩图 2）所示。比较特殊的是解除禁令标志为白底黑边黑字或图案，停车让行标志为红底白边白字，减速让行标志为白底红边黑字，如图 5-4（见彩图 3）所示。禁令标志的形状是圆形或一个角向下的等边三角形或矩形。

图 5-3　一般禁令标志　　　　图 5-4　特殊禁令标志

3. 指示标志

指示标志是用以指示车辆、行人行进的标志，包含只准、必须或准许等含义。指示标志的颜色均为蓝底、白图案，形状为圆形、矩形或正方形，如图5-5（见彩图4）所示。

指示标志是交通法规中驾驶人需要遵循的交通方向指示性标志，驾驶人必须遵守，否则也会违反交通法规。

图 5-5　指示标志

4. 指路标志

指路标志是道路信息的指引，为驾驶人提供去往目的地所经过的道路、沿途相关城镇、主要公共设施、服务设施、地点、距离和行车方向等信息。指路标志分为一般道路指路标志、高速公路和城市快速路指路标志两种。一般道路指路标志的颜色为蓝底、白图案、白边框、蓝色衬边，如图5-6（见彩图5）所示。高速公路和城市快速路指路标志的颜色为绿底、白图案、白边框、绿色衬边，如图5-7（见彩图6）所示。指路标志一般为矩形或正方形。

图 5-6　一般道路指路标志　　　　图 5-7　高速公路和城市快速路指路标志

5. 旅游区标志

旅游区标志是为了吸引和指引人们从高速公路或其他道路上前往邻近的旅游区，在通往旅游景点的路口设置的标志，使旅游者能方便地识别通往旅游区的方向和距离，了解旅游项目的类别等。旅游区标志分为指引标志和旅游符号标志两大类，颜色一般为棕底、白边、白图形、白边框、棕色衬边，形状为矩形或正方形，如图5-8（见彩图7）所示。

6. 作业区标志

作业区标志用以通告道路交通阻断、绕行等情况，设在道路施工、养护等路段前的适当位置。用于作业区的标志有警告标志、禁令标志、指示标志及指路标志，其中警告标志为橙底黑图形，如图5-9（见彩图8）所示。指路标志为在已有的指路标志上增加橙色绕行箭头或者为橙底黑图形。作业区标志应与其他作业区交通安全设施配合使用。

图 5-8　旅游区标志

图 5-9　作业区标志

7. 告示标志

告示标志用以解释、指引道路设施、路外设施，或者告示有关道路交通安全法和道路交通安全法实施条例的内容。告示标志的设置有助于道路设施、路外设施的使用和指引，取消其设置不影响现有标志的设置和使用。告示标志一般为白底、黑字、黑图形、黑边框，版面中的图形标识如果需要可采用彩色图案，如图5-10（见彩图9）所示。

图 5-10　告示标志

8. 辅助标志

辅助标志的颜色为白底、黑字、黑图形、黑边框、白色衬边，形状为矩形。凡主标志无法完整表达或指示其规定时，为维护行车安全与交通畅通，都应该设置辅助标志。辅助标志一般安装在主标志下面，紧靠主标志下缘，如图5-11所示。

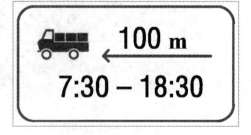

图 5-11　辅助标志

5.2.3　交通标志设置要求

交通标志以确保交通畅通和行车安全为目的，应结合道路线形、沿线设施、交通状况、交通管理要求、环境和气候特征等情况，设置不同种类的标志，从而向驾驶人提供正确的、及时的信息。交通标志设置要遵循如下要求：

1. 人性化

交通标志作为面向交通参与者的信息载体，标志的设置应以驾驶人的信息获取、加工、理解的一般规律为基础,重视标志设置的位置、高度、角度、照明度和信息的密度等方面。交通标志应设置在驾驶人容易看到并能准确判读的位置。标志板面的法线应与道路中线垂直或成一定角度,指路标志或警告标志为0°~100°,禁令标志或指示标志为0°~150°。根据需要可设置照明或采用反光、发光标志。标志设置的前置距离应满足交通行为人在动态条件下发现、判读标志并采取措施的时间要求。同一地点需设两种以上标志时,可合并安装在一根标志柱上,但最多不应超过四种,标志内容不应矛盾、重复。

2. 信息完整、系统

交通标志作为交通语言的重要组成部分,标志的设置应该保证信息完整、系统。当需要设置两个或更多标志才能达到路口或路段维护秩序、疏导交通的目的时,必须将应设置的标志一一配备齐全,并使它们相互配合。标志牌在一根支柱上并设时,排列的位置顺序应该按警告标志、禁令标志、指示标志的顺序,先上后下、先左后右地排列,不得相互颠倒。

3. 连续

交通标志作为驾驶人的出行向导,标志应按照完全不熟悉周围路网体系的驾驶人的需求设置。应充分分析驾驶人的出行目的地和周边路网,为驾驶人出行提供连续且明确的指路标志。对于一些重要的指路信息,如道路名、重要地点名,以及出入口匝道等信息,应该重复设置。连续设置两块或两块以上交通标志时,要充分考虑到交通标志所载信息向驾驶人传递过程中信息的传输速率和传输顺序对驾驶人认识和理解的影响。相邻标志的间距不可过小,应以驾驶人信息加工、处理的一般规律为基础进行确定。

5.2.4 交通标志设置存在的问题

虽然目前我国的公路与道路系统绝大部分都设置了交通标志,但是由于交通标志不完备或错误而引起的交通事故占有相当大的比例,其产生原因可能主要是我国在交通标志的标准化建立和相应实践的时间还比较短,虽然国家层面基本上已经形成了统一的标准,但是我国具有2000多个县级行政单位,在实际实施时并未做到统一。目前我国交通标志的国家标准还不够完善,虽然列出了各种交通标志,但是有些交通标志并未结合我国实际进行试验,其效果如何并不确切。有些交通标志的实施也缺乏详细实践指导细则。通过调查分析,目前我国交通标志存在以下主要问题:

1. 交通标志认识率低

目前许多交通标志图形过于复杂、不易识别等,导致驾驶人不理解其含义,从而易引发交通事故。

2. 标志的设置整体性、连续性较差

一条道路上的交通标志设置未能从全线的交通状况考虑,只考虑在一个点或一个区段的局部,使得在交叉口设置的标志向驾驶人提供的信息不连续或不完整,甚至出现标志设置相互矛盾的情况,导致驾驶人常常犹豫不决,不断变更车道或方向,对其他车辆的正常行驶造成不必要的干扰。

3. 缺乏必要的前置预告和过后确认标志

交叉口前置标志的设置能使驾驶人在接近交叉口前的一定距离处提前进行准备,尤其对盲区较大的交叉口有充足的时间来进行反应和操作。驾驶人通过交叉口后,一般会顾虑自己行驶的方向是否正确,从而希望有过后确认标志来帮助解决,但现行交叉口一般未设置过后确认标志。

4. 标志设置位置不合理

交通标志在空间上分布不均衡或设置在光线不良的地点，同时，横跨公路的桥梁总是成为巨幅广告和桥梁名称、指路标志、车道指示标志共存的场所，单调的交通标志淹没在色彩鲜艳、尺寸巨大的广告之中，形同虚设。

5. 同一标志牌内信息过载

如果交通标志上的内容过于繁杂，势必影响高速行驶中的驾驶人的识读。为了将道路途经地区一些主要的地点尽量具体地标示出来，指路标志总是信息过载，这样不仅不利于驾驶人找到准确的地点，为了看清标志上的内容驾驶人还会无意间减慢车速，形成追尾事故隐患。

6. 标志的外部干扰因素多，显著性差

无论在城市道路还是乡村公路，经常见到一些交通标志被树木遮挡，起不到应有的作用。

7. 新旧标准的标志同时使用的现象普遍存在

为了更好地引导交通，我国大约每10年会更新一次交通标志标线的标准，但是在实际道路上，新旧标准的标志并存的现象十分普遍，容易造成驾驶人认识上的混乱，并且影响驾驶人对新标准标志的接受以及使用习惯的建立。

5.3 道路交通标线

5.3.1 道路交通标线的含义

道路交通标线是由施划或安装于道路上的各种线条、箭头、文字、图案及立面标记、实体标记、突起路标和轮廓标等所构成的交通设施，是道路交通管理设施最重要的组成部分和交通管理的语言，它的作用是向道路使用者传递有关道路交通的规则、警告、指引等信息，可以与交通标志配合使用，也可以单独使用。

交通标线作为一种交通语言，主要通过发挥以下功能来提高道路交通的安全性。

（1）**实行交通流分离** 利用交通标线将车辆与行人、机动车与非机动车、大型车与小型车、上行车与下行车分离，使各种道路交通对象各行其道，分道行驶，从而提高道路通行能力，合理高效地利用道路资源，减少交通冲突点，防止交通事故发生。

（2）**渠化平面交叉路口交通** 采用交通标线可在平面交叉路口渠化交通，引导行人和各种车辆按标线所示的含义有序、迅速地通过，疏导交通，减少交通冲突点，保障交通安全。

（3）**告示交通控制指令** 交通标线可以传递道路交通的遵行、禁止、限制等交通控制指令，告示车辆驾驶人及行人务必遵照交通控制指令来进行道路交通活动。

（4）**预告道路路况** 交通标线可将前方道路状况和特点明显突出地反映出来，提示车辆驾驶人及行人提高警觉，准备防范应变措施。

（5）**执法依据** 道路交通标线不仅将交通行为规范具体化、形象化，而且也是处理交通违法行为及交通事故的法律依据。

5.3.2 道路交通标线的分类与颜色

1. 道路交通标线的分类

（1）按功能分类 道路交通标线按功能可分为指示标线、禁止标线和警告标线三类。指示标线是指示车行道、行车方向、路面边缘、人行道、停车位、停靠站及减速带等的标线。禁止标线是告示道路交通的遵行、禁止、限制等特殊规定的标线。警告标线是促使道路使用者了解道路上的特殊情况，提高警觉准备应变防范措施的标线。

（2）按设置方式分类 按设置方式，道路交通标线可分为纵向标线、横向标线和其他标线三类。纵向标线是沿道路行车方向设置的标线。横向标线是与道路行车方向交叉设置的标线。其他标线是字符标记或其他形式标线。

（3）按形态分类 道路交通标线按形态可分为线条、字符、突起路标和轮廓标四类。线条是标划于路面、路缘石或立面上的实线或虚线。字符是标划于路面上的文字、数字及各种图形、符号。突起路标是安装于路面上用于标示车道分界、边缘、分合流、弯道、危险路段、路宽变化、路面障碍物位置的反光体或不反光体。轮廓标是安装于道路两侧，用以指示道路边界轮廓、道路的前进方向的反光柱或反光片。突起路标和轮廓标是近年来交通安全领域出现的比较新的成果，其刚出现时被归入视线诱导设施，2009年颁布的《道路交通标志和标线》（GB 5768—2009）将其纳入道路交通标线。道路交通标线的分类如表5-4所示。

表5-4 道路交通标线的分类

功能分类	设置方式分类		
	纵向标线	横向标线	其他标线
指示标线	1. 可跨越对向车行道分界线 2. 可跨越同向车行道分界线 3. 潮汐车道线 4. 车行道边缘线 5. 左弯待转区线 6. 路口导向线 7. 导向车道线	1. 人行横道线 2. 车距确认线	1. 道路出口标线 2. 停车位标线 3. 停靠站标线 4. 减速丘标线 5. 导向箭头 6. 路面文字标记 7. 路面图形标记
禁止标线	1. 禁止跨越对向车行道分界线（禁止跨越道路中心线） 2. 禁止跨越同向车行道分界线 3. 禁止停车线	1. 停止线 2. 停车让行线 3. 减速让行线	1. 非机动车禁驶区标线 2. 导流线 3. 网状线 4. 专用车道线 5. 禁止掉头（转弯）线
警告标线	1. 路面（车行道）宽度渐变段标线 2. 接近障碍物标线 3. 铁路平交道口标线	减速标线	1. 立面标记 2. 实体标记

2. 道路交通标线的颜色

道路交通标线的颜色为白色、黄色、蓝色或橙色，路面图形标记中可出现红色或黑色的图案或文字。道路交通标线的形式、颜色及含义见表5-5。

表 5-5　道路交通标线的形式、颜色及含义

分类	含义
白色虚线	画于路段中时，用以分隔同向行驶的交通流；画于路口时，用以指导车辆行进
白色实线	画于路段中时，用以分隔同向行驶的机动车和非机动车，或指示车行道的边缘；画于路口时，用作导向车道线或停止线或用以引导车辆行驶轨迹；画于停车位标线时，指示收费停车位
黄色虚线	画于路段中时，用以分隔对向行驶的交通流或作为公交专用车道线；画于交叉口时，用以告示非机动车禁止驶入的范围或用于连接相邻道路中心线的路口导向线；画于路侧或路缘石上时，表示路边禁止长时间停放车辆
黄色实线	画于路段中时，用以分隔同向行驶的交通流或作为公交车、校车专用停靠站标线；画于路侧或路缘石上时，表示禁止路边停放车辆；画于网格线时，标示禁止停车的区域；画为停车位标线时，表示专属停车位
双白虚线	画于路口时，作为减速标线
双白实线	画于路口时，作为停车让位线
白色虚实线	用于指示车辆可临时跨线行驶的车行道边缘，虚线侧允许车辆临时跨越，实线侧禁止车辆跨越
双黄实线	画于路段中时，用以分隔对向车流
双黄虚线	画于城市道路路段中时，用于指示潮汐车道
黄色虚实线	画于路段中时，用以分隔对向行驶的交通流。实线侧禁止车辆跨线，虚线侧准许车辆临时越线
橙色虚实线	用于作业区标线
蓝色虚实线	作为非机动车专用车道线；画为停车位标线时，指示免费停车位

5.3.3　道路交通标线设置存在的问题

目前我国交通标线存在的问题与前述交通标志存在的问题类似，主要问题如下：

1. 交通标线认识率低

目前许多交通标线图形过于复杂或新标准刚出现不被熟知、不易识别，导致驾驶人不理解其含义，误行，从而易引发交通事故。

2. 缺乏应有的道路交通标线

在一般等级的公路甚至城市道路上，经常见到没有画出标线的道路，很容易造成混乱的抢行，特别是在道路交叉口，很容易造成交通事故。

3. 交通标线设置位置不合理

在我国等级公路存在较严重的超车虚线设置不当的问题，即在视距不够和不安全地段（转弯地段等）中线设为虚线，这种错误的中线虚线设置可能导致在超车时产生严重的车辆对撞事故。

4. 交通标线损坏严重、辨认性差

目前我国等级比较低的公路在交通安全方面的问题表现在道路中线和道路地面标线不清晰、退化且更新不及时的问题。长期的中线和地面标线不清晰会造成驾驶人对遵守交通规则的忽视，引起各种交通安全隐患，如超越中线、随意进入对方车道行驶，非交通规范的超车等。

5.4 护栏与隔离栅

护栏是道路上最主要的安全设施之一,以防止坠崖、坠沟、坠河等路侧交通事故,以及防止对向车辆相撞的交通事故。护栏的防撞机理是通过护栏与车辆的弹塑性变形、摩擦、车体变位来吸收车辆的碰撞能量,从而达到保护驾驶人和乘客生命安全的目的。合理设置护栏不但可以减少交通事故,降低事故的严重程度,还可以诱导行车视线,使司乘人员感到舒适,降低疲劳程度,保障行车安全。

护栏主要通过以下功能的发挥来改善道路交通安全。

(1) 隔离作用 护栏与道路交通标线相比,具有更强制的分隔同向或对向交通流的作用,还可以防止行人随意穿越道路。

(2) 防护作用 护栏能使车辆恢复到正常行驶方向。车辆碰撞护栏的运动轨迹应能圆滑过渡,以较小的驶离角和回弹量停留在不影响车辆正常行驶的地方,不至于发生二次事故。护栏能防止车辆越出路外,坠入深沟、湖泊等,也能防止车辆碰撞到路侧危险物,保护路外建筑物的安全,确保行人不受到重大伤害,还能阻止失控车辆穿越中央分隔带闯入对向车道。

(3) 缓冲作用 一旦失控车辆与护栏发生碰撞,对驾驶人和乘客的损伤不至于太严重,这就要求护栏具有良好的吸收碰撞能量的功能,也要求碰撞时的加速度小于 20m/s^2。

(4) 导向作用 能诱导驾驶人的视线,使驾驶人能清晰地看到道路的轮廓及前进方向的线形,增加行车的安全性,使道路更加美观。

5.4.1 护栏分类

1. 按照护栏所在地域分类

护栏最早出现在公路上,并逐步发展完善。近些年,随着我国城市机动车数量的迅猛增加,为了维持良好的交通秩序,防止交通事故的发生,护栏在城市中的应用也越来越多。从所在地域的角度,护栏可以分为公路护栏与城市道路护栏,但需要注意这两类护栏在使用标准或规范上并没有严格区分。目前关于护栏的标准或规范都是针对公路护栏,还没有针对城市道路护栏的标准与规范。

2. 按碰撞后的变形程度分类

根据碰撞后护栏的变形程度,护栏可分为刚性护栏、半刚性护栏和柔性护栏。其中,刚性护栏变形最小,柔性护栏变形最大,半刚性护栏变形居中。

1)刚性护栏是一种基本不变形的护栏结构,混凝土墙式护栏是刚性护栏的主要形式。刚性护栏按不同结构又可分为混凝土墙式护栏(见图 5-12)、混凝土梁柱式护栏、桥梁用箱梁护栏和管梁护栏及组合式护栏。刚性护栏通过车轮转动角的改变,车体变

图 5-12 混凝土墙式护栏

位、变形，车辆与护栏、车辆与地面的摩擦来吸收碰撞能量。

2) 半刚性护栏是一种连续的梁柱式结构，具有一定的刚度和柔性，主要包括波形梁钢护栏（见图 5-13）和钢背木护栏（见图 5-14）。半刚性护栏是通过车辆与护栏间的摩擦、车辆与地面间的摩擦及车辆、土基和护栏本身产生一定量的弹、塑性变形（以护栏系统的变形为主）来吸收碰撞能量，延长碰撞过程的作用时间来降低车辆速度，并迫使失控车辆改变行驶方向，阻止车辆越出路外，从而确保不发生更大的交通事故。

图 5-13　波形梁钢护栏

图 5-14　钢背木护栏

3) 柔性护栏是一种具有较大缓冲能力的韧性护栏结构。缆索护栏是柔性护栏的主要代表（见图 5-15），它是一种以数根施加初张力的缆索固定于端柱上而组成的钢缆结构，主要依靠缆索的拉应力来抵抗车辆的碰撞，吸收碰撞能量。

3. 按横向设置位置分类

护栏按其在道路上的横向设置位置可分为路侧护栏和中央分隔带护栏，如图 5-16 所示。

路侧护栏设置在道路土路肩上，目的是防止失控车辆越出路外，避免碰撞路边其他设施，主要包括路堤护栏和障碍物护栏。

图 5-15　缆索护栏

图 5-16　公路的路侧护栏和中央分隔带护栏

中央分隔带护栏设置于道路中央分隔带内，目的是防止车辆穿越中央分隔带闯入对向车道，并保护分隔带内的构造物。城市道路的中央分隔带护栏如图 5-17 所示。

4. 按纵向设置位置分类

按护栏在道路上的纵向设置位置，可分为路基护栏和桥梁护栏两种。

路基护栏主要设置在土质路基路段，一般采用缆索护栏、波形梁钢护栏和钢背木护栏等柔性或半刚性护栏。

桥梁护栏主要设置在桥梁上，桥梁外侧护栏一般采用刚性护栏，而中央分隔带护栏既可采用刚性护栏，也可采用半刚性护栏。

图 5-17　城市道路的中央分隔带护栏

5.4.2　护栏设置原则

护栏是一种安全设施，也是一种"障碍物"。护栏是以其自身和车辆自身的破坏（变形）来防止更严重的伤害事故发生的，因此，护栏的设置是有条件的，并不是任何路段都需要设置护栏。此外，护栏的设置还受到其他多方面因素的影响，包括安全性、经济性、适用性、环境限制等。

1. 路侧护栏的设置原则

路侧护栏根据防护对象的不同主要分为路堤护栏和障碍物护栏两大类。决定是否要设置路堤护栏的关键因素是路堤高度和边坡坡度。当边坡坡度较缓或填土高度较低时，即使重心较高的车辆越出路外，翻车的可能性也很小，因为车辆能顺着坡面下滑，一般认为没有必要设置护栏。只有当路堤填土高度较高且边坡坡度较陡时，才需要设置路堤护栏。研究人员通过大量统计分析，总结出越出路堤事故的严重程度与路堤高度和坡度之间的关系，提出了越出路堤事故的严重度指数的概念，根据事故严重程度来确定是否需要设置护栏。由于设置护栏需要投入大量的资金，各地在确定设置护栏的标准时，还要考虑当地公路交通的实际情况和经济承受能力。

目前我国建立了适合我国国情的路堤高度和边坡坡度与设置护栏的关系图，将边坡坡度、路堤高度划分为三个区域，如图 5-18 所示。

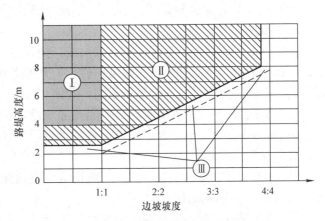

图 5-18　路堤高度和边坡坡度与设置护栏的关系

我国相关规范规定：

1）对于二级及以上等级的公路，当路堤高度大于 4m，边坡坡率小于 1:1 时，即位于图 5-18 方格区（Ⅰ区）范围内的路段，或者路侧有江、河、湖、海、沼泽、航道等水域的路段，车辆在这些路段行驶时，驶出路外有可能造成单车特大事故或二次重大事故，必须设置路侧护栏。

2）二级及以上等级公路边坡坡度和路堤高度位于斜线阴影（Ⅱ区）范围内，或路侧边沟无盖板、车辆无法安全穿越的挖方路段，或高速公路、一级公路路侧安全净区内设有车辆不能安全穿越的照明灯、摄像机、交通标志、路堑支撑壁、声屏障、上跨桥梁或桥台等设施的路段，在正常情况下均应该设置路侧护栏。

3）二级及以上等级公路边坡坡度和路堤高度位于虚线（Ⅲ区）以上区域内的路段，在条件允许时应该设置路侧护栏。

4）三、四级公路，由于车辆运行驶速度慢，交通量小，服务水平低，设置路侧护栏的要求略低，一般要求路侧有悬崖、深谷、深沟等的路段在条件允许时也应该设置路侧护栏。

2. 中央分隔带护栏的设置原则

日本高速公路交通事故统计数据表明，车辆与中央分隔带护栏接触、冲撞、爬上护栏、个别冲断护栏的事故约占事故总数的 22%～25%。如果没有中央分隔带护栏保护，这些车就会冲向对向行驶的车辆，事故的后果会更严重。因此，在中央分隔带设置护栏非常必要。

中央分隔带护栏是为了防止车辆越过中央分隔带闯入对向车道而设置的。各国在规定中央分隔带护栏设置标准时，往往以中央分隔带的宽度、交通量为依据。交通量较低时，车辆横越中央分隔带的概率低。但是在交通量较低时，车辆的速度就会相对提高，一旦发生横越中央分隔带的情况，就可能产生严重的后果。对于交通量的规定各国有较大差别，但都把中央分隔带的宽度看成是否设置中央分隔带护栏的重要依据，比较宽的中央分隔带，车辆横越的概率也相对较低。美国的传统做法是中央分隔带宽度超过 10m 时可以不设置护栏。考虑到一些公路交通量较大、车速高、横越事故多，一些州已提高了这一标准，如佛罗里达州规定宽度 19.5m 以下、加利福尼亚州规定宽度 23m 以下、每日交通量 60 000 辆以上的中央分隔带应考虑设置护栏。我国的相关规定是，当整体式断面中央分隔带宽度小于或等于 12m 时，必须设置中央分隔带护栏，而大于 12m 时，应综合考虑公路线形、运行速度、中央分隔带的宽度、交通量及车型构成等因素，分路段确定是否设置中央分隔带护栏。

3. 桥梁护栏的设置原则

桥梁一般跨越深谷、深沟、江河湖泊或其他道路，车辆驶出路外有可能造成单车特大事故，因此一般要求桥梁必须设置桥梁护栏。但是考虑到道路的技术等级、功能定位和所处位置不同，不同桥梁护栏的设置要求不同。我国相关规范对桥梁护栏设置要求如下：

1）高速公路桥梁的外侧和中央分隔带必须设置桥梁护栏。

2）作为干线公路的一级、二级公路桥梁必须设置路侧护栏，作为干线公路的一级公路桥梁必须设置中央分隔带护栏。

3）作为集散公路的一级、二级公路桥梁应该设置路侧护栏，作为集散公路的一级公路桥梁宜设置中央分隔带护栏。

4）跨越深谷、深沟以及四级公路的桥梁应设置路侧护栏，位于其他路段经综合论证可不设置护栏的桥梁应设置视线诱导设施或人行栏杆。

5.4.3 护栏形式选择

护栏形式有多种，不同形式的护栏有不同的特点，在确定要设置护栏后，还要根据需要选择合适的护栏形式。

一般路段选择护栏需要综合考虑护栏的防撞性能、受碰撞后的护栏变形程度、护栏所在位置的现场条件、护栏材料的通用性、护栏的全寿命周期成本、护栏养护工作量的大小和养护的方便程度、护栏的美观与环境因素,以及所在地区现有公路护栏的使用效果等因素后确定。对于旅游或景观公路护栏的选择,不仅要考虑以上因素,还要考虑护栏与周围环境的协调程度。

波形梁护栏具有较强吸收碰撞能量的能力,有较好的视线诱导功能,能与道路线形相协调,外形美观,可在小半径弯道上使用,损坏处易于更换,并且对人车造成的损害较小,具有较好的通透性,一般地区包括沙漠、积雪地区的道路可选用波形梁护栏。但是波形梁护栏存在易因塌方、碰撞等因素造成损坏等缺点,因此,在山区高速公路中应慎用。

缆索护栏是公路柔性护栏中最具代表性的一种形式,优点是初始成本低,对车辆的包容性好,对较大范围尺寸的车辆有较好的引导作用;车辆碰撞时缆索在弹性范围内工作,可以重复使用;缆索护栏立柱间距比较灵活,受不均匀沉降的影响较小;设置条件较宽,对车辆的减速度较小;由于采用开放性设计,可防堆积,用于风雪和风沙地区时优越性较好;具有良好的通透性,风景区公路采用缆索护栏较为美观。其缺点是碰撞后相当大范围内的缆索会失效,需要维护;设置该护栏需要较大的净区;安装维护时对高度的校正较为敏感;视线诱导性较差,设置长度短时不经济;施工复杂,端部立柱损坏后修理困难,不适合在小半径曲线路段使用。

混凝土护栏是一种具有断面形状的墙式护栏,它是一种承力结构。钢筋混凝土护栏防止车辆越出路侧(桥)外的效果较好。混凝土护栏不易变形,维修费用很低,但当车辆与护栏的碰撞角度较大时,对车辆的损害较大。可用于山区急弯路段外侧、路侧为深沟和陡崖等车辆冲出将导致严重伤亡事故的部分路段。

钢背木护栏以方钢和槽钢作为护栏上下横梁,将木材包裹在横梁外面,以钢管作为护栏立柱。钢背木护栏将钢材的坚固性和木材的美观性结合起来,木材的机械性和生态平衡赋予它相对无生命物质独有的双重优势,可以在抵抗碰撞的同时吸收冲击能量。钢背木护栏与公路沿线的绿地、树木、花卉、湖泊、村舍等景观相配合,给驾驶人创造一个田园式的公路行车环境,使其在行驶过程中心情愉悦。

5.4.4 护栏对驾驶人的心理影响

1. 护栏造型设计对驾驶人的心理影响

驾驶人的心理特征不仅与驾驶人自身个性与素养有关,外界因素也会对驾驶人的心理造成影响。在护栏的设计中,护栏的形式和颜色均会对驾驶人的心理造成影响。护栏造型的设计在规范中已有规定,但不同路段的护栏种类的选用会对驾驶人的心理造成不同的影响,如转弯处护栏采用刚性混凝土护栏,对大型车辆驾驶人来说会有更大的安全感,但对小型车辆驾驶人来说会有害怕碰撞的紧张感;在落差较大的路段使用半刚性或者柔性护栏,对小型车辆驾驶人来说视线高度较低,不会存在大的影响,但对于大型车辆的驾驶人来说视线相对较高,会造成驾驶人惧怕翻车的紧张感。

在隔离护栏的设计中,结合驾驶人心理和规范的规定,尽可能使用更加稳定新颖的空间结构,如运用三角形原理等,在增强隔离护栏防护性能的同时,通透的结构还可以给驾驶人一种清新的感觉。

2. 护栏色彩对驾驶人的心理影响

色彩心理分为直接性色彩心理和间接性色彩心理，直接性色彩心理是色彩对人的生理的直接影响，即冷暖色调；间接性色彩心理是驾驶人对色彩的联想产生的感觉，有单色的感觉又有组合色彩的感觉，如红色在单独使用时有一种警示感，但是将红色和黄色交叉使用时会有一种热烈的感觉。各种色彩对人心理的影响见表5-6。

表5-6 色彩对人心理的影响

色彩	色彩心理
红色	热烈、冲动、压力、焦躁、危险、警告
橙色	欢快、活力、兴奋
黄色	危险、警告、提示、注意
绿色	公平、安静、智能、镇静
蓝色	文静、理智、安详、纯洁、忧郁
紫色	安全

城市道路护栏的色彩宜鲜明些，以保证驾驶人不断地受到外界的刺激，保持清醒的头脑，保证驾驶的安全性。护栏在涂料颜色的选择时应考虑：

1）应采用周边环境的对比色与护栏的原始色彩交替使用，以防止视觉疲劳。
2）应考虑到护栏的引导作用，能够在危险路段起到提示作用。
3）选用的颜色应符合驾驶人的色彩心理，尽量避免过长的路段使用有警示意义的色彩，防止长时间处于这种色彩下产生色彩适应，使该色彩原有的警示作用下降。

5.4.5 城市道路护栏对驾驶人的行为影响

美国研究表明，城市道路护栏是道路交通安全设施中很重要的一部分。但是，近几年我国在城市道路中央护栏的设置方面存在着存、废之辩，城市道路护栏的设置有利也有弊。

1. 城市道路护栏对驾驶人行为的有利影响

城市道路中央护栏的合理设置可以有效地分隔上、下行方向的车流，防止车辆在道路上随意转弯、掉头、逆向行驶等，减少不必要的交通事故发生，降低交通事故带来的损失和人员伤亡，保证车辆有序通行，提高道路的通行能力，缓解道路交通拥堵，规范行人随便过街的行为，还能够引导驾驶人的视线，提高行车舒适性，减少驾驶人的疲劳程度和紧张感。

此外，安装道路中央护栏还可以有效地减少道路沿线进出车辆发生交通冲突。在未设置中央分隔带之前，车辆会出现违章压双黄线掉头、左转的情况，从而与直行的车辆造成交通冲突，影响交通流的通行能力和通行效率。安装中央护栏之后交通冲突会明显减少甚至消除，有效地保障了道路主线交通流的通行能力及行驶的安全性。

2. 城市道路护栏对驾驶人行为的不利影响

城市道路中央护栏本身就是一种障碍物，存在一定的危险性。若护栏设置不合理，发生交通事故时，被撞护栏的碎片会伤害到驾驶人以及前排的乘客，甚至发生二次事故。护栏开口设置的位置不合理时，还会增加车辆的绕行距离。护栏设置的高度不合理将会阻挡驾驶人的视线，使驾驶人看不清楚前方道路周围的具体情况，发生突发事件或者紧急情况时无法从容应对，导致本不应该发生的交通事故发生。道路护栏的设置还会降低驾驶人对路侧的注意力，增加驾驶人的侥幸心理，驾驶人会以为设置了护栏就不会有行人或者其他障碍物出现，减少了对路侧的感知力，当发生突发状况时，会导致驾驶人的反应迟钝，来不及采取制动措施，导致不必要的事故发生。

如果驾驶人在开车时思想不集中，如使用手机打电话，虽然这种行为违法，但很难确保所有驾驶人开车时不会发生这种行为。研究表明，开车时使用手机会使驾驶人的反应时间延长，驾驶路线会发生明显偏移，行车速度也会减缓。若此时驾驶人所在的车道靠近护栏，那么驾驶人在看手机的瞬间，车辆的方向可能会发生偏移，很容易与护栏产生刮蹭，甚至发生碰撞，这对驾驶人来说非常危险。有时出于某些原因，车辆碰撞到道路中央护栏，可能会导致驾驶人受伤甚至死亡。图5-19就是车辆碰撞中央护栏后，护栏的上部横杆插入到驾驶人的胸部。

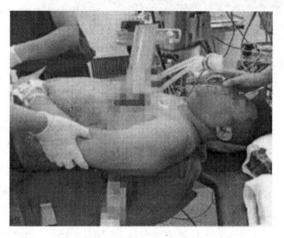

图5-19　碰撞中央护栏后发生的驾驶人受伤

在城市道路护栏方面，目前尚没有国家或行业标准，近几年不少城市更换了形式材料各异的新式护栏，但有些护栏的防撞性能堪忧，一撞就碎，而且护栏中间的竖杆被撞得乱飞，顶部横杆高度正对着车辆的前风窗玻璃，很容易扎破前风窗玻璃，伤及坐在前排的驾驶人和乘客。虽然这种护栏不会直接导致车祸，但可能会加重车祸的后果。设置中央隔离护栏不仅仅是为了美观，更重要的是要减少交通事故的损失，保证驾驶人的安全。因此护栏要选用防撞性能好的材料，尤其是护栏的立杆要结实牢固，起到一定的支撑作用，而护栏的横杆可以选用相对较软的材料，避免发生事故时伤人。此外，护栏的高度要设置合理，要保证驾驶人的视距，不能阻挡驾驶人的视线。

5.4.6　隔离栅

隔离设施是为了对高速公路和需要隔离的一级公路进行隔离封闭的人为构造物的统称，包括设置于公路路基两侧用地界线边缘上的隔离栅和设置于上跨公路主线的分离式立交桥以及人行天桥两侧的防护网。

隔离设施的作用是防止人和动物随意进入或横穿汽车专用道路，防止非法占用公路用地。隔离设施可有效排除横向干扰，避免由此产生的交通延误或交通事故，从而保障行车快速安全。

1. 隔离栅的分类

按构造形式分类可分为金属网、钢板网（见图5-20）、刺铁丝网（见图5-21）和常青绿篱隔离栅。常青绿篱在南方地区与刺铁丝网隔离栅配合使用，具有降噪、美化路容和节约投资的功效。金属网按网面形式的不同可分为编织网、电焊网等形式。

按立柱断面形式分类可分为直缝焊接钢管立柱、型钢立柱、Y型钢立柱及混凝土立柱隔离栅等。

按防腐形式分类可分为热浸镀锌、热浸镀铝、浸（涂）塑隔离栅。

图 5-20　钢板网隔离栅

图 5-21　刺铁丝网隔离栅

按安装方法分类可分为整网连续安装和分片式（组合式）安装隔离栅。

2. 隔离栅的设置原则

高速公路、需要控制出入的一级公路和城市快速路两侧必须实行封闭，以防止行人、非机动车、牲畜等闯入及非法侵占道路用地，这是确保行车安全、排除横向干扰、充分发挥公路功能的重要措施。

对于道路两侧有水渠、池塘、湖泊等天然屏障的路段，道路两侧有高度大于 1.5m 的挡土墙或砌石的路段，桥梁、隧道等构造路段，以及不必担心有人进入或非法侵占道路用地的路段，可以不设置隔离栅。

3. 隔离栅的形式选择

隔离栅的形式选择必须考虑隔离栅的性能、经济性、美观、与公路周围环境的协调，以及施工条件、养护维修等因素。

一般来说，电焊网、编织网和钢板网隔离栅适用于靠近城镇人口稠密地区的路段并配合道路景观，以及要求选择美观大方的隔离形式的风景区、旅游区、著名地点等路段、简单立交、通道的两侧，其中电焊网和编织网隔离栅比较适合于地形起伏不平的路段，钢板网隔离栅适合于地形平坦路段。刺铁丝网隔离栅适用于人烟稀少的地带、山岭地区、郊外地区的公路保留地、郊外地区高架构造物的下面和跨越沟渠而需封闭的地方。在互通立体交叉范围和服务区、停车区、收费站、管理所等处，可考虑隔离栅与绿化相配合，宜选择合适的小乔木或灌木，在管辖地界范围与刺铁丝网配合形成绿篱。

5.5　防眩设施

防眩设施是设置在道路中央分隔带上用于消除汽车前照灯夜间眩光影响的道路交通安全设施。设置防眩设施可防止对向车前照灯引起眩目，改善夜间行车条件，增大驾驶人的视距，消除驾驶人夜间行车的紧张感，降低交通事故率。防眩设施还可改善道路景观，克服行车的单调感，对改善夜间行车环境、吸引夜间交通流、提高公路通行能力发挥了积极作用。

根据有关统计资料，夜晚交通量占全天总交通量的 1/3～1/4，而发生在夜晚的交通事故数却占全天交通事故总数的 1/2，且夜间事故中有 1/3～2/3 为死亡事故，说明夜间交通事故的发生率和严重程度远大于白天。通过对事故原因的剖析发现，夜间汽车前照灯眩光是造成交通事故最重要的原因之一。

人的视觉是指眼睛在可见光线的作用下,对物体明暗、形状、颜色、运动和远近深浅的综合感觉。当进入眼睛的光线亮度发生快速变化时,人会产生不舒服的视觉条件。夜间在公路上行驶的车辆会车时,其前照灯的强光会引起驾驶人眩目,致使驾驶人获得视觉信息的质量显著下降,造成视觉机能的伤害和心理的不适,使驾驶人产生紧张和疲劳感,常常会把头转向一边,再加上能见度的降低,常常会看不见前方车辆、道路或对向车辆,从而诱发交通事故。研究人员提出了多种防眩措施,包括车载防眩设施、道路照明、路面防眩设施等,其中最重要的一项是在路面上设置防眩设施。

5.5.1 防眩设施的分类

防眩设施按产品类型主要可分为防眩网、防眩板、植树三种防眩形式。

1. 防眩网

防眩网是一种网状的防眩设施,它既可保证防眩设施的连续性和横向通视,又可隔离上下行车道,达到防眩和隔离的目的。防眩网又可分为网格状防眩网(见图 5-22)和栅栏式防眩网。

在我国北方地区,一旦积雪冻在网片间,防眩网就会变成冰雪墙,不仅会降低其透风性,而且不利于防眩。同时,防眩网在美观性、经济性、施工难易程度及防眩效果等方面都较差,因此我国高速公路和一级公路大都不采用该形式。

2. 防眩板

防眩板能够吸收、拆散和遮挡阳光以及夜间的对面灯光,减轻驾驶人的视觉疲劳,可有效减少车速较快、中间没有绿化防眩的路段交通事故。防眩板是一种经济、美观、风阻力小、积雪小、对驾驶人心理影响小的防眩设施,而且可做成各种形状,甚至可做成具有地方特色的形状,如图 5-23 所示的板条式防眩板。

图 5-22 网格状防眩网

图 5-23 板条式防眩板

3. 植树

在中央分隔带上植树具有防眩、美化路容、降低噪声和诱导交通等多重功能。植树防眩适用于较宽的中央分隔带,可作为公路总体景观的一部分与自然环境相协调。目前,植树防眩中央分隔带主要有以下几种植树形式：规则式的不同种类单株间隔种植、规则式的不同种类间隔片植、自由式的单株间隔种植、自由式的片状间隔种植等。

5.5.2 防眩设施的应用

防眩设施形式的选择应针对每条公路的具体情况，充分比较各种防眩设施的性能，分析行驶安全感、压迫感、景观要求，并考虑与公路周围环境的协调，结合经济性、施工条件及养护维修等因素，在综合分析的基础上确定。不同类型防眩设施的综合性比较见表5-7。

表 5-7 不同类型防眩设施的综合性比较

特点	植树		防眩板	防眩网
	密集型	间距型		
美观	好	好	好	较差
对驾驶人的心理影响	小	大	小	较小
风阻力	大	大	小	大
积雪	严重	严重	好	严重
自然景观配合	好	好	好	不好
防眩效果	较好	较好	好	较差
经济性	差	好	好	较差
施工难易程度	较难	较难	易	难
养护工作量	大	大	小	小
横向通视	差	较好	好	好
阻止行人穿越	较好	差	较好	好
景观效果	好	好	好	差

5.6 视线诱导设施

视线诱导设施是沿车行道两侧用于指示道路线形、方向、车行道边界及危险路段位置并诱导驾驶人视线的设施，也是道路交通安全设施的重要组成部分。

视线诱导设施按功能可分为轮廓标、突起路标、示警墩（桩）和抗侧滑护轮带四类。其中，轮廓标以指示道路线形轮廓为主要目的；突起路标以辅助和加强标线作用，提供道路服务质量为主要目标；示警墩（桩）除了能够指示道路线形轮廓外，还能对汽车冲出路侧起到一定的预防作用；抗侧滑护轮带以防止车辆滑入路侧水沟或滑下路基，保证行车安全为主要目标。它们以不同的侧重点来诱导驾驶人的视线，使行车更加安全、舒适。

在2009年颁布的《道路交通标志和标线》（GB 5768—2009）中，轮廓标、突起路标被列入交通标线范畴。

5.6.1 轮廓标

在白天，驾驶人一般以路面标志、标线和护栏作为行车指导，但是在夜间，上述设施的视线诱导功能显著下降，特别是当汽车从直线段向曲线段过渡时，驾驶人的视线很难随道路的线形急剧变化。因此设置轮廓标可以清晰地显示出道路的轮廓，能使驾驶人及时了解道路线形的变化，更有效地预防事故的发生，确保行车安全。

1. 轮廓标的设置要求

高速公路、一级公路和城市快速干道上车辆运行速度很高，为提高行车安全性和舒适性，连续设置轮廓标是诱导驾驶人视线、标明道路几何线形的有效办法。驾驶人能明确前方道路线形，从而快速、舒适地行驶，提高行车安全水平，有效避免交通事故。在高速公路、一级公路和城市快速干道的主线，以及其互通式立体交叉、服务区、停车场的进出口匝道或连接道上，特别是小半径曲线上，应设置轮廓标。

二级公路、三级公路、其他道路和路段视需要可沿主线两侧连续设置轮廓标。在小半径弯道、连续转弯、视距不良、易发生冲出路侧事故和事故多发等路段，宜结合其他安全处置措施沿主线两侧连续设置轮廓标。

为了营造较好的视线诱导效果，轮廓标在道路上一般左右侧对称设置。轮廓标反射器分白色和黄色两种。高速公路、设中央分隔带的整体式一级公路和分离式一级公路，按行车方向，左侧设置黄色轮廓标，右侧设置白色轮廓标；二级及二级以下等级公路，按行车方向左右两侧的轮廓标均为白色。

2. 轮廓标的形式选择

轮廓标按设置条件不同分为附着式轮廓标（见图5-24）和柱式轮廓标（见图5-25）。根据路侧设置的护栏形式及结构分布的不同，附着式轮廓标又可分为附着于波形梁护栏、混凝土护栏、缆索护栏和侧墙上的轮廓标，其他没有设置护栏的路段可以设置柱式轮廓标。

图 5-24　附着式轮廓标

图 5-25　柱式轮廓标

附着式轮廓标有的附着在各种护栏上，如波形梁护栏、混凝土护栏及缆索护栏，有的附着在隧道、挡墙、桥墩台等侧墙上。由于所附着的建筑物部位形状不同，轮廓标采用的形状也不同。轮廓标附着于波形梁护栏中间槽内时，反射器为梯形，与后底板固定在波形梁与立柱的连接螺栓上。附着在其他各类侧墙上的轮廓标可用圆形、长方形或梯形，一般附件可与侧墙连接。附着在缆索护栏上时，可采用夹具直接把轮廓标固定在缆索上，这种轮廓标一般为圆形或梯形。

柱式轮廓标的主体结构为三角形断面的立柱，由柱体、反射器和基础等部分组成。反射器采用定向反光材料，分白色和黄色两种。反射器的安装角度要与驾驶人视线方向垂直。当道路设有中央分隔带时，轮廓标为单面；当道路没有中央分隔带时，轮廓标为双面。

在气候条件恶劣的地区，如经常有雾、风沙、雨、雪天气出现或线形条件复杂时，可以采用反光性能高、反射体尺寸较大的轮廓标。

5.6.2 突起路标

突起路标又称路钮或道钉，是固定于路面上起标线作用的突起标记块，如图 5-26 所示，可用来标记对向车行道分界线、同向车行道分界线、车行道边缘线等，也可用来标记弯道、进出口阻道、导流标线、道路变窄、路面障碍物等危险路段。突起路标按颜色可以分为白、红、黄突起路标等，按反光面可以分为单面和双面突起路标，从功能上可以分为常规突起路标、防除雪突起路标、太阳能突起路标等。与标线配合使用时，应选用主动发光型或定向反光型突起路标，其颜色与标线颜色应一致。

图 5-26 突起路标

突起路标在不良气候和环境下（雨天、雾天、路面灰泥多等）能有效保证驾驶人的视认性，其作用是通过反射车的灯光使驾驶人识别车道边缘的位置，当车辆偏离行车道时，突起路标可给车辆驾驶人以振动提示，避免事故的发生，在夜间也能起到视线诱导作用，同时美化了高速公路夜间景观。与其他设施相比，设置突起路标所需费用较低，但在夜间行车时作用却很大，可谓是花小钱办大事。

突起路标的主要缺点是：①突出路面对骑自行车和摩托车者存在潜在的危险，但可通过降低其高度使危险性降低。②如果突起路标与路面固定不牢，在高速行驶的车辆碾压下可能脱落而影响其他车辆安全行驶，解决这一问题的办法是提高突起路标与路面的黏结强度。

5.6.3 示警墩（桩）

示警墩（桩）是一种设置在路堤较高的曲线段路侧或平交口两侧的视线诱导设施，如图 5-27 和图 5-28 所示。示警墩（桩）一般都是红白相间，可提升驾驶人的视认性，并警示驾驶人道路线形的变化。示警墩（桩）在起到视线诱导作用的同时，也有一定的防护作用。

图 5-27 示警桩

图 5-28 示警墩

示警桩一般设置于路侧有一定宽度净区、视距良好的路段。示警墩一般设置于路侧净区较小，视距良好，路侧有一定危险程度但危险程度不大的路段。

5.7 其他安全设施

5.7.1 交通监控

近几年，我国许多城市信号控制交叉口或路段越来越多地应用交通违法监控系统，俗称交通监控或电子警察，如图 5-29 所示。

交通监控是以通信技术、计算机图像处理技术为核心的智能交通系统的重要组成部分，主要由闪光灯、抓拍相机、红灯检测模块和车辆检测模块构成，自动执法透明度高、公正性强。交通监控通过安装在交叉口的车辆违法自动检测设备和违法车辆信息（超速、闯红灯、压线变道等）记录设备，将车辆的违法信息记录下来，并将其传送到

图 5-29 交通监控

处理中心，从而生成违法处罚通知单。《道路交通安全法》第一百一十四条规定："交通管理部门根据交通技术监控记录资料，可以对违法的机动车所有人或者管理人依法予以处罚"。

目前，交通监控作为一类可以记录驾驶人交通违法行为的安全设施，不同的国家对其态度或认识不同。关于信号控制交叉口安装交通监控是否有利于行车安全存在两方面观点：支持者认为交通监控有助于降低超速、闯红灯等的违法率，规范驾驶人驾驶行为，提高了交叉口安全水平；反对者认为在交通监控环境下虽然交叉口总事故数会下降，但绿灯信号结束时很容易发生交通事故，侧面碰撞和追尾事故数增多，不利于行车安全。

发达国家从设计、应用、事故率等多方面对交通监控进行了调查研究，发现在交叉口安装交通监控对提高交叉口安全水平有很大作用，但也存在追尾事故增多等负面影响。但是这些成果都处于较浅层面的定性分析上，缺少交通监控对驾驶人心理生理造成影响等方面的研究。

我国经济发展迅速，汽车保有量也迅速增加，同时带来了很多问题，如超载、超速、闯红灯等，迫于警力不足等原因，为了禁止这些交通违法行为，交通监控在我国的应用非常普遍。某些研究表明交通监控会影响驾驶人的交通行为，有助于降低绿灯初期和绿灯末期的闯红灯违法率，并可降低机动车事故率，但在交通监控运行的过程中会增加刮撞行人的事故率。

目前专门研究交通监控对驾驶人具体影响的比较少，缺少交通监控对驾驶人及交通安全影响的多源信息研究，也缺少从微观层面揭示交通监控对驾驶人生理心理与行为影响机理等的研究。

5.7.2 防撞设施

防撞设施主要包括防撞垫和防撞筒等。防撞垫是通过吸收车辆碰撞能量使车辆安全停止,并使车辆改变行驶方向避免乘员受到严重伤害的设施。防撞垫成本低,具有很高的安全性能,它的主要功能是降低事故严重度,另外还可通过其表面颜色和图像符号起到警告和诱导作用。

按照防撞原理,防撞垫可分为动能原理防撞垫和动量守恒原理防撞垫两大类。动能原理防撞垫是通过设置在防撞物前的可破坏的或可产生塑性变形的材料或结构来缓冲或吸收行驶车辆的动能,这种结构需刚性支撑或阻挡,使吸能材料或结构产生变形以减少对车辆的撞击力。动量守恒原理防撞垫是通过设置在防撞物体前的一些装砂、装水容器转移失控车辆的动能、起到缓冲作用的结构,这种结构施工机动性强,应用较为方便。

防撞垫有夹层系列防撞塑料垫、填砂塑料桶防撞垫、可导向防撞垫、非导向防撞垫、沙袋等多种形式。可根据地形条件和发生冲撞事故时可能造成的伤害程度,选择不同结构形式和使用方法。

可导向防撞垫由弧形前端板、前端框架、导轨、立柱、托架、护栏板、末端固定支撑、吸能装置和连接螺栓组成,见图5-30,具有车辆正碰时缓冲吸能和侧碰时导向的双重功能,主要设置在高速公路及一般等级公路、城市道路等分流匝道三角端位置,用于对三角端进行防护,防止高速失控的小客车碰撞三角端护栏端头时造成乘员的严重冲击伤害或护栏板插入车体内对乘员形成致命伤害等。可导向防撞垫的使用进一步提高了高速公路安全防护设施的整体防护能力。

非导向防撞垫由数个连接在一起的单元吸能桶组成,如图5-31所示。单元吸能桶由钢板焊制而成,其结构为轮辐式,内部填充弹塑性吸能材料。非导向防撞垫主要设置在高速公路及一般等级公路、城市道路的转弯、出入口、收费岛头、桥梁护栏端头、上跨桥的桥墩处等存在严重安全隐患的地方,当车辆正碰时,可通过结构变形吸收车辆动能,起到很好的缓冲作用。

图 5-30 可导向防撞垫

图 5-31 非导向防撞垫

防撞筒多为中空形式,本身质量轻,便于移动和更换。加水或细沙可增加其质量,更好地与碰撞车辆进行动能转换，并且玻璃钢或塑料自身具有优良的弹性性能，能起到很好的缓冲作用，有效减少了对碰撞车辆和司乘人员的伤害。尤其是将防撞筒设置在护栏端头时，能有效防止护栏端板插入高速行驶的失控车辆内，避免恶性事故的发生。

5.7.3 减速设施

减速设施是通过物理手段减少车辆使用的影响，强制改变驾驶人行为的设施。其原理是通过在道路特殊路段设置某种凸起设施，当车辆高速驶过时，驾驶人会感受到强烈的颠簸，产生不舒服的感觉。

减速设施一般包括减速带、减速路面等。减速带是在路幅宽度范围内较正常路面高度隆起的强制性减速设施。它一般设置在道路出入口、山区双车道公路的急弯陡坡、连续长且大的陡坡路段或交叉口前等处，用来强制降低车速。目前常用的减速带主要有橡胶减速带（见图5-32）和混凝土减速带（见图5-33）。混凝土减速带一般采用水泥混凝土和沥青混凝土两种材料。

图 5-32　橡胶减速带

图 5-33　混凝土减速带

减速路面主要包括彩色路面和混凝土减速路面，分别如图5-34（见彩图10）和图5-35所示。彩色路面有效减少交通事故的原理主要有三点：①在铺装材料中加入耐磨的颗粒材料，使硬质骨材表面形成凸起，有效增加了彩色路面的防滑系数。②彩色路面铺装是在原路面上形成5mm的凸起面层，使车辆在通过的瞬间产生轻快振动，提醒驾驶人减速行驶。③鲜

图 5-34　彩色路面

图 5-35　混凝土减速路面

艳的色彩与路面颜色形成强烈反差,给驾驶人在视觉上造成冲击,从而达到提高驾驶人注意力并采取有效措施减速慢行的效果。混凝土减速路面由减速标线和砾石路面组成,减速标线应喷玻璃珠,砾石路面为24cm厚的混凝土路面上嵌铺一层粒径3~5cm的磨圆度较好的坚硬砾石,通过轻微的颠簸提示驾驶人降低行驶速度。

5.7.4 避险车道

避险车道是专门为减慢失控车辆速度并使车辆安全停车的辅助车道,如图5-36所示。一条完整的避险车道应由渐变段、引道、制动坡床、服务道路、强制减弱装置、救助设施等组成。避险车道一般为上坡车道,表面为铺满砂石或松软砂砾的制动层。避险车道的原理是把失控车辆的动能转化为重力势能和抵抗路面摩擦的能量,从而使车辆停下来。制动层的目的是增加大型车辆的滚动摩擦阻力,最终帮助车辆停下来,而且

图 5-36 避险车道

这种增加的滚动摩擦阻力还能防止大型车在停车后向后翻转。若没有砂石或松软的砂砾层,避险车道必须设计得更长或坡度更大。在特定情况下,避险车道也可以是平坡或下坡车道。

对于公路中的连续长、陡下坡路段,当平均纵坡为4%,纵坡连续长度为3km,且行驶车辆组成中型与重型车占50%以上时,为避免车辆在行驶中速度失控而造成事故,应该在长、陡下坡地段的右侧山坡上的适当位置设置避险车道。

5.7.5 降温池

降温池即制动易冷却平台,如图5-37所示,其作用是让已经发热的制动摩擦片在降温水槽中冷却,迅速降温,以维持制动器效能的稳定性,减少爆胎,预防和减少交通事故,提高车辆行驶的安全性。

降温池主要设置在连续下坡或陡坡路段前方,平均在高度下降200m左右设置一处,降温池底面标高低于挡水坎标高30cm,两侧顺接路面,车辆从指定位置驶入降温池可降温,利于行车安全。设置降温池时应注意附近要有水源且水流应方便排出。

图 5-37 降温池

5.7.6 道口标柱

道口标柱设置在等级低的公路沿线较小平面交叉路口两侧的道路开口处,主要用来提醒驾驶人提高警觉,防止从等级低的支路出来的车辆、行人突然出现在主路而造成意外,如图

5-38 所示。道口标柱一般沿主线方向设置，宽度小于 5m 的路口两侧各设置一根，宽度大于 5m 且小于 7m 的路口两侧各设置两根，但已经设置指路标志或交叉路口警告标志的路口不再设置道口标柱。

道口标柱由橡胶柱杆、橡胶封塞及橡胶底座构成。橡胶柱杆内部为柱腔，橡胶封塞安装在橡胶柱杆的柱腔开口处，使该柱腔封闭，橡胶柱杆的底端安装在橡胶底座的座孔内。道口标柱具有较好的柔性，耐碰耐用，安全性强。

图 5-38　道口标柱

5.7.7　反光镜

在急转弯、视距不良的坡道路段，设置凸面反光镜有利于驾乘人员看见对面的交通流并及时采取措施，减少交通事故的发生，如图 5-39 所示。实践证明，合理设置凸面反光镜对于保障转弯处路侧安全有显著效果。

图 5-39　反光镜

道路交通设施涉及的标准与规范

目前我国道路交通设施涉及的国家标准与规范主要有：
1. 《道路交通信号灯》（GB 14887—2016）
2. 《道路交通信号倒计时显示器》（GA/T 508—2014）
3. 《道路交通信号灯设置与安装规范》（GB 14886—2016）
4. 《人行横道信号灯设置规范》（GA/T 851—2009）
5. 《道路交通标志和标线》（GB 5768—2009）
6. 《城市道路交通标志和标线设置规范》（GB 51038—2015）
7. 《公路交通安全设施施工技术规范》（JTG F71—2006）
8. 《公路护栏安全性能评价标准》（JTG B05-01—2013）

9. 《公路项目安全性评价规范》(JTG B05—2015)
10. 《道路交通技术监控设备运行维护规范》(GA/T 1043—2013)

复 习 思 考 题

1. 简述交通信号灯的种类与含义。
2. 试分析倒计时信号灯的优缺点。
3. 简述道路交通标志的分类与含义。
4. 简述道路交通标线对交通安全的作用。
5. 目前我国的交通标志标线设置存在哪些问题?
6. 简述护栏对道路交通安全的作用。
7. 简述防眩设施对道路交通安全的作用。
8. 试分析交通监控对交通安全的影响。
9. 简述防撞设施、减速设施、避险车道对交通安全的作用。

第 6 章

车辆因素与交通安全

本章学习目标
1. 掌握汽车操纵稳定性对交通安全的影响。
2. 掌握汽车制动性包含的内容。
3. 掌握汽车轮胎对交通安全的影响。
4. 掌握被动安全的含义及被动安全技术。
5. 掌握主动安全的含义及主动安全技术。
6. 了解其他车辆相关因素对交通安全的影响。

6.1 车辆性能与交通安全

在道路交通系统中,车辆是人、车、路、环境四要素中的关键环节。汽车各个方面性能的完善,能够预防或弥补驾驶人操作上的失误,从而降低发生道路交通事故的概率,即使发生了交通事故,也有可能降低交通事故的损失程度。因此,汽车安全性能对道路交通安全具有重要意义。

与道路交通安全密切相关的车辆性能主要有:操纵稳定性、制动性、动力性能、行驶平顺性等。

6.1.1 汽车操纵稳定性

汽车的操纵稳定性包含相互联系的操纵性和稳定性两个方面。操纵性是指在驾驶人不感到过分紧张、疲劳的情况下,汽车能按照驾驶人通过转向系及转向车轮给定的方向(直线或转弯)行驶。稳定性是指汽车遇到外界干扰(路面不平、侧风、货物或乘员偏载)时,能抵抗干扰而保持稳定行驶的能力。简而言之,操纵性好就是"听驾驶人的话",稳定性好就是能够抵抗干扰。

1. 操纵稳定性包含的内容及评价方法

汽车操纵稳定性可以通过稳态响应、瞬态响应、回正性、直线稳定性、转向轻便性及抗侧翻能力等物理量进行多个方面的评价。

(1) **稳态响应** 汽车等速直线行驶与等速圆周行驶时,汽车处于稳态。在稳态下由干扰(操纵转向盘转向、横向风作用、路面不平等)引起的车辆响应称为稳态响应。

汽车等速圆周行驶的稳态响应又称为汽车的稳态转向特性,分为不足转向、中性转向和过多转向三种类型,如图 6-1 所示。不同转向特性的汽车具有不同的行驶特点。如果转向盘保持一固定转角 δ_w,缓慢加速或以不同车速等速行驶时,随着车速的增加,具有不足转向特性的汽车的转向半径 R 增大,具有中性转向特性的汽车的转向半径维持不变,具有过多转向特性的汽车的转向半径则越来越小。

由于汽车转弯时，离心力与速度的平方成正比，与转弯半径成反比，具有不足转向特性的汽车操纵稳定性较好。具有过多转向特性的汽车，随着车速的增加，转向半径减小，离心力增大，对安全行驶不利。具有中性转向特性的汽车，虽然转弯半径不随车速变化，但是随着汽车的使用，有可能转变为过多转向特性，对汽车的安全行驶不利。因此，汽车通常设计成具有适度的不足转向特性。

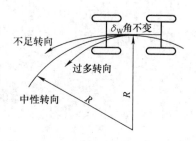

图 6-1　汽车的 3 种稳态转向特性

（2）瞬态响应　等速直线行驶与等速圆周行驶这两个稳态运动之间的过渡过程是一种瞬态，对应的瞬态运动响应称为瞬态响应。瞬态响应的好坏直接影响汽车的操纵稳定性，如紧急变换车道行驶、避让障碍行驶时，驾驶人都会遇到猛打转向盘及迅速回正的问题。

汽车瞬态响应的运动状态随时间变化而变化。图 6-2 所示为一辆等速行驶的汽车在 $t=0$ 时，驾驶人急转转向盘至角度 θ 并维持此转角不变时的汽车瞬态响应曲线。用横摆角速度 ω_r 描述汽车的瞬态响应，可见，给转向盘转角阶跃输入后，汽车横摆角速度经过一个过渡过程后达到稳态横摆角速度 ω_{r0}，此过渡过程即为汽车的瞬态响应。汽车的瞬态响应与反应时间 t（横摆角速度由 0 达到稳态横摆角速度 ω_{r0} 的时间）有关。反应时间越短，驾驶人感到转向响应越迅速、及时，否则就会觉得转向迟钝。此外，瞬态响应还与进入稳态所经历的时间 σ（横摆角速度达到稳态值的 95%～105% 之间所需时间）有关。进入稳态所经历的时间越短，横摆角速度收敛得越好，对汽车的安全行驶有利。

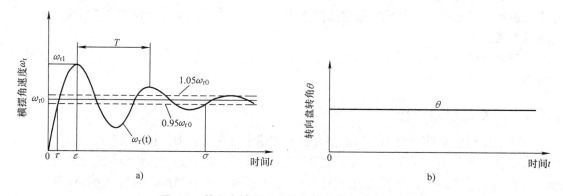

图 6-2　转向盘转角阶跃输入下的汽车瞬态响应

（3）回正性　汽车完成变道、转弯、避让等驾驶行为后要进行回正，要求汽车能自动回正，即驾驶人松开转向盘时，转向盘应能迅速回正。回正性差的汽车驾驶人不容易操纵，不利于行驶安全。

（4）直线稳定性　驾驶人驾驶汽车直线行驶时并没有转动转向盘，有的汽车在达到某个车速之上，甚至遇到路面不平时，便会左右反复摆动，这种现象称为汽车摆头。汽车摆头会使驾驶人紧张疲劳，汽车操纵稳定性变差，行车安全性降低。

（5）转向轻便性　《机动车运行安全技术条件》（GB 7258—2017）中要求转向时施加于转向盘外缘的最大切向力应小于或等于 245N，当车辆转向轴最大设计轴荷大于 4000kg 时，应采用转向助力装置。转向轻便性好的汽车更容易操控。

(6) 抗侧翻能力 汽车在侧坡上直线行驶时，如果侧坡坡度过大，就可能发生横向侧翻。如图 6-3 所示，当坡度大到使汽车重力通过一侧车轮接地中心，而另一侧车轮的地面法向反作用力等于零时，即为汽车即将发生侧翻的临界状态。此时有

$$Gh_g\sin\beta = G\frac{B}{2}\cos\beta \quad (6\text{-}1)$$

$$\tan\beta = \frac{B}{2h_g} \quad (6\text{-}2)$$

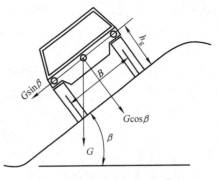

图 6-3 汽车在侧坡上的侧翻

式中，β 为汽车不发生侧翻的极限角；h_g 为汽车的重心高度；B 为轮距；G 为车重。

根据式（6-2），降低汽车质心高度 h_g 或增加轮距 B，均可防止侧翻。《机动车运行安全技术条件》（GB 7258—2012）中要求，汽车在空载、静止情况下，侧翻极限角不得小于 28°（双层客车）、30°（总质量为车辆整备质量 1.2 倍以下的车辆）、35°（其他车辆）。

2. 提高汽车操纵稳定性的主要途径

操纵稳定性与汽车的转向系统、行驶系统、轮胎等密切相关，可通过下列途径提高汽车的操纵稳定性：

(1) 增加轮胎的侧偏刚性 提高汽车后轮轮胎的充气压力能够提高轮胎的侧偏刚性，后轮轮胎的侧偏刚性变大有利于汽车的不足转向，即增加轮胎的侧偏刚性可以使汽车的操纵稳定性得到一定程度的改善。另外，还可以选择不同类型的轮胎来提高侧偏刚性，例如子午线轮胎比斜交轮胎的侧偏刚性高。

(2) 合理选择转向主销后倾角和内倾角 转向轮定位中的主销后倾和主销内倾都有使车轮自动回正的作用。主销后倾角和主销内倾角不宜过大或过小。如果主销后倾角过大，会引起转向沉重；如果主销后倾角过小，则起不到自动回正的作用；如果主销内倾角过大，转向时会增加轮胎与地面间的磨损。因此应合理地选择转向轮定位参数。

(3) 减小前轮前束值 减小汽车前轮前束值能够减少前轮摆振，从而减轻汽车的摆头现象，提高操纵稳定性。

(4) 增加转向助力装置 转向助力装置可以减小驾驶人的转向操纵力，满足汽车转向灵敏性和轻便性的要求。目前转向助力装置已发展为带车速传感器的助力装置，能够根据不同车速提供不同的助力。车速越高，助力越小，车速越低，助力越大，既降低了驾驶人的操纵强度，又不至于在高速行驶时转向盘过轻而产生不安全感。

(5) 配置驱动力自动调节系统 该系统的原理是改变普通车辆在任何运行情况下左右两侧驱动力的输出都一致的情况，根据具体情况使内侧车轮的驱动力向外侧车轮转移，从而产生转向力矩，使内外轮转速不一致，这样能够提高和改善车辆的转向性能以及车辆在复杂路面上直线行驶的稳定性。

3. 操纵稳定性对道路交通安全的影响

对于过多转向或中性转向的汽车，在转向时，如果驾驶人未能及时调整转向盘转角并降低车速，则会导致汽车失控而造成交通事故。汽车的瞬态响应运动状态应随时间而及时变化，否则驾驶人已经转动了转向盘，而汽车却没有及时反应，驾驶人无法自如地进行操作。

当遇到紧急情况时，也可能因转向不灵而无法应对，易造成交通事故。因此，设计汽车时，必须考虑汽车的稳态转向特性与瞬态响应状况。

随着使用时间的增加，汽车转向系统的零部件间隙变大，往往会使前轮定位失准，悬架与转向机构不协调，导致汽车行驶时出现摆头现象。摆头不仅会使驾驶人容易操作疲劳，而且会使驾驶人感到汽车操纵稳定性差，产生心理上的波动，不利于安全行车。

如果汽车不具有转向轻便性，驾驶人的劳动强度会增大，时间长了，驾驶人容易疲劳，特别是在急转弯或紧急避让时会造成转向困难或不能完成转向动作，对汽车安全行驶有很大的影响。如果转向力过小，会使转向发飘，驾驶人路感降低，对行车安全也不利。

总之，若汽车的操纵稳定性差，就不能准确响应驾驶人的转向指令，当汽车受到外界干扰后难以迅速恢复原来的行驶状态。操纵稳定性差可能引起汽车摆头、转向甩尾、高速发飘、斜行、不能自动回正，甚至侧翻等现象，使汽车的行驶安全性变差，极易出现交通事故，严重影响道路交通安全。

6.1.2 汽车制动性

汽车的制动性是指汽车行驶时能在短距离内停车且维持行驶方向稳定性和在下长坡时能维持一定车速的能力。汽车的制动性直接关系到道路交通安全，重大道路交通事故往往与汽车制动距离太长、紧急制动时发生侧滑等有关。因此，汽车的制动性是安全行驶的重要保障。

根据我国标准《机动车运行安全技术条件》（GB 7258—2017）的规定，机动车应设置足以使其减速、停车和驻车的制动系统或装置，且行车制动的控制装置与驻车制动的控制装置应相互独立。

1. 汽车制动的基本原理

在良好水平硬路面上汽车制动时车轮的受力情况如图 6-4 所示，忽略滚动阻力偶矩和减速时的惯性力、惯性力偶矩。T_μ 是车轮制动器中摩擦片与制动鼓或制动盘相对滑转时的摩擦力矩，单位为 N·m；F_{Xb} 是地面制动力，单位为 N；W 为车轮垂直载荷，T_p 为车轴对车轮的推力，F_X 为地面对车轮的法向反作用力，单位均为 N。

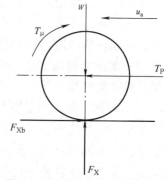

图 6-4 制动时车轮的受力情况

根据力矩平衡可得

$$F_{Xb} = \frac{T_\mu}{r} \qquad (6-3)$$

式中，r 为车轮半径（m）。

地面制动力是使汽车制动而减速行驶的外力，但其取决于 2 个摩擦副的摩擦力：①制动器内制动摩擦片与制动鼓或制动盘间的摩擦力。②轮胎与地面间的摩擦力，即地面附着力。

在轮胎周缘为了克服制动器摩擦力矩所需的力称为制动器制动力，以 F_μ 表示。制动器摩擦力矩等于制动器制动力乘以车轮半径，故有

$$F_\mu = \frac{T_\mu}{r} \qquad (6-4)$$

式中，T_μ 为制动器摩擦力矩（N·m）。

制动器制动力的大小取决于制动器的形式（鼓式或盘式）、结构尺寸、摩擦副的摩擦因数及车轮半径，并与制动踏板力成正比。制动时会产生地面制动力，随着地面制动力从小到大，车轮的运动会出现滚动与抱死滑动两种状态。制动开始时，地面制动力取决于制动器制动力，随制动踏板力的增大而增大，车轮处于滚动状态；当地面制动力达到附着力时，即使制动踏板力增大，地面制动力也不再增大，车轮处于抱死滑动状态，即

$$F_{Xb} \leq F_{\varphi} = F_{Z\varphi} \tag{6-5}$$

最大地面制动力 F_{Xbmax} 为

$$F_{Xbmax} = F_{Z\varphi} \tag{6-6}$$

可见，地面制动力最大不能超过附着力，否则车轮将抱死滑动，此时要提高地面制动力只能提高地面附着系数。

2. 汽车制动过程

汽车装有液压式或气压式制动装置。制动时，驾驶人踩下制动踏板使液压或气压机构产生动作并使制动器开始工作，利用制动器内部的摩擦和车轮与路面间的摩擦消耗汽车的动能，以实现减速或停车。驾驶人在接受紧急制动信号后简化的汽车的制动过程如图6-5所示。

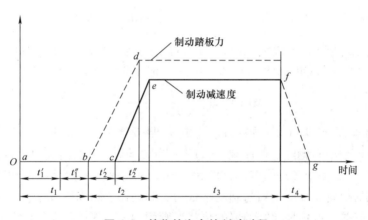

图6-5　简化的汽车的制动过程

驾驶人接到紧急制动信号时，并没有立即行动（见图6-5中的 a 点），而要经过 t'_1 后才意识到应进行紧急制动。从 a 点至 b 点所经过的时间 $t_1 = t'_1 + t''_1$ 称为驾驶人反应时间，这段时间一般为0.3~1.0s。在 b 点以后，随着驾驶人踩制动踏板，制动踏板力迅速增大，至 d 点时达到最大值。由于制动蹄蹄片与制动鼓间存在间隙，所以要经过 t'_2，即至 c 点，地面制动力才起作用，汽车开始产生减速度。由 c 点到 e 点是制动器制动力的增长过程，所需时间为 t''_2。$t_2 = t'_2 + t''_2$ 称为制动器的总作用时间，一般为0.2~0.9s。由 e 点到 f 点为持续制动时间 t_3，其减速度基本不变。到 f 点时驾驶人松开制动踏板，但制动力的消除还需要一段时间，一般 t_4 在0.2~1.0s之间。若这段时间过长，会耽误随后起步行驶的时间。另外，如因车轮抱死而使汽车失去控制，驾驶人采取措施放松制动踏板时，又会使制动力不能立即释放。

3. 汽车制动性能评价指标

汽车制动性能主要体现在三个方面：制动效能，制动效能的恒定性，制动时方向的稳

定性。

(1) 制动效能 指汽车迅速降低车速直至停车的能力。其评定指标为制动距离 s 和制动减速度 a_b。

1）制动减速度。制动减速度是制动时车速对时间的导数，它反映了地面制动力的大小，与制动器制动力（车轮滚动时）及附着力（车轮抱死滑动时）有关。

在不同路面上，地面制动力 F_{Xb} 为

$$F_{Xb} = \varphi_b G \tag{6-7}$$

汽车的最大减速度 a_{bmax} 为

$$a_{bmax} = \varphi_b g \tag{6-8}$$

若允许汽车的前、后车轮同时抱死，则有

$$a_{bmax} = \varphi_a g \tag{6-9}$$

若装有理想的防抱死制动装置来控制汽车的制动，则制动减速度为

$$a_{bmax} = \varphi_p g \tag{6-10}$$

由于汽车制动时瞬时减速度曲线的形状复杂，不容易用某一点的值来代表，故我国行业标准采用平均减速度的概念，即

$$\bar{a} = \frac{1}{t_2 - t_1} \int_{t_1}^{t_2} a(t) \, dt \tag{6-11}$$

式中，t_1 为制动压力达到 75% 最大压力 p_{max} 的时刻；t_2 为停车时所用总时间的 2/3 的时刻。

ECER13 制动法规和 GB 7258—2017 采用的是充分发出的平均减速度

$$MFDD = \frac{u_b^2 - u_e^2}{25.92(s_e - s_b)} \tag{6-12}$$

式中，u_b 为 $0.8u_0$ 的车速（km/h）；u_0 为起始制动车速（km/h）；u_e 为 $0.1u_0$ 的车速（km/h）；s_b 为 u_0 至 u_b 车辆经过的距离（m）；s_e 为 u_0 至 u_e 车辆经过的距离（m）。

2）制动距离。制动距离是指汽车速度为 u_0 时，从驾驶人开始操纵制动踏板到汽车完全停稳为止所行驶的距离。制动距离与制动踏板力、制动器、路面附着条件、车辆载荷、轮胎性能等许多因素有关，特别是与制动器的热状况密切相关。测试汽车制动距离时，应对制动踏板力、路面附着系数及车辆状态等作出规定。汽车制动效能的高低是由汽车的动力性决定的，通常轿车、轻型货车行驶车速高，要求其制动效能也高，中型、重型货车行驶车速低，要求其制动性略低一些。

制动的全过程包括驾驶人接收需要制动的信号后做出行动反应、制动器起作用、持续制动和放松制动器 4 个阶段。制动距离的计算式为

$$s = \frac{1}{3.6}\left(t_2' + \frac{t_2''}{2}\right)u_0 + \frac{u_0^2}{25.92 a_{bmax}} \tag{6-13}$$

式中，s 为制动距离（m）；a_{bmax} 为汽车的最大制动减速度（m/s²）；u_0 为起始制动车速（km/h）；

可见，汽车制动距离取决于制动器起作用的时间、最大制动减速度和起始制动车速。

(2) 制动效能的恒定性 汽车高速行驶时连续制动或下长坡时较长时间较大强度持续制动，会导致制动器温度升高，制动器摩擦力矩显著下降，这种现象称为制动器的热衰退。制动效能的恒定性主要指制动器的抗热衰退性能。

制动器的热衰退与制动器摩擦副材料和制动器结构形式有关。为了减少热衰退现象,可采取以下措施:

1)增大摩擦片面积,加大制动鼓或制动盘的热容量。
2)提高制动器热冷却能力。
3)利用制动能量回收装置吸收一部分能量。
4)在连续长下坡的公路上,运输车辆可以在制动装置的摩擦副表面注入冷却水来降低温升。
5)尽量使摩擦片的温度特性曲线保持平稳。
6)尽可能选用自行加力作用较小的盘式制动器。

(3) 制动时方向的稳定性 制动过程中,有时会出现制动跑偏、后轴侧滑或前轮失去转向能力而使汽车失去控制离开原来行驶方向的现象。通常称汽车在制动过程中维持直线行驶或按预定弯道行驶的能力为汽车制动时方向的稳定性。

制动跑偏是指制动时汽车自动向左或向右偏驶的现象。侧滑是指制动时汽车的某一轴或两轴发生横向移动。最危险的情况是在高速制动时发生后轴侧滑,此时汽车常发生不规则的急剧回转运动而失去控制。跑偏与侧滑存在内在联系,严重跑偏时会引起后轴侧滑,易于发生侧滑的汽车也有加剧跑偏的趋势。

引起制动跑偏的原因主要有:
1)汽车左右车轮特别是转向轴左右轮制动器制动力不相等。
2)前轮定位失准、车架偏斜、装载重心偏移、路面条件不良。
3)制动时悬架导向杆系与转向系拉杆在运动学上不协调。

影响制动侧滑的因素主要有:①路面附着系数。②车轮抱死及抱死顺序。③制动初速度。④荷载及荷载转移。⑤侧向力源。

4. 车辆最小安全距离

相同车道行驶的机动车,后车必须根据行驶速度、交通流状况、路面条件等情况同前车保持必要的距离。车辆最小安全距离就是指在相同车道上前后行驶的两车之间,既保证不会发生追尾又不会降低车道通行能力的距离。

(1) 制动非安全距离 制动非安全距离是指从驾驶人发现障碍物开始到制动停车为止汽车所行驶的距离。

传统的制动非安全距离 s_F 可以表示为

$$\begin{cases} s_F = \dfrac{v_0 t_1}{3.6} + \dfrac{1}{3.6}\left(t_2' + \dfrac{t_2''}{2}\right)v_0 + \dfrac{v_0^2}{2\times 3.6^2 j_a} & F_\mu < F_\varphi \\ s_F = \dfrac{v_0 t_1}{3.6} + \dfrac{1}{3.6}\left(t_2' + \dfrac{t_2''}{2}\right)v_0 + \dfrac{v_0^2}{254\varphi} & F_\mu \geq F_\varphi \end{cases} \quad (6\text{-}14)$$

式中,F_μ 为制动器制动力(N);F_φ 为附着力(N);j_a 为制动减速度(m/s²);φ 为地面附着系数;v_0 为制动起始车速(km/h);t_1 为驾驶人反应时间(s);t_2 为制动器起作用(传递延迟 t_2' 和制动力增长 t_2'')时间(s)。

(2) 最小安全距离 一般的车辆行驶环境可分为2类:①车辆在道路条件良好、视野开阔、交通流顺畅的环境下行驶。②车辆在道路及天气条件较差、交通流相对迟缓、视野狭窄的环境下行驶。

第1种情况下前后车辆间的安全距离必须以前车紧急制动为前提，后车随之紧急制动且不追尾前车，而且停车后与前车保持一定的安全间距，以此原则确定的距离即为车辆最小安全距离。

令 $t = t_1 + t_2'$，略去 t_2'' 不计，整理后得

$$\begin{cases} s_V = \dfrac{v_0 t}{3.6} + \dfrac{v_0^2}{2 \times 3.6^2}\left(\dfrac{1}{j_{a2}} - \dfrac{1}{j_{a1}}\right) + s_0 & F_\mu < F_\varphi \\ s_V = \dfrac{v_0 t}{3.6} + S_0 & F_\mu \geq F_\varphi \end{cases} \quad (6\text{-}15)$$

式中，s_V 为车辆最小安全距离（m）；t 为操作反应时间（s）；v_0 为车辆制动时的速度（km/h）；j_{a2} 为后车加速度（m/s²）；j_{a1} 为前车加速度（m/s²）；s_0 为安全间距，一般取5m。

第2种情况下，车辆在行驶过程中，前车可能突然被原地障碍物阻止（撞向栅栏、凸台、路面凹陷等）或前方车辆货物突然脱落，此时为了保障安全，应满足跟随车辆驾驶人从发现障碍物到车辆制动停止后，能够与障碍物保持一定的安全间距，按此原则确定的距离即为该种情况下车辆行驶的最小安全距离，又称停车视距，表达式为

$$\begin{cases} s_V = \dfrac{v_0 t}{3.6} + \dfrac{v_0^2}{2 \times 3.6^2 \times j_{a2}} + s_0 & F_\mu < F_\varphi \\ s_V = \dfrac{v_0 t}{3.6} + \dfrac{v_0^2}{254\varphi} + s_0 & F_\mu \geq F_\varphi \end{cases} \quad (6\text{-}16)$$

由上式可知，该最小安全距离与制动非安全距离相关，仅相差一个安全间距 s_0。制动距离受制动器结构、车辆行驶速度、装载状态以及道路附着性能等条件的制约。盘式制动器总成如图6-6所示，鼓式制动器总成如图6-7所示。

图 6-6　盘式制动器总成

图 6-7　鼓式制动器总成

5. 提高制动性能的主要措施

（1）采用防抱死制动装置　防抱死制动装置能使轮胎在制动过程中保持较低的滑移率，即可获得较大的制动力系数与侧向力系数，制动性能与侧向稳定性变好，可显著改善车辆的制动效能与制动时方向的稳定性。

（2）轮胎的选择与更换 附着系数的值与轮胎性能紧密相关，轮胎型号与轮胎花纹决定着轮胎的性能。低气压、宽断面的子午线轮胎的附着系数要比一般的斜交轮胎高。胎面有花纹的轮胎比无花纹的轮胎附着性能好，花纹磨损比较严重的轮胎其附着性能将会显著下降。因此，在车辆行驶一定里程或时间后，要及时更换轮胎。

（3）改进制动系结构 制动器起作用时间对制动距离的影响很大，而制动器起作用时间与制动系的结构形式有着密切的关系。改进制动系结构，增加制动器的灵敏度，减少制动器起作用时间，能够提高制动器性能。

（4）装备辅助制动器 制动器存在热衰退现象，给经常在山区或长下坡地区行驶的货车安装辅助制动器，能够保证车辆在不良行驶道路上的制动性能。

（5）降低车速 车辆制动初始车速对制动距离的影响很大，在湿滑路面、弯道等复杂路况时，要降低车速，以保证交通安全。

（6）保证良好的路面附着系数 附着系数主要取决于路面材料、路面状况、轮胎结构、胎面花纹等。一般来说，干燥、良好的沥青或混凝土路面的附着系数最大，而冰雪路面的附着系数最小，最容易打滑。需要注意的是，如果路面磨损变得光滑，即使路面干燥，附着系数也会变小。

6.1.3 汽车动力性能

汽车动力性能是指汽车所具有的牵引能力，即决定汽车加速、爬坡和最大速度的性能。汽车的动力性越好，所能克服的行驶阻力越大，其速度就越高。它主要是由以下三个指标来评定：

（1）汽车的最大车速 汽车的最大车速是指在水平良好的路面上汽车所能达到的最大行驶速度。

（2）汽车的加速时间 汽车的加速时间包括起步加速时间和定速加速时间。起步加速时间是指由停止状态起步的最大加速，节气阀门全开，牵引力从最低档开始加速，直至最高档的时间。定速加速时间是指从某一定速度开始全力加速至某一高速所需的时间。

（3）汽车的爬坡能力 汽车的爬坡能力是指满载时汽车在良好路面上所能爬上的最大坡度。

在高速公路上，为了保证交通顺畅与安全，汽车必须具备一定的能够保证"持续车速"的最大车速和爬坡能力。此外，为了减少或杜绝因超速并行时间长诱发的交通事故，汽车必须具有较好的加速能力。

6.1.4 汽车行驶平顺性

汽车行驶平顺性是指汽车在不平道路上行驶时免受冲击和振动的能力。此性能对汽车平均车速、驾驶人和乘客的乘车舒适性、运货的完整性等有很大的影响。

平顺性良好的汽车，其车身振动的固有频率应在 $1 \sim 1.6$ Hz 之间（相当于人步行时身体上下运动的频率），振动加速度不宜超过 $0.2g \sim 0.3g$。目前许多国家采用《人体承受全身振动的评价指南》作为振动评价标准。评价指南给出了在 $1 \sim 80$ Hz 振动频率范围内人体对振动反应的三种不同的感觉界限：

（1）暴露界限 当人体承受的振动强度在这个界限之内时，可保证健康和安全。

（2）疲劳降低工作效率界限 当驾驶人承受的振动强度在此界限内时，可保证能正常进行加速。

（3）舒适降低界限 当乘员承受的振动强度在此界限之内时，不会明显感到不舒适。

6.2 汽车轮胎与交通安全

轮胎是汽车的重要部件，它的性能对汽车的动力性、制动性、行驶稳定性、平顺性和燃油经济性等都有直接影响。

6.2.1 轮胎结构及特点

目前汽车使用的轮胎基本上都是充气轮胎。充气轮胎按胎体中帘线排列方向的不同，可分为普通斜交轮胎和子午线轮胎。

普通斜交轮胎的结构特点是胎体帘布层和缓冲层相邻层帘线交叉，且与胎面中心线呈小于90°角排列。

子午线轮胎的结构特点是帘线不是相互交叉排列的，而是与外胎断面接近平行，像地球子午线那样排列。

子午线轮胎与普通斜交轮胎相比，有以下优点：

1. 使用寿命长

胎体帘线和缓冲层帘线交叉于3个方向，形成了许多密实的三角形网状结构，阻止了胎面周向和侧向伸缩，从而减少了胎面与路面间的滑移。如图6-8a所示，胎体的径向弹性大，与地面的接触面积大，对地面的单位压力小，使胎面磨耗小，耐磨性强，行驶里程比普通斜交轮胎高50%～100%。

2. 滚动阻力小

胎冠具有较厚且坚硬的缓冲层，轮胎滚动时胎冠变形小、消耗能量小、生热低，且胎体帘布层数少、胎侧薄，其滚动阻力比普通斜交轮胎小20%～30%（见图6-8b），故可降低3%～8%的汽车耗油量。

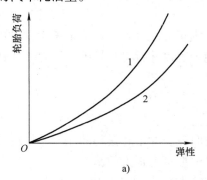
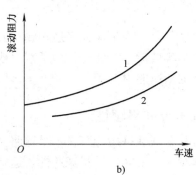

图6-8 子午线轮胎与普通斜交轮胎性能比较

1—普通斜交轮胎 2—子午线轮胎

3. 附着性能好

子午线轮胎的胎体弹性好，接地面积大，附着性好，胎面滑移小，附着性能好能改善汽车制动性。

4. 缓冲性能好

由于胎体径向弹性大,可以缓和不平路面的冲击,使汽车的行驶平顺性得到改善。

5. 负荷能力大

子午线轮胎的帘线排列与轮胎主要的变形方向一致,使其帘线强度得到充分有效的利用,故这种轮胎一般比普通斜交轮胎所能承受的负荷高。

子午线轮胎与普通斜交轮胎相比也有缺点,如胎侧较薄,如果受到侧面的伤害,容易导致胎面与胎侧的过渡区域处破裂。当然,子午线轮胎也在不断改进,如采用低的高宽比可以获得较高的转向稳定性等。

6.2.2 轮胎胎面花纹

车辆的附着性能、轮胎的排水能力与耐磨性等都与轮胎花纹有关,而这些性能都与行车安全密切相关。因此,轮胎花纹对行车安全有着直接影响。轮胎花纹的形式很多,目前常用的胎面花纹形式有3种,即普通花纹、越野花纹和混合花纹。

1. 普通花纹

普通花纹细而浅,花纹与地面接触面积较大,耐磨性好,附着性较好,适合在比较清洁、良好的硬路面上使用。它分为横向花纹、纵向花纹和组合花纹。横向花纹的结构特点是胎面横向连续,纵向断开,故胎面横向刚度大,而纵向刚度小,轮胎的附着性能表现出纵强而横弱。纵向花纹的结构特点是纵向连续,横向断开,故胎面纵向刚度大,而横向刚度小,轮胎的附着性能表现出横强而纵弱。因此,纵向花纹抗侧滑能力较强,滚动阻力小于横向花纹的轮胎,散热性较好,噪声小。组合花纹轮胎以纵向花纹为主,采用横向的细缝花纹连通纵向沟槽,排水性能增强,且利于散热。此外,组合花纹轮胎的附着性能也较好。

2. 越野花纹

越野花纹的特点是花纹沟槽宽而深,花纹接地面积比较小(40%~60%)。在松软路面上行驶时,一部分土壤会嵌入花纹沟槽中,只有把嵌入花纹沟槽的土壤剪切之后,轮胎才有可能出现打滑。因此,轮胎与地面的附着性能好,越野能力强,适合在较差的路面或无路地带使用。

3. 混合花纹

混合花纹是介于普通花纹和越野花纹之间的一种花纹。其特点是胎面中部具有方向各异或以纵向为主的窄花纹沟槽,而在两侧则具有以方向各异或横向为主的宽花纹沟槽。这种花纹搭配使其综合性能好,适应能力强,既能适应良好的硬路面,也能适应碎石路面、雪泥路面和松软路面。

6.2.3 轮胎与交通安全

轮胎与交通安全相关的特性有:负荷、胎压、高速性能、侧偏性能、水滑效应、耐磨耐穿孔性等。

1. 轮胎负荷与胎压

汽车生产厂家规定了正常汽车载荷下的胎压范围。虽然轮胎载荷与胎压存在一定的正相关,即胎压越高,轮胎所能承受的负荷也会越大,但是当胎压超过了规定的阈值,内胎会发生爆裂。如果胎压偏高，会使外胎的胎冠中心部分加速磨损、降低轮胎的使用寿命。如果胎压偏低，不仅会降低轮胎承受负荷，而且还会使滚动阻力增大，动力性、经济性下降，甚至影响制动与转向性能。

2. 轮胎的高速性能

轮胎的高速性能是指汽车高速行驶时轮胎的适应性，常用许用额定车速表示。为了保证持续高速行驶时轮胎不至于发生意外，选用轮胎时，要选用大于或等于汽车最高车速的轮胎。汽车高速行驶时轮胎有可能出现驻波现象。当轮胎达到某一旋转速度时，轮胎表面的变形来不及完全恢复，此时就会形成驻波，表现为轮胎接地面后部的周围面上出现明显的波浪状变形，这会使滚动阻力急剧增加，轮胎迅速升温至危险温度，从而导致橡胶脱层直至爆破损坏。产生驻波现象时的车速称为临界车速，轮胎的额定车速要小于临界车速。

3. 轮胎的侧偏性能

轮胎的侧偏性能主要指侧偏力、回正力矩与侧偏角之间的关系。汽车在行驶过程中，由于路面的侧向倾斜、侧向风或曲线行驶时的离心力等作用，车轮中心将受到侧向作用力，相应地在地面上会产生地面侧向反作用力 F_y，称为侧偏力。车轮具有侧向弹性，当其受到侧向力时，即使侧偏力没有达到附着极限，车轮行驶方向也将偏离车轮中心平面的方向，这就是轮胎的侧偏现象。当车轮滚动时，轮胎与地面接触印迹的中心线与车轮平面的夹角 α 即为侧偏角。

侧偏力的大小与侧偏角有关。汽车正常行驶时，若侧向加速度不超过 $0.4g$，侧偏角 α 不超过 $5°$，可认为侧偏力与侧偏角呈线性关系，如图 6-9 所示。曲线在 $\alpha = 0°$ 处的斜率为侧偏刚度 k。即有

$$F_y = k\alpha \tag{6-17}$$

侧偏刚度大的轮胎侧偏性能好，转弯能力与抗侧滑能力强。故轮胎应有较高的侧偏刚度，以保证汽车具有良好的操纵稳定性。

轮胎的侧偏刚度与轮胎的尺寸、形式和结构参数有关。轮胎的尺寸大、接地面宽，其侧偏刚度较大，钢丝子午线轮胎比尼龙子午线轮胎的侧偏刚度大。如图 6-9 所示，当侧偏力较大时侧偏角以较大的速率增长，此时轮胎在接地面处已发生部分侧滑。当侧偏力达到附着极限时整个轮胎侧滑。可见，轮胎的最大侧偏力取决于路面的附着条件。

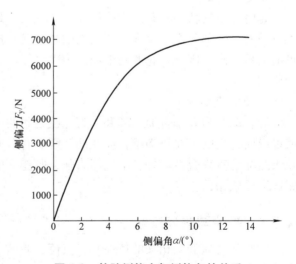

图 6-9 轮胎侧偏力与侧偏角的关系

4. 轮胎的水滑效应

当汽车在具有一定厚度水膜的路面上以较高的速度行驶时，轮胎会浮在水膜上打滑，丧失汽车的操纵性、制动性和动力性，这种现象叫作轮胎的水滑效应。水滑效应的实质是轮胎与路面已无直接接触，中间隔着一层水膜，极大降低了路面对轮胎的附着作用，使汽车的操纵性、制动性及动力性降低。

避免发生水滑效应的措施有：①保证轮胎充气压力不低于规定值，降低车速，选用排水性能好的轮胎。②采用透水路面，做好道路中央分隔带的排水，适当提高路拱，及时排水。

5. 轮胎的耐磨耐穿孔性

轮胎磨损严重不仅会使附着力下降，还会使制动及转向能力下降，特别是在湿滑路面上，这些都会直接影响行车安全。汽车行驶过程中，经常会遇到路面状况不良的情况，如路上碎石、玻璃等时有出现。这时要求轮胎具有耐穿孔性，即不易被扎破。为了及时发现轮胎的磨损程度，在轮胎胎肩沿圆周若干等分处模印有"△"标志，在轮胎胎冠花纹的底部有凸起的小方块，当轮胎磨损至这些标记时或胎面花纹磨损到距沟槽底部约 1.6mm 时，说明该轮胎需要更换，不能继续使用。

轮胎是汽车上最重要的零部件，千里之行，始于足下，但它又是最容易被忽视的部件。轮胎涉及汽车的起步、运行、制动、转向等，对汽车操纵性能与行车安全至关重要。据有关统计，在高速公路交通事故中，因汽车轮胎故障和使用不当造成的交通事故约占事故总数的 20%。

6.3　汽车被动安全技术

6.3.1　汽车被动安全概述

汽车安全技术可以分为主动安全技术和被动安全技术两个方面。随着新技术层出不穷，汽车主动安全技术将在道路交通安全中发挥越来越大的作用。尽管如此，现实中仍然不可避免地会发生交通事故，此时，汽车被动安全技术将是减轻人员伤害和财产损失的最后保障。

汽车被动安全技术是指发生事故后，汽车本身减轻人员受伤和货物受损的技术措施的统称。汽车被动安全又可分为内部被动安全与外部被动安全，一般而言减轻车内乘员受伤和货物受损的性能称为内部被动安全性，减轻对事故所涉及的非本车人员和非本车车辆损伤的性能称为外部被动安全性。

提高汽车的被动安全性，可以采取以下措施：

1）提高汽车结构的安全性，使汽车驾驶室及车厢有足够的强度和刚度，确保车内乘员的生存空间，并保证发生事故后乘员能够顺利逃出。同时，使汽车碰撞部位的塑性变形尽量大，吸收尽可能多的碰撞能量，降低汽车减速度的峰值，尽量减缓一次碰撞的强度，尽可能减少对乘员的伤害。

2）采用被动安全车内保护装置或系统。例如使用安全带、安全气囊等保护装置对驾驶人及乘员加以保护，通过安全带的拉伸变形和气囊的排气节流阻尼吸收乘员的动能，缓冲二次碰撞，以保护驾驶人和乘员。

6.3.2　减轻乘员伤害的被动安全技术

在道路交通汽车碰撞事故中，减轻乘员（驾驶人和乘客）受伤程度的被动安全技术相差不大。

1. 乘员与汽车内部结构的碰撞分析

汽车发生碰撞事故一般是指汽车和外部事物之间的碰撞，称为一次碰撞，乘员与汽车内部结构的碰撞称为二次碰撞。汽车发生碰撞时，乘员的伤害主要是由以下原因造成：

1）碰撞时，汽车结构发生变形，汽车构件侵入乘员生存空间，使乘员受到伤害。

2）碰撞时，汽车结构遭到破坏，使得乘员的部分或全部身体暴露在本车外而到伤害。

3）碰撞时，汽车急剧减速，即减速度很大，乘员在惯性作用下继续前移并与汽车转向盘、仪表板等内部结构发生碰撞而造成伤害。

可见要从汽车结构设计和乘员保护系统两个方面提高汽车的被动安全性。汽车结构设计考虑合理设计车身、车架、转向柱、座椅等，乘员保护系统应考虑采使用安全带、安全气囊等安全装置或系统。

2. 减轻乘员伤害的结构措施

(1) 安全车身车架 "一次碰撞"在很大程度上决定了"二次碰撞"的剧烈程度，故"一次碰撞"对乘员有很大损害。控制好"一次碰撞"，对减少乘员损伤有重要意义，合理设计汽车结构的缓冲与吸能特性是控制好"一次碰撞"的关键。车身车架既要能够产生塑性变形，又要有足够的刚度。车身车架可以分为乘员安全区和缓冲吸能区，如图6-10所示。

图 6-10 缓冲吸能区示意图

仅从汽车碰撞变形后乘员不被挤压而受伤的角度看，乘员安全区在碰撞中的变形应越小越好。要使乘员安全区变形小，就要求缓冲吸能区有较大的总体刚度，但缓冲吸能区的刚度过大又会影响汽车的缓冲吸能性能。从缓冲吸能的角度看，缓冲吸能区的刚性应足够小，变形应足够大，这就导致乘员安全区变形小与缓冲吸能区变形大之间的矛盾。

1）缓冲吸能区的特点。为解决此矛盾，缓冲吸能区必须设计成外柔内刚式的结构，即缓冲吸能区与乘员安全区交界处设计成具有较大刚性的结构，而在缓冲吸能区外围设计成具有较小刚性和较好缓冲性能的结构。受汽车的结构特点所限，缓冲吸能区抗侧向和上方的碰撞能力较差，而抗前撞和尾撞的能力相对较好。

2）汽车前撞和尾撞缓冲区设计。针对汽车前撞和尾撞的缓冲吸能机构，一般多采用不同截面形状的金属薄壁吸能管，如矩形截面点焊式、矩形截面缝焊式、三角形截面缝焊式。这类薄壁吸能管在经受一定的轴向载荷后便会产生折叠式的塑性变形，从而消耗大量碰撞动能，达到缓冲目的。改变吸能管的截面形状、尺寸、壁厚和材料特性等参数，使其具有不同的缓冲吸能特性，从而满足不同汽车结构和性能的要求。

3）汽车侧面碰撞缓冲区设计。对于侧撞而言，缓冲吸能结构的设计比较棘手，其中最大的问题在于即使有足够好的材料来制作缓冲吸能结构，但能用于缓冲和吸能的区间却十分有限。目前常用的改进抗侧撞性能的方法主要包括两个方面，即增加两侧的厚度和加大两侧的内部刚度。若突破传统的汽车底盘设计思路，有可能从本质上改善汽车的抗侧撞性能，如车轮按菱形布置的汽车，其车轮能抗击侧撞变形，具有特别优良的抗侧撞特性。

（2）转向吸能柱　相关数据显示，汽车在发生正面碰撞时，转向盘、转向管柱和转向器组成的转向系统造成的损伤占驾驶人损伤的46%。当发生正面碰撞事故时，碰撞能量会使汽车的前部发生塑性变形。位于汽车前部的转向柱及转向轴在碰撞力的作用下会向后即驾驶人胸部方向运动，这种运动的能量应通过转向柱以机械的方式吸收，防止或减少其直接作用于驾驶人身上，造成人身伤害。在汽车发生正面碰撞时，由于惯性的作用，驾驶人会向转向盘的方向运动。驾驶人本身的运动能量一部分由安全带、气囊等约束装置吸收，另一部分传递给转向盘和转向柱系统，这部分能量也要通过转向盘及转向柱系统吸收，以防止超出人体承受能力的碰撞力伤害驾驶人。除了能满足转向柱的正常功能外，在汽车发生正面碰撞时，能够有效地吸收碰撞能量，防止或减少碰撞能量伤害驾驶人的转向柱称为吸能式转向柱，如图6-11所示。

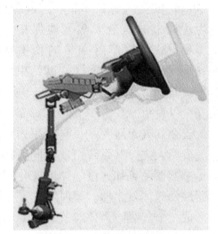

图6-11　吸能式转向柱

吸能式转向柱应具有以下性能：在汽车正常行驶时，转向柱及其中的转向轴有足够的强度和刚度以保证正常的转向力传递及安装于转向柱上的其他功能件（变速杆、组合开关等）正常工作；当汽车发生正面碰撞时，转向柱系统能够从车身结构中以机械的方式脱离，转向柱及其中的转向轴可以被压缩或错位，并且转向柱系统中应具有吸能元件以吸收碰撞能量。

3. 减轻乘员伤害的被动安全装置

（1）安全带　安全带是汽车碰撞过程中保护乘员的基本防护装置。安全带的作用是使乘员在汽车发生碰撞时不飞离座椅，从而不与转向盘、仪表板等发生剧烈碰撞。当发生正面碰撞时，人体作用在安全带上的力使安全带的运动速率超过一定阈值后，安全带系统的锁紧机构会发生锁止，限制安全带继续抽出，从而达到约束乘员运动的目的。

1968年，美国规定轿车面向前方的座位均要安装安全带，欧洲发达国家和日本等也相继制定了汽车乘员必须要系安全带的规定。我国规定从1993年7月1日起，所有小客车（包括轿车、吉普车、面包车、微型车）驾驶人和前排座乘员必须使用安全带，另外规定从2012年6月1日起，长途客运司乘人员必须使用安全带。

汽车安全带的基本结构一般包括软带、带扣、长度调整机构、卷带装置和固定部分。从固定点数的角度，安全带可分为两点式、三点式和四点式；从卷带装置角度，安全带可分为无锁式、自锁式、紧急缩紧式、预紧式等。目前效果比较好的是三点预紧式安全带，如图6-12所示。

预紧式安全带的特点是在汽车发生碰撞事故的瞬间，乘员尚未向前移动时织带会拉紧，立即将乘员紧紧绑在座椅上，然后织带锁止，防止乘员身体前倾，有效保护乘员安全。

安全带对于减轻乘员在事故中的伤害效果显著。国外研究表明，使用安全带后，驾驶人负伤率可降低43%～52%，副驾驶人负伤率可降低37%～45%；若使用三点式安全带，在碰撞车速低于95km/h时，可避免死亡事故。

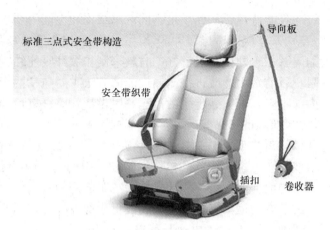

图6-12　三点预紧式安全带

（2）**安全气囊**（SRS）　为了在发生碰撞事故时最大限度地保护乘员，尽量减小撞车对乘员的伤害程度，现代汽车广泛装备了辅助约束系统（Supplemental Restraint System，简称SRS）。由于安全气囊是SRS系统的核心部件，国内俗称该系统为安全气囊系统。统计资料表明，单独使用安全气囊可减少18%的死亡事故，与安全带配合使用时可减少47%的死亡事故。

安全气囊是避免乘员与汽车内饰件发生直接碰撞的有效手段，目前主要有防正撞和防侧撞气囊两大类，其系统组成相同，都由气体发生器、传感器、控制器、气囊及其附件组成。当传感器探测到加速度、速度变化量等相关的碰撞信号，并经分析确认气囊应被打开时，控制器触发气体发生器，短时间内产生大量气体对气囊充气，从而使气囊在人体与汽车内饰件间形成一个气袋，人体与气袋接触时，通过气袋上排气孔的阻尼吸收碰撞能量，达到保护人体的目的。乘员前部安全气囊保护示意图见图6-13。

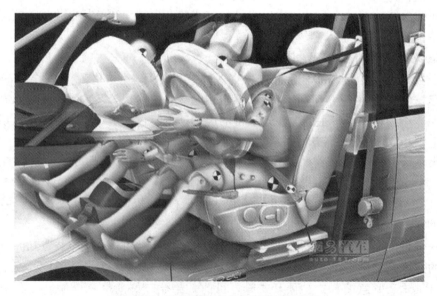

图6-13　乘员前部安全气囊保护示意图

6.3.3 减轻行人伤害的被动安全技术

发生汽车碰撞事故时，除了要对车内的乘员进行保护外，还要尽可能保护车外的行人。

1. 汽车与行人的碰撞分析

(1) 小客车与行人的碰撞 在小客车（轿车等）与行人的碰撞过程中，行人的腿部会首先撞到汽车保险杠上，然后行人身体倾斜，骨盆与发动机舱盖前端接触，最后头部撞到发动机舱盖或前风窗玻璃上，此时行人被加速到车速，这是"一次碰撞"。车速越高，头部撞击点越靠近前风窗玻璃，随后汽车制动使行人与汽车分离，行人以与碰撞速度相近的速度撞倒到路面上，这是"二次碰撞"。有的事故中还会发生行人被汽车碾压的情况，这是"三次碰撞"。

轿车的保险杠高度一般低于成人的膝盖，故碰撞时保险杠会导致行人小腿骨骨折、膝关节错位等。大腿、骨盆及腹部损伤主要是与发动机舱盖前缘碰撞造成的。头部的损伤主要是撞击前风窗玻璃或者路面导致的。相关研究表明，行人头部和下肢在汽车与行人碰撞造成的损伤中各占约30%。因此，减少汽车前部在与行人碰撞过程中对行人头部和下肢造成的伤害非常重要。

(2) 货车与行人的碰撞 货车与行人相撞造成的伤亡远比小客车严重，这是由于在与货车的一次碰撞中，不存在像小客车碰撞中的行人身体在发动机罩上翻滚的过程，而是在极短的时间内行人被加速到货车速度，很容易造成行人的伤亡。同时，驾驶室上突出的后视镜、保险杠等也容易使行人受伤。

2. 减轻行人伤害的结构措施

(1) 改进保险杠 从内部被动安全性与外部被动安全性两个方面考虑，设计合理的保险杠。除了要求车辆前后均应装有保险杠外，还应该降低保险杠的高度，使不可避免的碰撞部位发生在行人的膝盖以下。但保险杠过低会增大头部在发动机罩或风窗玻璃上的撞击速度，故保险杠高度取330~350mm之间较为合适。为了降低保险杠对行人腿部造成的伤害，可降低保险杠的刚性，改进保险杠的吸能性能，优化保险杠与汽车主梁的连接。例如某款轿车安装了吸能保险杠，保险杠内装有吸收能量的发泡树脂。

(2) 改进发动机舱盖 发动机舱盖的设计应减少棱凸，使前端圆角半径大一些，机舱盖高度低一些。降低发动机舱盖的刚性，以降低行人头部与发动机舱盖的撞击力。但仅降低发动机盖的刚性会进一步增加头部撞击发动机舱盖下面的诸如发动机等硬物的可能性。因此，可考虑采用特殊复合材料来设计制造发动机舱盖，既能保证发动机舱盖的正常功能，又能使行人与发动机舱盖发生碰撞时产生一定的压溃变形，吸收碰撞能量。

(3) 改进汽车前端造型 采用流线型前端造型的车型对行人的大腿、骨盆及腹部产生的保护效果要比边缘轮廓较硬、发动机舱盖前端高度较高的老式车型产生的效果好。德国德累斯顿工业大学研究表明，在汽车与行人发生的交通事故中，1990年以前的车型导致行人重伤的比例是8%，而1990年以后的车型是2%。可见，合理的汽车前端造型对减少汽车与行人碰撞事故的行人伤害具有重要意义。

3. 行人安全防护的新技术

(1) 主动防护发动机盖系统 该系统利用发动机盖弹升技术，在检测到撞人之后，发动机盖弹升控制模块在汽车发生碰撞瞬间使发动机盖升起，避免人体碰撞在坚硬车壳上，而是碰撞在柔性圆滑的表面上，减少对行人造成的碰撞伤害。

（2）车外行人安全气囊系统　在发动机盖与前风窗玻璃附近设置安全气囊，利用传感器技术在汽车与行人碰撞前检测到碰撞即将发生而将安全气囊释放出来，避免人体撞击汽车的发动机盖与前风窗玻璃，从而有效地保护行人。另外，在前保险杠也可以设置外置安全气囊，图6-14所示为配备外置安全气囊的测试车。

图6-14　配备外置安全气囊的测试车

（3）行人智能安全保护系统　该系统能够对行人采取主动保护措施，在事故发生以前就及时迅速通知驾驶人，避免车祸的发生或者将伤害降至最小。该保护系统包括安装在车身各个部位的传感器、激光雷达、红外线及超声波传感器、盲点探测器等，具有事故监测功能，能随时通过声音、图像等向驾驶人提供车辆周围行人及车辆本身的必要信息，并可以自动或半自动地进行车辆控制，从而有效地防止碰撞行人事故的发生。实际上，目前正在研发的无人驾驶汽车适合配备行人智能安全保护系统。

6.4　汽车主动安全技术

6.4.1　汽车主动安全概述

汽车主动安全技术是指汽车上避免发生交通事故的各种技术措施的统称，旨在提高汽车的安全性能，故又称积极安全技术。主动安全技术包括行驶安全、操纵安全、环境安全和感觉安全等几个方面。

行驶安全来自车辆悬架、转向系统、制动系统等部分的协调，它反映了汽车的最佳动态性能，要求与行驶安全相关的系统具有很高的可靠性。例如为提高制动系统的可靠性，引入了"多余技术"，即双回路设置的制动系统。

操纵安全指的是优化设计驾驶人的工作条件，实现良好的人机界面与互动，使驾驶操作方便，从而降低驾驶人工作时的紧张感，提高运行安全。

环境安全是指汽车乘员的内部环境的安全，应能够把汽车行驶的噪声、振动和不良气候条件给予汽车乘员尤其是驾驶人的心理压力降至最低，尽可能提高乘员的舒适性，降低疲劳，使驾驶人心情舒畅，从而保证安全行驶。

感觉安全是指驾驶人在驾车过程中有一种安全的感觉。这种安全的感觉来自于驾驶人需要得到的各种驾驶信息，例如尽可能大的直接、间接和夜间视野、视认性良好的仪表和警告灯信息等。

6.4.2 汽车主动安全装置

为主动预防汽车事故、避免人员受伤而增设的安全装置称为汽车主动安全装置，如 ABS、ASR、ESP 等。它们的作用是提高汽车行驶稳定性，尽量防止车祸发生。以下将介绍一些典型的装置：

(1) 防抱死制动系统（ABS） 防抱死制动系统（Anti-lock Braking System, ABS），最早由罗伯特·博世有限公司开发。其工作原理是将车轮的滑移率控制在最大地面附着系数对应的滑移率附近，使汽车获得较高的纵向和侧向附着力，从而避免汽车在紧急制动时因车轮抱死出现制动效能下降、甩尾、转向失灵等不安全现象，减少事故的发生，提高行车安全性。

装备 ABS 的汽车具有以下优势：

1) 加强对车辆的控制。装备有 ABS 的汽车，驾驶人在紧急制动过程中仍能保持很大程度的操控性，可以及时调整方向，对前面的障碍或险情做出及时、必要的躲避。

2) 减少浮滑现象。若没有配备 ABS 的车辆在潮湿、光滑的道路上紧急制动，车轮抱死后会出现车辆在路面上保持惯性继续向前滑动的情况，而 ABS 减少了车轮抱死的机会，故也减少了制动过程中出现浮滑的机会。

3) 特定路况下有效缩短制动距离。在紧急制动状态下，ABS 能使车轮处于既滚动又滑动的状况，滑动的比例占 20% 左右，这时轮胎与地面的摩擦力最大，即所谓的最佳制动点区域，车辆的制动性能提高，制动距离缩短。

4) 减轻轮胎磨损。没有配备 ABS 的车辆在紧急制动过程中抱死的车轮会遭受不能修复的损伤。装备 ABS 的车辆只会留下轻微的制动痕迹，轮胎和地面的磨损程度明显减轻。

ABS 既有普通制动系统的制动功能，又能防止车轮锁死，使汽车在制动状态下仍能转向，保证汽车制动时方向的稳定性，防止产生侧滑和跑偏，是目前汽车上最先进、效果最佳的制动装置，故现代汽车上大量装备 ABS。

(2) 电子防滑转系统（ASR） 汽车电子防滑转系统（Anti-slip Regulation, ASR），也可称为牵引力控制系统（Traction Control System, TCS），是继 ABS 之后应用于车轮防滑的电子控制系统，是 ABS 的完善和补充。

目前 ASR 多为发动机输出功率和驱动轮制动综合控制型。ASR 工作时，车轮转速传感器将驱动轮转速及非驱动轮转速转变为电信号，输送给控制器。控制器根据车轮转速传感器的信号计算驱动车轮的滑转率，如果滑转率超出目标范围，控制器再综合参考节气门开度信号、发动机转速信号、转向信号等确定控制方式，输出控制信号。执行器将驱动车轮的滑转率控制在目标范围之内。

由于防滑转控制装置可使车轮保持最大附着力，与不装备 ASR 的汽车相比，具有如下优点：

1) 汽车在起步、行驶过程中可获得最佳驱动力，汽车的动力性提高，尤其在附着系数小的路面，汽车的起步、加速及爬坡能力显著提高。

2）提高车辆行驶稳定性，改善前轮驱动汽车的方向控制能力。路面附着系数越低，其行驶稳定性提高就越明显。

3）减少轮胎磨损，降低汽车燃油消耗。

此外，ASR 起作用时，仪表板上的 ASR 指示灯或蜂鸣器会向驾驶人提醒，提示不要猛踩制动踏板（紧急制动）、注意转向盘操作、不要猛踩加速踏板等，以确保道路行车安全。

（3）车身电子稳定系统（ESP） 车身电子稳定系统（Electronic Stability Program，ESP）是一种可以控制驱动轮和从动轮，包含 ABS 及 ASR 的汽车防滑装置。ESP 可以使车辆在各种状况下保持最佳稳定性，在转向过度或转向不足情形下效果更加明显。ESP 的功能如图 6-15 所示。

当驾驶人操纵汽车时，转向角度超过极限值后 ECU 控制模块自动介入来修正驾驶。控制车辆运动的手段有两种：①控制节气门开度，衰减汽车动力，使速度降低。②对某些车轮进行制动，让汽车速度能够减小到极限值以内。

转向盘转角传感器检测到驾驶人的转向角度后，就会通知 ESP 的 ECU，各个车轮转速传感器测得的车轮转速信息也会传递到 ECU。ECU 根据各个车轮的转速计算出车辆的实际运动轨迹，并将其与理论运动轨迹进行对比，然后通知制动系统对某个车轮进行制动，来修正运动轨迹。

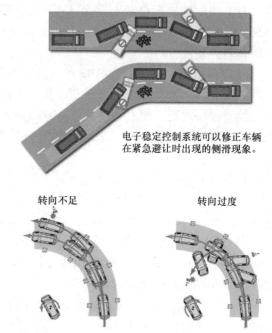

电子稳定控制系统可以修正车辆在紧急避让时出现的侧滑现象。

转向不足　　　　　　转向过度

电子稳定控制系统通过对单个或多个车轮制动，使车辆产生与不良运动趋势相反的转矩，从而保证车辆稳定性。

图 6-15　ESP 功能展示图

ESP 被称为"能拯救生命的 ESP"。德国的一项研究表明，25% 造成严重伤害的交通事故和 60% 引起死亡的交通事故都是车辆侧滑所致。而装配有 ESP 的车辆对过度转向或不足转向特别敏感，能够迅速识别这种危险情况，精确干预制动方式，使车辆安全行驶在正确轨迹上并防止车辆侧滑。因此，与只有 ABS + ASR 配置的汽车相比，ESP 不只能在事故发生时为乘员提供保护，还可以有效避免事故的发生。

（4）汽车自动防撞系统（装置） 汽车自动防撞系统是防止汽车发生碰撞的一种智能装置。它能够自动发现可能与汽车发生碰撞的车辆、行人或其他障碍物体，发出警报或同时采取制动或规避等措施，以避免碰撞的发生。汽车自动防撞系统主要包括以下三个部分。

1）信号采集系统。采用雷达、激光、声呐等技术自动测出本车速度、前车速度以及两车（或与障碍物）之间的距离。

2）数据处理系统。车载计算机系统对两车（或与障碍物）距离以及两者的瞬时相对速度进行处理后，判断两车（或与障碍物）的安全距离，若距离距小于安全距离，数据处理系统就会发出指令。

3）执行机构。负责实施数据处理系统发来的指令发出警报，提醒驾驶人制动，如驾驶人没有执行指令，执行机构将采取措施，比如自动制动、关闭车窗、调整座椅位置、锁死转向盘等，以免发生事故。

汽车自动防撞系统（装置）的基本工作原理如图 6-16 所示。

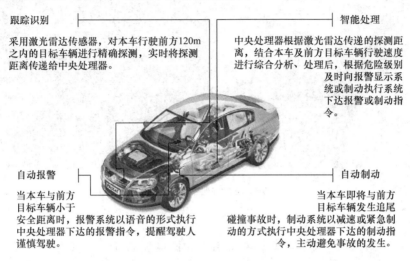

图 6-16　汽车自动防撞系统（装置）的基本工作原理

（5）电子驻车制动系统（EPB）　电子驻车制动系统（Electrical Park Brake，EPB），俗称电子手刹，是将行车过程中临时性制动和停车后长时间制动的功能整合在一起，并通过电子控制方式实现停车制动的技术。

该系统可保证车辆在坡度为 30% 的斜坡上稳定驻车。另外，该系统可自动实现热补偿，车辆经过强制动后驻车，制动盘会因为温度下降与摩擦片产生间隙，此时电动机会自动起动，驱动压紧螺母补偿温度下降产生的间隙，以保证可靠的驻车效果。

EPB 比传统的拉杆式驻车装置更安全，不会因驾驶人的力度而改变制动效果，从而减轻驾驶人的操作负担，提高道路行驶安全性。

（6）胎压监测系统（Tire Pressure Monitoring System，TPMS）　胎压对车辆的行驶稳定性、制动性和燃油经济性有很大影响，当胎压显著下降时，极有可能发生爆胎，引发恶性交通事故，因此胎压监测非常重要。

胎压监测系统通过直接测量获得实际胎压信号，并通过车轮速度传感器测得的车速获得轮胎振动频率及扭转弹性常数信号。车辆行驶过程中，当实际胎压与理想胎压相差较大时，胎压监测系统会立即向驾驶人发出报警信号。

胎压监测系统主要由速度传感器、警告灯、调置开关、停车灯开关及控制单元 ECU 等组成，如图 6-17 所示。

（7）缓速器　缓速器是应用于大型车辆（货车、客车）的辅助制动装置，能使质量较大的车辆平稳持续减速，以降低制动器的负担，避免在行车过程中长时间制动引起制动器过热。目前使用较多的是电磁缓速器和液力缓速器。

车辆使用缓速器的优点主要有：

1）提高车辆行驶安全性。减少坡道行驶时制动器热衰退引发的交通事故，在平直道路

图 6-17 胎压监测系统

行驶时较容易控制车速及保持车间距离。

2）减少频繁缓速和制动，提高行车舒适性和操纵灵活性，降低驾驶人的疲劳强度，减少制动噪声。

3）提高车辆运输经济性。行车制动次数减少，制动器和轮胎的磨损减少，从而延长了制动器和轮胎维修更换的周期，由此带来的经济效益明显。

6.4.3 辅助驾驶系统

随着人们对汽车驾驶性能的追求，特别是对解放驾驶人亲自驾驶汽车的需求，辅助驾驶系统产生并逐渐走向成熟。最初，人们是将辅助驾驶系统作为车辆主动安全系统的组成部分来对其进行研究的，然而现在更加强调其智能化。配备了辅助驾驶系统的车辆或者说智能车辆已经不单纯是一种交通工具，也是一种舒适、先进的高科技的象征。

但需要强调的是，辅助驾驶系统再智能再先进，首先要保证的是安全，其研发的基础是安全性，也是人们选择使用辅助驾驶系统或智能车辆的前提。人们盼望解放自己的双手，但需要避免发生交通事故，即辅助驾驶系统或智能车辆必须能够有效地避免交通事故的发生。

辅助驾驶系统可利用安装于车上的各式各样的传感器，在第一时间收集车辆内外的环境数据，进行静态、动态物体的辨别、侦测与追踪等技术上的处理，从而能够让驾驶人在最短的时间内察觉可能发生的危险并提供支持，保证行车安全。

从功能上讲，辅助驾驶系统可分为三个部分：①以弥补驾驶人感官不足为主的预警系统，如碰撞预警系统、车道偏离预警系统、防瞌睡驾驶人警告系统、轮胎气压警告系统、盲角监测警告系统等。②弥补驾驶人决策能力和反应能力不足的辅助驾驶系统，如碰撞避免系统、自适应巡航控制系统、自动泊车系统、车道保持系统等。③智能驾驶系统，可以代替驾驶人进行汽车的监控，是最高层次的辅助驾驶系统。

从安全角度，第一与第二部分的辅助驾驶系统属于车辆主动安全系统，第三部分的辅助驾驶系统是人们所期望的，这个阶段若达到成熟程度，就会实现所谓的"无人驾驶"。在"无人驾驶"的交通规则及交通环境下，理论上说，道路交通安全将达到一个无事故发生的顶级安全水平，但是从目前来看，还需要解决很多实际问题。

6.5 其他因素与交通安全

6.5.1 驾驶室工作环境

驾驶室内的环境应保证驾驶人有必要的活动空间，使驾驶人工作舒适，保持良好的情绪和状态，确保道路行车安全。

1. 减少噪声

车内噪声是指车辆行驶过程中，驾驶室内存在的各种噪声。车内噪声按噪声产生机理可分为空气声和固体声两大类，两类噪声在驾驶室内部经壁面多次反射后会形成混响声，会进一步提高了噪声级。

空气声主要由发动机和底盘等外部声源穿透驾驶室壁板以及通过各种孔洞、缝隙进入驾驶室内部而形成，固体声是因驾驶室壁板本身在受到发动机、传动系、路面等传来的激励作用下产生结构振动而在驾驶室内部形成的。驾驶人如果长时间在噪声条件下工作，除了影响其听觉外，还会导致中枢神经系统功能失调、疲劳加速、注意力下降等。因此，降低驾驶室内噪音对行车安全具有重要意义。

目前降低驾驶室噪声的方法主要有：①对发声部件采用消声器，对振动部件采用减振器。②通过结构设计使固有频率相互错开并避开激励频率。③采用改进的密封元件，增加密封压力，消除泄漏气流的间隙。④通过改变车身的形状和尺寸，避开产生空腔共鸣的频率等来降低空腔共鸣噪声。⑤采用隔声材料，增加隔声结构等。

2. 驾驶室的空气环境调节

驾驶室的空气环境调节是对驾驶室内的空气温度、湿度、流速和清洁度进行调节和控制，从而满足乘员的舒适性要求，使驾驶人工作时能集中注意力，保证行车安全。现代汽车常采用空气调节系统，使驾驶室内空气的温度、湿度和流速等指标保持在适宜的范围之内。

3. 驾驶室的活动空间

驾驶室是驾驶人工作和临时休息的场所。驾驶室过分狭小会使驾驶人感到压抑，活动不便，影响驾驶人的情绪，也易于疲劳。因此，应运用人机工程的原理设计驾驶人座椅、操纵机构等的空间尺寸、相对位置等，使驾驶人乘坐舒适，操纵轻便，视线良好，提高行车安全。

6.5.2 超载、超限

车辆超载是指车辆装载货物质量超过了汽车额定载质量。车辆超限是指车辆装载在高度、宽度、长度、总重、轴荷等方面超过所规定的限值。超载与超限存在一定的关系，从范围来看，超限包含了超载。车辆超载与超限对行车安全与道路基础设施会造成严重影响，因此必须杜绝车辆超载与超限。超载、超限对行车安全与道路基础设施的影响主要体现在以下几个方面：

1) 车辆若超限超载，总质量增大，惯性增大，制动时需要消耗更多的能量，但制动器不能满足这一非正常需求，导致制动距离加长，容易引发交通事故。超载还会影响车辆的转向性能，易因转向失灵或失控而发生事故。如果车辆超载，在下长坡过程中需要连续制动，很容易导致制动器热衰退，进而发生车辆操纵失控、车毁人亡的恶性交通事故。如果严重超载，则会因轮胎负荷过重、变形过大而引起爆胎、突然偏驶、制动失灵、翻车等交通事故。

2）车辆超载会给轮胎螺栓、半轴等零部件带来额外载荷。如果超载车辆正好处于凹曲线的下坡段，车辆的重量、额外超载的重量，以及向心力都会作用在车辆的承重部件上，此时很容易导致车辆发生机械故障，进而引发交通事故。

3）车辆超载会给驾驶人增加生理和心理负担，容易出现操作错误，影响行车安全，诱发交通事故。特别是驾驶人发现前方管理部门正在查超载超限时，更可能手忙脚乱，甚至可能发生失去理智驾驶超载车辆"冲卡"的现象，导致无辜人员伤亡。

4）车辆超限超载后无法在较短的时间内达到正常速度行驶，长时间低速占用车道，影响道路畅通，特别是安全意识不强的驾驶人驾驶超载车辆时甚至会占用非货车车道，这更加容易导致交通事故的发生。

5）车辆超限超载严重破坏了道路基础设施。由于超限超载车辆的荷载远远超过了道路和桥梁的设计载荷，致使路面变形损坏、桥梁裂纹损伤，使用年限大大缩短。同时会使车辆运行条件恶化，易产生交通事故。相关研究表明，车辆轴重的超限会使沥青路面的使用寿命缩短20%~30%左右。一条使用年限为15年的高速公路，如果经常进行超载运输，则一般只能使用8年左右。

6.5.3 爆胎

爆胎是指轮胎在极短的时间（一般少于0.1s）内因破裂突然失去轮胎中所充气体的现象。爆胎往往非常突然，留给驾驶人采取补救措施的时间非常短，往往难以控制车辆。突然爆胎将严重破坏行驶车辆的受力平衡性和方向操纵性，特别是高速行驶中的车辆，可能会在巨大的惯性力作用下发生剧烈的侧滑、甩尾。严重的爆胎事故会导致车辆失控，与护栏或其他车辆发生碰撞，形成恶性的多车相撞交通事故。

1. 爆胎的种类

（1）根据路况分类

1）直路爆胎，即车辆行驶在平直的道路上发生了爆胎。此时如果车速不高，只要把握好转向盘，车辆可以继续行驶，如果车速很高，则容易发生翻车。

2）弯路爆胎，即车辆行驶在转弯道路时发生了爆胎。由于此时车辆受离心力的影响，车辆翻向道路外侧的可能性很大，特别是车速过高时。

（2）根据轮胎位置分类

1）前轮爆胎。大部分车辆为前轮转向，一旦前轮爆胎，驾驶人将很难把控车辆，车辆会立刻出现跑偏或侧滑现象。

2）后轮爆胎。如果后轮不是转向轮，发生后轮爆胎不会对车辆行驶方向造成大的影响，但是后轮会失去附着力，车辆出现颤动，此时不能紧急制动，否则会加重事故的后果。

同时发生前轮爆胎与后轮爆胎的现象非常罕见。

2. 预防爆胎的方法与措施

（1）维护好轮胎 胎压要保持在所规定的气压范围内；加装胎压监测系统，定期检测轮胎的动静平衡；根据时间或行驶里程及时进行轮胎换位，并使用正确规格的轮胎等。

（2）避免车辆超载　车辆超载会增加轮胎的负荷，使轮胎形变增大，增加了爆胎的机率，特别是对于高速行驶的超载车辆而言。

（3）避免车辆超速　车辆长时间高速行驶，容易发生驻波现象，一旦发生驻波现象，轮胎温度骤升，轮胎材料的力学性能下降，很容易发生爆胎，特别是对于那些使用时间较长或行驶里程较多的性能已衰退的轮胎。

（4）不良路况谨慎行驶　若发现路面上有凸起的石块、洒落的玻璃或螺钉等尖锐异物，一定要降速躲避，不可高速碾压通过。另外，要格外注意狭窄路段的路缘石，以免轮胎冲击裸露的路缘石而爆胎。

6.5.4 驾驶视野

汽车的安全运行与驾驶人接收信息的正确率、信息输入装置的数量和运行速度等有着密切联系。车辆运行时，驾驶人80%以上的信息是通过视觉获取的，因此确保良好的驾驶视野是预防汽车事故的必要条件。

1. 驾驶视野的分类

按不同的方向，驾驶视野可分为前方视野、侧方视野和后方视野三部分。前方视野是从前风窗玻璃所能看到的以及车厢内部的仪表板部分，是汽车运行中最关键的视野；侧方视野是通过侧窗所能看到的部分，对汽车转弯、起步、制动和低速行驶有重要作用；后方视野是从后视镜所看到的部分，也称为间接视野，在超车、制动、转弯时发挥重要作用。

2. 汽车驾驶人眼椭圆

汽车驾驶人眼椭圆是指不同身材的驾驶人按自己的意愿将座椅调整到合适位置并以正常的驾驶姿势入座后，其眼睛位置在车内坐标系中的统计分布图形，如图6-18所示。由于该图形呈椭圆状，因此被称为驾驶人眼椭圆。

眼椭圆的确立为研究汽车驾驶视野提供了科学的视野原点基准。美国最先开始这方面的研究，曾在1963年生产的不同型号汽车的活动座椅上，对2300多名男女性驾驶人进行了试验，获取的资料于1965年通过了美国汽车工程师协会SAE认可。后来又进一步做了驾驶人头部移动曲线的设计，发展了眼椭圆标准，成为1978ISO标准的基础。

3. 汽车合适的视野

（1）汽车前上方视区界限　如图6-19所示，汽车前上方视区界限受前风窗玻璃上横框

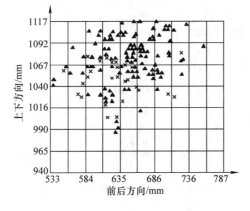

图6-18　汽车驾驶人眼椭圆

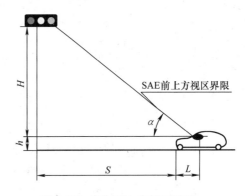

图6-19　汽车前上方视区界限

位置的限制，上方视区大小应保证在十字路口处能看到信号灯，同时还要能够避免太阳光线刺眼等的影响，要根据这两种需求进行综合考虑处理。

为了看清信号灯所需的最小视角取决于汽车制动后车头距信号灯的距离，这段距离必须保证驾驶人能够看清信号灯的变化情况。根据图6-19，并参考表6-1之间的关系可写成下式：

$$\alpha = \arctan\frac{H-h}{S+L} \tag{6-18}$$

式中，α为前上方最小视角（°）；h为驾驶人眼睛距路面的高度（m）；S为可能的制动距离（m，该值可用人的反应时间为0.65s，制动减速度为0.3g，并根据车速求出）；L为驾驶人眼睛与车头之间的距离（m）；H为信号灯的安装高度（m）。

表6-1 为看清信号灯所必需的前上方最小视角

车速/(km/h)	前上方最小视角
20	18°30′
40	6°40′
60	3°22′
80	2°

(2) 汽车前下方视野范围 汽车运行环境随着道路条件、交通量、气候、时间等因素变化而变化。为研究驾驶视野与视觉及汽车之间关系所进行的静态试验与实际行驶存在一定差异，无法弄清楚在复杂道路环境中最合适的视野范围。日本三菱汽车公司曾由静态视野研究转向动态视野研究，从视觉与汽车关系的研究转向人—车—环境系统的整体研究。

图6-20为改变前下方视区界限的试验结果。图中横坐标为最近可见路面点（取决于前下方视区界限）与驾驶人眼睛对路面投影点间的距离，纵坐标为最近可见路面点与驾驶人眼睛之间的瞬时相对角速度。当瞬时相对角速度小于2rad/s时为舒适区，2~4rad/s时为不舒适区，4rad/s以上为恐惧区。当汽车以固定车速行驶时，逐渐降低前下方视区界限，则最近路面点与驾驶人眼睛的瞬时相对角速度相应逐渐增加。

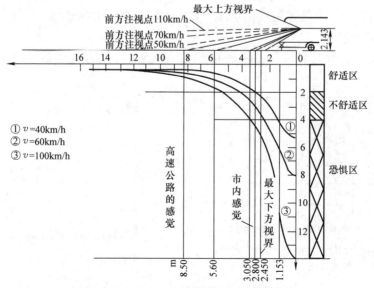

图6-20 改变前下方视区界限的试验结果

图 6-20 中的三条曲线分别表示当车速为 40km/h、60km/h、100km/h 时的变化曲线。由图 6-20 可知，当车速为 100km/h 时，若驾驶人能够看见车前方 5m 以内的路面，就会产生不适感，若能看见 3m 以内的路面，就会产生恐惧感。在高速公路上，车速一般可达 100km/h，这时最合适的前下方视区界限为最近可见路面点位于车前方 8.2m 处。在山区道路上平均车速为 50km/h 时为 3.2m，市内道路上平均车速为 40km/h 时为 2.8m。

可见，车速越高，驾驶人越不希望前下方视野越大，但是若前下方视野过小，会使盲区扩大，不利于驾驶人对前方障碍物的观察，且会使速度感变差。因此要综合考虑各方面的影响因素确定汽车前下方视区界限。

(3) 汽车后视野的要求　汽车后视野，也称间接视野，是指驾驶人通过后视镜间接观察到车外周围环境的范围，一般分为驾驶人侧后视镜的后视野、乘员侧后视镜的后视野和内后视镜的后视野三种。

从车辆运行的要求来看，后视镜大体应满足以下几点要求：

1) 在公路，尤其是高速公路上多车道超车或换道行驶时，通过内外后视镜（包括侧下视镜）可向驾驶人提供左右两侧及后方的交通状况信息。

2) 在市区繁华街道上行驶时，车内外后视镜、下视镜可向驾驶人提供汽车周围行人、自行车、摩托车及各种障碍物交通情况的信息。

3) 在汽车倒车时，驾驶人通过内外后视镜可观察到汽车后部、侧面的障碍物及交通状况。

6.5.5　汽车灯光

1. 汽车灯光的作用

为了保证行车安全，在现代汽车上装有多种灯光装置，主要包括前照灯、雾灯、牌照灯、倒车灯、仪表灯、转向信号灯、制动灯、前位灯和后位灯、警告灯等。

汽车灯光的作用主要表现在两个方面：①在夜间或在光线较弱环境下为汽车正常行驶提供照明，标示车辆宽度，照明驾驶室内及车厢内部仪表板。②在转向、制动、倒车等行驶工况下向周围其他交通参与者传递汽车运动信号。据统计，在没有照明或照明条件不良道路上发生交通事故的概率是具有良好照明条件的道路上发生交通事故概率的 3 倍。因此，汽车具有良好灯光效果及驾驶人在驾车过程中正确使用灯光对保证汽车安全行驶具有积极意义。

2. 不按规定使用汽车灯光的危害

我国《道路交通安全法实施条例》对机动车灯光使用有明确的规定，包括夜间路段正确使用远、近光灯，提前开启转向灯，视情况开启雾灯和警告灯等。但很多驾驶人对不按规定使用灯光的危害认识不足，夜间不文明、不规范使用车灯现象日益突出。据统计，在道路交通通行中，夜间文明会车、规范使用车灯的驾驶人不到 50%，由不文明、不规范使用车灯引发的交通事故屡见不鲜。

(1) 我国不按规定使用汽车灯光造成交通事故的情况　机动车远、近光灯具有不同的照射距离与照射强度。如果会车时使用远光灯，强光近距离的对射会造成驾驶人瞬间炫目，出现大范围视角盲区，容易引发交通事故。根据我国《道路交通事故统计年报》，2010～2014 年，每年不按规定使用车灯引发的交通事故死亡人数均在 100 人以上，其中 2010 年达到 288 人，见表 6-2。

表6-2 2010~2014年不按规定使用汽车灯光引发的道路交通事故数据

年份	交通事故起数		死亡人数	
	数量/起	占当年总数比例（%）	数量/人	占当年总数比例（%）
2010	1002	0.46	288	0.44
2011	809	0.39	266	0.43
2012	435	0.21	122	0.20
2013	289	0.15	100	0.17
2014	275	0.14	109	0.19

（2）不按规定使用汽车灯光的主要危害

1）不规范使用远光灯。夜间不正确使用远、近光灯，隧道中不正确使用车灯以及雾天不使用雾灯等行为，会导致驾驶人不能敏锐及时地观察交通状况，延长驾驶人的反应时间，影响驾驶人正确判断与处置，易出现车辆与对向车辆、非机动车、行人等交通参与者或路侧道路设施碰撞，造成交通事故。

2）不正确使用转向灯。车辆这行驶过程中不正确使用车辆信号灯，会给周围交通参与者发出错误提示，引起错误的驾驶判断，无法做出正确准确的处置措施，容易引发交通事故。目前易引发交通事故且较普遍存在的违法行为是变道或转弯时不提前开启转向灯，这种行为会导致驶入车道后方的车辆没有足够的时间与空间进行避险处理，从而引发追尾或者刮擦。

3）不使用车灯。在外界光线较暗或在夜间行车时，驾驶人不使用车灯是一种危险的驾驶行为。对于驾驶人来讲，因光线较弱难以有效辨别交通状况，撞击其他车辆或碾压其他物体，产生交通事故。对于其他交通参与者来讲，难以及时发现未开灯车辆，出现因躲闪不及、错误判断所引发的交通事故。

4）不及时预警提示。驾驶中的预警提示是确保行车安全的重要行为，不及时进行预警提示就难以将行车变化信息告知其他交通参与者，很容易出现车辆刮擦、追尾现象。如超车前不使用左转灯容易造成驶入车道后方来车追尾，紧急停车不使用预警提示容易让后方来车来不及躲避，造成追尾，夜间会车不使用预警提示易造成严重的正面碰撞与刮撞事故。

（3）驾驶中遇滥用远光灯时的处置策略

1）对向车辆

① 眼睛尽快躲开发光点。发现前方车辆开着远灯光时，要尽可能躲开发光点，虽然也会觉得刺眼，但是能缓解一下恢复到黑暗后对于道路的观察。

② 减速慢行。遇到看不清前方的情况，必须减速慢行，甚至是靠边停车，等对方安全通过后再继续行驶。

2）后方车辆

① 使用防眩目后视镜。如果被后方车辆的远光灯晃眼，使用防眩目后视镜是比较好的解决办法，自动打开开关即可，手动的需要扭动后视镜下方的切换按钮，能够有效地解决后方灯光炫目问题。

② 安全前提下给予后车提示。如果后车持续开远光灯，或者是频繁闪烁远光灯，可以采用间断制动的方式对后车进行提示，也可以使用后雾灯或者警告灯等进行提示。如果后车

继续开着远光灯,建议靠路边减速让其通过后继续行驶。

6.5.6 车辆仪表及信息显示

汽车驾驶室仪表板上安装有各种指示仪表和警告装置,这些仪表和报警装置应该设计与布置应合理,方便驾驶人认读;信息显示应醒目、灵敏、有效;仪表板应有较高的安全性与坚固性。

1. 车辆仪表

车辆仪表用来向驾驶人展示汽车的行驶状态及主要构件的工作状态。一般汽车上的仪表主要有车速—转速表、里程表、冷却液温度表、燃油表、机油压力表及气压表(对于气压制动的汽车)等。这些仪表各自感应某一物理量并经过转换、传送、指示等工作过程,将测量的数值显示出来,使驾驶人及时准确地了解车辆的工作和行驶情况。汽车高速行驶时,需要驾驶人注意观察的外部信息量很大,驾驶人不可能用过多的时间去观看仪表板。故仪表的形式、安装位置等必须易于观察判读,使驾驶人用眼一瞥即可正确读出仪表指示。

影响仪表读数效率的因素有仪表的设计形式、仪表的布置、指针形状、刻度间隔、照明、颜色、表面玻璃的反光等。各种仪表的安装位置应尽量靠近,以减少判读时视线的移动。车速表等重要的仪表应安装在最宜于观察的位置上。仪表板与驾驶人的视线最好成直角,至少为60°角,小于该角度将会降低判读效率。

2. 信息显示

汽车上的信息显示用来向驾驶人及周围环境通告车辆的状态,起提示和警告作用,对保证汽车行驶安全有重要意义。信息的种类和数量较多,其中视觉信息最多,如汽车的制动信号灯、尾灯、转向灯、雾灯等,听觉信息较少,主要有汽车喇叭及其他声响警告信号。同时出现的视觉及听觉信息的数量不宜过多。

信号灯既要醒目,又不应导致眩目。一般表示危险的视觉信号用红色,如制动信号灯及尾灯,用以警告后续车辆注意,避免发生追尾。提示信号灯用黄色或橙色,如转向灯。为了更加引起周围环境的注意,转向灯往往有一定频率的闪烁,有的还同时配以音响信号。

为防止追尾撞车事故,驾驶人必须及时把握前车行驶状态的变化,同时又要注意提醒后续车辆注意本车的存在和行驶状态,这些信息主要靠汽车的尾灯和制动信号灯来传递。从保证交通安全的角度来看,尾灯和制动信号灯要色彩鲜明,易于辨认,既能使后续车辆很快发现,又不致将尾灯与制动信号灯混淆。

车内各种警告装置用来向驾驶人报知本车的不安全状态,这对于保证行车安全有积极作用,例如超速报警、车门未关严警告、制动液不足警告、胎压警告等。我国《机动车运行安全技术条件》中规定,车辆必须设置危险警告闪光灯,车内的各种警告信号,如车门警告灯、胎压警告灯、燃料警告灯等,要安装在易于观察的位置,使驾驶人不必转动头部和身体就能看到。

6.6 车辆礼让斑马线与交通安全

随着城市化进程的加快,以及城市文明与文化的发展,我国不少城市开始推广车辆礼让斑马线。车辆礼让斑马线是指在车辆到达道路斑马线前时,如果有行人正在或正要通过斑马线，驾驶人必须减速慢行或停车，等待行人通过道路之后再驾驶车辆通过的一种行为。这种行为是对行人的尊重，对生命的尊重，是以人为本的具体体现。其实车辆在通过斑马线时礼让行人，不仅仅是一项基本礼仪，更是一条法律。《道路交通安全法》第47条明确规定：机动车行经人行横道时，应当减速行驶；遇行人正在通过人行横道，应当停车让行。机动车行经没有交通信号的道路时，遇行人横过道路，应当避让。

车辆礼让斑马线是件好事，但是如果做不好，反而会成为一件坏事，可能会导致机动车与行人相撞，引发交通事故。车辆礼让斑马线需要考虑以下几点：

1. 驾驶人停车需要合理的安全视距

交通工程人因技术中有个6s公理，是指任何改变驾驶行为的情况，要至少提前6s就让驾驶人看到。当车速为40km/h时，每秒将驶出11.1m，驾驶人至少要在66m的距离之前看到有人在过马路。依照发达国家设置的城市道路识别视距规则，驾驶人在复杂路况下能够察觉和判断风险并采取措施，从减速到把车安全停下并不给前后车辆造成困扰的视距远不止于停车视距，所需时间也远远超过6s，而是14.5s。

表6-3为美国俄勒冈州对停车视距的设计要求。从表中行驶速度、感知反应时间、制动距离、停车视距等数据可以看出，车辆速度越快，驾驶人在感知反应后采取措施至车辆停止的距离就越长。

表6-3 美国俄勒冈州对停车视距的设计要求

设计速度/(km/h)	设定行驶速度/(km/h)	感知反应时间/s	摩擦因数	制动距离/m	停车视距/m	停车视距范围值/m	普通制动系统的货车用视距/m
40	40	2.5	0.38	27.8	16.6	45	60~70
50	47~50	2.5	0.35	32.7~34.7	24.8~28.1	60~65	85~110
60	55~60	2.5	0.33	38.2~41.7	36.1~42.9	75~85	105~130
70	63~70	2.5	0.31	43.7~48.6	50.4~62.2	95~110	135~180
80	70~80	2.5	0.30	48.6~55.5	64.2~83.9	115~140	155~210
90	77~90	2.5	0.30	53.5~62.5	77.7~106.2	130~170	190~265
100	85~100	2.5	0.29	59.0~69.4	98.0~135.6	160~210	235~330
110	91~110	2.5	0.28	63.2~76.4	116.3~170.0	180~250	260~360
120	98~120	2.5	0.28	68.0~83.3	134.9~202.3	200~290	无推荐
130	105~130	2.5	0.28	72.9~90.3	155.0~237.6	230~330	无推荐

注：设定的行驶速度是设计速度在低流量条件下的平均行驶速度。

根据对视距的了解，若按行人走入斑马线的时间计算，以1m/s的速度进入道路宽度内3m的位置，那么行人应该是在3s前就开始跨入机动车道。理论上讲，驾驶人至少要在3s前就要看到行人跨入机动车道的动作，才有机会开始进行判断和操作车辆，但事实上驾驶人在3s内还未有任何有效操作，车辆便已冲入斑马线；从技术上讲，驾驶人需要完成安全操作的时间远远超过3s，即使3s内完成操作，车辆也已驶出很长距离，除非驾驶人反应够快且采取紧急制动方式，然而这么操作很可能会影响到后车或其他车道的车辆。因此，若驾驶人在没有充分的安全视距做保障，未能避让行人，但行人又误以为车辆可以避让自己，这就非常危险了。这也是在接近斑马线附近设置醒目的行人过街标志、标线等的原因。设置醒目的预警措施，可使驾驶人在远距离时知晓前方设有行人过街设施，提前降低车速。

2. 驾驶人要考虑步行者的能力

驾驶人要考虑行人过街的步速。美国纽约市做交通规划时用的通勤步速是1.5m/s。当行人过街时，根据行人健康状况与身体条件，通常采用1m/s或者0.8m/s来进行计算。若道路过宽，则要考虑设置二次甚至三次行人过街保护设施，把行人过街的位置做路缘石延展，可有效缩短过街距离。

如果在一条40m甚至更宽的宽马路上，要求驾驶人看到一位老者或儿童进入斑马线就停下，等候其完成过街，那么这条路的通行能力、后车驾驶人（特别是多车道排队时）的耐受力等都存在一定的问题。

3. 驾驶人与行人都需要安全视区

在道路上行车，遵循视区公理也很重要。就视区而言，尾随车辆的视区条件相对简单，只要与前车保持安全距离即可。但在多车道道路，视区条件相对复杂，特别是相邻车道的遮挡，会使驾驶人无法充分观察前方情况。同时，行人也无法观察全部道路情况，导致出现"鬼探头"现象，从而引发交通事故。因此，在很多国家，单向三车道或以上的道路同时设置了斑马线与信号灯，且一般情况下只允许行人一次跨越双车道，若想跨越多车道，则必须设置二次过街设施。

复习思考题

1. 提高汽车操纵稳定性的途径有哪些？
2. 如何评价汽车制动性？
3. 提高制动性能的主要措施有哪些？
4. 轮胎的哪些特性与汽车安全行驶相关？
5. 减轻乘员和行人伤害的被动安全技术有哪些？
6. 汽车被动安全装置有哪些？
7. 汽车主动安全系统或装置有哪些？
8. 辅助驾驶系统对交通安全来说有什么作用？
9. 如何从技术手段上解决车辆礼让斑马线时可能发生的"鬼探头"现象？

第 7 章

人的因素与交通安全

本章学习目标
1. 了解生理心理学、交通心理学的基本含义。
2. 掌握驾驶人生理特征与交通安全的关系。
3. 了解驾驶人心理特征与交通安全的关系。
4. 掌握典型驾驶人行为与交通安全的关系。
5. 了解骑车人特征与交通安全的关系。
6. 了解行人交通特征。
7. 了解交通参与者的交通安全教育的内容。

在道路交通系统中,人作为具有思维与行为能力的交通工具的使用者,起着决定性的作用。据统计,人的原因在道路交通事故原因中约占90%。这里的人包括所有道路使用者,如驾驶人、乘员、骑车人、行人等,他们是交通系统中的客观对象,若他们不能及时全面地感知、正确地思维、准确地判断、灵敏地操作与反应,就会酿成交通事故。因此,人的生理心理活动与行为活动在很大程度上影响着交通安全。

随着社会的发展,驾驶员与驾驶人的内涵有了细微差别。一般来说,驾驶员是指以驾驶为职业的驾驶人,即专职的驾驶人,如公交车的驾驶员、出租车的驾驶员等;而驾驶人一般是指不以驾驶为职业的驾驶人,如私家车的驾驶人,只是通过驾驶车辆达到出行的目的。

7.1 生理心理学

7.1.1 基本概念

生理心理学是心理学研究的重要组成部分,它探讨的是心理活动的生理基础和脑的机制。它的研究包括脑与行为的演化;脑的解剖与发展及其和行为的关系;认知、运动控制、动机行为、情绪和精神障碍等心理现象和行为的神经过程和神经机制。对心理活动生理基础的研究由来已久,从解剖学、生理学的研究发现大脑机能定位,到心理活动的脑物质变化的生化研究,再到脑电波、脑成像技术的应用,历经一百多年,但其迅速发展还是近几十年。

生理心理学是心理科学体系中的重要基础学科,它除用人为研究对象外还用各种实验动物为对象,研究心理行为活动的生理学机制。随着心理科学、生物学、神经科学和新技术的发展,生理心理学超越了传统生理心理学的视野和方法,越来越明显地表现出自身多学科交叉的发展特点和趋势。科学家们延伸了这个领域,给这个领域起了很多名称,如生物心理学(Biopsychology),行为神经科学(Behavioral Neuroscience),行为脑科学(Behavioral and

Brain Sciences) 等，这些名称也都反映出揭示行为的脑机制的基本目标。这一学科的发展促进了将行为水平的研究方法渗透到神经生物学微观领域，同时将神经生物学研究方法渗透到心理学领域。从多学科、多方面、多角度、多层次对心理行为现象展开研究。目前中国社会正处于快速转型期，各类心理疾病（如亢奋、焦虑、恐惧、躁狂、抑郁、自杀等）和心身疾病的发病率持续升高，已成为21世纪中国最令人关注的心理卫生课题。我国生理心理学的研究也正密切地关注心身健康领域的基础研究。实际上，作为交通系统中具有能动作用的人，其生理心理对交通安全的影响可见一斑。

生理心理学是研究心理现象的生理和生物基础的科学。它和心理学、生理学、解剖学、生物化学、内分泌学、神经学、精神病学、遗传学、动物学以及哲学等都有密切关系。

7.1.2 交通心理学

交通心理学是应用心理学的一个分支，是根据心理学的理论、原则和方法来研究交通系统中驾驶人和行人在交通过程中的心理活动和行为规律的学科。目前，交通心理学还属于一门新兴的综合性交叉学科，学科建立的时间比较短，涉及范围比较广，内容复杂，尚未形成一个完整的学科体系。

交通心理学的研究目的是提高人们的交通心理素质，以适应道路交通的变化，创造和改善道路交通条件，以适合人的交通心理特点，运用交通心理学的原理和成果充实、完善交通管理的理论、方法和手段，促进交通管理现代化、科学化，实现交通安全畅通、低公害、低能耗。

交通心理学的一般研究内容有：

1）驾驶人的视觉、听觉、触觉、平衡感觉、情绪、注意力、反应等特性及其与驾驶机能的关系。

2）道路线形、坡度、交通设施、交通环境对驾驶人的心理作用。通过在各种路线上的行车试验，总结出道路线形各元素之间、线形与环境之间相协调的规律，以指导道路线形设计。

3）酒精和药物对驾驶人驾驶机能的影响，以及驾驶人体内酒精含量的检查方法。

4）驾驶人驾驶疲劳的规律、测定方法和指标。

5）驾驶人对外界刺激的适应性的检查与考核方法。

6）车辆内仪表板、操作设备、音响设备、安全设备等人机设计对驾驶人产生的心理效果。

7）车辆外形、喷漆颜色、头灯位置、安全设备等对行人产生的心理效果。

8）不同年龄和性别的骑车人在不同交通条件下产生的心理反应与行为规律。

9）行人过街时的心理状态和行为，行人肇事与本人年龄、性别、过街速度、过街地点及道路宽度的关系。

10）交通宣传方法及其效果。

交通心理学的研究方法可以分为几个层面：①宏观定性方法，如调查问卷法、面对面问询法。②宏观定性定量方法，如现场观察法。③微观定量方法，如实验法，其中又包含实验室实验法、现场实验法等。

随着对交通安全研究的深入，以及现代测试技术与设备的进步，通过检索交通安全研究热点发现，近几年越来越多的研究机构与研究者开始关注驾驶人的生理心理波动与交通安全的定量关系，这主要体现在两个方面：①在正常的交通环境下，驾驶人生理心理（肌电、皮电、脑电、脉搏、呼吸等）的突然波动对交通安全的影响。②交通设施（道路照明、交通信号、交通标志等）的变化（或一种新式交通设施）对驾驶人生理心理的影响，进而反映其对交通安全的影响。

7.2 驾驶人与交通安全

7.2.1 驾驶人生理特征与指标

驾驶人生理特征的不同，在宏观上可以表现在性别、年龄、血型、视觉、听觉、疲劳等，在微观上可以表现在心电（ECG）、脑电（EEG）、呼吸（RESP）、肌电（EMG）、皮电（EDA）等。在对驾驶人的驾驶过程进行较为深入的研究时，一般用这几个微观的生理参数来表征驾驶人的基本生理特征。

1. 心电（ECG）

心脏在每个心动周期内，伴随起搏点、心房、心室相继兴奋而产生生物电的变化，这些生物电的变化称为心电。人的一个完整心电波形图如图 7-1 所示。

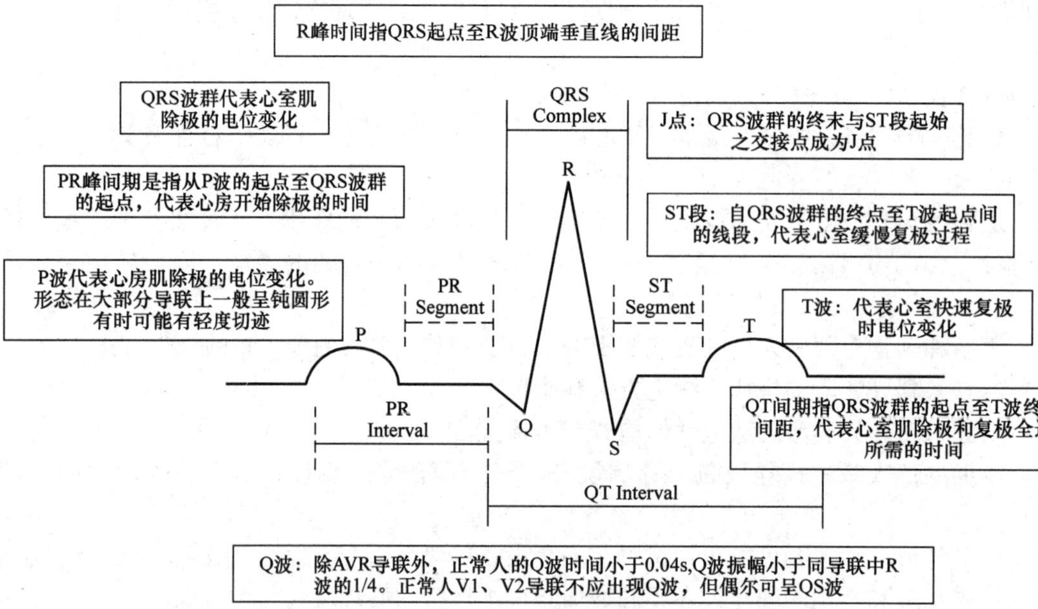

图 7-1　心电波形图

心电的主要评价指标包括心率和心率变异性。心脏同时受交感神经和副交感神经的支配，而交感神经系统的主要功能在于提高有机体的唤醒水平，副交感神经系统的功能是使兴奋起来的躯体返回到较低的唤醒水平。

实验研究表明，当驾驶人遇到危险或处于复杂的交通环境时，其心率和心率变异性会发生显著的变化。因此，可以使用心电这个生理参数来衡量某些交通设施或交通形势对驾驶人的影响。另外，驾驶人的疲劳程度与机体的唤醒水平密切相关。因此，心电可以作为判断驾驶疲劳的一项重要生理指标。行车过程中，驾驶人的心率主要与车速和行驶时间相关。车速越高，心率越快，行车越不安全。随着行驶时间不断加长，心率会逐渐变慢，此时表现为驾驶疲劳。

2. 脑电（EEG）

人在思考时，磁场会发生变化，形成生物电磁场，从而产生一种电波，称为脑电波。脑电波的频率变动范围一般在 1~30Hz，根据脑电频率的不同，可以将其划分为以下四个波段：

(1) α 波　频率 8~13Hz，它是人脑电波中最基本的节律，保持也比较稳定，通常在人清醒、平静时这种波的节律最为明显，紧张时会立刻消失。因此，α 波出现时，驾驶人一般处于较为安全的驾驶状态。

(2) β 波　频率 13~30Hz，当人精神紧张或者情绪激动亢奋的时候，会出现这种波，可以通过此波对驾驶人超速行驶状态的危险度进行分析。

(3) δ 波　频率 1~4Hz，在成年人极度疲劳、发生瞌睡的状态下，会出现这种波，因此可以用这种波来监测驾驶人的疲劳等级，若出现此波，表明驾驶人出现疲劳，此时的驾驶状态不安全。

(4) θ 波　频率 4~8Hz，成年人在精神抑郁受挫的时候，这种波比较显著，此时驾驶人不宜行车。

脑电信号是一种比较敏感的客观指标，不仅可以用于脑科学的基础理论研究，也可用于反映驾驶人的心理及脑疲劳等问题。但脑电波是一种极其微弱的电波，在实验过程中需要被试者在安静的条件下进行且要避免其他一些干扰因素的影响。

3. 呼吸（RESP）

呼吸幅度代表被试者每次呼吸时的呼气/吸气量，是一个相对值，呼吸频率为每分钟的呼吸次数，这两个指标均可反映驾驶人在驾驶过程中的呼吸情况。

呼吸频率随年龄、性别和生理状态而异，成人平静时的呼吸频率约为每分钟 16~18 次。研究资料表明，正常、临界和疲劳状态呼吸指标值不同。通常人体活动加强时，呼吸频率和深度都会相应增加。呼吸能反映人的体能状况，肺活量小、呼吸频率快的驾驶人体能相对较差，长时间行车时容易疲劳，也易发生事故。

4. 肌电（EMG）

通常将人体骨骼肌电信号称为肌电信号，是骨骼肌细胞的自发电活动的综合信号。人体的肌肉细胞受神经刺激后会产生动作电位，利用一定的仪器检测并放大这种电位，然后就可通过研究该电位的高低或电位差来了解驾驶人的紧张程度。

5. 皮电（EDA）

外界刺激会引起控制腺体分泌的交感神经活动，这时可引起轻微出汗，皮肤导电率升高。外界的新异刺激、情绪反应强度、疲劳状态都可引起较大的皮电反应，也就是说皮电的高低能反映驾驶人情绪的变化情况。情绪紧张、恐惧或者焦虑情况下汗腺分泌增加，皮肤表面汗液增多，引起导电性增加而致皮电升高，情绪平静时，皮电降低。

7.2.2　驾驶人生理特征与交通安全

1. 性别与交通安全

研究表明，男女驾驶人在交通违章违法方面并没有明显的差别，但驾驶前饮酒、强行超车的男驾驶人比女驾驶人多。通常,男女驾驶人对事故的处理能力差距不大,然而在紧急情况下会出现明显不同。具有相同驾驶经验的男女驾驶人驾驶相同的车辆在干燥的沥青马路上进行制动试验,其结果是女驾驶人的制动距离比男驾驶人平均长4m。日本曾对695名驾驶人进行了调查,其中男性519名,女性176名,结果表明,学习驾驶的时间女性比男性增加26%,表明在驾驶职业选择上应对女性有更高要求才可能保证交通安全。

2. 年龄与交通安全

美国某公共汽车公司对各种年龄驾驶人16万km行程交通事故的统计分析结果表明,45~54岁的驾驶人肇事次数最少,30岁以下与50岁以上的驾驶人肇事次数较多,事故的发生相对于年龄呈现浴缸形分布。一般情况下,老年驾驶人患各种心血管疾病的机会增多、视力与动视力下降、反应迟钝、容易疲劳,但都比较稳健。年轻人则不然,记忆力好、反应敏捷、患病机会少,但心理素质差。综合来看,年轻驾驶人与老年驾驶人都存在对交通安全产生影响的不利因素。

3. 血型与交通安全

交通事故与人的血型有关,尤其在女性方面更为突出。有关研究认为:A型血的人机智、细心、谨慎,对周围善加观察,因此发生事故较少;O型血的人一般驾驶技术较好,对生命的防卫本领强,但注意力外的人身事故多;B型血人的注意力较分散,大小事故不断;AB型血的人驾驶事故最多。

4. 视觉与交通安全

相关研究表明,驾驶人在行车过程中80%以上的信息来自视觉,因此驾驶人的视觉特性(视力、视野、视觉适应等)对行车安全有重要的影响。

(1) 视力 视力是指人眼能分辨物体形状、大小、颜色的能力,分为静(体)视力、动(体)视力和夜视力。静视力是指在光线充足条件下,人和视标在静止状态下所检查的视力。动视力是指在光线充分条件下,人和视标处于运动(一方运动或双方皆动)状态下所检查的视力。夜视力是指人在光线微弱条件下,即暗环境中分辨方向、识别物体大小、形状及运动状态的能力。

依据我国《机动车驾驶证申领和使用规定》,申请大型客车、牵引车、城市公交车、中型客车、大型货车、无轨电车或者有轨电车准驾车型的,两眼裸视力或者矫正视力达到对数视力表5.0以上。申请其他准驾车型的,两眼裸视力或者矫正视力达到对数视力表4.9以上。无红绿色盲。

驾驶人在行车过程中的视力属于动视力。一般来说,动视力比静视力低10%~20%,特别情况下比静视力低30%~40%。人的视力随运动速度的提高而下降,车速越快,视力下降得越多。表7-1是不同车速下驾驶人对同一标志的判读距离,标志上字高为40cm。

表7-1 不同车速下驾驶人对同一标志的判读距离

车速/(km/h)	60	80	100	120
判读距离/m	124	116	109	94

动视力除受车速影响外,还随照明强弱、目标与背景亮度对比度、目标呈现时间、相对运动的方向与方式、驾驶人的性别等因素的变化而变化。在目标角速度不同的环境下驾驶人的动视力是不同的,而相同环境下不同年龄驾驶人的动视力也不同,年龄越大,伴随目标角

速度的升高，动视力下降得越多，动视力与角速度以及年龄的关系如图7-2、图7-3所示。

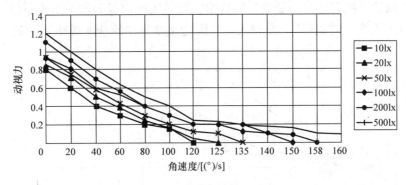

图7-2 动视力与角速度的关系

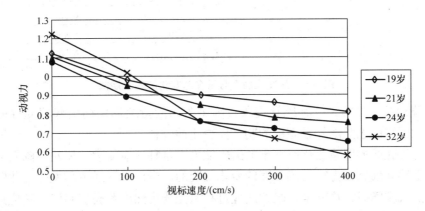

图7-3 动视力与年龄的关系

（2）视野 视野是指人的两眼注视某一目标时能够看见的最大空间范围，包括静视野和动视野。静视野是指在静止状态下，头部不动，两眼注视前方时，眼睛两侧可以看到的范围。动视野是指在静止状态下，头部不动，但眼球可以转动时，所能够看见的范围。

静视野和动视野可以用角度来衡量。一般正常人双眼同时注视同一目标时，视野大约为120°，左右重叠，双眼视野比单眼视野的范围大。驾驶人视野图如图7-4所示，每只眼睛的垂直视野（上下）为135°~140°，水平视野（左右）达150°~160°；两眼左右视野约为180°。动视野比静视野大，左右约宽15°，上下约宽10°，下方无明显变化。人眼的视野可用视野计进行测定。

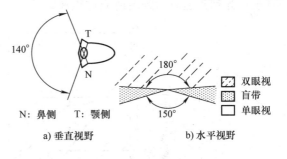

图7-4 驾驶人视野图

若驾驶人的视野过小，获取安全行车所需的有效信息变少，对驾驶人安全行车会产生不利的影响。

车辆在运行过程中，驾驶人视野与行车速度密切相关，汽车静止时视野不变，当汽车行驶时，视野的深度、宽度、视野内画面都在不断变化。车辆运行速度越快，驾驶人越注视远方，即注视点前移，视野越窄。随着视野变窄，驾驶人的注意力被引向到景象的中心而置两侧于不顾，形成所谓"隧道视"。驾驶人的视野随车速变化的基本规律如图7-5所示。

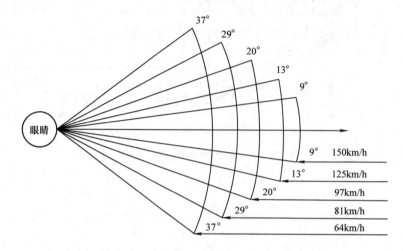

图7-5 驾驶人的视野随车速变化的基本规律

（3）视觉适应 适应是一种感觉现象，因刺激物的持续作用而引起感受性的变化。视觉适应是视觉器官的感觉随外界亮度的刺激而变化的过程。

人眼对外界光线的明暗变化有一定的适应能力，这种适应能力主要是靠瞳孔大小的变化以及视网膜上感光细胞对光线敏感程度的变化实现的。当外界光线突然发生变化时，人眼会出现短时间的视觉障碍，这就是人眼的适应过程。光线突然由明亮变暗淡的适应过程，称为暗适应，反之称为明（光）适应。

1）暗适应。暗适应是指人从照明停止或由亮处进入暗处时，视觉感受性提高的过程，该过程需要3~6min（完全适应还需更长）。当车辆驶入隧道时，就会发生暗适应过程，此段时间极易发生交通事故。

暗适应前的曝光愈强，人的暗适应过程中视觉感受性的阈限值越高。图7-6是对三种不同强度白光预先适应后的暗适应过程曲线。

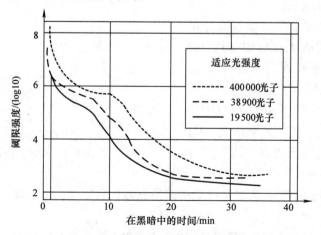

图7-6 对3种不同强度白光预先适应后的暗适应过程

2）明适应。明适应是指人从照明开始或由暗处进入亮处时眼睛的适应过程。明适应相对于暗适应来说相对较快，一般1min之内即可完全适应。

在明适应条件下，突然的强光刺激会暂时降低视力，这种现象称为闪光盲。闪光盲持续的时间长短与闪光强度、照射的视网膜位置、目标太小、瞳孔和眼睛的适应状态等有关。闪光盲也许是视觉功能的保护性抑制，因为过强的闪光可能造成永久性视觉损伤。在长隧道的出口处以及设置转弯反光镜时，都应避免过强的闪光，以保护驾驶人的视觉功能，减少事故发生。

当驾驶人驶入隧道时，由于隧道外的光强度有上万勒克斯，而隧道内的照明强度仅有100lx左右或更低，明暗相差非常大，约产生几秒的视觉障碍，这也是隧道入口事故率高的原因。而在隧道出口处产生的视觉障碍小，故发生事故的概率比较小。但在夜间车辆通过隧道过程中，驾驶人会在出口处遇到暗适应问题。

有关研究表明，驾驶人的动视力、夜视力的异常与交通事故直接相关。英国的统计数字表明，夜间行车事故的发生率明显高于白天，且危险性也比白天大，可见夜视力的好坏严重影响交通安全。

5. 听觉与交通安全

除了视觉之外，听觉也是获取交通信息量较多的感知器官。听觉对驾驶人的安全行车起着重要的作用，它能补充视觉的不足，协助驾驶人分辨物体的远近和方位。

（1）人的听觉基本能力

1）听觉感受性。驾驶人听觉的特点是感受性有极宽的动态范围。从声强来说，人耳能感受到的最小声压级为0dB，能耐受的最大声压级可达120dB，这120dB的动态范围相当于压力比$10^6:1$；从频率来说，人耳能听到的纯音频率最低为2Hz，最高到20 000Hz；从时间来说，人耳对声长的解析力也是惊人的。除了声压级、振幅以及频率三个绝对参量外，听觉的感受性还表现为对它们微小差异的分辨能力，即差别感受性。

2）听觉掩蔽。掩蔽是心理声学中很重要的效应，它不仅可以说明一个声音怎样影响另一个声音，透过它还有助于了解人耳的频率分辨。

如果对声音A的阈值已确定为40dB，若同时又听见声音B，人们发现由于B的影响使A的阈值提高到52dB，即比原来的阈值要提高12dB才能被听到。一个声音的阈值因另一声音的出现而提高的现象就是听觉掩蔽。在这个例子中B称为掩蔽声，A称为被掩蔽声，也称测试信号或探测信号；52dB称为掩蔽阈限，12dB称为掩蔽量，也称B的有效级。

（2）听觉与行车安全　行车中驾驶人有时凭借收听声音信息、听取交通指挥人员的指令进行操作。在超车或会车时常常按喇叭来引起对方驾驶人的注意。行车中听到警车、救护车和特种工程抢修车的鸣号，就会减速、避让或停止前进。在雾天、夜间和雨雪天气下驾驶人视觉受到影响或在急转弯视距受到限制时，可以通过鸣笛引起对方和行人的注意。在某些道路上，控制室还会通过广播告诉驾驶人前方交通情况。

听觉信息具有两个明显的特点：①反应快，听觉反应时间为0.12~0.16s，视觉反应时间为0.5~2.08s；②刺激强，行车中听惯了各种声音后，如果突然有异样的声音出现，会立即引起驾驶人的注意。在行车过程中，有经验的驾驶人能根据车内异样声音推断出某种机件或设备发生故障，以便及时采取措施，保障行车安全。

6. 疾病与交通安全

近些年，由疾病导致的交通事故层出不穷。人的各种行为动作都受到神经的控制，驾驶人操纵转向盘、制动、换挡等驾驶行为也要通过以大脑为核心的神经系统的活动来实现。人的身体是由多个器官系统构成的复杂生物体，无论哪一个器官系统即使是轻微的疾病也将影响身体的生理机能。

对驾驶人来讲，在病态下开车，其注意力、视动作反应能力会大大降低，动作不协调，准确性和反应速度也会下降。慢性病同样会增加发生交通事故的概率。在美国，因心血管疾病造成的交通事故每年多达 2000 例。此外，由癫痫、脑血管意外、突然眩晕造成的恶性交通事故各国都有报道。

7. 食用药物（毒品）与交通安全

（1）药物 近年来，服药后驾驶车辆导致的交通事故明显增多。国外资料表明，驾驶人服药后发生交通事故的比例比未服药者高出几倍。国内资料显示，服药后驾车发生的交通事故占全部交通事故的 10% 左右。因此，服药后驾驶已成为当今引发交通事故的重要原因之一。

下面列出对交通安全影响较大的几种药物：

1）抗过敏药。服用抗过敏药后可能出现嗜睡、眩晕、头痛、乏力、颤抖、耳鸣和幻觉等症状，容易引发交通事故。

2）镇静催眠药。服用安定、氯硝安定、佳静安定等药物后可引起嗜睡、乏力、头痛、头晕、运动失调等副作用，严重者可出现视力模糊、精神紊乱、兴奋不安、眼球震颤等症状。

3）解热镇痛药。如阿司匹林、水杨酸钠、安乃近、非那西丁、氨基比林等，此类药如使用剂量过大，可出现眩晕、耳鸣、听力减退、大量出汗甚至虚脱等症状。

4）镇咳药。服用可待因、克咳敏、右美沙芬等镇咳药后，可出现嗜睡、头晕等不适反应，过量服用还可引起兴奋、烦躁不安。此类药物为高空作业、驾驶车辆、操作机器时所禁用。

5）胃肠解痉药。阿托品等解痉止痛药服用后，常见视物模糊和心悸等副作用。

6）止吐药。胃复安、吗丁啉、枢复宁等药物可引起倦怠、嗜睡、头晕等不适，长期或大量服用可出现肌震颤、斜颈、惊厥等不良反应。

7）抗高血压药。如利血平、可乐定、硝苯地平等，部分患者服用后可出现心悸、体位性低血压、头痛、眩晕、嗜睡、视力模糊等不适。

8）平喘药。麻黄碱、异丙肾上腺素、沙丁胺醇、喘康速等平喘药，长期或过量服用可引起震颤、焦虑、头痛、心悸、心动过速、软弱无力等严重的副作用。

以上药物的副作用均可影响驾车安全，导致交通事故发生。因此，在一般情况下，驾车时应尽量不服用以上药物，以免发生行车事故。此外，考虑到多种药物联合应用可能加重药物的副作用，驾驶人如果由于病情需要而用药，一定要接受医生的指导。

（2）毒品 毒驾是吸毒驾驶的简称，是指未戒断毒瘾的患者和正在使用毒品的驾驶人驾驶机动车的不安全行为。毒驾者吸毒后产生的精神极端亢奋甚至妄想、幻觉等症状，会导致驾驶人脱离现实场景，思维反应能力明显下降，身体各部分器官与机能协调脱节，驾驶能力严重削弱，为恶性交通事故的发生埋下巨大隐患。毒驾造成的后果不亚于酒驾，甚至比酒驾还严重，它将对人身安全和财产安全构成巨大的威胁。珍惜生命，远离毒驾。

近年来，仅仅见诸媒体报道的吸毒导致交通事故的案例数量就呈现急剧增加的态势，分析其原因和趋势，主要有以下几点：①各种新型毒品极易合成并导致其急速蔓延。②机动车保有量急剧增长使得吸毒群体中有车和会开车的人数剧增。③新型毒品吸食者经历过吸食、成瘾，最后达到严重成瘾（集中发病）的阶段，毒性的累积使他们的大脑受到严重侵害，具有吸毒成瘾史的驾驶人会出现狂躁、幻觉、臆想等精神症状。

7.2.3 驾驶人心理特征与交通安全

1. 感觉及知觉与交通安全

(1) 感觉与知觉的定义

1) 感觉。感觉是指外界客观事物作用于人的感觉器官时在其头脑中引起个别属性的反应。感觉的产生需要具备两方面条件，一是外界客观事物的刺激，二是感觉器官的感知能力。外界客观事物应有足够的刺激强度，能被人的感觉器官所接受，人的感觉器官应保持高度的灵敏性，能及时地接受外界刺激信息。

2) 知觉。知觉是人在感觉的基础上对客观事物各种属性的整体性、综合性反应。

感觉和知觉越丰富，在驾车过程中获取的信息就越多。良好的感觉和知觉能力是驾驶人在驾车过程中准确感知各种信息的必要条件。对于安全驾驶而言，驾驶人必须具备良好的感知觉能力。

(2) 感觉与知觉对行车安全的影响 感觉与驾驶行为有着密切关系，主要包括平衡觉、运动觉和内脏感觉等。知觉可分为空间、时间和运动知觉，这三种知觉对驾驶安全都有重要作用。实际上，人在感知外界环境的过程中，感觉和知觉是紧密相连的，前面是感觉而紧跟着就是知觉。

1) 平衡觉与行车安全。平衡觉也称静觉，是反映头部位置和身体平衡状态的感觉。平衡觉的刺激感受器是双耳中的前庭器，它对驾驶人有重要作用。如果平衡觉异常迟疑，在起伏、盘旋的山地驾驶时，就很难准确地判断行车方向；如果异常灵敏，也难以适应次级路面特别是山地驾驶。如果驾驶人的平衡觉发生病变，就会因车辆的倾斜程度判断不准而可能发生翻车事故。

平衡觉还与视觉、内脏感觉有密切联系，在平衡觉受到一定刺激时，人们会感到视野中的物体在移动或跳动，感到眩晕甚至眼花缭乱，这时内脏器官的活动会发生剧烈变化，人会产生恶心呕吐，这就是人们常说的晕车。出现晕车现象应立即停车休息，等平衡觉恢复后再驾车。

2) 空间知觉与行车安全。空间知觉是驾驶人对交通环境中物体的形状、大小、方位等空间特性的知觉，对判断自己车辆和车外物体在空间位置和方向起主导作用，经验不足的驾驶人往往会由于空间知觉不准确而造成行车事故。

3) 时间知觉与行车安全。时间知觉是人脑对客观现象延续性和顺序性的反映。驾驶工作一般都有时间要求，特别是客运工作，时间要求更严。时间知觉越长，驾驶人越容易产生急躁、厌烦和松劲情绪，以致影响安全驾驶。

4) 运动知觉与行车安全。运动知觉一般指对物体空间位移和运动速度的知觉。在行车中，车辆和车外物体都在运动，对车辆运动方向和速度知觉是否正确，关系到行车安全。

影响运动知觉的因素有天气、季节、白天、夜间、照明等，驾驶人必须对其有所认识和了解，纠正运动知觉的误差，加强运动知觉的训练，以保证安全行车。

5) 错觉与行车安全。错觉是人对外界事物不正确的知觉。驾驶人在车辆运行过程中的典型错觉有速度错觉、距离错觉等。引起错觉的基本原因是复杂多变的交通环境及其自身因素的干扰，安全生产管理者及驾驶人均应充分认识到错觉对行车安全的影响。

2. 注意特性与交通安全

(1) 注意的定义及分类 注意是指心理活动对一定对象的指向和集中。车辆行驶中，驾驶人心理活动有选择地指向和保持集中于一定的道路交通信息，经过大脑识别、判断和抉择后采取正确的驾驶操作，保障行车安全，因此注意是行车安全的一个重要心理因素。对象的指向性是指人的认知活动指向所关注的对象而同时离开其他对象，而意识的集中性是指人将所有精力集中在所选择的对象上，同时对其他对象加以抑制。注意指向性和意识集中性的有机结合，使得驾驶人在驾车过程中能连续、及时地对新出现的情况做出快速反应。

(2) 注意能力的判断

1) 注意的广度。注意的广度也称注意的范围，是指在同一时间内能够清楚地知觉到对象的数量。用信息论的观点来讲，注意的广度即在注视点来不及移动的很短时间（0.1s）内所能接受的同时输入的信息量。注意的广度可以借助信息量来估量。信息量大的目标，注意的广度小；信息量小的目标，注意的广度大。总之，刺激出现的不确定性越大，其信息量也越大，对其注意的广度越小。

2) 注意的稳定性。注意的稳定性是指认识的高度选择状态能够延续时间的长短，即注意能够长时间保持在某种事物或活动上的能力。由于人的感受性不能长时间地保持固定的状态，注意会呈现间歇地加强和减弱，这种周期性变化是注意的起伏现象。广义的注意稳定性，不总是指向同一对象，而是指所接触的对象和行动本身可以发生改变，但活动的总方向始终不变。注意的稳定性与主体对活动目标的理解、思维积极性、兴趣大小、健康状况等因素有关，也与注意对象的特点有关，内容丰富或者活动的对象更容易使人保持较长时间的注意。

3) 注意的分配与转移。注意的分配是指注意在几种认识活动上的分配，把注意指向不同的对象。注意的分配可衡量人们能否同时进行两项及以上认知活动。在一种认识对象有大量多余信息的情况下，注意就可以分配。有多余信息的事物不一定需要全部注意，注意一点或一部分就行。驾驶人在行驶过程中，如果对沿线的基本状况比较熟悉，那么就有可能注意行车以外的其他事情，如听音乐、交谈等。

注意的转移是根据新的任务，主动地把注意从一个对象转移到另一个对象，即用对一种事物的随意注意，去代替对另一种事物的不随意注意。注意的转移也可以发生在同一活动的内部，由一种操作过渡到另一种操作。

驾驶人的注意分配和转移在车辆行驶过程中具有极为重要的意义。在汽车高速行驶过程中，如果驾驶人的注意力不能很好地分配和转移，车辆和道路环境就不能达到良好的协调，而有可能引起严重的交通事故。

3. 情绪与交通安全

(1) 情绪的定义 目前情绪的定义还存在争议。牛津英语字典上将情绪解释为心灵、感觉或感情的激动或骚动，泛指任何激动或兴奋的心理状态。心理学家吴伟士认为情绪是有机体的一种激动状态，各种情绪的反应都以其引起的情境来定义，如愤怒与他人所引起的不愉快情境相关联，内疚与由自己所招致的不愉快情境相关联，而悲伤与环境控制的不愉快情境相关联。情绪总是同人的需要与动机有着密切的关系，如人的某种需要得到满足或目的没有达到时，将会产生愉快或者难过等感受。

人的情绪是一种心理活动的产物，是人们对待客观事物的一种态度，反映主、客观之间的关系，是人对客观事物是否符合自己需要的态度的体验。

（2）情绪的特点 人的情绪具有两极性，即积极的体验和消极的体验。各种不同的情绪体验都会给汽车驾驶人在行车安全上带来不同的效应，积极的情绪起正作用，消极的情绪起负作用。

大量的交通事故案例表明，带有消极情绪的驾驶人驾车发生的交通事故占交通事故总数的70%。消极情绪是驾驶人通过不良心理活动表现出的一种状态，具有很大的隐蔽性，一般不易暴露，只有当外界条件具备时才会出现。常见的消极情绪有自满情绪、急躁情绪、焦虑情绪和报复情绪。

（3）驾驶人情绪对行车安全的影响 情绪对人的认识、意志、行为和个性具有重要影响，尤其是机动车驾驶人，其情绪对行车安全至关重要。

1）不良情绪会导致驾驶人注意力不集中。驾驶人的工作身心负荷大，要求在驾车行驶时必须集中注意力。但有的驾驶人在行车时会产生麻痹情绪，主要表现为行车中注意力不集中、全身懒散放松等。驾驶人易产生麻痹情绪状态的情景有道路条件较好时长途行车已安全驶近目的地，由复杂道路进入平坦道路或由城市驾驶转入郊外等级公路驾驶，夜间车稀人少以及车况良好等，麻痹情绪是造成交通事故的主要原因之一。

2）不良情绪会妨碍驾驶人技术的正常发挥。驾驶人一旦有了不良情绪，伴随着活动将会发生一系列的心理和生理变化，这些变化会造成驾驶人在操作时应激性过高或者过低。过高时强烈的应激状态会阻碍和干扰驾驶人的技术水平发挥，过低则会使驾驶人的大脑和操作得不到足够的能量，这两种现象均易造成驾驶人操作不当，引发交通事故。

3）不良情绪会让驾驶人感到疲劳。驾驶人处于不良情绪状态时，其生理、心理均会存在较大负担，此时不仅需要继续承受驾驶工作的体力消耗，还要承受不良情绪状态导致的生理变化，如心率加快、血压升高等。可见不良情绪会增加驾驶人的疲劳感，给行车带来危险。如果驾驶人的情绪长时间处于紧张与恐慌状态，会导致精神疲劳，最终引起驾驶人感觉混乱、操作失误，极易引发交通事故。对于新驾驶人来说，在车况路况不熟悉，特别是走险路、山路以及事故多发路段时，精神处于紧张状态，容易导致疲劳。

4）不良情绪会驱使驾驶人不讲职业道德。职业道德依靠社会舆论以及人们内心的信念来维护和巩固。在行车过程中，当驾驶人处于不良情绪状态时，会冲击职业道德。如果意志不坚定，自觉性便会发生动摇，取而代之的是丧失理智和盲目行动。如驾驶人在行车中碰到不顺心或违背自己意愿的事情时，容易将车辆当作发泄对象，就会造成重大交通事故。

（4）路怒症对行车安全的影响 路怒症是指驾驶人本人对其他驾驶人的驾车行为（超车、变道、加塞等）产生反感乃至愤怒的一种心理及行为的表现，这种行为可能会延伸为用攻击性或威胁安全的方式驾驶车辆。路怒症的发生与驾驶人的性格、心理素质、工作压力、交通拥堵、赶时间等有关。

路怒症主要有六种表现症状：①开车骂人成常态。②驾车情绪容易失控，一点堵车或碰擦就有动手冲动。③喜欢跟人顶牛，故意拦挡别人进入自己所在的车道。④开车时和不开车时脾气、情绪判若两人。⑤前面车辆稍慢就不停鸣喇叭或打闪灯。⑥危险驾驶，包括突然制动或加速，跟车过近等。

路怒症是当今汽车时代的一个世界通病。在美国，职业驾驶人患路怒症的比例达30%以上。上海的调查的结果显示，长途汽车司机心理障碍发生率高达80%，私家车主为44.4%。相关研究表明，堵车和路况不佳导致驾驶人动怒的有48.1%；因看到别人违章影响到自己行车动怒的有39.8%；因周边车辆加塞或者超车动怒的为29.7%；还有别人违章，即使没有影响到自己也动怒的有26.6%；因新手开车不懂规则动怒的有22.9%。

路怒症是一种非常危险的情绪与行为，带着愤怒情绪开车，不仅会给自己带来交通事故，还会造成交通不便，严重者还会造成交通伤害等。路怒症可能造成的影响如下：

1）引发或加重交通拥堵。在大城市，交通拥堵已经成为一种常态，在这种交通条件下，个别驾驶人会不合理变道，极易引发路怒症，一旦发生路怒症很容易引发新的交通拥堵或加重原交通拥堵的程度。

2）引发交通事故。公安部交通管理局的数据显示，因路怒症引发的道路交通事故起数呈逐年上升趋势，2013年共导致事故8.02万起，比2012年上升4.9%，2014年又比2013年上升2.4%。2015年全国共查出1733万起路怒，在江苏省，近10%的事故是由路怒引发的。

3）可导致刑事案件。个人因路怒症而出现伤人或者造成集体伤害，轻则可判处寻衅滋事罪，重则可判处危险驾驶罪。

4）不利于驾驶人身心健康。路怒是一种心理疾病，既不利于驾驶人的身心健康，又危害他人与自身的人身安全，所引起的攻击性驾驶行为是严重的交通违法行为，会扰乱交通秩序，危害交通安全。

5）不利于驾驶人的人际关系。当今社会是一个开放的信息社会，一个人的言谈举止行为很容易暴露在公众下面，虽然发生路怒症的比例较高，多数人也能理解路怒症，但是一旦因路怒症引起了严重交通事故或不良社会反应，将会直接影响驾驶人本人的人际关系，甚至影响个人的发展前景。

缓解路怒症的基本方法如下：

1）留够较为充足的时间。时间紧迫或者要求自己在规定的时间内到达目的地是引发路怒症的一个重要原因，因此，在每次出行时尽量提早出门，让行车时间更充足。

2）避免不良情绪干扰。如果情绪不好，应学会为自己减压，多几次深呼吸。天气炎热时，可以适当多吃绿色蔬菜，喝点柠檬汁和含维生素B的饮料来调节情绪。

3）开车时别在路上争吵。遇到抢道、追尾、碰撞等事故时，有些人会发怒。其实在路上和别人争吵，不仅不能有效解决问题，还会让双方的不良情绪加深。这种时候冷静处理反而更有利于事情的解决。

4）出门前准备周全。行驶了一段路程后才发现自己忘记一些物品，由此心中会念叨着，无形中也会影响自己的情绪，导致精神不集中。

4. 性格与交通安全

性格内向的驾驶人，往往思维速度与动作速度反差较大，性格比较沉静，感情含蓄，行为谨慎。一般来说，该种性格的驾驶人驾驶车辆的速度较慢。性格外向的驾驶人，往往思维速度与行为动作趋于一致，性格比较开朗，感情奔放，举止比较敏捷。一般来说，这种性格的驾驶人驾驶车辆的速度比较快。

调查发现，那些能够安全驾驶车辆的驾驶人适应性都比较强，热爱生活，关心他人，遇到紧急情况时，镇定自若，妥善处理；而那些发生事故多的驾驶人，一般来说，缺乏生活规律，协调性差，比较情绪化，对别人漠不关心，并且容易冲动。

研究结果表明，具有下列性格的人不适宜当驾驶人：①性格暴躁，感情容易冲动，稍不如意就大发脾气，不能自我控制。②反应迟钝，处理问题不够果断。③观察事物粗枝大叶，思考问题肤浅、草率、简单。④情绪不够稳定，喜怒无常。⑤有神经质，遇事往死胡同里钻。

为了保证行车安全，驾驶人应充分了解自己的性格类型和特点，在此基础上根据自身的实际情况，通过加强学习努力弥补自身性格上的弱点，在实践中锻炼和提高自己，养成良好的驾驶习惯。

7.2.4 驾驶人信息处理过程

驾驶人驾驶车辆在道路上正常行驶时，需要不断地认知情况、确定措施并实施操作，这一过程实质上就是获取和处理信息的过程。驾驶人的信息处理过程如图 7-7 所示。驾驶人从环境中获得信息，由接收器（感觉器官，主要是视觉、听觉和触觉等）经传入神经系统传递到信息处理部（中枢神经系统），经思考判断做出决定，然后经传出神经系统传递到效果器（手、脚等运动器官），从而使汽车产生运动。如果效果器在响应上有偏差，会导致汽车发动响应异常，则必须把此信息返回到中枢神经系统进行修正，经传递由效果器执行修正后的命令。实际上，驾驶人的情绪、身体条件、疲劳程度、疾病以及服用药物等都与安全驾驶有密切关系，信息处理的正确与否对响应特性有很大的影响。

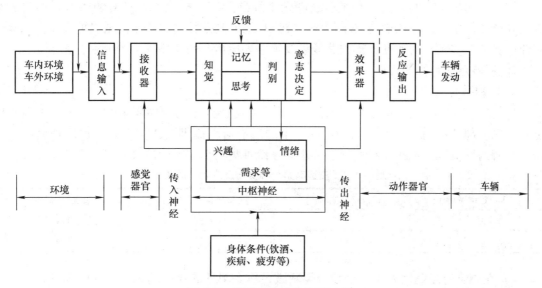

图 7-7 驾驶人的信息处理过程

驾驶人对信息的处理是在一定的时间条件下进行，并在一定时间内完成的，及时准确地对信息进行处理是安全驾驶的关键。

7.2.5 驾驶人反应特性与交通安全

反应是由外界因素的刺激而产生的知觉—行为过程。通常，驾驶人通过视觉与听觉从环境中获得信息刺激，经由神经系统传给大脑进行加工，然后大脑将命令下达给手和脚，使之进行各种驾驶操作。这个过程就是驾驶人的反应过程。

从实验心理学的定义来分析，反应特性的含义是从表露于外的事物引起反应到开始动作所需的时间，常用反应时间来表示。它不是反应的延续时间，而是从刺激到反应动作之间的时距。

1. 反应特性分类

（1）简单反应 驾驶人对于单一信号刺激，只需要做一个动作就是做出反应，称为简单反应。做出简单反应的时间就称为简单反应时间。表7-2列出的是人的几种主要感官的简单反应时间。

表7-2 人的几种主要感官的简单反应时间

感觉	视觉	听觉	触觉	嗅觉
反应时间/s	0.150~0.200	0.120~0.160	0.110~0.160	0.200~0.800

（2）复杂反应 复杂反应又称选择反应，是指对于两种以上的刺激，需按既定方式采取一个以上的动作。复杂反应是给驾驶人多种刺激，要求驾驶人做出不同的反应。如驾驶人在超车过程中，既要知道自己车辆的行驶速度，又要估计到前面被超越车辆的速度和让行超越路面的情况，操作上便可以有选择地准备超越时间。若超越时间长，至中途时还要观察被超越车辆前面有无障碍，或骑车、走路的人和物是否多占了有效路面，以及被超越车辆的退让情况等，待万无一失确保安全时，再决定是加速超车还是停止超车。

因此，超越车辆的驾驶人必须有选择余地和预知准备的余地，只有懂得这样的行驶规律，才能在复杂的道路环境中安全行驶。复杂反应的复杂程度取决于交通量的大小，汽车和车流中另外一些车辆的速度、行驶路线以及道路环境情况的变化等多种因素。

2. 影响反应特性的因素

（1）刺激与反应

1）由表7-2可知，在各种感觉通道中，反应由快到慢的顺序是触觉—听觉—视觉—嗅觉，且刺激部位不同，反应时间也不同，手的反应速度比脚要快，右手的反应速度比左手快，右脚的反应速度也比左脚快，反应运动系统种类与反应时间的关系见表7-3。

表7-3 反应运动系统种类与反应时间的关系

反应运动系统	反应时间/ms	反应运动系统	反应时间/ms
右手	144	右脚	174
左手	147	左脚	179

2）在感觉界限范围内，如果是同类刺激，那么刺激的强度越大，反应时间越短。当刺激强度增加到一定阈值时，反应时间的缩短会十分明显。如果以光线作为刺激，就应该具有足够的亮度，如果以声音作为刺激，就应该比较响亮，才有利于缩短驾驶人的反应时间。

3）刺激物与背景有一定的关系。如果刺激物与背景之间的对比度强，反应时间相对较短；反之，对比度弱，则反应时间长。例如，在寂静的环境中听到喇叭声所引起的反应时间要比在喧闹的环境中听到同样响亮的喇叭声所引起的反应时间短。交通标志颜色对比鲜明时，驾驶人的反应时间比较短；反之，反应时间就较长。

4）刺激信号暴露的时间不同，反应时间也不同。在一定范围内，反应时间随刺激信号暴露时间的增加而减少。表7-4为光刺激时间对反应时间影响的一组实验数据。

表 7-4　光刺激时间与反应时间

光刺激时间/s	0.003	0.006	0.012	0.024	0.048
反应时间/s	0.191	0.189	0.187	0.184	0.184

（2）驾驶人状态与反应　在车辆行驶过程中，驾驶人是否有心理准备也会影响驾驶人的反应时间。当驾驶人有心理准备时，对出现的客观刺激（交通信息）的反应时间较短，若没有心理准备，对突然出现的交通信息反应时间就长。

在交通事故多发处及其他危险地段设置明显的警告标志，其目的就是引起驾驶人的注意和警觉，让驾驶人提前做好心理准备，从而缩短驾驶人的反应时间。

（3）驾驶人年龄、性别与反应　这里用反应时间来量化。一般来讲，在30岁以前，反应时间随年龄的增加而缩短，30岁以后则逐渐增加，同龄的男性比女性反应时间要短，人的年龄、性别与反应时间的关系如图7-8所示。

对驾驶人进行一般情况和紧急情况下的驾驶反应测试，结果表明，在一般情况下驾驶时，年龄大者（不超过45岁）得分多、事故少；在紧急情况下驾驶时，年龄在22～25岁者得分高、事故少，年龄大者成绩差；22～25岁间的男驾驶人反应时间短。22岁的青年教习22h后，可获得驾驶执照；45岁的男性需要35h方可获得驾驶执照；45岁以上的男驾驶人，身体素质、神经感觉、精力等均有衰退，驾驶机能降低。

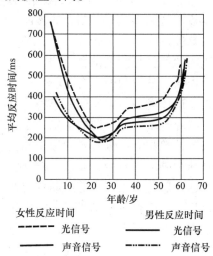

图 7-8　人的年龄、性别与反应时间的关系

一般来说，男驾驶人的反应时间短，女驾驶人则较长，且男性和女性在遇到紧急情况时差别较大，特别是遇到正面冲撞之前的一刹那，多数男驾驶人会设法摆脱，而女驾驶人则多表现出恐慌，手足无措。因此，需要注意的是，在培训驾驶人时，应适当延长女学员的训练时间，且女驾驶人更适合驾驶轻便车型，这样有利于保证交通安全。

（4）车速与反应　汽车速度越快，驾驶人的反应时间越长；车速慢，反应时间变短。从人的生理角度来看，车速越快，驾驶人的视野越窄，看不清视野以外的情况，情绪和中枢神经系统都处于相对紧张状态，导致反应时间变长。据测试，驾驶人在正常情况下，车速为40km/h时，反应时间为0.6s左右；当车速增加到80km/h时，反应时间也会增加到1.3s左右。

随着车辆运行速度的提高，驾驶人的脉搏和眼球运动都会加快，感知和反应变慢，对各种信息刺激的感受变得相对迟钝，在会车和超车中往往对车速估计过低，且容易对距离估计失误，因而导致事故发生。

7.2.6 驾驶行为与交通安全

1. 驾驶行为三阶段与基本模型

根据人行为的刺激（S）—机体（O）—反应（R）模式，驾驶人的驾驶行为可分为三个阶段，即感知阶段、判断决策阶段和动作阶段。

(1) 感知阶段 驾驶人主要通过眼睛、耳朵等视觉、听觉和触觉器官感知车辆的运行环境和状态，如道路交通信号、非机动车和行人的位置、路面状况、车辆运行工况等信息，并把这些信息送往中枢神经系统。

(2) 判断决策阶段 驾驶人在感知阶段获得信息的基础上，基于当时的心理和生理条件，结合驾驶经验和技能，经过以大脑为主的中枢神经系统分析，做出判断，确定有利于安全行车的动作决策，并把决策指令送往运动器官。

(3) 动作阶段 驾驶人收到判断决策指令后所做出的实际反应和行动，具体指手、脚对车辆实施的操纵与控制，如转向、制动、加速等，这一阶段主要由运动器官完成。

驾驶行为的三个阶段不是孤立进行的，而是不间断地多次串并联、相互重叠、相互补充，因此驾驶行为是信息感知、判断决策和动作实施综合作用的结果。

根据驾驶行为的三个阶段，可认为驾驶行为是一个信息感知—决策—反馈模型。首先，道路交通环境中不同流向的车辆、自行车、行人以及交通标志、标线、路面状况、自身车辆运行状况等多个信息源的信息，通过驾驶人的视觉、听觉和触觉等多个感觉器官进入驾驶人的大脑，驾驶人依据其驾驶经验和当时的心理与生理状况对外界信息进行加工后，做出相应的判断和决策。然后，通过中枢神经系统把调整自身车辆方向、速度等状态的指令传给手、脚等运动器官，手、脚等运动器官执行指令操纵车辆，从而改变目前车辆的运动状态，达到预定目的。而自身车辆相对于交通流的适应程度、与路面的振动、是否符合交通标志标线的要求以及各种操纵后车辆的行驶变化等再通过上述过程反馈给驾驶人，同时新的道路环境信息仍然会继续输入驾驶人大脑，驾驶人再进行处理、决策、操纵。这样，信息的不断感知、决策与反馈，使得驾驶人不断调整自身驾驶状态，以适应新的道路交通环境，达到安全行车的目的。驾驶行为基本模型如图7-9所示。该模型强调信息的反馈，信息反馈的正确与否直接影响道路驾驶安全性。

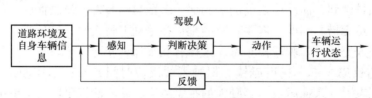

图7-9 驾驶行为基本模型

2. 驾驶行为失误与不安全驾驶行为

驾驶行为失误包括感知失误和操纵失误。感知失误是指驾驶人对驾驶情境的评价发生失误，而操纵失误是指驾驶人不能实施原先计划的操纵动作。不安全驾驶行为是指驾驶人为了达到时间或者空间上的利益而采取了冒进的驾驶行为，如超速、闯红灯等。由驾驶行为失误导致的交通事故占相当大的比例，高达70%~80%。另外，由不安全驾驶行为引发的交通事故也占很大比例,仅超速行驶导致的交通事故就占 12.86%。因此,减少驾驶行为失误与不安全驾驶行为可以有效地减少交通冲突的发生,进而降低事故的发生。减少驾驶行为失误的主要措施有:①防止驾驶人自身驾驶能力的降低,如禁止驾驶人饮酒、服药后或患病时驾驶车辆。②提高和改善道路交通环境。这个措施包括的内容很多,实际上就是道路设施与交通环境的安全设计,如提供良好的道路视距、渠化、夜间照明等。减少不安全驾驶行为可以采用驾驶干预技术,即一种减少或转化不安全驾驶行为为安全驾驶行为的技术。驾驶干预技术必须让驾驶人知道这种干预,并对不安全驾驶行为进行惩罚,使其以后杜绝或减少这种不安全驾驶行为。目前主要的驾驶干预技术有利用电子警察在交叉口或路段定点监测,利用行车记录仪实时记录车辆的运行状态来跟踪驾驶人的驾驶行为等。

需要注意的是,驾驶人的驾驶行为与驾驶人的生理心理密不可分,生理心理是行为的前因,行为是生理心理的结果。如驾驶人患有某种疾病时或者饮酒、吸毒后,其生理状态会发生变化,驾驶行为的反应也会随之发生变化,进而影响交通安全。

3. 驾驶疲劳行为与交通安全

(1) 驾驶疲劳定义及分类 驾驶疲劳是由于驾驶人长时间或超强度地反复操作,体力和脑力过多消耗,使其生理上、心理上发生某种变化,在客观上出现驾驶机能低落的现象。根据疲劳的分类,驾驶疲劳可分为体力疲劳和精神疲劳。

体力疲劳主要体现在驾驶人对汽车的各种操纵中,手部转向操作和脚部踩踏操作是体力疲劳的主要疲劳源,主要原因是转向操作和踩踏操作为持续操作,而其他操作为断续操作。手部转向操作主要会引起驾驶人手臂、肩部的疲劳,踩踏操作主要会引起腿部及脚踝处的疲劳,坐姿的保持主要会引起腰、背部的疲劳。

驾驶人在驾车过程中,精力必须高度集中,感觉器官连续获取时刻变化的大量信息,再由中枢神经系统持续处理这些信息,并对人体发出指令信息。在车辆运行过程中,整个接收—分析—处理过程反复进行,中枢神经系统和感觉器官始终处于高度紧张状态,逐渐会引起驾驶人的精神疲劳。

(2) 驾驶疲劳的影响因素 驾驶操作是驾驶人体力、脑力消耗较大的一项作业。驾驶过程中因长时间保持固定姿势,视觉、听觉及四肢的反应和生理、心理状态都处于持续紧张状态,工作强度大,容易出现疲劳。由于驾驶疲劳是在人—车—环境(路)这个大系统中产生的,可以从人、车、路和环境的角度出发来分析驾驶疲劳的影响因素。

1) 人的因素。持续驾驶,睡眠不足或睡眠质量不高,是导致驾驶疲劳的两个重要原因。其他原因还包括驾驶水平低下,身体素质差,年龄、性别的差异,交通安全意识淡薄等。

2) 车的因素。车辆状况差,车内温度不适宜,以及其他原因如座椅的舒适性、仪表是否易于识别等。

3) 路的因素。包括道路状况太复杂或者过于单调、道路等级偏低、道路线形设计不良、视距不够、交通设施不完善、公路景色单调等。

4) 环境因素。季节的影响,如春夏季节行车容易产生疲劳;气候的影响,如天气情况不好、能见度低、路面结冰、湿滑等;时间的影响,生物钟规律对驾驶疲劳有很大的影响,上午警觉性最好,午后和凌晨易出现驾驶疲劳。

驾驶疲劳的影响因素比较复杂,这些因素之间相互联系、共同作用。总的来说,驾驶疲劳是由驾驶人个体差异性、驾驶工作环境、驾驶工作性质以及道路和环境因素共同作用导致的。

(3) 驾驶疲劳对行车安全的影响 驾驶疲劳对行车安全具有以下不良影响：

1）驾驶人怠倦、无力，驾驶操作的主动性与准确性减弱，操作动作迟缓、生硬、不合时机，甚至无法按照规程驾驶。

2）驾驶人反应时间显著增长，判断和驾驶失误增多。

3）驾驶人注意力涣散，注意广度变窄，注意的分配和转移发生困难，顾此失彼，易造成注意功能失调。

4）疲劳导致驾驶人记忆力变差，思维能力明显降低，有时会忘记操作规程，违反交通法规，甚至走错行驶路线。

5）驾驶人的感知觉机能弱化，一般连续驾驶4h左右时，由于中枢神经疲劳视觉机能会降低，感觉、听觉、触觉和运动觉的敏感性也会减弱，辨认交通标志的能力变差，常会遗漏30%左右的交通信息，辨识距离的能力下降50%左右。

6）半睡眠或瞌睡状态极易导致重大交通事故的发生。

驾驶疲劳导致交通事故的过程可由图7-10的框图来示意。

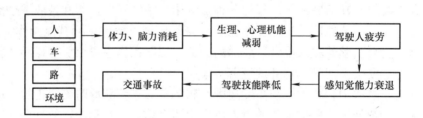

图7-10 驾驶疲劳导致交通事故的过程

因此，我国《道路交通安全法》第二十二条规定：过度疲劳影响安全驾驶的，不得驾驶机动车。

(4) 驾驶疲劳的预防措施

1）驾驶时间控制。驾驶时间是影响疲劳的主要因素之一，通过限制驾驶时间的长短来预防疲劳的可行性高。我国对疲劳和一次最长连续驾驶时间以及每天累计驾驶时间进行了规定：疲劳是指驾驶人每天驾车超过8h，或者从事其他劳动体力消耗过大或睡眠不足，以致行车中困倦瞌睡、四肢无力，不能及时发现和准确处理路面交通情况；《道路交通安全法实施条例》第六十二条规定"驾驶机动车不得有连续驾驶机动车超过4h未停车休息或者停车休息时间少于20min"；《道路运输条例》第二十八条规定"道路运输驾驶人员连续驾驶时间不得超过4h"。

2）疲劳预警系统。国内外汽车制造商和研究机构都积极研发能够有效避免驾驶疲劳的技术，并研制出了各种各样的疲劳预警系统。根据监测方法不同，可以将目前开发的疲劳预警系统分为以下四类：

① 基于驾驶人生理参数测量的预警系统。日本在这方面进行了较多研究和开发工作，东京大学研制出可戴在驾驶人手腕上的疲劳测试器，日本电脑便民公司开发的预警系统通过

装在汽车转向盘上的探测装置,感知驾驶人手握转向盘时的脉搏跳动,超过一定疲劳标准后系统将发出声音、喷射气体、发射光线或振动座椅来向驾驶人发出警报。

② 基于车辆参数监测的预警系统。驾驶人驾驶疲劳时,由于注意力分散、反应迟钝,车辆可能会偏离车道。美国 Ellison Research Labs 实验室研制的 DAS2000 型路面警告系统就是一种设置在高速公路上用计算机控制的红外线监测装置,当车辆偏离道路中线时,会向驾驶人发出警告。西班牙开发的预警系统则是通过监测转向盘的转向压力来监测驾驶人是否瞌睡。一旦监测到驾驶人疲劳,该系统就会通过汽车前照灯的闪烁和声音来警告周围的汽车,并自动切断汽车燃料供给,使汽车停车。

③ 基于驾驶人个体特性监测的预警系统。欧盟 SAVE 项目开发了一种用于驾驶人疲劳监测的眼睑传感器,具有 95% 的监测成功率,其缺点是不允许驾驶人戴眼镜,而且其监测率会受到光照条件和驾驶人驾驶风格的影响。澳大利亚研究人员研制出一种装在汽车内的监视系统,利用视线跟踪技术判断驾驶人是否注意路况,在其分神或将要产生睡意时系统会及时发出提醒,系统的视线跟踪误差在 3°以内,足以判断驾驶人对路面的注意度。

④ 基于驾驶人多个特性参数监测的预警系统。由欧盟 IST 项目资助的驾驶人高级监测系统,包括基于多个参数的驾驶人疲劳实时监测模块和驾驶人报警系统,该模块融合检测驾驶人的传感器信息和驾驶人行为数据来判断驾驶人的疲劳程度。瑞士采用最新的灵敏表面技术以及各种先进的发光薄膜材料、传感器等,驾驶人需要在手腕上佩戴一个生物统计测量表,以测量其脉搏变化,而安装在车上的摄像头将监测汽车的速度、变线频率以及与前车的距离。这些传感监控数据都汇总到车载计算机中,计算机对驾驶人的精神状态做出快速评估,并迅速启动应对程序。

4. 酒后驾驶行为与交通安全

酒精影响人的中枢神经系统,导致感觉模糊、判断失误、反应不当,从而危及行车安全。当人体血液内酒精含量过高或达到醉酒状态时,这种影响的作用就更为明显,主要表现在以下几个方面:

1)醉酒使人的色彩感觉功能减弱,视觉受到影响。驾驶人 80% 左右的信息靠视觉获得,而在这 80% 左右的信息中,绝大部分都是有颜色的。当色彩感觉功能减弱后,就不能迅速准确地把握环境中的动态信息,使感觉输入阶段的失误增加。

2)醉酒对人的思考、判断能力有影响。让驾驶人饮酒后驾驶汽车做穿杆试验,结果发现平时驾驶技术优秀的驾驶人在试验时也不能正确判断车宽和杆距的关系,穿杆连连失败。研究结果显示,当血液中酒精浓度达到 0.94% 时,判断力会降低 25%。

3)醉酒使人的记忆力降低,对外界事物不容易留下深刻印象,即使以前留下印象的事物也会因酒精的影响难以回忆起来。

4)醉酒使注意力水平降低。据实验研究结果,当酒精进入人体内时,人的注意力易偏向于某一方面而忽略对外界情况的全面观察,注意力的支配能力大大下降。行车过程中,注意力如果不能合理分配和及时转移,必然会影响对迅速多变的交通环境的观察,可能会丢掉十分有用的道路信息,使道路交通事故发生的概率增大。

5)醉酒使人的情绪变得不稳定,往往不能控制自己的语言和行为。酒精对人的中枢神经系统有麻醉作用,会使大脑皮层的抑制功能减弱,一些非理智的、不正常的兴奋得不到控制,因此表现出感情冲动、胡言乱语、行为反常。在驾驶车辆时,则可表现为胆大妄为、不知危险，出现超速行驶、强行超车等违章行为，极易发生道路交通事故。

6）醉酒使人的触觉感受性降低，即触觉的感觉阈值提高。汽车行驶时，驾驶人不能及时发现故障，增加了危险性。

酒后驾驶是发生交通事故的重要原因。由于人们的侥幸心理和酒精所致的冒险心理的作用，酒后驾驶已成为交通安全中最棘手的问题。根据4538位新浪网友的调查显示，81.29%的被调查者同意酒后驾驶属于违法行为，但在被问及是否有过酒后驾驶行为时，仅有20.63%的被调查者从未有过酒后驾车行为；在被问及酒后驾驶人存在何种心理时，39.83%的被调查者认为酒后驾驶人过高地相信自己的驾驶技术，27.35%的被调查者认为酒后驾驶人的安全意识不强，另外，有18.97%的被调查者认为酒后驾驶人存在侥幸心理。

世界卫生组织的报告显示，当驾驶人血液中酒精含量达0.08水平（约相当于饮用3瓶500mL的啤酒或一两半即80ml 56°白酒）时，发生交通事故的概率是血液中不含酒精时的2.5倍；达0.10水平（约相当于饮用3瓶半500ml啤酒或100ml 56°白酒）时，发生交通事故的概率是血液中不含酒精时的4.7倍。交通事故发生机率与血液酒精浓度的关系如图7-11所示。可见，即使在少量饮酒的状态下，交通事故的发生率也可达到未饮酒状态的2倍左右。

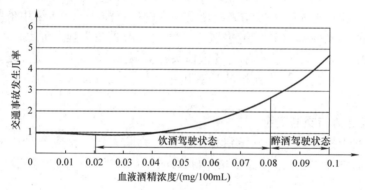

图7-11　交通事故发生机率与血液酒精浓度的关系

酒后驾驶是一种危险的驾驶行为，我国在酒后驾驶方面给出了明确严格的法律规定。依据《车辆驾驶人员血液、呼气酒精含量阈值与检验》（GB/T 19522—2010）中的规定，酒驾分为饮酒后驾车和醉酒后驾车两种，具体标准如下：

1）车辆驾驶人员：机动车驾驶人员和非机动车驾驶人员。

2）酒精含量：车辆驾驶人员血液或呼气中的酒精浓度。

3）饮酒后驾车：车辆驾驶人员血液中的酒精含量大于或者等于20mg/100ml且小于80mg/100ml的驾驶行为。

4）醉酒后驾车：车辆驾驶人员血液中的酒精含量大于或者等于80mg/100ml的驾驶行为。

《道路交通安全法》第九十一条对酒后驾驶行为相关处罚做了如下规定：饮酒后驾驶机动车的，处暂扣六个月机动车驾驶证，并处一千元以上二千元以下罚款。因饮酒后驾驶机动车被处罚，再次饮酒后驾驶机动车的，处十日以下拘留，并处一千元以上二千元以下罚款，吊销机动车驾驶证。醉酒驾驶机动车的，由公安机关交通管理部门约束至酒醒，吊销机动车驾驶证，依法追究刑事责任；五年内不得重新取得机动车驾驶证。饮酒后驾驶营运机动车的，处十五日拘留，并处五千元罚款，吊销机动车驾驶证，五年内不得重新取得机动车驾驶证。醉酒驾驶营运机动车的，由公安机关交通管理部门约束至酒醒，吊销机动车驾驶证，依法追究刑事责任；十年内不得重新取得机动车驾驶证，重新取得机动车驾驶证后，不得驾驶营运机动车。饮酒后或者醉酒驾驶机动车发生重大交通事故，构成犯罪的，依法追究刑事责任，并由公安机关交通管理部门吊销机动车驾驶证，终生不得重新取得机动车驾驶证。

5. 超速驾驶行为与交通安全

超速行驶是指车辆的行驶速度超过一定道路条件所允许的行车速度，而不应简单地理解为高速行驶。如30km/h的速度可能适宜在城市道路上行驶，而90km/h的速度可能适宜在高速公路上行驶，然而在拥挤的城市道路上，20km/h的速度也可能太快。在不同的道路条件下，驾驶人做出的决策不同。在汽车性能和道路条件改善的情况下，人们总是倾向于高速行驶，车辆超速行驶的违法行为非常普遍，当到达弯道或遇到意外情况需要减速时，往往无法立刻降低车速，事故也会因此而发生。

车速的快慢对事故发生的可能性及严重性有直接影响，超速行驶所带来的危害是多方面的，归纳起来主要有以下几点：

1）超速行驶使车辆发生机械故障的可能性大大增加，直接影响驾驶人的操作稳定性，很容易造成爆胎、制动失灵等机械故障事故。

2）超速行驶过程中，如遇紧急情况，驾驶人往往措手不及，容易造成碰撞、翻车等事故，而且由于冲击破坏力大，多为恶性事故。

3）超速行驶使驾驶人视力降低、视野变窄、判断力变差，一旦遇到紧急情况，采取措施的时间减少，使发生事故的可能性大大增加，而且会加重交通事故造成的后果。

4）超速行驶时，驾驶人精神紧张，心理和生理能量消耗量大，极易疲劳。

5）超速行驶会使驾驶人对相对运动速度的变化估计不足，从而造成措施迟缓，影响整个驾驶操作的及时性和准确性。

6）超速行驶使车辆的制动距离增长，车速每增加一倍，制动距离约增加四倍，特别是在重载时和潮湿路面上，制动距离更长，一旦前车突然减速，极易造成追尾事故。

7）在弯道上行驶时，车速越高，横向离心力越大，从而使操作难度增加，稍有不慎，车辆就会驶入别的车道或发生车辆倾覆，极易造成道路交通事故。

6. 闯红灯驾驶行为与交通安全

闯红灯驾驶行为是指机动车违反交通信号灯指示，在红灯亮起禁止通行时越过停止线并继续行驶的行为。闯红灯是一种严重的交通违法行为，往往会造成交通事故，并引发人员伤亡与财产损失。

据统计，全国每年因机动车驾驶人和行人闯红灯造成的交通事故中，约1.6万人死亡，约3.8万人受伤。闯红灯对交通安全的影响有：①闯红灯时驾驶人的注意力都集中在交通信号灯上，不能全面和正确感知车内外的变化，会给驾驶人的反应和有效地操控车辆带来困难。②闯红灯时，通常通过路口的车速都比较快，减弱了驾驶人对空间的认知能力。③闯红灯时，驾驶人对各类交通环境的判断能力下降，有时会使驾驶人的思维判断或操作出现失误。④交叉口是交通流的汇合点和冲突点，闯红灯加大了汇合点和冲突点本身的不安全性，导致安全系数下降。⑤闯红灯影响车辆的安全通过性能，同时也减弱了其他交通参与者的应变反应能力和应变处置能力。⑥实践证明，90%的重特大交通事故都发生在道路交叉口或其附近，因此由闯红灯造成的事故后果通常都比较严重。

7.3 非机动车驾驶人特征与交通安全

非机动车主要包括自行车、电动自行车、人力三轮车、畜力车、残疾人轮椅车（残疾人专用车）、童车、手推车、电瓶车和燃油助力车等。人们使用得最多的是自行车和电动自行车。自行车灵活方便、占道面积小、无污染、节省能源，给交通出行带来了极大方便，电动自行车也以其比自行车省力快速、比机动车方便和经济等优点越来越受到人们的欢迎。但是，非机动车的安全防护性差，骑行行为不稳定，造成了极大的交通安全隐患。

7.3.1 非机动车交通事故现状

在有限的交通空间里，机动车与非机动车的快速发展必然会形成复杂的混合交通现象。由于非机动车驾驶人的安全意识和规则观念不够强，逆行、闯红灯、随意横穿马路、任意调头和乱停车等现象比比皆是，严重影响交通安全。

非机动车防护性和稳定性差，在与机动车发生事故后，非机动车驾驶人易受到严重伤害。统计表明，2015年全国非机动车事故中非机动车死亡人数为11 537人，占道路交通事故总死亡人数的19.88%，非机动车受伤人数为44 892人，占道路交通事故总受伤人数的22.46%。

非机动车驾驶人导致交通事故的主要原因有：突然猛拐，进入机动车道；逆向骑行；酒后骑行；任意横穿马路，违反交通信号；高速骑行，制动不及时；制动不灵或不用制动；在自行车车道内并行，扶身并行或互相追逐；紧贴水泥罐车、大货车或公共汽车右侧驾驶；与前方右转弯客车或重型货车等大型车辆强行贴近、穿插；黑夜或雨天等视线不良时驾驶。此外，机动车驾驶人高速行车、逆行、任意变道、酒后驾驶，行人不确定行为以及交通基础设施和交通管理不足等，也是导致非机动车交通事故数居高不下的原因。

近年来，因电动自行车便利、快捷，电动自行车数量急剧上升。而电动自行车属于高速非机动车，同时具有自行车稳定性能差和自我保护性能差等缺点，容易发生穿插和猛拐等违法行为，存在发生事故、导致严重交通伤害的隐患。事实上，电动自行车已成为继摩托车之后的事故多发车。

7.3.2 自行车的交通特性

1. 自行车是经济性高的绿色交通工具

自行车不受道路条件制约，可在各种道路以及狭窄街巷上骑行，是门到门的交通工具，它轻便、灵活，骑车人可以随机应变。自行车相对于其他交通工具而言，购买与使用的经济性突出。自行车不使用燃料，无排放，无噪声，既节省能源，又减少对环境的污染。这种典型特性，不但受到低收入人群的欢迎，而且也是城市交通问题专家、环境保护问题专家所推崇的城市出行主要交通工具之一。

2. 自行车是人力或混合动力驱动

《道路交通安全法》对非机动车定义为：非机动车，是指以人力或者畜力驱动，在道路上行驶的交通工具，以及虽有动力装置驱动但设计最高时速、空车质量、外形尺寸符合有关国家标准的残疾人机动轮椅车、电动自行车等交通工具。可见，自行车的动力来源是人力或辅助动力，其速度靠人力或辅助动力来调节。

我国及大多数国家自行车的平均骑行速度约为15km/h左右，美国约为20km/h。即便是电动自行车，按照我国《电动自行车通用技术条件》规定，"电动自行车最高车速应不大于20km/h"，比机动车的速度要慢得多。这种人力或混合动力驱动的交通工具，由于人的体力及辅助动力所限，具有速度慢、行程近的特点，而且只适合在平坦道路上骑行。

电动自行车的交通行为中，有以下几种典型的不安全行为：

(1) 超速行驶 电动自行车驾驶人行驶在非机动车道，它的最高行驶速度应该控制在15km/h以下。但由于驾驶人自己改装或厂家纵容，实际的电动自行车速度往往在20km/h以上，甚至达到40km/h以上。

(2) 不按规定车道和导向行驶 电动自行车在被改装以后，已经达到了在机动车道的行驶速度水平（30~40km/h），因此电动自行车驾驶人对交通快速性、独立性需求强烈时，就会混入机动车道行驶或者挤占人行道，甚至逆向行驶，严重影响正常的交通秩序。

(3) 不按交通信号灯指示行驶 由于缺乏严格管理，电动自行车驾驶人往往会出现闯红灯违法行为或横穿道路行为。另外，电动自行车属于非机动车辆，按照《道路交通安全法》第八十九条规定，"非机动车驾驶人违反道路交通安全法律、法规关于道路通行规定的，处警告或者5元以上50元以下罚款"，相对来说处罚力度太小，违法成本太低，起不了相应的遏制作用。

(4) 占道停车 电动自行车的停车地点随意性很强，驾驶人为满足个人对独立性和方便性的需求，常会占用非机动车道和非规定地点资源临时停车，影响其他车辆和人员通行。而且在非机动车道上临时停车前没有任何停车指示，极容易造成后续车辆追尾，引发一些刮蹭事故。

3. 自行车运行的平衡性特征

自行车的平稳运行取决于骑车人与自行车之间的相互平衡，需要注意的是，骑车人与自行车构成的行驶系统的平衡是一种不稳定的动平衡。在静态情况下，必须使身体和车体的整体重心通过轮胎接地，这种情况下很不容易平衡；在运动情况下，身体和车子的倾斜角度应符合转弯时的合力要求。在平衡过程中，系统平衡不断被打破，新的平衡不断被建立。在这个复杂的动态连续过程中，人的心理作用具有重要的意义，人的心理活动贯穿于整个平衡过程。

4. 自行车是无安全防护的交通工具

骑车人暴露于外界，无论是生理还是心理上都缺乏安全防护，极易受到外界环境的影响和干扰。自行车与机动车相比是弱者，因此会产生弱势心理，特别是与机动车平行行驶时，骑车人的心理压力随着其与机动车的横向距离而变化，距离越小，压力越大，骑车人就越感到受威胁和不安全，其弱势心理更加明显。同时，在横向距离一定的情况下，机动车的速度越大，骑车人的心理压力也越大。

作为无安全防护的交通工具，自行车被动安全性很差。骑自行车时，一旦摔倒，骑车人与自行车之间、骑车人与路面之间就会产生撞击，使骑车人受伤。当自行车受到动能较大的机动车撞击时，不但自行车易于变形，骑车人也会与车体分离，并以较高速度撞击路面，受到重伤,甚至当场死亡。相对于机动车,电动自行车是弱者,而相对于普通自行车,电动自行车又是强者。在非机动车道内,电动自行车的行驶会在一定程度上加大普通自行车骑行者的心理压力。

5. 自行车骑车人的后方空间知觉不便

骑车人在向前骑行过程中几乎没有盲区,即前方视野内的空间知觉好,但是如果不扭头,将对后方的空间毫不知晓。按照车辆交通的客观要求,任何车辆都应当装配后视镜。我国现在生产和使用的自行车普遍没有装配后视镜,这就使得骑车人在向左转弯时,只有把头向后转,才能感知后方汽车的运行情况,这样既顾前又顾后非常不安全。

7.3.3 非机动车驾驶人的生理及心理特征

1. 生理特征

自行车的驱动、速度、平衡等完全由人控制。人在正常精神状态下,体力大小因人而异,男人、女人、老人、青壮年、小孩等身体好坏和体力情况都不同,骨骼质量、长短以及肌肉发育状况不同,肌力和做功能力也不同。老人、妇女、小孩的蹬车能力、耐力、对自行车动态平衡的控制能力都不如青壮年男子。

骑自行车容易疲劳,这里主要指生理疲劳,特别是逆风而行或长距离行驶,会引起大腿肌肉、腰椎、中枢神经疲劳,腿部、臀部疼痛,腰背部酸疼,自感精神不足、力气不佳,产生厌倦情绪。此时大脑反应迟钝,动作缓慢不灵活,车速降低,判断容易失误,有产生交通事故的可能性。

2. 心理特征

在骑自行车的过程中,人体生理在起作用,但同时也有心理活动过程。生理条件和心理活动不是独立的,往往是同步显现。不同生理条件的人,会产生不同的心理活动。

(1) 急快、超越心理 自行车轻便灵活,如果前面的自行车稍慢,后面的必然要超越。尤其是男青年,骑快车、见空就钻,走 S 形路线,在车流和人流中穿来穿去,甚至有的在机动车道上骑行,与汽车抢道,在交叉口闯红灯。这些行为在自行车群体中有意无意地互相影响,群体中的骑车人会在一种竞争心理的驱使下产生超越心理,表现为快速、急迫、抢超、猛拐、硬钻,甚至违反交通规则,容易导致交通事故。

(2) 对行驶空间的占有心理 在自行车车流密度较高的路上,骑车者会感到不舒服、不耐烦,总想超越穿行,摆脱拥挤,甚至从非机动车道穿行到机动车道上,即使有分隔带,也想从分隔带缺口处穿出去,骑一段再回来。骑车人这种对行驶空间的占有心理,会促使违反交通规则的现象增多,影响机动车辆的行驶,也会为交通事故埋下隐患。

(3) 胆怯心理 自行车初学者由于技术不够熟练,东张西望,东摇西晃。老人、妇女、少年由于力不从心,骑车时心情紧张,当看到拥挤的自行车流和同向行驶的机动车时,就会感到惊慌胆怯而不知所措。1971 年日本自行车死亡事故中,60 岁以上老年人占 39.8%,15~59 岁占 44.6%,15 岁以下的占 15.6%,老年和少年共占 55.4%。这两部分人骑车人数占总骑车人数的比例不高,但死亡比例却相当大,重要原因在于他们心理胆怯,遇险情时易惊慌失措,失去平衡。

(4) 随机心理 自行车的特点决定了骑车人在骑车过程中的心理活动。一般人骑自行车比较自如、从容,精神不太紧张、警觉性低,往往注意力不集中、经常东张西望、注意点会不断变化，结伴并行、边走边聊，路线不固定、绕来绕去、随意转弯改道，有的还会逆行，遇到热闹就停下来围观，遇到障碍就绕行。这种随机心理引起的任意性会于无意之中酿成事故。

7.3.4 自行车交通安全管理

从骑车人自身方面，骑车人要提高自己的认识能力，应做到以下几点：

1）随时从自己周围的情况出发，认清道路、交通、天气的特点等，根据这些特点来决定自己如何骑行。

2）要把握交通运行规律，如自行车、各种机动车的运行规律及行人的行走规律，熟悉交通法规的各项规定，做到按规律办事，严格遵守交通法规。

3）要注意观察，直行时要看清前方和两侧的情况，不盲目骑行。

4）要注意动态情况的变化，善于发现潜在的危险情况，提前做好思想准备。中、小学生和老年人还要注意了解自己身体的特点，提高防范意识。

此外，骑车人还应具备相应的交通法规知识，注意积累骑行的经验。同时，要排除侥幸心理，骑车时要正确判断速度、距离、时机等，以避开危险，保障安全。

从交通设施建设方面，应为自行车等非机动车提供良好、便利的交通条件，如修建自行车专用车道；在交通枢纽处建设自行车专用存车场地，方便骑车人换乘其他交通工具；为自行车提供良好的道路照明设施，确保自行车夜间行车安全；修建立交桥时，要考虑自行车交通的特点和利益等。

从管理方面，要尽量满足自行车交通的需要，考虑自行车交通的方便性和安全性。如在混合行驶的道路上，用画线的方法开辟自行车专用车道；在设置单、禁行线，封闭道路、设置隔离设施时，不应使自行车绕行距离过长；在无信号控制的路口设置自行车路障的同时，也相应设置机动车路障等。

电动自行车的安全管理与交通行为控制：

1）立法对电动自行车施行牌照管理，并定期进行年审。对不合格的车辆采用淘汰制度，严禁擅自改装的电动自行车上路。

2）定期组织车主进行交通法规的学习和考试，规范其驾驶行为。通过学习交通法规，让电动自行车驾驶者明白自己的社会责任以及安全行车注意事项，以减少交通违法事件。

3）采用机动车的事故处理办法，让电动自行车的车主存在连带事故责任，增强其交通安全意识。

4）引入非机动车保险制度，完善交通事故赔偿保障体系。

5）加大对非机动车辆违法的处罚力度，特别是要严厉打击非法改装电动自行车的行为，提高其违法成本。

6）增加电动自行车合法种类，设计可安全载人或载货的电动自行车，并对其分类管理。

7）在非机动车道设置临时停车点，提高非机动车道通行能力，减少电动自行车随意停车引发的交通事故。

要提高交通执法水平，利用先进的科技手段监测电动自行车驾驶者的交通行为，从心理上提高驾驶人感知危险的水平，使驾驶人在违章前有一定的心理顾虑。对于监测到的违章行为，要根据相关的法律法规给予相应的事后处罚，从而遏制交通违章的从众行为，降低群体不安全交通行为发生的概率。

7.4 行人特征与交通安全

在交通管理中，与行人有关的交通事故称为行人事故。我国道路及各种交通设施的发展速度落后于日益增长的交通需要，道路交通拥挤，而且行人在交通构成中占有相当大的比例，因此行人事故突出。根据我国历年来的统计，在行人事故中，行人负主要责任的约占10%左右，这其中有80%是行人不遵守交通规则乱穿道路造成的；行人事故中的受害者以60岁以上的老年人为最多，其次是中小学生和学龄前儿童。驾驶人如果能掌握行人心理，能对其行为做出判断并采取相应措施，即可减少事故的发生。

7.4.1 行人的交通特性

1. 行人交通基本参数

（1）**步行幅度** 步行幅度（步幅）是指行人两脚同时着地时，前脚尖至后脚尖的距离。行人步幅的大小，与行人的年龄、性别、身体状况、心理状态、出行目的、行程距离、道路状况和天气等因素有关。其中，年龄和性别是两个最基本的因素。

根据调查，中青年男性的步幅最大，其平均值分别为66.8cm（北京）、64.7cm（广州）；其次为中青年女性，其步幅平均值分别为62.4cm（北京）、63.1cm（广州）；再次为老年男性，其步幅平均值分别为57.1cm（北京）、56.4cm（广州）；最小的是老年女性，其步幅平均值分别为53.0cm（北京）、49.7cm（广州）。

此外，若行人密度小，人行道路面平整且无障碍，人们行走的自由度较大，步幅则可以迈得随心所欲。

（2）**步行速度** 步行速度同样受性别、年龄及身体状况的制约。北京市和广州市的调查表明，中青年男性步行速度最高，其速度平均值分别为77m/min（北京）、75.2m/min（广州）；其次为中青年女性，其速度平均值分别为61.6m/min（北京）、58.6m/min（广州）；最低为老年女性，其速度平均值分别为50.8m/min（北京）、47.2m/min（广州）。

行人穿过人行横道时的速度也有所不同。在人行横道上，当单独一个人穿过时，其平均速度为1.4~1.5m/s，比在一般道路上稍高，当二人并行时速度稍有下降，同行人数越多速度越慢。在人行横道上的步行速度要比在路侧人行道上行走的速度快，并且穿过人行横道时的速度有前半段与后半段之分，如表7-5所示。后半段速度高于前半段，这是因为穿行者看到旁边有车辆停候时，会受快点离开危险区的心理所支配。这时，常常会因对其他车辆注意得不够而发生事故。

表7-5 前半段与后半段穿过人行横道时的速度

人行横道开始侧的车辆情况	前半段速度/(m/s)	后半段速度/(m/s)
无车辆	1.44	1.58
车辆已通过	1.44	1.67
车辆已停止	1.6	1.7

步行速度与信号灯的显示时间也有关系。在绿灯信号的末期，行人速度就会快一些。此外，步行速度还受出行目的、行程距离、交通密度等因素的影响。出行目的明确（上班、赶公共汽车、联系工作、购物、约会等）的步行者速度较高，具有急迫感。同时，大街两侧的商店，引人注目的广告、橱窗、装潢、豪华建筑等，都会使行人速度降低，甚至止步观望，造成行人交通滞塞。

根据各国的研究，自由地步行在水平道路上的一般标准速度为 1.3~1.5m/s。

2. 行人过街的行为方式

行人横越街道有单人穿越、结群穿越之分。单人穿越街道分为以下三种情况：

1) 待机过街，即行人等待汽车停驻或车流中出现足以过街的空隙时再行过街。

2) 抢行过街，即车流中空隙虽小，过街人冒险快步穿越。

3) 适时过街，即行人走到人行横道端点时，恰巧遇到车流中出现可以过街的空隙，不需等待，随即穿越。

这三种情形主要是行人横穿道路上某一条交通流时所呈现出来的行为特征。行人过街采用哪种方式，取决于行人自身的交通行为习惯（交通安全意识）、交通时间需要程度和当时的交通状态。

对于一条多车道的主干道或城市快速路辅路，行人在穿越时需要针对各个车道上的交通状态选择行为模式，依据行人过街的行为表现，可分为匀速前进型、中途停驻型、中途加快型、中途放慢型、不稳定型五种类型。

3. 行人过街安全心理距离

行人横越道路时，通常要利用车流的间隙安全通过。行人为了安全通过，就要以迎面驶来车辆的距离和速度为依据，预测出车辆到达自己附近需要多少时间，以此判断自己是否通过。行人决定是否开始横穿道路的主要依据是自己与驶近的汽车间的距离。

行人过街安全心理距离定义为：行人穿越某车道前，判断该车道上距自己最近的机动车到达人行横道时能够安全穿越的距离。计算式为

$$L_{安} = \overline{v_{i车速}}\left(\frac{nL_{横道}}{v_{人}} + t_{反}\right) + l_{安} \tag{7-1}$$

式中，$L_{安}$ 为行人过街安全心理距离（m）；$\overline{v_{i车速}}$ 为第 i 车道机动车的平均速度（m/s）；$L_{横道}$ 为人行横道长度（m）；n 为车道数；$v_{人}$ 为行人个体平均过街步速（m/s）；$t_{反}$ 为行人反应时间，平均值为 1.8s；$l_{安}$ 为到达车辆距行人的安全距离，取 3m。

4. 行人过街的危险程度

行人过街的危险程度与过街人数及过街方式有关。人行横道上人多，容易引起驾驶人的注意，安全程度大；反之，驾驶人容易疏忽大意，危险程度大。

行人往往先根据左侧来车情况决定是否过街，同时也会注意马路中线另一侧右前方车辆的动向，考虑跨越中线的处境。因此，有时可能被右侧来车所伤或者不注意双向来车而使自己处于两车流相会的夹缝中，从而导致交通事故。

行人过街的危险程度与地点的选择也有一定关系，表 7-6 为英国学者调查的行人过街地点相对危险程度。

表 7-6　行人过街地点相对危险程度

过街地点	危险程度	过街地点	危险程度
距人行横道 50m 内	1.75	有人行横道标线和交通信号控制	0.53
无人行横道标线和交通信号控制	1.00	有人行横道标线、交通信号控制和安全岛	0.36
有人行横道标线，无管理规则	0.89		

5. 行人过街的等待时间

由于行人利用车流间隙过街，存在等待时间。行人过街的等待时间长短取决于汽车交通量、道路宽度和行人条件。交通量大，可穿越间隙少，行人过街的等待时间就长；如果道路比较宽，行人过街的等待时间就比较长；女性比男性的过街等待时间长；年岁大者过街等待时间长。此外，在同一天的不同时刻，人们过街的等待时间也有差异，如上下班时间行人过街的等待时间短，非上下班时间行人过街的等待时间长。

随着等待时间的延长，行人的焦虑心理也越来越严重，冒险穿越的欲望和可能性也逐渐增大。研究表明，交通运行的混乱以及造成行人过街不安全的因素都与行人强行穿越有关，当不发生强行穿越时，行人过街很少会影响到交通运行秩序和人身安全。但不可否认的是，强行穿越现象普遍存在，其中大部分的原因是行人需等待的时间已超出行人可接受的程度。行人的忍耐力有限，当行人等待车间安全空隙的时间超过行人忍耐极限时，行人往往不顾一切，从车间非安全空隙中强行穿越。N. Rouphail 等人在《行人和自行车设施通行能力分析报告》中指出，强行穿越行人所占的比例随着平均行人过街延误的增加而增加，且无信号控制路口行人所能承受的延误值普遍小于有信号控制路口。表 7-7 为研究结果。

表 7-7　无信号与有信号控制下平均行人过街延误与强行穿越行人所占比例关系

无信号控制下		有信号控制下	
平均行人延误/s	强行穿越所占比例	平均行人延误/s	强行穿越所占比
<5	低	<5	低
5~10	—	10~20	—
10~20	中	20~30	中
20~30	—	30~40	—
30~45	高	40~60	高
>45	很高	>60	很高

对于交通信号控制交叉口行人所能够承受的最长等待时间，英国的调查数据为 45~60s，日本的调查数据为 30s。当禁行时间太长时，即使有专人管制，大多数行人也会跃跃欲行。无信号控制路段行人可承受的延误时间短，当行人延误累积到一定程度还是需要等待时，行人往往会自觉或不自觉地往机动车道逼近甚至强行穿越。而一旦有人强行穿越，极易引起一群人的效仿，纷纷随之乘机过街，行人可忍耐时间也随之缩短。因此，虽然设置信号能控制行人，使行人的等待时间延续得更久一些，但从行人的心理期望特点出发，也要尽量缩短这种等候时间。

6. 行人使用人行横道、过街天桥和地下通道的一般心理

由于想省事省力、急于到达目的地、认为冒点险没关系或认为车辆可能停住等原因，行人过街常常不走人行横道，而是随意穿越。据研究，人行横道离行人期望穿越的地点越近，利用率越高。若人行横道离路口太远，行人需要绕道，其走动路线的连续性会受到影响，人行横道的利用率将会下降。因此，人行横道设置的地点要慎重选择，同时，应采取设置隔离栅等措施，并对行人进行安全教育，引导行人过街走人行横道。修建过街天桥和地下通道可以把行人与机动车完全分隔开，不仅能确保行人安全过街，也避免了行人对车辆的干扰，保证车辆正常行驶。但过街天桥和地下通道发挥作用的大小还取决于其利用率。从行人的一般心理来讲，若经过过街天桥或地下通道的时间大于直接过街的时间，使用过街天桥与地下通道的人数将大大下降。一旦过过街天桥或地下通道的时间超过直接过街时间的一倍，则很少会有人使用。由此可见，行人使用过街天桥和地下通道的情况主要取决于其位置和几何设计，如果能够自然地连接行人过街的最优路径，大多数人会自觉去走过街天桥或地下通道。

根据日本学者的一项调查，行人不走人行横道随意穿越道路时的心理活动见表 7-8，这些研究结果也可以作为理解我国行人心理的参考。

表 7-8 行人不走人行横道随意穿越道路时的心理活动

心理活动	所占比例（%）
怕麻烦	48.6
平时的习惯	22.0
想走近路	16.5
路上汽车不多，没关系	1.8
不知道附近有人行横道	0.9
到对面有急事	0.9
汽车不敢撞人	8.4
其他	0.9

7.4.2 行人的交通行为特点

1. 老人的交通行为特点

老年人比较明显的特征是步速缓慢、步幅明显下降。在瑞典进行的一项研究表明，95%的成年人横穿道路的步行速度为 0.67m/s，而老年人为 0.55m/s，这个速度只是行人步行速度设计标准（1.2m/s）的 1/2 左右。此外，老年人视力和听力明显下降，反应较迟钝，行动迟缓，常常不能正确估计车速和自己横穿马路的速度，准备横穿时又犹豫不决，有时行至中途看到有车开来时又突然退回，由于腿脚不灵、躲避不及而发生事故，老年妇女更是如此。老年人喜欢穿深颜色的衣服，在夜间或傍晚时，不易被驾驶人发现。但是，老年人比较谨慎，不胡乱横穿马路，在与车子同方向前行时，常避让路旁，目送汽车过去后再走，与汽车相对行走时，一般都能主动让车。驾驶人应充分观察和考虑老年行人的交通特性，以预防和减少交通事故的发生。

2. 儿童的交通行为特点

儿童容易发生交通事故，主要是他们的心理和行为特征造成的。儿童活泼好动、反应快、腿脚灵，但其心理特征是好奇、好冲动、好逞能，加之生活经验少，缺乏交通安全常识，不太了解机动车对人的危险性。因此，突出表现为常常在公路上打闹、追逐、投掷，甚至钻隔离护栏、跳隔离桩。玩耍中遇到汽车开来时，往往是一阵乱跑，顾前不顾后。儿童在交通事故中伤亡，主要表现在突然窜到车前，驾驶人来不及避让，制动为时已晚，以致儿童被冲撞碾轧致伤或致死。因此，要通过各种形式帮助儿童增强交通安全意识和交通法制观念，逐步养成良好的交通习惯。据英国的研究表明，10 岁以下儿童发生事故的可能性比成人发生事故的可能性多 8 倍。

3. 青壮年的交通行为特点

青壮年生命力旺盛、感觉灵敏、反应快、应变能力强、对交通法规比较熟悉，一般不易发生行人事故。但是他们的社会工作和家庭负担较重，出行时间长，行走距离远，这就增加了发生交通事故的客观因素。一些青年人好胜心强，对汽车鸣笛置之不理，对过往车辆视而不见，经常任意穿越道路。据统计，青壮年在交通事故中的死亡人数约占交通事故总死亡人数的 30% 以上。

4. 女性的交通行为特点

女性一般比男性细心，观察周围交通环境比较仔细，规范行为的意识比较强烈，能自觉遵守交通规则，这一心理特征比较有利于女性行人的自身安全。女性的反应一般比男性慢，行动比较迟缓，穿行道路的时间较长，事故发生的机会增多，对步行安全较为不利。女性的情绪一般不如男性稳定，应变能力较差，属于非稳定型的交通参与者。女性行人在正常情况下比较细心，也有耐心，能自觉遵守交通法规，但在危险、紧急情况下往往惊恐万状，手忙脚乱，如横穿马路时，有时会中途停顿，进退两难，有时盲目乱跑，不知所措，很容易导致交通事故。女性喜欢穿比较艳丽的服饰，容易被驾驶人发现而避免不必要的行人交通事故，有利于自身保护。

7.4.3 保障行人交通安全的对策

改善和解决行人交通问题，最大限度地降低行人事故，可通过以下几个措施来实现：

1. 加强交通安全宣传教育，提高行人安全意识

道路交通安全宣传教育是道路交通安全管理的基本方法之一，要加强行人道路交通安全方面的教育，提高行人交通安全法律意识和安全意识。

2. 根据行人特点采取措施

对于老年人来说，应根据其交通特性设置相应的交通设施和相应的策略。适当延长红绿灯的间隔时间，并在比较宽的街道中间设置安全岛，以方便老年人分两次过马路。路标字应大而醒目，信号灯不宜放得太高，在老年人常去的地方尽量少设或不设霓虹灯等等。

对于学龄前的儿童来说，须有成年人带领其在道路上行走。成年人要注意儿童的动向，拉牢儿童的手，防止儿童突然跑动。乘车时让儿童先上，下车时成年人先下。在幼儿园和学校出入口及过街的地方限制车速，安排交通警察或专、兼职的安全员负责护送儿童过街。此外，还应该从小就对儿童进行安全教育，让儿童养成良好的习惯，使他们能够自觉遵守交通规则。

对于聋哑人和盲人来说，要针对其生理特点采取相应的安全设施，保证他们的步行安全。如在城市道路的人行道应设置盲道等设施，盲人行走时最好持红白相间、目标明显的手杖或其他导盲设备，以便其他车辆驾驶人及时发现等。

对于青年人来说，要克服其过于自信的心理，不能因为身体条件好、反应敏捷而放松警

惕，更不能闯红灯或攀越护栏过马路，要自觉遵守交通法律法规。

对于夜间的行人来说，在穿越马路前要十分注意，不能在道路中央附近站立。在无信号灯的场所穿越马路时，应尽量选择有道路照明设备的明亮的地方穿越，最好使鞋、衣服、皮包和手杖等具有反光性，也可以穿一些颜色鲜艳、辨识度较高的服饰，以便进一步引起驾驶人的注意。行人还可以在夜间行走时佩戴反光标志，以引起驾驶人的注意。

3. 改善交通设施

保障行人交通安全的措施目的是减少行人与车辆间的冲突，最基本的方法是在时间和空间上将行人与车辆分隔开。如设置人行横道标线和行人交通信号，它的功能是指示行人在一定的地方和时间穿过道路，提示驾驶人在这些地方可能会出现行人。行人和驾驶人都要遵守交通规则，都要适时注意对方的情况，尊重对方的通行权。空间上的分离设施包括人行道、人行地道、安全岛等。

4. 加强路面行人交通秩序的管理

机动车辆与行人相撞这类事故高发的真正根源，在于行人遵守交通规则观念不强、自我保护意识淡薄。与机动车驾驶人相比，我国针对普通行人所进行的交通法规教育很少。人们越来越注意纠正在公共场合大声喧哗、随地吐痰等陋习，却远没有把乱穿马路看作是一种与现代文明不相称的行为，因此纠正起来更为缓慢。

为了克服行人交通对我国交通安全造成的压力，最大限度地保证行人交通的安全性，必须强化对行人交通秩序的管理力度，改正行人的交通违法习惯，最终形成行人依法通行的自觉性。

7.5　交通参与者的交通安全教育

道路交通由人、车、路和环境等基本要素构成。人是交通安全中最重要的因素，是交通安全的核心。因此，在人文社会环境中做好对交通参与者的宣传教育，提高全民遵守交通法律、法规的意识，使广大交通参与者能够自觉遵守交通公德和交通法律规范，才能保证交通井然有序，最大限度地减少交通事故的发生。

道路交通安全教育是指为做好道路交通管理，保障道路安全与畅通，依靠行政、社会、相关部门的力量，通过新闻宣传等多种形式，对广大交通参与者进行交通法规、交通道德和安全常识等多方面的教育。

7.5.1　道路交通安全教育的内容

1. 交通法律与法规教育

交通安全教育的目的是使所有的交通参与者都能遵守交通法律法规，自觉维护道路交通秩序。交通法律与法规的教育是交通安全宣传教育工作的重要内容，应及时把交通法规及有关规定传达给每个交通参与者，增强交通参与者的道路交通安全意识，提高道路交通安全水平。

2. 交通道德教育

人们的交通道德水准直接关系着交通秩序和交通安全，必须加强对全社会的交通道德宣传，提高全社会的交通道德水准。驾驶人的职业道德对交通的安全、畅通、有序有重要影响，驾驶人应成为交通道德教育的重点对象。

3. 交通安全知识教育

交通安全是一门科学，让交通参与者掌握必要的交通知识，对减少事故的发生具有重要意义。交通安全宣传教育工作应当根据不同的宣传对象，采取不同方式，有重点地将交通安全知识传授给每一个交通参与者，使他们在不同的情况下，采取正确有效的措施，避免交通事故的发生。

4. 交通安全心理教育

交通安全心理教育是向人们传授道路交通安全心理知识，培养人们良好的心理素质和道路交通适应能力。人的交通活动要受其心理支配，从心理学的角度看，由于受人体身心功能的限制，人们在道路交通活动中辨别各种目标、获取有关信息、进行准确判断并做出适当反应的能力是有限的，特别是在紧急情况下，规避危险的能力更是有限。为了保证交通安全，就需要将人们的交通行为调节在一般人可以确保交通安全的能力范围内。道路交通安全心理教育能使广大交通参与者深入了解道路交通安全法律规范和交通管理措施，达到真正理解并自觉遵守交通法律规范的目标。

7.5.2 对交通参与者的教育

1. 对驾驶人的教育

从交通事故的统计分析可以看出，驾驶人违章造成的事故占事故总数的70%左右。因此，提高驾驶人的交通道德、思想和技术素质，对预防交通事故有非常重要的意义。对驾驶人的教育主要包括职业道德教育和安全教育。

职业道德教育的目的主要是不断提高驾驶人对安全行车的认识和交通道德水平，使驾驶人做到礼貌行车，保护交通弱者，树立安全第一的思想，增强驾驶人遵章守法、安全行车的自觉性。

安全教育主要是学习交通法规对保证交通安全、畅通的意义和作用，学习安全行车常识与交通安全行车经验，分析事故的原因和隐患，逐步掌握安全行车规律，取得安全行车的主动权，提高对复杂、紧急的交通情况的应变能力，减少判断和操作失误。此外，还可以通过对驾驶人实行再教育制度、驾驶人年审制度和晋级考核制度来加强安全教育，通过违章处罚与事故处理加强对驾驶人的教育与管理。

2. 对骑车人与行人的教育

我国城镇的非机动车数量很大，对交通安全的影响也很大。对骑车人的教育主要目的是解决违章行驶的问题，即走机动车道、与机动车抢道、截头猛拐和违章驮物等。同时应使骑车人认识到违章的危险性，增强遵章行驶的自觉性，加强交通法制观念。此外，还要做好对行人的宣传和教育，做好对儿童、学生和农民的有关工作。

7.5.3 道路交通安全教育的形式

道路交通安全教育主要分为正规严格的学校教育和灵活性较强的社会教育两种形式。学校教育是做好交通安全教育工作的最根本的途径，但要保证所有人都能接受交通安全教育，又离不开全社会的共同参与。这两种教育形式可以互相补充，相得益彰。

1. 学校教育

交通安全教育是一种意识养成教育，是一种终生教育。从心理学的角度看，意识和习惯形成的最佳时期是幼儿和少儿时期，此时受到的教育和熏陶会影响人的一生。有关部门应依据小学、中学、大学相应的侧重点，编撰出版相应层次的教学大纲和专用教材，安排专职教师和固定教学时间进行正规化教学。可以借鉴法国、新加坡等国的做法，在有条件的大中城市建立儿童交通公园，对中小学生进行更为直观形象的道路交通安全教育。

此外，还可以依靠社会力量办学进行道路交通安全教育，这是社会交通安全教育与学校教育融合的一种形式，为了保证效果而在学校进行教育，更加系统和规范。

2. 社会教育

社会教育的内容较为广泛，要充分发挥各相关部门，特别是新闻媒体的主观能动性，保证道路交通安全教育深入千家万户。

1）强化和改进对驾驶人进行道路交通安全教育的传统形式。坚持不懈地开展针对老驾驶人的道路交通安全教育，同时，把好初考驾驶人的教育培训及初次申领驾驶证的考核关。

2）充分发挥各团体的力量，全民动员。政府负责制定措施，布置任务，督促检查，综合评比，各机关、团体、企事业单位和其他组织要把道路交通安全教育作为一项日常工作，使之在各行业、各个层面得到普及。

7.5.4 道路交通安全教育效果评估

道路交通事故和伤害是可以预防的，完善的干预措施能够显著降低道路交通事故伤害的发生率和不良后果。其中，加强对道路交通参与者的安全教育及其效果评估工作，提高全社会的道路交通安全意识，对预防和减少道路交通事故伤亡起着决定性作用。

道路交通安全教育效果评估是一个系统工程，需要根据道路交通安全教育的不同层次来分层评估道路交通安全教育效果。根据我国的国情，可将道路交通安全教育效果评估分成地方政府层面的道路交通安全教育工作效果评估、特定主题的道路交通安全教育项目效果评估、一次具体的道路交通安全教育活动效果评估三个层次。

1. 宏观效果评估

地方政府道路交通安全教育工作效果的评估对象是区域政府部门开展道路交通安全教育的整体情况，即区域政府部门开展道路交通安全教育的工作态势及取得的效果，属于宏观效果评估。

2. 中观效果评估

道路交通安全教育项目效果的评估对象是一定的时间范围和一定的资金预算内特定主题的全部道路交通安全教育活动，如酒驾治理项目、超速治理项目等，属于中观效果评估。

3. 微观效果评估

道路交通安全教育活动效果评估的对象是特定时间点一次具体的道路交通安全教育活动，属于微观效果评估。

对工作和项目层次的评估分别从组织层面、执行层面、方法层面和效果层面来进行综合评估，对一次具体的教育活动效果评估从受教育者主观感受—满意度和受教育者自身改变—影响力两个层面来进行综合评估。

不同评估层次下的每个层面可自成模块，模块组合除了能供整体性评估外，还可以针对专项问题进行评估。不同评估层次及特定层次下评估层面指标的组合，可以构建我国的道路交通安全教育效果评估指标体系。对道路交通安全教育实施过程中与实施后存在的问题以及取得的效果进行分析，分析的结果供反馈控制，持续不断地改进我国道路交通安全教育水平，最终实现全民道路交通安全意识和素质的提高。

复习思考题

1. 什么是交通心理学？
2. 衡量驾驶人生理特征的微观生理参数有哪些？
3. 驾驶人的心理特性有哪些？
4. 吸食毒品对交通安全有什么危害？
5. 试描述疲劳驾驶与交通安全的关系及预防对策。
6. 试描述酒后驾驶与交通安全的关系及预防对策。
7. 试说明超速行驶与交通安全的关系及预防对策。
8. 请分析行人、骑乘者的交通特性。
9. 交通参与者的交通安全教育的内容有哪些？

第 8 章

道路交通安全管理

本章学习目标
1. 掌握道路交通安全管理的内涵。
2. 了解道路交通安全立法的原则与法规体系。
3. 了解对车辆及驾驶人的安全管理。
4. 了解道路旅客运输安全管理。
5. 掌握道路危险货物运输安全管理。
6. 了解道路运输事故应急与管理。
7. 了解道路交通安全管理的各种对策。

8.1 道路交通安全管理概述

道路交通安全管理是国家行政管理部门和相关企事业单位依靠人民群众，在科学理论指导下，依据有关法律规范规定对人、车、路、环境等基本要素进行服务、协调、规划、组织、评估和控制等一系列活动的总称。道路交通安全管理工作的目的是保障交通有序、安全、畅通运行。道路交通安全管理是一项复杂的系统工程，涉及社会科学、自然科学和工程科学等多项学科，其支撑理论和关键技术主要源于系统科学、行为科学、管理科学、工程科学、信息科学等学科技术，是典型的交叉学科综合性管理。

道路交通安全管理的基础学科与道路交通管理的发展密切相关，从一定程度上讲，道路交通安全管理是道路交通管理发展到一定水平时必然要关注的重点。我国的道路交通管理经历了恢复、建设、改革和发展的历程。1986 年 10 月 7 日，国务院颁发了《关于改革道路交通管理体制的通知》，该通知结束了多年来城市交通和公路交通由公安机关和交通部门分头管理的局面，明确了公安交通管理机关在当时情况下交通管理（包括交通安全管理）方面的职责和任务。随着我国道路交通运输和交通管理工作的不断发展，道路交通出现了一些新的情况，为了改变我国道路交通管理与现实情况不相适应、交通法规相对滞后的被动局面，我国道路交通安全管理领域的第一部基本法律—《中华人民共和国道路交通安全法》自 2004 年 5 月 1 日起正式实施。这部法律在总结以往道路交通安全管理工作经验的基础上，充分借鉴了发达国家交通安全管理的成功做法，确立了我国交通安全管理的价值理念、主要制度和基本原则，对交通安全学科的发展起了很大的促进作用。

在道路交通管理的改革和发展历程中，道路交通安全管理逐步形成了下列学科特点：

1) 道路交通安全管理具有实际工作复杂性的特点，既要保障道路交通的安全，又要保障交通畅通；既要管车，又要管人，还要管货；既要处罚交通事故责任者、交通违法行为人，又要保护公民、法人和其他社会组织的合法权益。

2）交通安全管理具有学科领域广泛性的特点，它涉及公安、交通、管理三大学科，而这三大学科都具有多学科交叉的特点，涉及社会科学、自然科学、人文科学等多个学科，特别是对驾驶人与行人的管理以及心理学上的应用极其重要。

3）交通安全管理具有工程技术应用突出性的特点，它在交通控制、交通组织、交通安全设施设置、车辆检验、事故防治、事故应急、事故救援等方面，涉及机械、电气、建筑、通信等工程技术方面的理论知识与应用技术。

从广义上说，道路交通安全管理学科包括了交通系统组成中的所有内容，甚至连修路造桥都包含其中。作为交通安全管理这门学科来说，与其密切相关的学科有汽车运输、道路工程、人体工程、交通规划、环境工程、应用数学、电子计算机等，其基础理论有汽车动力学、道路工程学、交通流理论、交通统计学、交通心理学、交通经济学。因此，交通安全管理是一门综合性的多学科互相渗透的边缘学科。

需要注意的是，道路交通安全管理与道路交通管理是两个不同的概念，两者既有交叉，又各有侧重、互有区别。道路交通安全管理的目的是实现道路交通安全，而道路交通管理的手段包括道路交通安全管理，但又不局限于道路交通安全管理这一手段。

道路交通安全管理的基本要义如下：

1. 以人为本、生命至上是交通安全管理的核心追求

以人为本就是交通安全管理要一切为了人民，一切依靠人民，把满足人民的交通需求与交通安全需求作为制定发展战略的依据、衡量社会进步的尺度。良好的交通秩序需要依靠广大交通参与者共同维护，交通安全管理的科学发展需要发挥人民群众的聪明智慧，需要依靠人民群众的参与和创造。衡量交通安全管理效果的标准是人民群众的生命财产安全是否得到了充分保证，车辆出行是否有序畅通。交通安全管理要坚持以人为本的指导思想，这既是科学发展观的基本要求，也是珍爱生命的集中体现，更是《道路交通安全法》立法的基本出发点。

2. 交通安全管理是人、车、路、环境等要素的全面协调

交通安全管理包括人、车、路、环境四大基本要素，各个要素之间相互依存、相互作用、相互影响，共同构成道路交通系统。其中人是主体，车是工具，路是基础和途径，运动是交通的本质，管理体制、执法环境、自然环境、人文环境等是交通管理活动开展的条件，交通安全管理诸要素之间的相互协调是交通活动得以实现的基本条件。实践中，交通隐患、交通违法和交通事故是诸要素之间不协调或发生冲突的结果。因此，交通管理中要通过统筹兼顾方法确保交通基本要素的协调；既要不断完善交通管理体制和管理法规，又要重视交通安全文化建设；既要重视交通参与者安全意识与遵章守法意识的不断提高，又要重视各类车辆安全技术水平的不断进步；既要重视道路条件的不断改善，又要重视道路信息和管理信息系统的完善，保障交通安全管理全面发展、协调发展和可持续发展。

3. 有序、安全、畅通、和谐是交通安全管理追求的目标

交通安全管理具有自然和社会的双重属性。其自然属性要求交通管理基本要素在空间转移和时间延伸上保持有条不紊的状态，从而保障交通安全和畅通；其社会属性要求交通管理工作要科学处理不同交通参与者主体权利与义务的关系，科学处理交通管理相关职能部门的职责与权力，实现人与车、车与路、人与路，以及交通要素与管理体制之间的高度和谐。有序是安全与畅通的基本条件，畅通是交通管理的目的，安全是畅通的前提，是交通活动的基本要求。若只强调安全而忽视道路的畅通，安全就会失去意义；若只强调畅通而不顾安全，畅通就没有保证。交通管理工作要在安全的前提下保证畅通，其表现是交通的有序。有序、安全、畅通、和谐贯穿于交通安全管理追求的各个方面，并成为交通安全管理追求的目标。

4. 理性、平和、文明、规范执法是交通安全管理的基本要求

交通管理是政府行政执法工作的重要组成部分，与社会经济发展、百姓生活息息相关，在保障人民群众生命财产安全、促进经济发展、服务改善民生、树立政府良好形象等方面负有重大责任。日常管理工作应坚持以预防教育为主、以处罚惩戒为辅，讲究执法的艺术，在执法中强化民生意识，主动发现群众参与交通的需求，积极协助解决和处理好老百姓最关心、最现实的切身利益问题，把执法过程变成普法过程，把管理过程变成教育过程，从而有效维护社会公平正义，促进社会和谐稳定。在日常执勤执法中，民警要警容严整、举止端庄、动作规范、态度温和，尊重当事人，在处罚违法行为时，要按规定出具法律文书，严格实行罚缴分离，完善执法环节，进一步细化执法标准和操作规程。

5. 交通安全文化建设是交通安全管理的核心内容

安全文化是人类在生存、生产、生活中，以安全为目标，以先进的科学技术为手段，为保障从事各种活动的安全与健康而创造的物质财富与精神财富的总和。交通安全文化是从文化的角度分析交通安全管理的运行过程，建立人人遵守的交通规范。打造优良的交通安全文化，实现交通的和谐，是促进社会全面和谐发展的必然需求。交通安全管理中，人不仅是交通安全管理的主体，而且是交通安全管理的客体之一。交通是否安全的关键在于人，能否有效地消除事故，取决于人的主观能动性，取决于人对安全工作的认识、价值取向和行为准则，取决于对安全问题的个人响应与情感认同。通过开展多种形式的交通安全文化宣传教育活动，全面培养和提高人的安全文化素质。加强交通安全文化建设是从根本上解决交通安全问题的出发点，是建立现代交通文明的核心内容。

6. 社会化管理是交通安全管理的根本途径

交通安全是公共安全的重要组成部分，与人民群众的日常生活息息相关，交通安全管理既是一项民生工程，也是一项政府工程，需要政府建立交通安全防范责任体系。从政府层面上，确立各级政府的主体地位，层层落实交通安全防范责任；从各职能部门层面上，依法落实监管责任，实施标本兼治；从社会层面上，积极发动社会单位和广大群众，建立交通安全社会化防控长效机制，从而实现交通安全管理工作"政府领导、部门联动、全社会共同参与"的格局。我国需要学习、借鉴发达国家的先进经验，建立专门负责交通安全的政府部门，改变目前公安交通管理部门既负责交通安全生产、又负责交通安全执法和交通安全评价与考核这一不合理、不科学的做法，明确政府和企业在交通事故预防中的主体责任，建立中央政府、地方政府、产业界、非政府组织、企业、警察、媒体以及专业人士职责明晰、分工合作、协调联动的社会化交通安全合作管理机制。

总之，我国交通安全管理坚持"以人为本、关爱生命、安全发展"的理念，把交通安全作为建设和谐社会的重要方面，将预防和减少交通事故作为交通管理的重要目标，实现交通事故和人员伤亡数明显减少，促使人、车、路、环境协调发展。

8.2 道路交通安全立法

交通活动不同于一般的活动，交通安全管理必须在国家相关法律、法规及标准的前提下进行，这些法律、法规和标准是在许多血的教训下经过大量周密细致的研究后制定的。随着时代的进步和使用环境的不断完善，这些法规对交通安全的有序推进有着巨大的帮助和促进作用。

道路交通安全管理法规是国家各级立法机构和地方政府职能部门颁发实施的、旨在加强道路交通运输管理、维护交通秩序、保障人民生命财产和促进交通事业发展的一系列行政法规的总称，属于行政法范畴。关于机动车安全运行、驾驶人管理、道路交通秩序管理、道路交通事故调查与处理、道路交通安全监督、道路交通安全行政处罚等方面的法律、行政法规、规定、决定、条例、规则及标准等，都属于道路交通安全管理法规的范畴。它是国家行政法规的重要组成部分，具有一定的强制性和约束力。

8.2.1 道路交通安全立法的意义

1. 道路交通安全立法是国家管理道路运输的主要手段

交通运输是一种生产活动，而安全问题随着生产活动而产生与发展。因此，必须重视道路交通运输活动的安全管理，道路交通安全管理法制建设也是法制建设的重要内容之一。只有通过法律手段，建立并完善各项法律法规，明确责、权、利三者的关系，加强执法检查和监督管理，才能保证在道路交通运输活动和其他社会活动中人们的生命健康安全和财产安全，保障经济快速稳定增长。

2. 道路交通安全立法是规范道路运输安全的主要措施

为了保障乘客、驾驶人及其他人员在道路运输过程中的生命财产安全，就必须改善劳动条件，提高站场、车辆及各种设施设备的安全可靠性，改善环境文明程度，降低劳动强度等。但采取这些措施不仅不能直接产生经济效益，还会加大企业的运营成本。有些道路运输企业经营者不重视对安全生产的人力物力投入，降低了安全生产条件，以牺牲生命财产和健康安全为代价，盲目追求利润。另外，由于有些监管人员的渎职行为或受利益驱使，无视安全管理标准，随意降低安全管理质量，从而导致重大伤亡事故的发生。因此，只有用法律来做出相关规定，用法律来规范政府、行业管理部门、道路运输企业和个人等各方面的行为，才能保证道路运输安全健康地发展。

3. 道路交通安全立法是促进交通安全管理水平提高和技术进步的必要手段

安全管理是一门综合性科学，安全管理的法制化、标准化在协调这一科学技术的发展中起着十分重要的作用。道路运输安全生产既是一门科学技术，又是一项系统工程，需要用大量的法规、标准来规范人们的行为、作业场所的安全文明条件、各项管理制度和检测方法，以及车辆和机具设备的安全性能，从而保证道路运输安全生产的实现。同时，严格的安全管理要求可以进一步促使有关部门研究制造出更为坚固可靠、操作更为简单、科技含量更高的零部件、机械设备、电子检测和监控设施，用以更好地保证安全管理法律、法规的实施。因此，道路交通安全立法可以促进交通安全管理水平的提高和技术的进步。

4. 道路交通安全立法是促进经济全球化发展的重要内容

道路交通安全立法是全人类健康发展的共同需求，是衡量国家经济发展水平和社会文明程度的重要标志，也是国家形象的体现，是道路运输企业参与国际间市场竞争的必要条件。此外，保障生命财产的安全是保持社会稳定和经济持续增长的重要条件。

随着经济全球化进程的不断加快，人才、自然资源及生产、生活设施等在全世界范围内广泛流动，由于各国的管理体制和安全标准不一致，产品安全性能及事故等造成的经济损失和经济纠纷不断增多，道路交通安全立法也成为协调国家之间的利益和矛盾、促进经济全球化发展的重要内容之一。

8.2.2 道路交通安全立法的原则

建立和完善法规体系，规范道路运输行业行为，真正做到有法可依、有法必依、执法必严、违法必究，是道路交通安全的必要保障。因此，道路交通安全立法必须坚持以下基本原则：

1. "安全第一，预防为主"

"安全第一"就是当生产与安全发生矛盾时，生产必须服从安全，"预防为主"就是一定要做好事故防范工作，防患于未然，强化源头管理，这是实现"安全第一"的基础。道路交通安全立法就是要在道路运输生产过程中，规范道路运输经营者和从业人员的经营行为，规范行业管理部门的执法行为，保护生命财产不受到任何危害。

2. "以人为本，生命至上"

人是参与道路交通的主体，也是整个交通系统的核心组成部分，因此，在进行道路交通安全立法时，必须坚持"以人为本，生命至上"的原则。人的生命只有一次，一旦失去将永远不可能恢复。因此，道路交通安全法律法规必须首先保证交通安全，其次才是交通畅通。

"以人为本"也包括在法律法规的制定过程中，必须充分考虑人的运动特性、伤害特性、感知特性和行为特性，使每个交通参与者都能无须经过特殊培训即可严格遵守相关的法律法规，而不应使法律法规的要求超出普通人生理和心理的能力范围。只有坚持"以人为本，生命至上"的原则，道路交通安全法律法规才能真正保障行人、非机动车驾驶人和机动车驾驶人等所有交通参与者的权益，从根本上促进道路交通安全形势的好转。

3. 明确职责，强化管理

道路交通安全生产工作需要政府、行业主管部门、企业和个人等各方共同努力才能做好。通过法律法规的形式明确各自职责，不仅有利于安全操作，而且也利于监督检查以及在事故发生后的调查处理，同时还可以最大限度地保护被害人的利益，提高法律法规的可操作性。

4. 鼓励科技进步，促进道路运输行业文明建设

道路运输中的安全设施是保障安全生产的物质基础。安全设施必须与生产设施同时设计、建设、配置和交付使用。在建设及配置安全设施时，应积极采用新的科学技术和设施设备，如车辆行驶记录仪和全球卫星定位系统等车辆运行安全管理先进设备，逐步提高车辆维修、装卸、运营设施设备的科技含量，提高机械化、自动化和网络化程度，尽量消除道路交通运输生产中的不安全因素，增强交通事故预防能力，促进道路运输行业文明建设。

5. 积极慎重，实事求是

道路交通安全法律法规具有权威性。不成熟、没有把握的内容不能勉强制定，否则，必然会影响法规的严肃性，甚至无法执行。同时，随着经济的不断发展和运输安全水平的变化，一些法规又常常跟不上形势变化的要求，需要根据当时的经济水平和科技能力不断制定、修改和完善。因此，制定和修改道路交通安全法律法规时，一定要坚持积极慎重、实事求是的方针。

8.2.3 道路交通安全管理法规体系及内容

1. 道路交通安全管理法规体系

我国道路交通安全管理法规体系主要由与道路交通安全有关的法律、行政法规、部门行政规章、地方性法规、地方性规章、技术标准以及其他法律法规中涉及道路交通安全的规范性条款组成。

（1）**法律** 道路交通安全的法律规定是由全国人大及其常委会制定的在全国范围内普遍适用的道路交通安全管理规范性文件，由国家主席签署颁布。我国目前涉及道路交通安全的现行法律主要是《道路交通安全法》。

（2）**行政法规** 道路交通安全的行政法规是由国务院制定和发布的具有较高法律效力的规范性文件的总称。我国目前有关道路交通安全的行政法规主要包括《中华人民共和国道路交通安全法实施条例》《中华人民共和国道路运输条例》《危险化学品安全管理条例》《放射性物品运输安全管理条例》等。

（3）**部门行政规章** 道路交通安全的部门行政规章是由国务院所属职能部门依据法律和行政法规制定、且不得与宪法、法律、行政法规相抵触的规范性文件。我国道路交通安全的部门行政规章主要由公安部和交通运输部等制定，包括《道路交通安全违法行为处理程序规定》《道路交通事故处理程序规定》《机动车驾驶证申领和使用规定》《机动车登记规定》《机动车维修管理规定》《机动车驾驶员培训管理规定》《机动车安全技术检验机构管理规定》《道路危险货物运输管理规定》等。

（4）**地方性法规** 道路交通安全的地方性法规是省、自治区、直辖市和经国务院批准的人民代表大会及其常委会根据宪法、法律以及行政法规，结合本地区的实际情况制定的，不与宪法、法律以及行政法规相抵触的规范性文件，如《北京市实施〈中华人民共和国道路交通安全法〉办法》《江苏省道路交通安全法实施条例》等。

（5）**地方性规章** 道路交通安全的地方性规章是地方国家行政机关根据法律、行政法规和本行政区的地方性法规规定制定的规范性法律文件，如《北京市道路交通安全防范责任制管理办法》等。

（6）**技术标准** 涉及道路交通安全方面的技术标准是道路交通安全法规的延伸和具体化。技术标准可分为基础标准、产品标准、方法标准、安全卫生与环境保护标准四类。

1）基础标准是对道路交通具有最基本、最广泛指导意义的标准，具有一般的共性，是通用性较广的标准，如名词、术语等。

2）产品标准是对道路交通系统有关产品的形式、尺寸、主要性能参数、质量指标、使用、维修等所制定的标准，如《道路运输危险货物车辆标志》（GB 13392—2005）。

3）方法标准是关于方法、程序、规程、性质的标准，如试验方法、检验方法、分析方法、测定方法、设计规程、工艺规程、操作方法等，如《道路运输车辆综合性能要求和检验方法》（GB 18565—2016）。

4）安全卫生与环境保护标准是以保证人和物的安全、保障人类健康、保护环境为目的而制定的标准。这类标准一般都要强制贯彻执行，如《机动车运行安全技术条件》（GB 7258—2017）。

按照技术标准的适用范围，我国的标准分为国家标准、行业标准、地方标准和企业标准四个级别。

1）国家标准是指对全国经济技术发展有重大意义、需要在全国范围内统一的技术要求所制定的标准。国家标准在全国范围内适用，其他各级标准不得与之相抵触，如《道路运输爆炸品和剧毒化学品车辆安全技术条件》（GB 20300—2006）。

2）行业标准是指对没有国家标准而又需要在全国某个行业范围内统一的技术要求所制定的标准。行业标准是对国家标准的补充，是专业性、技术性较强的标准，如交通行业标准《汽车运输危险货物规则》（JT 617—2004）。行业标准不得与国家标准相抵触，国家标准公布实施后，相应的行业标准即行废止。

3）地方标准是指对没有国家标准和行业标准而又需要在省、自治区、直辖市范围内统一工业产品的安全卫生要求所制定的标准。地方标准在本行政区域内适用，不得与国家标准和行业标准相抵触。国家标准、行业标准公布实施后，相应的地方标准即行废止。

4）企业标准是指企业所制定的产品标准和在企业内需要协调统一的技术要求和管理工作要求所制定的标准。企业标准是企业组织生产、经营活动的依据。

国家标准、行业标准和地方标准的性质分为两类：一类是强制性标准，如强制性国家标准的代号为 GB；另一类是推荐性标准，如推荐性国家标准的代号为 GB/T。在国家标准、行业标准以及地方标准中，涉及道路交通及其运输安全的技术标准大多为强制性标准。国家标准是标准体系中的主体。

（7）其他法律法规中涉及道路交通安全的规范性条款　在我国其他法律法规中，涉及道路交通安全的规范性条款主要包括《中华人民共和国刑法》中对交通肇事罪的规定、《中华人民共和国公路法》中关于超限运输的规定、《中华人民共和国安全生产法》中关于安全责任和事故救援的规定、《中华人民共和国大气污染防治法》中关于汽车尾气排放的规定、《中华人民共和国突发事件应对法》中关于事故应急管理的规定等。

2. 道路交通安全管理法规主要内容

（1）道路通行主体的安全管理　道路通行主体一般包括车辆、驾驶人、骑车人、行人等。道路交通安全法规中关于车辆安全管理的内容主要包括车辆的登记、检验、报废、保险和特种车辆的使用与管理，关于驾驶人安全管理的内容主要包括驾驶人驾驶资格培训、考试、记分和驾驶车辆上路行驶前的要求及驾驶人证件的审验等对非机动车的规定主要包括车辆行驶条件、车辆登记、通行权限等内容，对乘客和行人的规定主要是交通规则管理规定。

《道路交通安全法》作为交通管理领域的"大法"，规范了道路通行主体的行为标准，明确了各自的权利和义务，《道路交通安全法实施条例》则辅助说明了实施的要点。《机动车登记规定》《机动车维修管理规定》《机动车修理业、报废机动车回收业管理办法》《机动车号牌生产管理办法》等规章、规范，为车辆管理规范的实施提供了具体细则和标准依据。《中华人民共和国驾驶证管理办法》《机动车驾驶证申领和使用规定》《中华人民共和国机动车驾驶员考试办法》《机动车驾驶员培训管理规定》《机动车驾驶证申领和使用规定》等规章、规范则为驾驶员管理法规的实施提供了具体细则和标准依据。

（2）道路交通秩序管理　道路交通安全管理法规中交通秩序管理的内容中，道路通行条件至关重要。道路通行条件是指为保障道路交通安全、有序、畅通，对道路、交通信号、交通标志、交通标线以及相关交通安全设施提出的基本要求，是保障道路为车辆交通所用的出发点。《城市道路设计规范》（CJJ 37—2012）、《公路工程技术标准》（JTG B01—2014）、

《道路交通标志和标线》（GB 5678—2009）、《公路养护安全作业规程》（JTG H30—2015）等技术标准为道路通行条件提供了相关标准要求。

（3）道路交通事故调查与处理　道路交通事故调查与处理是公安机关交通管理部门依据有关规定，对发生的交通事故进行处理的过程，主要包括道路交通事故的现场勘查、收集证据、认定事故责任、开具处罚、调解赔偿等。道路交通安全法规对交通事故的认定、交通事故现场处理措施和责任、交通事故处理程序、交通事故责任认定、交通警察执法职责、交通事故赔偿方案调解、交通事故案件解决等多方面有全面的规定。

《道路交通安全法》对交通事故的调查和处理做了总体要求，《道路交通安全法实施条例》则对应各条并予以详细解释。《道路交通事故处理办法》《道路交通事故处理程序规定》和《道路交通事故痕迹物证勘验》对交通事故的调查取证、现场管理、责任认定、事故记录等做了具体的规定，对交通事故的处理更具直接指导性。《道路交通安全违法行为处理程序规定》和《机动车驾驶员交通违章记分办法》对交通事故中的违法行为做了相应的处理规定。

（4）交通违法行为处理　道路交通安全管理法规对交通违法行为处理的规定一般属于行政处罚的范畴，是对违反道路交通安全法律法规行为人应当承担法律责任的规定，但也有属于刑法范畴的内容，如醉酒驾驶等。道路交通安全管理法规对违法行为处理的规定，主要包括处理主体的管辖范围、违法行为界定、处理程序、调查取证、行政处罚措施的使用等几个方面。

在《道路交通安全法》和《道路交通安全法实施条例》中，对车辆和驾驶员管理、道路通行条件、通行规则、交通事故处理等均有交通违法行为的描述；《道路交通安全违法行为处理程序规定》则对交通违法行为的处理过程及具体细节予以详细的解释和规定；《机动车驾驶员交通违章记分办法》《公安机关办理行政案件程序规定》等法规、规章也有对交通违法行为相应的规定内容；《中华人民共和国刑法》则对醉酒驾驶、肇事逃逸等严重交通违法行为做了相应的规定。

（5）执法监督　道路交通安全的执法监督是道路交通安全管理相关部门、新闻媒体以及广大民众对交通管理部门的执法行为、执法过程、执法效果、执法公平性等方面实施的监督制度。交通安全执法监督属于行政执法监督，我国主要的监督方式有各级人民代表大会及其常务委员会的权力机关监督、行政机关监督、司法机关监督、社会组织的监督、舆论监督和人民群众监督几种类型。关于公安机关交通管理部门执法要求的规范主要有加强交通警察队伍建设，明确执法原则，规范警容风纪，严格执行收费、罚款规定，实行回避制度、行政监察监督以及内部层级监督、社会和公民的监督及检举、控告制度，执行对交通执法行为的保障等规定。

8.3　对道路运输车辆及驾驶人的安全管理

道路交通系统是一种复杂的动态系统，在整个系统中道路环境具有相对稳定性，而人和车却随着时间和空间的变化而不断变化。因此，必须对车辆与人进行有效的安全管理。

8.3.1　道路运输车辆安全管理

1. 车辆技术状况安全管理

（1）汽车安全技术装备　根据轨迹交叉事故致因理论，事故之所以能够发生，除了人的不安全行为外，一定存在着某种不安全条件，如物的不安全状态。在事故发展进程中，人的因素运动轨迹与物的因素运动轨迹的交点就是事故发生的时间和空间，即人的不安全行为和物的不安全状态。为了提高汽车的安全性，可以采用可靠性高、结构完整性强的新技术、新设备，避免汽车在运行过程中出现危险状态，切断物的不安全事件发展链，排除人的不安全行为发展链和物的不安全状态发展链在时间和空间上可能发生的交叉，从而避免事故的发生。

近年来，道路重特大交通事故多发，给人民群众的生命财产造成了巨大损失。从事故调查分析可知，大中型客货车自身存在的安全技术问题是事故发生或加重事故严重程度的重要影响因素之一。部分大中型客车存在车身结构强度不高、乘员保护设施不完善、抗侧倾稳定性能不强等问题；部分卧铺客车存在车内易燃品多、逃生通道狭窄等安全隐患；大型货车及挂车存在超载、超长、超宽违规运输问题；此外，还存在违法改装商品运输车、低平板车等问题。

为进一步提高车辆安全技术性能，加强车辆注册登记管理，国家有关部委联合发文，要求公路客车、旅游客车均应装备限速装置，且限速装置设定的最高车速不得超过100km/h，所有座椅均应装置汽车安全带；Ⅱ、Ⅲ级客车，M2 和 M3 类的 B 级和专用校车上部结构强度及侧翻试验要求应符合《客车上部结构强度要求及试验方法》（GB/T 17578—2013）的规定，B 级客车车身结构强度应符合《轻型客车结构安全要求》（GB 18986—2003）的规定；车长大于 9m 的公路客车、旅游客车应至少设置两个乘客门，车轮装用子午线轮胎，装备缓速器或其他辅助制动装置，前轮必须装备盘式制动器；车长大于 11m 的公路客车、旅游客车车身应为全承载整体式框架结构。

另外，国家标准《汽车及挂车侧面和后下部防护要求》（GB 11567—2017）规定，汽车和挂车必须安装后下部和侧面防护装置，而且防护装置整个宽度上下边缘离地高度不得大于相应的规定值，以防止小轿车等钻入或卷入大货车下而导致伤亡。对于危险货物运输车辆、总质量大于 12t 的货车应装备缓速器或其他辅助制动装置。其中，危险货物运输车辆应装备限速装置，限速装置设定的最高车速不得超过 80km/h，前轮应装备盘式制动器。总质量大于 12t 的货车、车长大于 8m 的挂车应设置符合国家标准的车辆尾部标志板，厢式货车和厢式挂车应装备符合规定的反射器型车身反光标识。

统计表明，在发生的道路交通事故中，旅游包车、三类以上班线客车和运输危险化学品的道路专用车辆是恶性事故的主要肇事车型。为了对其进行有效监控，必须安装使用具有行驶记录功能的卫星定位装置。利用运输车辆的卫星定位系统，加强道路运输安全管理，实时监控运输车辆驾驶员是否存在超速行驶、疲劳驾驶等违法行为，是有效遏制重特大道路交通事故、实现道路运输安全的有效手段。

目前，我国每年平均近 2 万名 14 岁以下的儿童死于道路交通事故，死亡率是欧洲的 2.5 倍、美国的 2.6 倍，交通事故已经成为 14 岁以下儿童的第一死因。为了更大限度地保护儿童在事故中免于伤害，《机动车儿童乘员用约束系统》（GB 27887—2011）于 2012 年 7 月 1 日正式实施。标准规定国产车辆必须配装符合标准的儿童安全座椅接口，并对儿童安全座椅的生产和销售做出规范。在车辆发生碰撞或突然减速的情况下，儿童安全座椅可以减少对儿童的冲击力，减轻对儿童的伤害。研究显示，当车体遭受突然撞击时，正确使用儿童安全座椅可使得婴儿潜在车祸伤亡率有效降低 70% 以上，1~4 岁儿童的死亡率能降低 54% 以上，4～7岁儿童的死亡率也可降低59%以上。

(2) 车辆安全检验管理 车辆在交通运输系统中一直处于运动状态，它的技术性能和技术状况是交通安全的重要基础，若技术状况良好，可有效切断物的不安全状态的运动轨迹，防止因驾驶人操作失误而导致交通事故的发生。对车辆进行安全检验是保障技术状况良好的有效途径。

1) 机动车安全技术检验及要求。依据《道路交通安全法》、《机动车安全技术检验机构监督管理办法》和《机动车运行安全技术条件》（GB 7258—2017）《机动车安全技术检验项目和方法》（GB 21861—2014）等国家法律、法规和标准，对车辆进行定期技术检测，以保证行驶的车辆都能具有完好的技术状况。

《道路交通安全法实施条例》规定，对登记后上道路行驶的机动车，应当依照法律、行政法规的规定，根据车辆用途、载客载货数量、使用年限等不同情况，定期进行安全技术检验：

① 营运载客汽车5年以内每年检验1次；超过5年的，每6个月检验1次。

② 载货汽车和大型、中型非营运载客汽车10年以内每年检验1次；超过10年的，每6个月检验1次。

③ 小型、微型非营运载客汽车6年以内每2年检验1次；超过6年的，每年检验1次。超过15年的，每6个月检验1次。

④ 摩托车4年以内每2年检验1次；超过4年的，每年检验1次。

⑤ 拖拉机和其他机动车每年检验1次。

根据《机动车安全技术检验项目和方法》（GB 21861—2014）的要求，对于无明显漏油、漏水、漏气现象，轮胎完好，气压正常且胎冠花纹中无异物，发动机怠速正常的车辆，分别对底盘动态检测、车速、排放、制动、侧滑、前照灯、车辆底盘、功率、行车制动、驻车制动等项目进行检验。

汽车安全检验项目按属性分为否决项和建议维护项，仪器设备检验项目中，车辆的排放、制动、前照灯远光光束发光强度、轮胎和底盘输出功率为否决项。只要有一项不符合标准，即为车辆检验不合格，其余为建议维护项。具体检测项目必须符合《机动车运行安全技术条件》（GB 7258—2012）的相关规定要求。机动车安全检验完毕后，机动车安全技术检验机构应签发《机动车安全技术检验报告》，并将安全技术检验的相关数据及图像传送给公安交通管理相关部门。

为保护交通事故中第三方的利益，国家标准要求在用车检验时，送检人应提供送检机动车的行驶证和有效的第三者责任强制保险凭证，对不能提供以上证件、凭证的送检车辆，安全检验机构不应予以技术检验。另外，《道路运输车辆综合性能要求和检验方法》（GB 18565—2016）要求申请与正在从事道路运输经营的车辆在结构、配置、性能方面等必须达到标准。

2) 机动车安全检验机构监督与管理。为了打破垄断，提高机动车检验技术和服务水平，《道路交通安全法》第十三条明确规定：机动车安全技术检验实行社会化，任何单位不得要求机动车到指定的场所进行检验。公安机关交通管理部门、机动车安全技术检验机构不得要求机动车到指定的场所进行维修、保养。

车辆安全检验机构必须依据《机动车安全技术检验机构监督管理办法》和《道路交通

安全法》的相关规定向地方质量技术监督管理部门提出申请，质量技术监督管理部门要对申请者的检验资格许可条件及从业人员上岗资格进行严格审查。符合条件的机构取得检验资格许可证书后，方可在许可的范围内从事相关机动车安全技术检验活动。在资质审查的同时，还必须加强对车辆检验机构的后期管理。各省级质量技术监督部门应对辖区内车辆检验机构定期或不定期进行监督检查，重点检查检验设备计算机管理系统的参数设置、数据保存、日常维护等情况。对检验设备未检定或超出检定有效期的，以及设备老化导致检测数据不准确的，责令停止使用并依法处罚。对检测设备达不到《机动车安全技术检验项目和方法》（GB 21861—2014）要求的，责令限期整改或更新设备，对整改不合格的，依法撤销其检验资格。对检测过程中出具虚假报告的，要予以纠正，并依法处罚。

(3) 车辆维修安全管理

1) 车辆维护安全管理。车辆是一种由多个零部件构成的复杂机械设备，在使用过程中必须按规定进行维护，否则，其动力性、燃油经济性将会变差，安全可靠性将会降低，甚至会造成事故。车辆维护是指在车辆行驶里程达到一定量值后，按照规定里程及相应的作业项目来进行的例行维修保养，是以预防为主，根据各类型车辆机械磨损和自然松动规律以及具体使用条件进行的技术维护作业，从而保证：

① 汽车经常处于良好的技术状态，随时可以出车参加运输。

② 在合理使用的前提下，不因中途机件损坏而影响行车安全和车辆停歇，使运输生产能够持续正常进行，以保证运输生产的连续性。

③ 汽车及其各总成在两次修理期内能够达到最高的行驶里程。

④ 汽车在运行过程中可以降低燃料、润料、零件和轮胎的消耗。

⑤ 汽车产生的噪声和废气排放不得超过标准要求，减小对环境的污染。

在汽车预防维护制度中，将汽车的维护按行驶里程归纳成组，并规定相应的维护作业内容，统称为汽车维护的分级。维护作业包括清洁、检查、补给、润滑、紧固、调整等，除主要总成发生故障必须解体外，一般不得对其解体。汽车维护必须遵照交通运输管理部门或生产厂家规定的行驶里程，按期强制执行。各级维护作业项目和周期的规定，必须根据车辆结构性能、使用条件、故障规律、配件质量及经济效果等情况综合考虑。

2) 车辆修理安全管理。汽车在使用过程中因零部件和机构的自然磨损、变形、故障和其他损伤，动力性会下降，燃油经济性和安全可靠性变差，最终导致其工作能力部分或全部丧失。修理的目的就是恢复车辆在使用过程中已丧失的工作能力和性能，使之能重新安全、可靠、低耗地投入运输生产。按照不同的对象和作业范围，修理可分为车辆大修、总成大修、车辆小修和零件修理4类。

① 车辆大修是新车或经过大修后的车辆在行驶一定里程（或时间）后，经过检测诊断和技术鉴定，用修理或更换车辆任何零部件的方法，恢复车辆的完好技术状况，完全或接近完全恢复车辆寿命的恢复性修理。

② 总成大修是车辆的总成经过一定使用里程（或时间）后，用修理或更换总成任何零件（含基础件）的方法，恢复其完好技术状况和寿命的恢复性修理。

③ 车辆小修是用修理或更换个别零件的方法，保证或恢复车辆工作能力的运行性修理。它的主要目的是消除车辆在运行或维护作业过程中发生的临时性故障或发现的隐患。

④ 零件修理是对因磨损、变形、损伤等不能继续使用而可修的零件进行修理，通过各

种工艺手段恢复其技术性能，以节约原材料，降低维修费用。

2. 道路运输企业车辆安全管理

车辆安全管理是指对车辆规划、选配、使用、检测、维修、改装、改造、更新与报废全过程的综合性管理。其中车辆规划、选配、新车接收以及车辆使用前准备方面的管理是车辆前期管理，车辆使用、检测、维护、修理方面的管理是车辆中期管理，车辆改装、改造、更新、报废方面的管理是车辆后期管理。

(1) 车辆使用前安全管理

1) 车辆的选配。车辆是运输企业作业的物质基础和主要的生产设备。组织运输生产首先要有合适的运输车辆，应根据运输市场情况、当地的社会运力、油料供应、运量、运距和道路、气候等社会和自然条件，制定车辆发展规划，择优选配车辆，并做好车辆的分配和投用前的技术准备工作。选择车型是一项技术性、专业性很强的工作，包括择优选购和合理配置两个方面。

企业在选购车辆时，应考虑车辆的适应性、可靠性、经济性、维修和配件供应的方便性、产品的质量优劣和价格等因素，择优进行选购，以提高车辆的投资效益。此外，企业还应根据自身的技术管理水平和维修能力来选择新的车型，避免盲目性和随意性，以充分发挥车辆的运输效益和使用性能。选购车辆必须遵循"技术先进、经济合理、生产适用、维修方便"的基本原则。

车辆的合理配置是指运输企业根据其所承担运输任务的性质、运量、运距、道路、气候以及油料供应情况等条件，合理配置车辆，如大、中、小型车辆比例，汽、柴油车比例，通用、专用车比例等。通过合理规划，优化车辆构成，充分发挥车辆吨（座）位和客量的利用率，满足运输市场的需要。

2) 车辆的检查与验收。在购置新车后应进行严格的检查与验收，主要内容有：

① 车辆的外观是否良好，有无变形、损坏、脱焊、掉漆、锈蚀或刮碰痕迹。

② 车辆各部的紧固情况。

③ 车辆有无漏水、漏电、漏油、漏气。

④ 散热器、风扇以及各连接件有无损伤、变形、掉漆等情况。

⑤ 灯光、喇叭、刮水器和空调等工作是否正常。

⑥ 车辆门窗玻璃升降是否平顺。

⑦ 轮胎气压是否符合要求，轮胎橡胶是否有老化现象。

⑧ 车辆起动后，应检查仪表工作是否正常、发动机运转是否正常、转向机构是否正常、制动系统工作是否可靠。

⑨ 随车附件是否齐全（包括随车工具、车轮罩、灭火器等）。

⑩ 随车资料是否齐全，进口车辆应包括商检证书、说明书、货检单等资料，国产车辆应包括机动车整车出厂合格证、说明书等资料。合格证上的发动机号、底盘号应与车相符，如果不符应拒绝提车。

若接收的是在用车辆，应注意检查车辆装备是否齐全，车辆技术状况是否良好，如有技术档案的要注意查收其技术档案和有关技术资料，并向交车单位或交车人了解车辆使用情况。车辆交接后，有时还需要办理车辆的转籍和行驶牌证手续。

(2) 车辆技术状况分级与评定　车辆经过一段时期的使用后，技术状况会发生变化，变化程度随行驶里程的长短及运行条件、使用强度、维护质量的不同而各有差异。为了及时掌握车辆的技术状况，采取相应措施合理组织安排运输能力，正确编制车辆维修计划，各运输企业应定期对车辆性能进行综合评定，核定其技术状况，并根据国家和行业有关标准将车辆技术状况划分等级，以便车辆的合理运用和科学管理。

根据《道路运输车辆技术等级划分和评定要求》（JT/T 198—2016）的规定，从事道路运输经营的车辆在市场准入前，应当经综合性能检测并评定车辆技术等级，车辆技术等级分为一级、二级两个等级。技术等级评定项目包括"核查评定项目"和"技术评定项目"，其中技术评定项目分为"关键项""一般项"和"分级项"。

当受检车辆同时达到（JT/T 198—2016）标准中规定的1）"核查评定项目"达到一级，2）"关键项"均为合格，3）"一般项"的不合格项数不超过3项，4）"分级项"达到一级，则可以评定为一级车。当受检车辆同时达到（JT/T 198—2016）标准中规定的1）"核查评定项目"至少达到二级，2）"关键项"均为合格，3）"一般项"的不合格项数不超过6项，4）"分级项"至少达到二级，则可以评定为二级车。

（3）车辆一般使用安全管理

1）汽车装载安全管理。若车辆不按规定装载，不仅会降低使用寿命，还会影响汽车的安全行驶特性。车辆的额定装载质量要符合相关的规定，在实际运营过程中不能超过额定装载质量。对于经过改造的汽车要重新核定其装载质量，并报有关管理部门备案。在进行轮胎更换时，轮胎负荷能力要符合要求。

运营车辆装载要均匀，若装载过于靠后，会使前轮发飘，上坡时出现翘头甚至后翻。装载过于靠前则会使转向沉重，前轮负荷过大，下坡制动时甚至会使前轮胎爆破。装载偏斜会使两侧轮胎受力不均，行驶及制动时会产生跑偏，由于重心偏移汽车将难以操纵，车架、悬架部分也可能发生弯扭，尤其在转弯时易发生翻车事故。车辆在载运易散落、飞扬、脏污物品时，应注意封盖。

2）拖挂运输安全管理。拖挂运输具有运输效率高、运输成本低、道路资源利用率高的优点，是公路货物运输的趋势，但拖挂运输必须符合相关的安全管理规定。拖挂时应注意：①拖带挂车时，只准许拖挂一辆，挂车的装载质量不得超过拖车的装载质量。②技术状况不良或走合期的汽车不应拖挂。③拖车空载时不得拖带重载挂车。④路况差的地方不宜拖挂。⑤操作不熟练的驾驶人不得驾驶带挂车的车辆。

3）汽车在走合期的安全使用管理。汽车的走合实质上是使新车和大修车向正常使用阶段过渡、对相互配合运动副零件的摩擦表面进行走合加工的工艺过程。走合的目的是使零件表面的不平部分逐渐磨去，形成比较光滑、耐磨、可靠的工作表面，以承受正常的工作负荷。汽车在走合期内必须严格遵守走合规定，以保证走合的质量。汽车走合期必须遵循的规定主要包括减载，限速，选择优质燃料、润料，正确驾驶和加强走合维护等。

① 减载。一般载货汽车按额定载质量减载20%～25%，并禁止拖带挂车，半挂车按额定载质量减载30%～50%。为保证走合质量，汽车在走合期内的加载应随走合里程的增加而逐步增加，最终在走合期结束时，达到额定载质量。

② 限速。载质量一定的情况下，车速越高，发动机和传动系机件的负荷也越大。在走合期内应按使用说明书的规定控制各档位的车速，货车的最高车速一般不超过50km/h，在实际行驶时，其车速一般限制在各档最大车速的70%～75%。

③ 选择优质燃料、润料。为了防止汽油机出现爆燃并减缓机件磨损，应采用抗爆性好的燃料。另外，应按走合期维护规定及时更换润滑油，行驶中应注意润滑油的压力和温度，有异常情况时应及时排除。

④ 正确驾驶。在车辆走合期内，驾驶人必须严格按照驾驶操作规程操作。发动机起动后，待水温达50℃时再用一档起步。在行驶中，要保持发动机处于正常工作温度，转速不应过高，换档要及时，车速要控制好，加速、换档不要过急，防止传动装置承受冲击负荷，影响磨合质量。

⑤ 加强走合维护。在走合期内，汽车不应在条件恶劣的路上行驶，以减轻各总成的振动和冲击。当走合期满，应按作业项目进行一次走合维护，车辆只有达到良好的技术状况才能投入正常使用。

（4）车辆在特殊条件下的安全使用管理

1) 汽车在低温条件下的使用。在低温条件下使用汽车时，存在起动困难、磨损严重、通过性能变差等问题。为保证汽车的合理使用，应采取如下有效措施：

① 在进入低温季节前，各企业应根据具体情况，组织驾驶人和维修工学习汽车在低温条件下运行的有关基础知识，对所有车辆安排换季维护，准备好防冻、防滑物资，检修预热水锅炉等设备。

② 做好预热保温工作。每天出车前，根据地理环境等条件，在寒冷地区要事先对发动机进行预热，并在散热器和发动机罩上加装保温套，为蓄电池加装保温装置等。

③ 更换油液，调整油电系统。柴油发动机要选用适合温度要求的低疑点柴油，换用低温季节制动液，并选用合适的防冻液。此外，还应调整发动机调节器，增大发电机充电电流，适当增大蓄电池电解液密度。

④ 驾驶人要按照防冻防滑的规定进行操作。

2) 汽车在高温条件下的使用。汽车在高温季节使用时，应采取发动机防热、轮胎防爆等技术措施。

① 在进入高温季节前对车辆进行换季维护。对于汽油发动机供油系统，要采取隔热、降温等有效措施，防止气阻。加强对冷却系统的维护，清除水垢，保持冷却效果。还应更换油液，调整油电系统。

② 在行车途中应注意控制轮胎的温度和气压，必要时应将车辆停于阴凉地点，待胎温降低后再继续行驶，严禁用放气或冷水浇泼等方法降低轮胎的温度和气压，防止轮胎的人为损坏。

3) 汽车在高原和山区条件下的使用。汽车在高原地区行驶时，由于海拔高、气压低、空气稀薄，发动机充气量减少，动力性和燃油经济性下降。汽车在高原、山区行驶时，行车制动器使用频繁，使得制动器温升过快，制动效能大幅下降。为了避免制动失效事故的发生，采取的主要措施有：

① 加强维护，适当缩短维护周期，确保制动系统工作正常可靠。在行驶过程中，要防止制动鼓过热。在下长坡过程中，严禁熄火空档滑行。

② 采用矿油型制动液。这种制动液能够消除制动管路中产生的气阻现象，在高原、山区使用较为理想。

③ 采用辅助制动器和改进摩擦片材料，提高摩擦片的耐高温性能。

(5) 车辆更新与报废安全管理

1) 车辆的更新。车辆更新是运输企业维持简单再生产和扩大再生产的基本手段之一,是提高车况、降低运行消耗、提高经济效益的重要措施,且与其折旧资金的提取使用和车辆新度系数有密切关系。车辆更新工作是运输企业领导、技术管理部门及其他有关部门的重要职责,必须认真做好。

车辆更新实际上是对运输单位车辆配置的调整。车辆更新不仅仅是以新换旧和原有车型的重复,更重要的是保持和提高运输单位的生产力,降低运行消耗并保障安全。要根据市场情况和货(客)源的变化情况来决定要更新的车型,同时还要考虑管理人员、驾驶人、修理工的培训以及维修设备更换等相关因素的变化情况。

2) 车辆的报废。车辆经过长期使用后,技术性能变差,小修频率增加,运输效率降低,物料消耗上升,维修费用增高,经济效益下滑,同时,安全性能也会变差,给企业带来事故隐患。车辆报废应严格掌握报废的技术条件,提早报废必然造成运力的浪费,过迟报废则会增高运输成本,影响运力更新,也不符合经济原则和运输安全的要求。

经2012年商务部会议审议通过,并经国家发展改革委、公安部、环境保护部同意,自2013年5月1日起施行的《机动车强制报废标准规定》,制定了运输企业参与道路运输车辆的具体报废条件。

① 达到规定使用年限的应强制报废。《机动车强制报废标准规定》对不同使用用途和类型的车辆规定了相应的最高使用年限,有关参与道路运输车辆的使用年限规定为:小、微型出租客运汽车使用8年,中型出租客运汽车使用10年,大型出租客运汽车使用12年;公交客运汽车使用13年;其他小、微型营运载客汽车使用10年,大、中型营运载客汽车使用15年;全挂车、危险品运输半挂车使用10年,集装箱半挂车20年,其他半挂车使用15年。

② 对达到一定行驶里程的机动车引导报废。达到下列行驶里程的,其所有人可以将机动车交售给报废机动车回收拆解企业,由报废机动车回收拆解企业按规定进行登记、拆解、销毁等处理,并将报废的机动车登记证书、号牌、行驶证交公安机关交通管理部门注销:小、微型出租客运汽车行驶60万km,中型出租客运汽车行驶50万km,大型出租客运汽车行驶60万km;公交客运汽车行驶40万km;其他小、微型营运载客汽车行驶60万km,中型营运载客汽车行驶50万km,大型营运载客汽车行驶80万km;装用多缸发动机的低速货车行驶30万km,微型载货汽车行驶50万km,危险品运输载货汽车行驶40万km,中、轻型载货汽车行驶60万km,重型载货汽车(包括半挂牵引车和全挂牵引车)行驶70万km。

③ 经修理和调整仍不符合机动车安全技术国家标准对在用车有关要求的机动车应当强制报废。

④ 经修理和调整或者采用控制技术后,向大气排放污染物或者噪声仍不符合国家标准对在用车有关要求的机动车应当强制报废。

⑤ 在检验有效期届满后连续3个机动车检验周期内未取得机动车检验合格标志的机动车应当强制报废。

《道路交通安全法》第十四条明确规定:国家实行机动车强制报废制度,达到报废标准的机动车不得上道路行驶,报废的大型客、货车及其他营运车辆应当在公安机关交通管理部门的监督下解体。

8.3.2 道路运输驾驶人安全管理

驾驶人是车辆的操纵者，道路的使用者，环境条件的感受者，位于主导和支配地位，对保证交通系统的稳定性具有关键作用，也是整个道路运输系统中最大的不确定因素，是影响道路交通安全的首要因素，对道路运输安全起着决定性的作用。随着系统工程学、人机工程学和心理学的发展，从事交通心理学研究的专家学者应用系统理论、信息理论，对驾驶人以及人与车、人与路进行了全面协调的研究。

1. 驾驶人驾驶适宜性检测

为了证实驾驶人群体中存在很少一部分驾驶人比其他驾驶人更易发生事故，且发生过事故的驾驶人重复发生事故的概率较高，1990年交通部驾驶人驾驶适宜性研究课题组对全国11个省12917名营运车辆驾驶人在3年间的事故情况进行了调查，结果显示，发生两次以上事故的驾驶人只有6.86%，但事故次数却占到总次数的34.56%。由此说明事故倾向性驾驶人确实存在，该类人群不适宜从事职业驾驶工作，应在职业驾驶人选拔时将其剔除在外。

驾驶适宜性是指准备从事或者已经从事汽车驾驶工作人员的心理、生理素质适宜于驾驶工作的程度。驾驶人的素质是由先天素质和后天学习技能构成的，二者相对稳定，而且相互弥补，其中先天素质（心理和生理状态）起重要作用，影响着驾驶人的技能。

驾驶人，尤其是营运车辆的驾驶员，如果存在事故多发的倾向性，则会给道路交通安全埋下极大的隐患。因此，可以通过一定的生理心理指标测试对每个人的驾驶适宜性做出预测，其结果可以反映驾驶适宜性，并且可以作为管理、教育、指导驾驶人，甚至是淘汰不适合的驾驶人的依据。这样可以使驾驶人群体保持较高的素质，并起到事故预防的积极作用，从而使交通事故大幅度减少。

行业标准《道路运输驾驶员适宜性检测评价方法》（JT/T 442—2014）通过对驾驶人动体视力、暗适应、夜视力、深度知觉、速度估计、周边风险感知、手脚反应时间和错误次数9项感知特性指标，选择反应、紧急反应/连续紧急反应、注意力四项判断特性指标和操作能力1项操作特性指标，从对驾驶人安全行车影响最大的感知、判断、操作三个方面来反映营运车辆驾驶人的适宜性。

2. 驾驶人培训

（1）驾驶人培训的必要性 为了彻底改变交通安全状况，最有效的措施就是把操纵车辆的职能完全交给机器来执行，但就目前的技术与环境而言，在短期内实现汽车自动驾驶不现实。因此，不断提高驾驶人的安全可靠度是道路交通安全得到充分保证最根本、最有效的途径之一。优秀的驾驶人一般应具备以下素质：①驾驶岗位所要求的最低标准身体条件。②安全驾驶所需的道路交通法规常识。③良好的安全意识。④熟练的驾驶操作技能。⑤道路交通环境突变时的应急处理能力。⑥预防事故与安全急救的基本知识。

这些素质不是与生俱来的，必须通过后天的培训获得。驾驶人培训必须走素质培训之路，尽快从应试型培训向素质型培训转变，把受训者培训成为具有安全理念与安全驾驶能力的驾驶人。这是预防驾驶人发生事故的一个重要手段，也是从源头上预防事故的方法。

（2）驾驶人培训内容及考核 经过驾驶培训的受训者是否达到培训要求，必须通过考核来衡量，否则培训就只是一种形式，无法实现安全驾驶、事故预防的功能。驾驶培训效果测评实质上就是驾驶人考试，其考试内容非常重要，对培训工作在一定程度上起导向作用。

根据 2016 年 4 月 1 日起施行的《机动车驾驶证申领和使用规定》（公安部令第 139 号）规定：机动车驾驶人考试内容分为道路交通安全法律、法规和相关知识考试科目（简称"科目一"）、场地驾驶技能考试科目（简称"科目二"）、道路驾驶技能和安全文明驾驶常识考试科目（简称"科目三"）。科目考试由公安机关交通管理部门组织，考试顺序按照科目一、科目二、科目三依次进行，前一科目考试合格后，可以参加下一科目的考试；前一科目考试不合格的，继续该科目考试。

新规定的亮点体现在：可以通过互联网交通安全综合服务管理平台办理机动车驾驶证业务、自学直考等。

（3）驾驶人心理素质培训　交通事故的发生与驾驶人的心理素质密切相关。相关研究表明，发生事故的驾驶人具有以下心理特征：①反应能力差。②注意力集中能力低下。③判断能力低下。④动作协调性差。⑤冲动，自制力差。⑥以自我为中心。⑦喜欢冒险，争强好斗。⑧危险感受性低下，法规意识淡薄。

在驾驶人培训过程中，不能忽视对心理素质的训练，应该将技能训练与心理训练相结合，强化心理训练，提高驾驶人的心理素质，以减少交通事故的发生。

（4）驾驶培训监督　对驾驶证获取的考试过程应当进行全程录音、录像。严肃考试纪律，规范考场秩序，对考场秩序混乱的，应当中止考试。若发现未经考试或者考试不合格人员核发机动车驾驶证等严重违规情形的，公安机关交通管理部门应严肃查处；对 3 年内驾龄驾驶人发生一次死亡 3 人以上交通事故且负主要以上责任的，省级公安机关交通管理部门应当倒查考试、发证情况，向社会公布倒查结果；对 3 年内驾龄驾驶人发生一次死亡 1 人或 2 人的交通事故且负主要以上责任的，直辖市、设区的市或者相当于同级的公安机关交通管理部门应当组织责任倒查。

3. 营运性道路运输驾驶人安全管理

（1）运输企业驾驶人的选拔与淘汰　运输企业驾驶人属于职业驾驶人，应谨慎选择，尤其是大型客运车辆驾驶人。由于企业驾驶人参与交通程度高、时间长，且往往会因驾驶人的个人因素导致整车人的生命安全得不到保障，对于职业驾驶人，除了要符合《道路交通安全法》里面申请驾驶证的基本条件外，还应从心理、生理等各方面从严选择，以确保企业的运输安全。

对新驾驶人的心理、生理进行职业适宜性检查，以保证新上岗驾驶人和在职驾驶人都具有健康的心理、生理素质，并及时了解所聘人员的思想状态、身体状况、个人性格、家庭情况等，保证驾驶人具有健康的心理和身体素质，以适应岗位工作需要。为了确保管理措施和制度的落实，提高驾驶人的安全认识，对责任心不强、安全意识淡薄、违章率高的驾驶人应给予严肃批评教育，对于屡教不改的，应坚决予以辞退，以把好源头关。

（2）企业驾驶人的培训与再教育　营运性驾驶人安全责任重大，操作技能要求更高，是驾驶人培训的重点。要加强对大中型客货车辆驾驶人的职业道德教育，强化操作技能训练并模拟道路驾驶，切实提高客货车辆驾驶人的综合业务素质。还要引导建立集中的大中型客货车辆驾驶人培训基地，保障客货车辆驾驶人培训质量，并会同有关部门积极推进将大中型客货车辆驾驶人培训纳入国家职业教育体系的进程，依托具备条件的职业院校，培养高素质的大中型客货车辆专业驾驶人，尽快解决目前大中型客货车辆驾驶人量缺质低的突出问题。

营运性驾驶人的培训与再教育是一个长期的过程，必须伴随其整个职业生涯，再教育的内容包括技术教育、职业道德教育、法制教育、责任教育四个方面。通过系统学习交通法律、法规、服务规范等,进一步提高驾驶人的思想认识,克服麻痹思想和侥幸心理。组织收看安全教育录像,以实例进行深刻的剖析,要求广大司乘人员认真反省,从自身做起,努力提高安全意识,杜绝事故隐患。通过对驾驶人的定期培训,提高驾驶人应对复杂情况的能力,消除由驾驶技能问题导致的道路交通事故。

（3）**企业驾驶人的安全技术档案管理** 安全技术档案是每一个驾驶人安全行车和参加其他安全活动的真实记录,是考核和奖惩驾驶人以及年度审验、安全教育的重要依据,也是分析交通事故规律、采取有效防范措施的有益材料,在驾驶人安全管理工作中具有重要作用,因此要管理并使用好此档案。

驾驶人安全技术档案主要应填写以下内容：①驾驶人登记资料。②驾驶人参加安全活动记录。③驾驶人违章、肇事记录。④驾驶人安全行车里程记录。⑤驾驶人奖励和惩罚记录。⑥驾驶人审验记录。⑦驾驶人心理、生理检测（包括生物节律）及健康状况检查记录。⑧对驾驶人个人和所驾车辆的安全检查记录。

8.4 道路旅客运输安全管理

1. 道路旅客运输企业开业的安全条件

明确道路旅客运输企业的开业安全条件,不仅可以使申请从事道路客运经营者事先了解开业所必须具备的条件,使开业筹备工作做到有的放矢,而且也便于运政管理部门对申请者进行审查,以确保旅客的正当权益和人身安全。根据2016年4月11日起施行的《道路旅客运输及客运站管理规定》（交通运输部令2016年第34号）,申请从事道路客运经营的,应当具备下列条件：

（1）**有与其经营业务相适应并经检测合格的客车**

1）客车技术要求应当符合《道路运输车辆技术管理规定》有关规定。

2）客车类型等级要求 从事高速公路客运、旅游客运和营运线路长度在800km以上的客运车辆,其车辆类型等级应当达到行业标准《营运客车类型划分及等级评定》（JT/T 325）规定的中级以上。

3）客车数量要求

① 经营一类客运班线的班车客运经营者应当自有营运客车100辆以上、客位3000个以上,其中高级客车在30辆以上、客位900个以上;或者自有高级营运客车40辆以上、客位1200个以上。

② 经营二类客运班线的班车客运经营者应当自有营运客车50辆以上、客位1500个以上,其中中高级客车在15辆以上、客位450个以上;或者自有高级营运客车20辆以上、客位600个以上。

③ 经营三类客运班线的班车客运经营者应当自有营运客车10辆以上、客位200个以上。

④ 经营四类客运班线的班车客运经营者应当自有营运客车1辆以上。

⑤ 经营省际包车客运的经营者,应当自有中高级营运客车20辆以上、客位600个以上。

⑥经营省内包车客运的经营者，应当自有营运客车 5 辆以上、客位 100 个以上。

(2) 从事客运经营的驾驶人员，应当符合下列条件

1) 取得相应的机动车驾驶证。

2) 年龄不超过 60 周岁。

3) 3 年内无重大以上交通责任事故记录。

4) 经设区的市级道路运输管理机构对有关客运法规、机动车维修和旅客急救基本知识考试合格而取得相应从业资格证。

本规定所称交通责任事故，是指驾驶人员负同等或者以上责任的交通事故。

(3) 有健全的安全生产管理制度 包括安全生产操作规程、安全生产责任制、安全生产监督检查、驾驶人员和车辆安全生产管理的制度。

(4) 申请从事道路客运班线经营还应当有明确的线路和站点方案 除了上述车辆和人员条件外，申请从事道路客运班线经营者，还应当有健全的安全生产管理制度。安全生产管理制度包括安全生产操作规程、安全生产责任制、安全生产监督检查、驾驶人员和车辆安全生产管理的制度。

2. 道路旅客运输安全管理机构与职责

(1) 安全管理机构的组成 道路旅客运输企业除了应当依法设置包括企业主要负责人在内的安全生产领导机构之外，还应当设置具体的安全管理机构，配备相应的专职安全管理人员。原则上应按照每 20 辆车 1 人的标准配备专职安全管理人员，最低不少于 1 人。安全管理人员应当具有高中以上文化程度，具有在道路客运行业 3 年以上从业经历，掌握道路旅客运输安全生产相关政策和法规，经相关部门统一培训且考核合格后持证上岗，上岗后还应当定期参加相关管理部门组织的培训，且每年参加脱产培训的时间不得少于 24 学时。

(2) 道路旅客运输安全管理职责 道路旅客运输企业应当定期召开安全生产工作会议和例会，分析安全形势，安排各项安全生产工作，研究解决安全生产中的重大问题。安全工作会议应至少每季度召开一次，安全例会至少每月召开一次。

道路旅客运输企业的主要负责人是安全生产的第一责任人，负有安全生产的全面责任。分管安全生产的负责人协助主要负责人履行安全生产职责，对安全生产工作负组织实施和综合管理及监督的责任。企业各职能部门、各岗位人员在职责范围内承担相应的安全生产职责。

道路旅客运输企业应当建立安全生产事故责任倒查制度。按照事故原因不查清不放过、事故责任者得不到处理不放过、整改措施不落实不放过、教训不吸取不放过的原则，对相关责任人进行严肃处理。

(3) 道路旅客运输的安全管理经费 道路旅客运输企业应当保障安全生产投入，按照《企业安全生产费用提取和使用管理办法》（财企〔2012〕16 号）规定，按上年度实际营业收入的 1.5% 的比例提取、设立安全生产专项资金。安全生产专项资金主要用于完善、改造、维护安全运营设施和设备，配备应急救援器材、设备和人员安全防护用品，开展安全宣传教育和安全培训，进行安全检查与隐患治理，开展应急救援演练等各项工作的费用支出以及安全生产专项资金的使用应建立独立的台账。

3. 道路旅客运输组织安全管理

(1) 驾驶人及运输车辆的工作时间要求 道路旅客运输企业在安排运输任务时应当严

格要求客运驾驶人在 24h 内累计驾驶时间不得超过 8h（特殊情况下可延长 2h，但每月延长的总时间不得超过 36h），连续驾驶时间不得超过 4h，每次停车休息时间不少于 20min。对于单程运行里程超过 400km（高速公路直达客运 600km）的客运车辆，企业应当配备 2 名以上客运驾驶人。当运输线路为三级（包含三级）以下山区公路时，不得安排客车夜间（晚 22 时至早 6 时）运行。

（2）规范运输企业的经营行为 班线客车要严格按照许可的线路、班次和站点运行，在规定的停靠站点上下旅客，不得随意站外上客或揽客，不得超员运输。驾乘人员要对旅客携带物品进行安全检查，行李堆放区和乘客区要隔离，不得在行李堆放区内载客。

道路旅客运输企业应当给途经高速公路的营运客车乘客座椅安装符合标准的安全带。驾乘人员要负责做好宣传工作，发车前、行驶中要督促乘客系好安全带。

（3）客运驾驶人在行车过程中的职责 道路旅客运输企业应当要求驾驶人在出车前、行车中和收车后进行车辆技术状况检查，开车前还应向旅客进行安全告知，另外驾驶人还必须谨记高速公路及特殊路段行车注意事项、恶劣天气下行车注意事项、夜间行车注意事项、应急驾驶操作程序、进出客运站注意事项等。

对于在旅客运输过程中发生的行车安全事故，客运驾驶人应及时向事发地的公安部门以及所属的道路旅客运输企业报告。

（4）道路旅客运输车辆的日常维护 在每日出车前、行车中和收车后，客运驾驶人或专门人员必须对车辆进行日常安全检查，内容包括轮胎、制动、转向、灯光等安全部件的检查，安检不合格车辆应立即返修。

另外，道路旅客运输企业还应当定期检查车内安全带、安全锤、灭火器以及故障车警告标志的配备是否齐全有效，确保安全出口通道畅通，应急门与应急顶窗开启装置有效、开启顺畅，并在车内明显位置标示客运车辆行驶区间和线路、经批准的停靠站点。

4. 道路旅客运输动态监控管理

动态监控是维护道路旅客运输安全、降低安全隐患的一种重要的技术手段。为实现对道路运输车辆的实时动态监控，交通运输部《道路旅客运输企业安全管理规范》要求道路旅客运输企业应当为其营运客车安装符合标准的卫星定位装置（卧铺客车应安装符合标准且具有视频功能的卫星定位装置），接入符合标准的监控平台或监控终端，并有效接入全国重点营运车辆联网联控系统。

道路旅客运输企业应当建立卫星定位装置及监控平台的安装、使用管理制度，建立动态监控工作台账，规范卫星定位装置及监控平台的安装、管理、使用工作。而且还应配备专人负责实时监控车辆行驶动态，记录分析处理动态信息，及时提醒、提示违规行为。对于故意遮挡车载卫星定位装置信号、破坏车载卫星定位装置的驾驶人员，以及不严格监控车辆行驶动态的值守人员，道路旅客运输企业应对其给予处罚，严重的应调离相应岗位，直至辞退。

8.5 道路货物运输安全管理

据统计，目前仅用于工农业的化工物质达 60 多万种，在这些物质中，有明显或潜在危险的达 3 万余种。近几年，我国每年通过公路运输的危险货物均超过 5 亿 t。除运输量上升以外，道路运输危险货物的品种越来越多，危险特性越来越复杂，危险程度也越来越高。

危险货物运输与安全管理实用性很强，运输行政管理人员、运输企业人员以及从事危险货物生产储存与销售供应的人员都必须熟知相关知识。

8.5.1　道路普通货物运输安全管理

1. 零担货物运输的安全管理

（1）零担贵重货物运输安全管理　由于贵重货物本身价值昂贵，在运输过程中承运人须承担较大责任，如贵重金属、精密仪器、高档电器、珍贵艺术品等。随着社会的发展和人们生活水平的提高，零担货物的品质普遍上升。因此，必须在零担贵重货物的运输过程中，加强对仓储、理货和运输的安全管理。

（2）零担危险货物运输安全管理　在有资格受理零担危险货物运输时，其受理、仓储、搬运、装卸、运输等全过程各个环节都应严格遵守交通运输部颁发的《汽车危险货物运输规则》（JT 617—2004），严禁与普通零担货物混存、混装。

（3）禁运、限运零担货物运输安全管理　凡属法规禁运或限运的零担货物，受理时应检验有效证明，而且担负经营与运输作业的相关业户应在具备处理能力和经营特种货物运输资格的条件下，方可受理与承运。

（4）长距离零担货物运输驾驶人的安全管理　如果零担货物运输运距超过300km，须配两名驾驶人，超长运距的零担货物运输还要求保证驾驶人能离车休息。

2. 整批货物运输安全管理

（1）货厢的安全管理　货车车厢是运送货物的容器，货厢安全直接影响货运的质量与安全。货厢必须坚固无破损，对装运过有毒、易污染以及危险货物、流质货物的车辆应进行清洗和消毒。如果货物性质特殊，还需对车辆进行特殊清洗和消毒。

（2）装载安全　货物要堆码整齐，捆扎牢固，关好车门，不超宽、超高、超重，保证运输全过程的安全。装载时要防止货物混杂、撒漏、破损，严禁有毒、易污染物品与食品混装以及危险货物与普通货物混装。整批货物装载完毕后，敞篷车辆如需遮篷布时必须遮盖严密，绑扎牢固，关好车门，严防车辆行驶途中篷布松动或甩物伤人。

3. 集装箱货物运输安全管理

（1）集装箱货物运输车辆的安全要求　集装箱货物运输车辆应技术状况良好，带有转锁装置，要求与所载集装箱相适应，能满足所运载集装箱总质量的要求。

集装箱货物运输车辆通常采用单车型式或牵引车加半挂车的列车组合形式。半挂车分为框架式、板式和自装自卸式等。

（2）装载货物要求　集装箱货物运输应配备集装箱专用装卸机械和装拆箱作业机械，装卸机械应有装箱专用吊具，其额定起重量要满足集装箱总质量的要求，装拆箱作业机械要能适应进箱作业，以保证集装箱装卸作业的安全。在装箱作业进行之前，应对集装箱的卫生条件和技术条件进行认真的目测检查。集装箱内进行货物装卸作业时，应严格按照有关的操作规程，并尽可能采用相应的装卸搬运机械作业，如手推搬运车、输送式装箱机、叉车等，以减轻劳动强度，提高装卸作业效率和安全水平。

4. 大型特型笨重物件运输安全管理

（1）受理大型特型笨重物件运输时的安全管理　承运和装卸大型特型笨重物件时，承运人提供的车辆和装卸机械必须能满足货物在长度、高度和单件重量方面安全作业的要求。

受理大型特型笨重物件托运时，承运人除了按照特种货物办理承运手续外，还应再派对大型特型笨重物件装卸、运载操作有一定经验的人员会同托运人到达货物现场，对货物与装车场地及装卸方式方法等进行实地勘察，核对落实，决定能否受理或采取一定的安全加固措施后方可受理。若遇畸形的大型特型笨重物件，应向托运方索取货物说明书，同时应随附货物外形尺寸的三面视图（侧视、正视、俯视），以"+"表示重心位置，事先拟订周密的装运方案和运行路线，必要时应让托运方报请公安机关或其他有关部门审查后再予受理。

（2）现场勘察时的安全要求　承运单位对大型特型笨重物件的装卸场地进行现场勘察核实时，要坚持安全第一、防范为主的原则。一般应注意以下几点：

1）认真核实货物长度、宽度、高度、实际毛重、体形、重心、包装与标志，应用皮尺度量货物最高、最长、最宽部位，细致查看货物包装或底座的牢固程度是否符合机械吊装要求。

2）仔细勘察装卸现场及周围环境，上下、前后、左右有无装卸障碍物或其他设施，如车辆能否靠近货物、能否适应装卸机械的操作，机械设施是否良好，装车场地土质是否松软或地面是否平坦，是否需要铺垫木板、钢板或方木等。

3）车辆通过的路面、桥涵、港口、码头等的载重负荷能力及弯道、坡道等能否适应。

（3）装卸大型特型笨重物件时的安全操作　装卸大型特型笨重物件时，不论采用机械装卸或人工装卸，都要严格按照装卸安全操作规程进行，还应特别注意检查装卸工具。此外，装卸工人要明确分工，密切配合，专人发号，统一步调进行操作。如需机械操作，应先确认起吊跨度，检查机械负荷能力是否适应，并应留有一定的安全保险系数，严禁超跨度、超重作业和违章操作。配备司索、发号人员，司索人员要做到索套绑吊稳固、慢起稳落，不得将手脚伸入已吊起的货物下方直接去取垫衬物，发号人员负责作业现场的监督指挥，确保装卸货物安全。

大型物件装车后必须用垫木、铁丝或钢丝绳固定，以防滑动。特别是一些圆柱体及易于滚动的货物（卷筒、轧辐等），必须使用座架或凹木加固。装运钢板长度超过车身时，应在后栏板用坚固的木板垫高成前低后高状，严禁用砖头、石块、朽木做垫隔。

（4）运输大型特型笨重物件时的安全操作　承运人运输大型特型笨重物件时，应携带大型特型笨重物件运输标志牌和核准证，以备路检。须按有关部门核定的路线行车，白天行车时应悬挂标志旗，夜间行车和停车休息时装设标志灯。为保证所载货物的稳定，须低速行驶。必要时应邀请有关部门在通过有关路段和桥梁、涵洞时做技术指导。

5. 甩挂运输安全管理

车辆因素是甩挂运输安全的重要影响因素，因此，对参与甩挂运输的车辆提出必要的技术要求，是保证甩挂运输安全的有效手段。

（1）车辆结构设计的匹配　规定牵引座与牵引销的安装位置（前后）、承载面高度（上下）、车轴布置与安装位置等，保证质量分配合理、运动不干涉并满足列车的设计与使用性能要求。采用标准化的车厢及货箱结构与尺寸，适应标准货物托盘的使用与固定，提高货物装载量。

（2）安全连接的匹配　要求牵引座、牵引销的机械连接件型号尺寸统一；牵引车与半挂车电气路连接形式与规格统一、协调；气制动连接器形式与规格统一、协调、可靠；ABS接口形式协调适用；各种连接件的安装位置耦合顺畅、操作便利。保证组成列车后，各种连接的性能优良、安全可靠，确保行车安全。

（3）牵引车与半挂车性能的优化匹配　通过优化设计确保组成的列车有充足的动力储备和良好的燃油经济性，并在列车的制动协调性、行车稳定性、通过性等方面满足行车安全要求。

（4）辅助装备的适应性　半挂车支撑装置应安全可靠、操作方便；快速接驳辅助工具应使用方便、快捷，通用性好；货物装卸装备应与货物及其包装方式、设施条件相适应且性能优良；采用涵盖车辆、货物、驾驶人以及行车计划在内的，便于甩挂运输调度和货运行业统计管理的电子标签和信息采集传输技术，满足甩挂运输管理系统的统一要求，且有高度的信息安全性、通信有效性、数据准确性等。

6. 超限货物运输安全管理

超限货物运输安全管理涉及交通安全、车辆生产、运输市场、收费管理和群众利益等诸多问题。加强超限货物运输的安全管理措施主要包括以下五个方面：

（1）设立超限运输组织权威机构　鉴于超限货物运输的特殊性，超限运输车辆行驶公路的管理工作实行统一管理、分级负责、方便运输、保障畅通的原则。国务院交通主管部门主管全国超限运输车辆行驶公路的管理工作，县级以上地方人民政府交通主管部门主管本行政区域内超限运输车辆行驶公路的管理工作。超限运输车辆行驶公路的具体行政管理工作，由县级以上地方人民政府交通主管部门设置的公路管理机构负责。

（2）综合规划道路建设　在公路上行驶的车辆的轴载质量应当符合《公路工程技术标准》（JTG B01—2014）的要求，但超限运输车辆不得行驶在有限定荷载要求的公路和桥梁上。在道路建设规划中，要为超限货物运输留有余地，特别是一些与大型厂矿企业连接的线路，在资金允许的情况下，应尽可能提高一些桥梁的等级，建设1~2条特殊超限货物运输通道。

（3）完善制度，制定相应的法律法规　各地政府应加强对运输市场的宏观调控，及时制定一些规范性法律文件，建立健全法律制度，规范超限货物运输市场的管理程序。

1）申请与审批　超限运输车辆上公路行驶前，其承运人应按有关规定向公路管理机构提出书面申请。公路管理机构在接到承运人的书面申请后，应在15日内进行审查并提出书面答复意见。公路管理机构在审批超限运输时，应根据实际情况，对需经路线进行勘测，制订通行方案，并与承运人签订有关协议，同时应签发《超限运输车辆通行证》。

2）通行管理　通过审批的超限运输车辆应严格按照通行管理规定组织运输，未经公路管理机构批准不得在公路上行驶。在公路上进行超限运输的承运人应当接受公路管理人员依法实施的监督检查，并为其提供方便。

（4）加强监督和查处力度，强化管理手段　政府相关职能部门应合理调控运力，规范运输行为，促进运输市场运力和运量的供求平衡；推广集装箱化运输方式，规范公路货运车辆类型，特别是特殊货物运输车辆的类型；加大查处违规企业的力度，加强汽车生产环节的控制管理，禁止生产违规超限类型车辆；公安交警部门要加强车辆落户的源头管理，严惩违规擅自改装车辆的单位和个体业主。

（5）推广新技术的应用，加强超限流动检测治理工作　建立超限运输线路的桥涵、市政基础设施等主要信息数据库，逐步建立超限货物运输信息平台，为企业运输提供信息服务。同时，应用现代信息管理技术手段，在关键路段设置轴重检测设备，对过往车辆进行自动检测并采取对恶意或严重超限的车辆收取补偿费等方式，对超限车辆形成一种有形的威慑。

8.5.2 道路危险货物运输安全管理

1. 危险货物的定义及分类

(1) 危险货物的定义 在《危险货物分类和品名编号》（GB 6944—2012）中，将危险货物定义为：具有爆炸、易燃、毒害、感染、腐蚀、放射性等危险特性，在运输、储存、生产、经营、使用和处置中，容易造成人身伤亡、财产损毁或环境污染而需要特别防护的物质和物品。

危险货物的定义包含性质、危险后果及特别防护三方面的要求，三者缺其一则不能称为危险货物。

1) "具有爆炸、易燃、毒害、感染、腐蚀、放射性等危险特性"具体地指明了危险货物本身所具有的特殊性质，是造成火灾、灼伤、中毒等事故的先决条件。

2) "容易造成人身伤亡、财产损毁或环境污染"指出了危险货物在一定条件下，由于受热、明火、摩擦、振动、撞击、洒漏或与性质相抵触物品接触等，发生化学变化所产生的危险效应。不仅是货物本身遭到损失，更严重的是危及人身安全、破坏周围环境。

3) "在运输、储存、生产、经营、使用和处置中需要特别防护"，这里所说的特别防护，不仅是一般运输普通货物时必须做到的轻拿轻放、谨防明火，而且是要针对各种危险货物本身的特性所必须采取的特别防护措施，如有的爆炸品需添加抑制剂，有的有机过氧化物需控制环境温度。大多数危险品的包装和配载都有特定的要求。

(2) 危险货物的分类 《危险货物分类和品名编号》将危险货物按其主要特性和运输要求分为9类（各类又可分为若干项，并规定了各类危险货物的定义或划分标准）：第1类为爆炸品；第2类为气体；第3类为易燃液体；第4类为易燃固体、易于自燃的物质、遇水放出易燃气体的物质；第5类为氧化性物质和有机过氧化物；第6类为毒性物质和感染性物质；第7类为放射性物质；第8类为腐蚀性物质；第9类为杂项危险物质和物品，包括危害环境物质。

2. 危险货物的运输包装与标志

(1) 危险货物运输包装的基本要求 根据危险货物的性质和运输特点以及包装应起的作用，危险货物的运输包装必须具备以下基本要求：

1) 包装材质应与所包装的危险货物理化性质相适应。危险货物对包装材料有腐蚀作用，要求包装材质必须耐腐蚀。危险货物包装容器与所装货物直接接触的部分不应受所装物质的化学或其他作用的影响。包装与内装物直接接触部分，必要时应有内涂层或进行相应处理，使包装材质能适应内装物的物理、化学性质，不使包装与内装物发生化学反应而形成危险产物或导致包装强度削弱等。

2) 危险货物运输包装应结构合理，具有一定强度，防护性能好。其构造和封闭形式应能承受正常运输条件下的各种作业风险，不应因温度或压力的变化而发生任何渗（撒）漏，包装表面应清洁，不允许黏附有害的危险物质。

3) 包装的封口应与所装危险货物的性质相适应。一般来说，危险货物包装的封口应严密不漏。特别是装有挥发性强或腐蚀性强的危险货物时，包装封口更应严密，但有些危险货物不要求封口严密，甚至还要求设有排气孔。应如何对待某种危险货物包装的封口，要根据所装危险货物的性质来决定。

4）内、外包装之间应有适当的衬垫。衬垫材料应具备一定的缓冲吸附作用。

5）运输危险货物的包装应能适应一定范围的温度和湿度变化。

6）包装货物的件重、规格和形式应满足运输要求，以便于装卸、积载、搬运和储存。

7）包装的外表应按《危险货物包装标志》（GB 190—2009）规定标明各种包装标志。标志应正确、明显、牢固、清晰。一种危险货物同时具有两种以上危险性质的，应分别具有表明该货物主次特性的主次标志。

8）危险货物运输包装必须按规定进行性能试验，经试验合格并在包装表面标注持久、清晰、统一的合格标记后方可使用。

9）盛装爆炸品时对包装的附加要求如下：

① 盛装液体爆炸品容器的封闭形式应具有防止渗漏的双重保护。

② 除内包装能充分防止爆炸品与金属物接触外，铁钉和其他没有防护涂料的金属部件不得穿透外包装。

③ 双重卷边接合的钢桶、金属桶或以金属做衬里的包装箱，应能防止爆炸物进入隙缝。钢桶或铝桶的封闭装置必须有合适的垫圈。

④ 包装内的爆炸物质和物品（包括内容器）必须垫踏实，在运输中不得发生危险性移动。

⑤ 盛装有对外部电磁辐射敏感的电引发装置的爆炸物品时，包装应具备防止所装物品受外部电磁辐射源影响的功能。

（2）危险货物运输包装标志

1）运输包装标志的作用。货物运输包装标志的基本含义是用图形或者文字（文字说明、字母标记或阿拉伯数字）在货物运输包装上制作的特定记号和说明事项。运输包装标志有3个方面的内涵：①运输包装标志是在收货、装卸、搬运、储存保管、送达，直至交付的运输全过程中区别与辨认货物的重要基础。②运输包装标志是一般贸易合同、发货单据和运输保险文件中，记载有关事项的基本组成部分。③运输包装标志是包装货物正确交接、安全运输、完整交付的基本保证。

2）危险货物运输包装标志内容。危险货物运输包装标志也称为危险性能标志。危险性能标志的制定以危险货物的分类为基础，以便根据货物或包件所贴标志的一般形式（标志图案、颜色、形状等）识别出危险货物及其特性，并为装卸、搬运、储存提供基本指南。

《危险货物包装标志》规定主标志15个，副标志6个，使用方法与联合国危险货物专家委员会推荐的规定相似。标志的图案有炸弹开花（表示爆炸）、火焰（表示易燃）、骷髅和交叉的大腿骨（表示毒害）、三圈形（表示传染）、三叶形（表示放射性）、从两个玻璃器皿中溢出的酸碱腐蚀着一只手和一块金属（表示腐蚀）、一个圆圈上面有一团火焰（表示氧化性）和一个气瓶等。

危险货物包装件外表面可贴1个主标志，说明该危险货物的类别和特性，也可贴2个或2个以上的标志。按货物标志粘贴的位置顺序可确定主、副标志，如自上而下贴3个标志时，最上边的为主标志，下边2个为副标志，自左而右的贴法说明左边是主标志，其余为副标志。主标志说明是最应注意的危险性,副标志说明该货物兼有其他危险性,是多种危害兼备的危险货物。

3. 危险货物运输企业安全管理

道路危险货物运输是技术性、专业性很强的运输种类,对运输企业的资质、技术条件、车辆设施、安全管理、从业人员素质等均有严格的要求。由于道路危险货物运输的高危险性,企业内部必须制定健全的管理制度和科学的技术规范,建立完善的安全管理体系,确保运输生产的安全。

(1) 车辆技术管理 由于危险货物运输的特殊性,根据需要车辆须装设相关装备。

1)危险货物运输车辆应安装符合《道路运输危险货物车辆标志》(GB 13392—2005)规定的车辆三角顶灯、标志和标牌。

2)根据国家有关规定,车辆应配置运行状态记录装置。

3)运输易燃易爆危险货物车辆的排气管应安装隔热和熄灭火星装置,并配备导静电橡胶拖地带装置。

4)车辆应有切断总电源和隔离电火花的装置,切断总电源的装置应安装在驾驶室内。

5)装运易燃易爆危险货物时,应使用木质底板等防护衬垫。

6)装载液体危险货物的罐车,其装备条件应符合《汽车运输液体危险货物常压容器(罐体)通用技术条件》(GB 18564—2001)的规定。

(2) 危险货物运输从业人员管理

1)从业人员条件。从事危险货物运输的作业人员,包括驾驶人员、押运人员及装卸管理人员,必须具备以下条件方可从业:①从业人员均应具备一定的文化程度。②驾驶人员取得相应机动车驾驶证,年龄不超过60周岁。③从业人员必须熟悉有关安全生产的法律法规、标准和安全生产规章制度、安全操作规程,了解所装运危险货物的性质、危害特性、包装物(容器)的使用要求和发生意外事故时的处置措施。④驾驶人员、押运人员、装卸管理人员须经设区的市级人民政府交通主管部门考试合格、取得相应道路运输危险货物从业资格证后,持证上岗。

2)从业人员的安全教育和培训。《中华人民共和国安全生产法》第二十二条规定,生产经营单位的安全生产管理机构以及安全生产管理人员应组织或者参与本单位安全生产教育和培训。国务院《危险化学品安全管理条例》(国务院令第591号)四十四条规定危险化学品运输企业的驾驶人员、装卸管理人员、押运人员、申报人员、集装箱现场检查员应当经交通运输主管部门考核合格,取得从业资格。对从业人员进行安全教育和培训是危险货物运输单位确保安全生产、取得最佳经济效益和培养劳动后备力量的重要措施,是运输单位的一项重要职责。

3)危险货物运输企业管理人员要求。作为企业(单位)的管理人员,应具备以下基本条件:①不得有犯罪记录。②须具备初中以上学历。③须有从事道路货物运输业经营管理工作3年以上的经历,或从事经济管理工作5年以上的经历。④管理人员应该掌握运输企业管理及危险货物运输安全管理等业务知识,必须了解所运输危险货物的性质、危害特性、包装容器使用特性和发生意外时的应急措施。

(3) 危险货物运输管理

1)定车。运输危险货物的车辆应相对固定,且不能在完成危险货物运输任务后,不经必要处理和清洗就运输其他物质，以防止危险货物泄漏、污染而造成事故，尤其要注意罐体车辆的使用。

2）定人。要求驾驶人员固定，以使其既能熟悉和钻研所运危险货物的特性及防范措施，又能掌握所驾驶车辆的性能。

3）定任务。要求运输单位根据货源或生产企业的生产任务核定车数，没有危险货物运输任务时不予定车。

4）定防护用品清洗点。作业人员从事危险货物运输装卸货物后，其防护用品应集中清洗、集中存放，依据危险物品种类使用相应的防护用品，防止中毒等事故的发生。

5）定车辆清洗消毒点。在危险货物运输完毕后应及时对车辆进行清洗、消毒。运输毒性物质、放射性物质、腐蚀性物质及具有毒害、腐蚀及放射性的易燃易爆品的运输单位，应具有清洗、消毒设施，相应的污水处理应符合国家环保法规定。

4. 危险货物运输存在的问题及因素

我国道路危险货物运输业发展迅速，分析危险货物运输现状，发现存在以下几个方面的问题：

(1) 企业规模小，经营业户数量多 从总体上看，从事道路危险货物运输业的人员、运输车辆及经营业户都逐年增长，但大多数企业经营规模小，有的甚至都不具备从事危险货物运输业的资质条件。根据《道路危险货物运输管理规定》，申请从事道路危险运输经营，应该具有自有专用车辆（挂车除外）5 辆以上。而不少运输小企业片面追求经济效益，采取挂靠的形式经营危险货物运输活动，有的企业甚至用普通车辆来代替承运危险货物的专用车辆，给危险货物运输带来了安全隐患。整体看来，危险货物运输企业规模小、专业化水平低，给管理增大了难度，也降低了设施设备的利用率。

(2) 管理机制混乱，安全意识淡薄 目前对道路危险货物运输进行管理的部门较多，相关的规章制度也比较多，道路运输法规、交警法规以及交通行业法规没有做到统一，还没有形成一套健全系统的法规标准，导致管理部门职责不明确。管理机制分为企业安全管理和政府主管部门及相关部门的管理，但这些管理机制很难落实到位。相关人员安全意识淡薄，往往疏忽事前的制度制定、安全教育及事故防范等工作。因此，需要加强主管部门的管理工作，对企业进行定期的指导与安全检查，为安全高效地生产提供管理保障。

(3) 车辆技术等级低，运输设备落后 有的业主片面追求经济效益，所投入危险货物运输的车辆技术等级较低，专用车辆较少，有的承运车辆甚至是用普通车辆改装而成，难以达到专用车辆安全性能的要求。"一罐多用""小车大罐"等现象也时常出现，这些车辆在运输过程中很容易发生爆炸、泄露等安全事故。一些企业生产作业条件较差，相应的装运设施设备老旧不配套，为危险货物的安全生产带来了事故隐患。

(4) 从业人员的素质和专业化程度有待提高 在道路危险货物运输业中，从业人员起着关键的作用。从目前来看，从业人员的整体素质及专业化水平普遍偏低，存在着培训时间短、安全驾龄短、缺乏专业业务知识、对相关法律法规不甚了解、处理紧急事故的能力差等问题，同时也存在无证上岗的现象。

提高危险货物运输业从业人员的素质可通过以下几个途径进行：①从相关培训学校的教

师水平、设施设备、课程设置等方面入手,严格要求培训学校的培训资格,以提高培训质量。②加强培训力度,如延长培训时间、丰富培训内容等。③对从业者的最低学历做出规定,以提高其整体素质。

(5) 信息技术应用水平落后　目前,我国把现代信息技术应用在道路危险货物运输业中的水平比较低,信息沟通不畅,造成库存大,运力浪费,运输成本高。智能交通系统(ITS)、地理信息系统(GIS)、全球定位系统(GPS)、无线射频技术(RFID)和铁路运输管理信息系统(TMIS)等现代物流技术在道路危险货物运输业中的应用还是十分有限。一旦发生交通事故,应急救援机构和政府主管部门很难及时获取信息,从而错过最佳营救时机,严重影响救援行动的实施,导致事故性质更加恶劣。要做到第一时间对事故进行就地、就近处置,实现信息连通,需要建立全国性的管理信息平台,铺设社会化的救援网络。

(6) 路况和环境因素的复杂性　通过分析往年发生的交通事故发现,尽管路况和环境方面的因素对危险货物道路运输的影响不是直接性的,但造成的影响却很大。这些因素通过对人、车、危险品的影响,增大了事故发生的可能性。如雨、雪、大雾等不良天气给危险货物的运输造成很大困难,会诱发事故的发生。因此,在运输之前要密切关注天气情况,尽可能避免在恶劣环境下行车。根据危险货物的物理化学性质不同,高温、暴晒、遇潮、颠簸等都有可能引起危险品的燃烧、爆炸、泄漏或产生有毒气体,要慎选行车时间和行车路线,确保路况与环境良好,降低事故率。

8.6　道路运输事故应急与管理

《中华人民共和国突发事件应对法》、《中华人民共和国安全生产法》、《中华人民共和国道路交通安全法》等相关法律明确规定,道路运输企业都必须组织制订并实施道路运输事故应急救援预案,并配合地方政府进行应急运输管理,保障应急物资和人员的运输通畅,最大限度地降低道路运输事故造成的人员伤亡和财产损失。

8.6.1　道路运输事故风险评估

风险评估是在进行风险识别的基础上,对识别出的风险采用定性分析和定量分析相结合的方法,估计风险发生的频率、风险范围、风险严重程度(大小)、变化幅度、分布情况、持续时间和频度,从而找到影响安全的主要风险源和关键风险因素,确定风险区域、风险排序和可接受的风险基准。

通过风险评估,把风险发生的概率、损失严重程度以及其他因素综合起来考虑,就可得出发生各种风险的可能性及其危害程度,再与风险的判别标准、组织目标相比较,就可确定危险等级,从而决定采取什么样的措施以及控制措施应采取到什么程度。

对于危险品运输而言,风险是运输过程中突发事件发生的概率与突发事件所造成的后果的乘积,其数学表达式为

$$F = KS \tag{8-1}$$

式中,F 为危险品运输风险;K 为危险品运输过程中突发事件发生的概率;S 为危险品运输过程中突发事件造成的后果。

危险品运输面临的风险主要包括人、设施、环境、管理四个方面的因素。危险品运输设施主要包括车辆和防护设施。防护设施主要是指运输过程中用于安全防范的物理保护系统,如感烟探测器、传感器、屏蔽门等。有效的物理保护系统能够监测事故,并能延缓时间,以便部署应急响应力量,将突发事件消灭在萌芽状态中。当其他方面出现问题时,如果相应的防护措施仍然有效,突发事件也可能不会发生。因此,危险品运输过程中突发事件发生的概率为

$$K = \sum_{i=1}^{P}(k_i + r_i + h_i + g_i)(1 - S_i)h_i \tag{8-2}$$

式中,K 为危险品运输过程中突发事件发生的概率;k_i 为由车辆因素导致第 i 种突发事件发生的概率;r_i 为人员因素导致第 i 种突发事件发生的概率;h_i 为环境因素导致第 i 种突发事件发生的概率;g_i 为管理因素导致第 i 种突发事件发生的概率;S_i 为防护措施防止第 i 种突发事件发生的概率,如果没有防护措施,概率为 0;i 为危险品运输突发事件的种类,$i = 1,2,\cdots,p$;h_i 为第 i 种突发事件产生后果的严重性。

8.6.2 道路运输事故应急管理

1. 道路运输事故应急预案

道路运输事故应急预案是应急管理工作的前提和基础,是为了正确应对处置道路运输过程中由设备故障、操作失误或不可抗力等因素可能引起的各种灾害事故以及其他事故而预先制订的应急行动方案。应急预案是应急响应过程中的指导性文件,是有效组织应急救援行动的必要条件。

我国交通运输部发布的《公路交通突发事件应急预案》规定,公路交通突发事件应急预案体系包括以下四个部分:

(1) 公路交通突发事件应急预案 公路交通突发事件应急预案是全国公路交通突发事件应急预案体系的总纲及总体预案,是交通运输部应对特别重大公路交通突发事件的规范性文件,由交通运输部制订并公布实施,报国务院备案。

(2) 公路交通突发事件应急专项预案 公路交通突发事件应急专项预案是交通运输部为应对某一类型或某几种类型公路交通突发事件而制订的专项应急预案,由交通运输部制订并公布实施,主要涉及公路气象灾害、水灾与地质灾害、地震灾害、重点物资运输、危险货物运输、重点交通枢纽的人员疏散、施工安全、特大桥梁安全事故、特长隧道安全事故、公共卫生事件、社会安全事件等方面。

(3) 地方公路交通突发事件应急预案 地方公路交通突发事件应急预案是由省级、地市级、县级交通运输主管部门按照交通运输部制订的公路交通突发事件应急预案的要求,在上级交通运输主管部门的指导下,为及时应对辖区内发生的公路交通突发事件而制订的应急预案(包括专项预案),由地方交通运输主管部门制订并公布实施,报上级交通运输主管部门备案。

(4) 公路交通运输企业突发事件应急预案 由各公路交通运输企业根据国家及地方的公路交通突发事件应急预案的要求,结合自身实际,为及时应对企业范围内可能发生的各类突发事件而制订的应急预案。

2. 道路运输事故分类分级

交通运输部发布的《公路交通突发事件应急预案》中,将公路交通突发事件分为四个

预警级别,见表 8-1,其分类方法对我国公路运输行业的突发事件分级具有总体指导作用,公路运输企业的突发事件分级也需和该分级方案相匹配和衔接。

表 8-1 公路交通突发事件预警级别

预警级别	级别描述	颜色标示	事件情形
Ⅰ级	特别严重	红色	1. 因突发事件可能导致国家干线公路交通毁坏、中断、阻塞或者大量车辆积压、人员滞留,通行能力影响周边省份,抢修、处置时间预计在 24h 以上时 2. 因突发事件可能导致重要客运枢纽运行中断,造成大量旅客滞留,恢复运行及人员疏散预计在 48h 以上时 3. 发生重要物资缺乏、价格大幅波动,可能严重影响全国或大片区经济整体运行和人民正常生活,超出省级交通运输主管部门运力组织能力时 4. 其他可能需要由交通运输部提供应急保障时
Ⅱ级	严重	橙色	1. 因突发事件可能导致国家干线公路交通损坏、中断、阻塞或者大量车辆积压、人员滞留,抢修、处置时间预计在 12h 以上时 2. 因突发事件可能导致重要客运枢纽运行中断,造成大量旅客滞留,恢复运行及人员疏散预计在 24h 以上时 3. 发生重要物资缺乏、价格大幅波动,可能严重影响省域内经济整体运行和人民正常生活时 4. 其他可能需要由省级交通运输主管部门提供应急保障时
Ⅲ级	较重	黄色	Ⅲ级预警分级条件由省级交通运输主管部门负责参照Ⅰ级和Ⅱ级预警等级,结合地方特点确定
Ⅳ级	一般	蓝色	Ⅳ级预警分级条件由省级交通运输主管部门负责参照Ⅰ级、Ⅱ级和Ⅲ级预警等级,结合地方特点确定

3. 道路运输事故应急管理组织机构及职责

道路交通运输组织必须明确突发事件应急管理的组织机构和机构内成员的具体职责,以保证所有相关人员在发生突发事件后能够快速投入应急工作。道路运输事故应急管理组织机构的通用模式总体组织架构,包括指挥部和各执行部门,如图 8-1 所示。在规模较小的突发事件中,指挥部和各执行部门可能集中在一个人身上,但当突发事件扩大时,总指挥需要在指挥部中指派各类专职岗位(副总指挥、公共信息官员、安全官员以及联络官员等),并建立各执行部门(策划部、行动部、后勤部及财务管理部)协助处理突发事件。

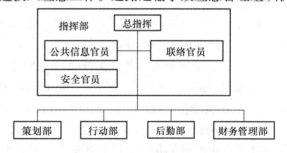

图 8-1 道路运输事故应急管理组织机构总体框架

8.6.3 道路运输事故应急响应及恢复

1. 道路运输事故应急响应

道路运输事故发生之后,应根据突发事件分类分级,迅速判定事故的类型和级别,启动对应的应急预案和与之相关的保障预案,调动应急资源对突发事件进行处置。响应可划分为应急启动、正式行动、基本恢复和应急响应结束四个阶段。

(1) 应急启动 道路运输事故一旦发生,应迅速开展以下工作:成立临时应对小组,迅速收集相关信息,向上级部门报告,尽最大努力阻止事态的蔓延;对事故的类型、影响范围、严重性、紧迫性和变动趋势做出快速评估,启动应急预案和配套支持预案;选定报警形式,向社会报警;及时向国家、周边有关政府部门等进行信息通报;启动正式应急机构的工作。

(2) 正式行动 应急预案启动后，应急机构应迅速做出具体工作安排和各种资源与应急力量部署，依靠权威人士，快速对突发事件做出判断，制订突发事件处置方案，开展突发事件处置工作。同时，要实时跟踪、监测事态的发展，及时调整应急力量，做好相应的扩大应急准备。向社会及时发布事态进展信息，让公众了解事实真相，遏制流言蜚语的传播。

(3) 基本恢复 道路运输事故得到控制后，便进入临时应急恢复阶段，该阶段的工作内容包括现场清理、人员清点和撤离、警戒解除等。

(4) 应急响应结束 当道路运输事故得到有效控制之后，应及时向社会和各应急机构宣布应急响应工作结束。

2. 道路运输事故应急恢复

(1) 心理干预机制 事故除了会给当事人带来身体上的伤害以外，更重要的是会给当事人的心理和精神带来更严重的伤害，以及由此造成的当事人思维方式、情感表达、价值取向、生活信念以及对生命价值的看法等许多人格上远期的变化。对创伤性事故可能产生的影响和心理影响进行及时的评估和预测、对受害者进行不同时期的援助可以减轻急性应激反应的程度，对那些比较严重的受害者进行早期的心理干预能够阻止或减轻远期心理伤害和心理障碍的发生率，对已经出现远期严重心理障碍的受害者进行心理治疗可以减轻他们的痛苦，帮助他们适应社会和工作环境。因此，对于可能产生的事故、在事故发生时和发生后，有组织、有计划地为受害人提供心理援助和干预非常有必要，对于构建和谐社会和保持安定的企业氛围也是非常必要和有意义的。

(2) 监督审查机制 应急结束后，现场应急指挥中心应深入调查突发事件的发生原因，分析应急过程中应急管理措施的得失，确定突发事件发生的初步原因，总结取得的经验和吸取的教训，提出对预案的修改建议。

(3) 奖惩责任机制 奖惩责任机制是与监督审查等机制相配套的机制，这里的奖惩责任是针对突发事件应急管理体系内部的应急活动管理而言的。奖惩责任机制是激励机制的一种，既有正激励也有负激励，既有精神激励也有物质激励，以此推动突发事件应急活动向着系统化、体制化、长期化、法制化的方向发展。

8.7 道路交通安全管理对策

随着社会经济的快速发展，我国机动车保有量的迅猛增长与道路交通设施建设相对滞后的矛盾日益突出，大量非职业驾驶人上路驾驶，加之交通安全知识的缺乏和交通安全意识的淡薄，致使道路交通事故成为我国各种事故中的第一杀手。与发达国家相比，目前我国尚属道路交通发展中国家，人、车、路、环境等方面都处于发展阶段，按照交通事故发生的内在规律，在未来一段时期内我国交通事故起数和死伤人数处在高位运行的概率很高。因此，应用先进的管理方法和技术减少交通事故，改善道路交通安全状况，任重道远。

8.7.1 加强道路交通安全宏观管理

1. 制定完善配套法规规章，推进道路交通安全工作法制化

《道路交通安全法》的出台与实施，使得道路交通安全管理由部门法规上升到国家法律，权威性和适用性得到了提高与加强，体现了对生命的重视和关爱，突出了以人为本、生命至上的理念,也使交通违章行为转变为交通违法行为,制约作用加强,同时提高了处罚标准。但目前新技术新思维方式不断涌现,如无人驾驶汽车、共享汽车等,因此,应该进一步完善我国道路交通安全法律法规体系,降低道路交通事故发生率,改善交通安全状况。

2. 提高对道路交通安全专项整治和事故预防工作的认识

道路交通安全是一个地区文明程度和管理水平的综合反映,直接关系到当地的经济发展和社会稳定。各地要建立和健全道路交通事故预防机制,切实把道路交通安全专项整治和事故预防工作抓实抓细抓好,特别是要防止群死群伤特大交通事故,促进道路交通安全形势好转。要贯彻落实公安部、国家安全生产监督管理局印发的《"交通安全村"和"交通安全社区"建设指导意见》的要求,结合本地实际,积极开展交通安全村和交通安全社区的建设工作,同时结合本地实际,研究制定切实可行的具体实施意见和考核办法。

3. 加大宣传教育力度,增强全社会道路交通安全意识

目前道路交通安全形势不容乐观,交通安全宣传教育工作的重要性和不可或缺性显而易见。因此,必须要以人为本,以保护生命、拒绝违法为主题,针对道路交通安全薄弱环节(城乡接合部、县乡道路沿线和乡村等),开展形式多样、生动丰富的交通安全宣传教育活动,以提高全民交通安全意识。通过交通安全宣传教育,使广大交通参与者能够自觉遵守交通法规,进而提高安全水平,减少因交通事故所造成的伤亡。

8.7.2　强化交通安全管理基础性工作

目前我国道路交通管理工作仍处于经验型、低水平的层次上,思想保守、观念陈旧、管理手段落后、科技含量低,不适应市场经济运行机制的要求。从客观上讲,经济持续高速发展,交通需求旺盛,交通供需矛盾加大,道路安全设施不完备,混合交通的通行模式短期内得不到改善。因此,应该采取切实有效的措施,提高交通管理水平。

1. 依靠现代科学技术,提高管理水平

为了有效预防和减少交通事故,有关部门应同科研部门和高等院校密切配合,把已有的科学技术应用到分析和预防道路交通事故的对策中去,不断完善事故处理办法及标准,有计划地改善事故处理装备,提高办案质量。推广应用有利于交通安全的技术装备,如驾驶人状态监测仪、路面凹凸曲度测试仪、车辆导航系统等,使之为交通安全服务。建立健全道路交通事故情报信息网络和计算机统计分析网络,形成全面、真实、快速的事故情报检索系统和科学、细致、有效的事故统计分析系统,为事故防范工作奠定基础,遏制交通事故上升的势头。

2. 建立健全的事故救援体系

交通事故救援措施不力是交通安全中不容忽视的问题之一。统计表明,交通事故造成的死亡约有50%发生在事故的瞬间,35%发生在伤害后1~2h,15%发生在伤害后7天左右。因此,完善交通事故救援、出警系统,增强快速反应和处置能力,建立起能快速反应的交通事故紧急救援联动系统,对减少事故伤亡、改善交通安全状况具有重要的意义。可由政府牵头,协调公安、保险、卫生、消防、民政等有关部门,融资组成专业性救援队伍,从事救援工作。同时,通过建立专门机构并利用新闻媒体进行宣传,对群众进行义务救援知识培训,让尽可能多的人知道交通事故发生以后如何自救和救助其他伤者。

3. 加强事故高发时段交通管理

城市交通管理部门应该在高峰时段内加大警力及人员安排，有针对性地组织好交通流，对于凌晨和夜间行车，应合理限制其车速，控制车流的速度，并完善道路照明设施，以减少事故的发生，提高行车安全性。此外，为避免过密的车流堵塞交通，影响道路的通行能力，在道路交通管制上要双管齐下，一方面用行政手段直接管制，如限制某些车辆在某些路段、某些时间通行，车牌单双号轮流受限等，另一方面用经济手段进行软管制，如对交通流过于密集的路段、时间采取付费通行，提高城市中心区停车收费标准以鼓励人们乘坐公共交通，减少车流。

8.7.3 开展道路交通安全宣传教育

交通安全宣传教育是一项长期的治本工作，是一个社会化的系统工程。交通安全宣传教育也是动员广大参与者遵守法规、维护交通安全的一项根本措施，以交通安全为目的，以交通法规和安全知识为主要内容，采取各种手段和形式对广大交通参与者进行宣传教育，借以提高广大交通参与者遵守交通法规的自觉性以及交通道德水平，使之逐渐具有现代交通意识。

本书的第 7 章已经阐述交通安全教育的基本内容，本章仅阐述加强道路交通安全宣传教育的工作对策。

(1) 制定交通安全宣传教育规划 为提高市民交通文明素质和城市管理水平，依据《道路交通安全法》及《公民道德建设实施纲要》，结合各地实际，适时制定交通文明宣传教育五年规划并提交交通安全委员会等机构，通过后发布，依此进行交通安全宣传的执行、管理与监督。

(2) 创新道路交通安全宣传模式和机制 创新是民族进步的灵魂，交通安全宣传教育要积极开拓创新，因地制宜，采取切实可行、行之有效的宣传方式和宣传内容。

1) 内容新 既要有鲜明的时代特点，又要有有血有肉的道路交通安全宣传内容。以德辅法，以法彰德交通安全思想道德是构成社会道德的重要基础，是社会主义精神文明建设的重要方面。确定较完善的、明晰的交通思想道德体系，是提高交通安全的重要途径，要大力提倡"我为人人、人人为我"的"互谦互敬""互尊互让"的精神，礼貌行路、礼貌行车、文明乘车、遵纪守法。机动车驾驶人要树立服务意识、遵守交通法规意识，弘扬敬业奉献精神、见义勇为精神、救死扶伤精神，形成良好的社会风尚。要建立驾驶人协会、驾驶人安全教育学校，对反面的违章案例、典型的事故案例进行分析教育、电视曝光教育、公益广告教育，通过直观的教育从心理上对交通参与者造成一种真正触目惊心的效果，唤醒其心理意识，确立良好的交通道德风尚。

2) 形式新 用交通参与者喜闻乐见、雅俗共赏的多维宣传形式寓教于乐，极具人性化和亲和力，使得交通参与者踊跃参与，变被动为主动。以人民群众喜闻乐见的形式进行立体多维的交通安全宣传教育，确实做到报刊有文、广播有声、电视有影。可根据宣传对象主体的多样化采取不同的形式，对驾驶人可采用多媒体、电影、幻灯片、录像带等方式演示辖区内发生的交通事故，分析事故原因，以案讲法。

(3) 充分发挥社会单位的交通安全宣传主体作用 社会单位是一个地区最活跃的经济细胞，也是交通安全宣传管理的重点对象。各社会单位必须把交通安全工作纳入总体工作的议事日程，认真落实交通安全责任制，建立健全社会单位交通安全委员会，确保工作人员到位、管理措施到位、工作落实到位、资金保障到位。开展社会单位交通安全管理人员的岗位培训，也是加强交通安全宣传工作的有效措施之一。

（4）新驾驶人的交通安全教育制度与落实 据统计，新手在交通事故肇事者中占了相当的比例。为防止成千上万驾驶技术生疏的"马路杀手"肇事，危害公共安全，必须注意强化新驾驶人的规范操作和安全意识，从源头上遏制交通事故死亡人数增长的势头。有关部门应严格加强对驾驶人培训学校的安全教育管理，把那些经常培养"马路杀手"的驾校信息披露出来，建立"黑名单"并在网上公开，引导社会大众理性选择和消费。

（5）大力开展交通安全进社区活动 为了把交通安全进社区工作落到实处，成立以社区居委会主任为组长、居委会干部为成员的交通安全工作领导小组，制定《社区交通安全工作制度》和《创建交通安全社区工作方案》，使社区创建工作做到有方案、有计划、有标准、有检查，从传统管理向规范化、制度化、专业化管理转变。为确保各项工作落实到位，社区也要将责任和义务进行细化，并将交通安全工作作为社区整体工作的一项重要内容来抓，使每个部门和具体负责人都能增强做好交通安全工作的责任意识。

（6）强化中小学交通安全教育工作 要将交通法制教育渗透在学校有关课程中，公安机关交通管理部门应积极配合和支持学校开展交通法制教育活动。要针对青少年的特点，开展较深层次的道路交通管理法制教育工作，有目的地组织青年团员参与志愿服务，开展有奖征文等丰富多彩的交通管理法制宣传教育活动，增强中小学生文明骑车、走路、乘车的自觉性和遵守交通法规、维护交通秩序、营造良好交通环境的社会责任意识。

（7）建立农村交通安全教育长效机制 随着乡村机动车数量的增多，必须强化农村交通安全宣传教育，建立农村交通安全教育的长效机制。首先，可以效法治安联防体制，成立县（市）乡（镇）、村三级管理领导机构，建立县长、乡长、村主任、学校校长"四长"责任制。由县（市）政府与各乡镇和交通、安监、教育、农机等部门签订交通安全责任状，建立交通安全联席会议制，将交通安全纳入综合治理合格单位、文明村镇考评内容。其次，充分挖掘警力资源，加强警种间的协调，建立交警大队—乡镇派出所—农村基层组织（如村治保会）三级管理网络。将乡村道路交通管理纳入派出所责任考核范围，由交通巡警部门对派出所的交通民警进行业务培训，建立乡镇的交通巡警中队，实行区域化责任管理，并在警力安排上向乡村倾斜，实行农村交通管理上门服务制度，最大限度地简化办事程序。加大对农村群众的宣传教育力度，定期在乡镇公路沿线选择典型、有代表性的村庄、学校和企业，采取多种形式开展宣传活动。采用农民喜闻乐见的形式开展丰富多彩的交通安全宣传教育，让农民从娱乐中学习交通法律知识，了解交通安全常识，潜移默化地规范农民的交通行为。

8.7.4　运用道路安全审计

道路安全问题是道路的交通质量问题，当它最终能决定基础设施的投资时，它与其他问题如道路服务水平、出行目的地、环境影响、费用等同样重要。在公路项目的前期阶段确定基础设施时，应尽可能多地考虑道路安全问题。

目前，防止事故发生的安全审计方法在英国、美国、澳大利亚和新西兰等国已经得到运用。无论是对新建还是改建道路，在各个阶段中道路安全审计技术都是很有用的评价相关道

路安全问题的工具。为了更好地应用道路安全审计,应注意以下几个问题:

1)使用相对独立的审计人员。
2)公布审计报告。
3)依据审计清单进行安全审查。
4)在公路建设项目的各阶段设计完成后和施工前公布审计报告。
5)用审计报告向每条道路项目的管理者提出建议(管理者对项目负有完全责任)。
6)完善和使用最符合实际的审计清单。

此外,要进行道路安全审计,还必须要组建一支经过精心培训的专家队伍。

8.7.5 可持续的安全交通系统

处理导致事故的最根本原因、移去冲突区域或对道路使用者进行人为调控,就能得到一个长期的基本安全的道路交通系统。虽然在这些地方仍然会出现事故,但不会出现造成严重伤害的危险。

一个可持续的安全交通系统包括以下几部分内容:

1)安全的道路设计应符合人的驾驶特性。
2)车辆设计应尽可能地简化驾驶人的工作,车辆结构应尽可能有效地保护司乘人员。
3)驾驶人应受过充分的安全教育,能根据道路提供的信息行驶并受到道路所提供信息的调控。

对道路基础设施而言,要达到可持续的安全交通,可以采用以下三个安全理论:

1)道路网功能使用理论。通过阻止盲目使用每一条道路来充分发挥道路网的使用功能。
2)同质使用理论。通过减小道路上的车速差别、车流不均匀分布和行驶方向的不同来达到车辆在同类道路上的同质使用。
3)可预知使用理论。通过加强行驶过程和同类道路用户行为的可预知性以阻止道路用户行为的不确定性。

这些理论和方法在目前的道路安全策略研究中比较具有代表性。

8.7.6 警方执法力度的改良

一般来说,警察执法比执法文件更为有效。许多国家已经将这一原理用于主要违法行为的处理(酒后驾驶、超速行驶、闯红灯等),并且可以获取许多实际的信息。警察执法力度的改良主要体现在以下几个方面:

1)在实施行动之前和行动之中,将警察执法与社会宣传活动有机地结合起来,关键在于提高了驾驶人遵纪守法的水平。
2)通过社会宣传使大家认识到警察执法会给社会带来积极的作用,这一点能产生更好的安全效果。
3)将持之以恒的执法行为与短期集中性的执法及突击性的高危险执法行为结合起来。
4)用其他法律标准比仅仅采用罚款的效果好,如没收并吊销执照、禁止开车、指出对方过失、劝导等。

警察在执法中的改进和成功首先要依靠充足的知识,其次是较好的管理、教育和信息、较好的诱导、加强各种联系及利用有效的专业知识。目前各国缺乏有关不同策略下成本—效益的研究，因此需要相关部门和机构来完成不同策略下的成本—效益研究。

8.7.7 道路交通事故紧急救援系统

道路交通事故紧急救援的目的是降低人体损伤程度，避免一些有致命伤的伤员因抢救迟缓而丧失生命。相关研究表明，如果在事故发生后 5min 内采用紧急救援措施，30min 内采用急诊，至少可以有 18%～25% 的重伤者免于死亡。因此，实施道路交通事故紧急救援是降低事故死亡率的重要措施。

道路交通事故紧急救援系统是指在一体化管理的前提下，利用公安资源和社会资源，以最快的反应能力在交通事故影响的范围内救治伤员、抢修设施、排除障碍、恢复交通，减少交通事故的影响，实现交通事故损害后果的最小化及社会效益的最大化。

道路交通事故紧急救援系统包括交通事故性质判断系统、交通事故救急人员管理调度系统、交通事故现场处理管理系统及事故数据记录系统。交通事故性质判断系统是交通事故紧急救援系统的基础，主要为系统确定事故的性质、类别和严重性，从而为事故紧急救援方案的生成和修正提供依据。交通事故的紧急救援涉及诸多业务部门，主要包括紧急救援指挥中心、交警部门、医务部门、消防部门、特种物品处置部门、市政设施维修部门等。各部门紧密配合、协调工作是圆满处理各种事故的基本条件。交通事故现场处理管理系统是交通事故紧急救援系统的主体，包括对交通实行有效的管制和疏导（重点是事故信息的发布和交通诱导）和对事故现场的快速清理。事故数据记录系统主要为交通事故紧急救援系统记录每次事故的重点数据，并加以管理和保存，为系统的进一步研究提供基础数据。

交通事故紧急救援系统还需要一个技术前提—交通安全地理信息系统。它主要为系统提供各种交通环境资料，包括交通流状况、道路断面形式与几何尺寸、拥挤状况、医院与交通管理部门位置以及其他交通救援部门和交通管理设施的分布等情况。

交通事故紧急救援系统的工作流程简易示意图如图 8-2 所示。交通控制中心在接收到事故报警或预警（检测报警）之后，启动交通事故性质判断系统，确认事故类型，再结合交通安全地理信息系统，生成和修正相应的救援方案，具体包括组织救援单位和人员方案以及制定异常状况交通疏导和管制方案，从而调动交通事故救急人员管理调度系统，组织救援单位和人员，调动交通事故现场处理管理系统实现事故现场的快速处理，最终调动事故数据记录系统记录事故数据，从而完成交通事故的紧急救援。

8.7.8 交通事故监测系统

相关研究表明，事故既可以预测也可以预防，道路交通事故也不例外。为了预防和控制道路交通事故，首先要建立一个道路交通事故的监测系统。通过该监测系统获得准确、可靠、完整的数据，以采取各种科学的系统干预措施。美国从 20 世纪 70 年代到 80 年代，先后建立了致命事故报告系统（FARS）、国家事故抽样系统（NASS）、一般评估系统（GES）等，其道路交通伤害得到了明显控制。数据显示，尽管驾车人数和机动车辆数逐年上升，1997 年美国有大约 42 000 人死于道路交通伤害，比 1980 年下降了 17.8%，死亡率则降到了 1966 年的三分之一。之所以能取得如此显著的防控效果，与美国拥有一套比较完善的道路交通事故监测系统是密不可分的。

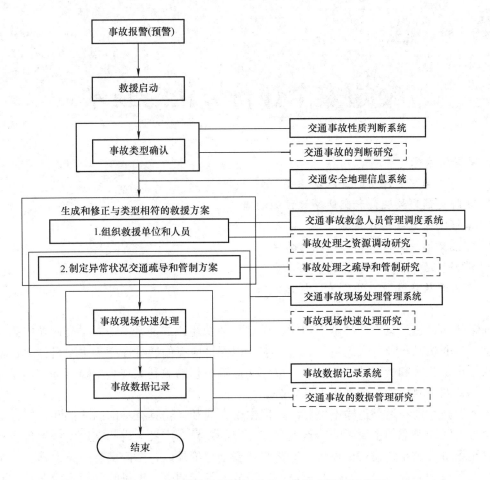

图 8-2　交通事故紧急救援系统的工作流程简易示意图

我国目前道路交通事故的数据来源包括交通警察所做的事故记录和一些学术机构所开展的以医院急诊室为基础的监测活动,但两者均不能提供科学有效的信息用于政策制定、车辆研制开发、道路设计、安全教育、法律制定等。因此,参考国外相关监测系统的经验,立足我国国情,在我国建立一个完善的城镇道路交通事故监测系统已迫在眉睫,应该引起高度重视。

复 习 思 考 题

1. 交通安全管理的含义是什么?
2. 道路交通安全立法意义和原则是什么?
3. 应该从哪几个方面对道路运输车辆进行安全管理?
4. 危险货物的定义及分类是什么?
5. 目前我国危险货物运输中存在哪些问题?
6. 道路交通突发事件应急预案体系包括哪几部分?
7. 道路交通安全管理对策有哪些?

第 9 章

交通安全评价方法与技术

本章学习目标
1. 了解交通安全评价的目的及意义。
2. 了解交通事故统计和交通事故预测的概念。
3. 掌握交通事故统计指标。
4. 掌握交通安全评价指标、指标体系。
5. 掌握交通安全评价的主要方法。
6. 掌握事故多发地点的含义、辨识方法。

通常认为，道路具有两种基本功能，一是交通功能，二是运输功能。交通功能是为了满足机动车、非机动车及行人的空间通过要求，以保证应有的通过速度为主要目标。运输功能则是为了满足旅客和货物的位移要求，以保证运输过程的顺利实现为主要目标。但是需要注意的是，这两个目标的实现都离不开安全。

虽然道路交通与道路运输不可分离，但由于交通和运输具有不同的功能和目标，对其进行安全评价时应考虑的主要影响因素也存在一定的差异。广义上讲，交通安全评价包括道路交通安全评价和道路运输安全评价。道路交通安全评价是以一个区域、一条道路、一个路段或一个交叉口为研究对象，通过收集资料、事故统计与调查、现场测量等手段获得与研究范围内研究对象相关的信息，通过事故指标、隐患指标或风险指标等应用合适的评价方法对研究客体进行安全程度的评价。道路运输安全评价是以运输系统安全为目的，应用系统工程原理和工程技术方法，对系统中固有或潜在的危险因素进行定性和定量分析，得出系统发生危险的可能性及其后果严重程度的评价，通过与评价标准的比较得出系统的危险程度，提出改进措施，寻求最低事故率、最少损失和最优的安全投资。

由于本书在前述章节已经阐述了系统安全、系统论方面的理论与方法，本章侧重讲述道路交通功能方面的安全评价。

9.1 概述

道路交通安全可以通过主观的安全感受和客观的安全程度进行评价。交通行为者在参与交通的过程中，会随时产生不同的心理感受，即安全感，如反应从容或紧张、操作突然等，这是交通安全情况在人们头脑中的反应，是一种主观感受。而安全程度可以通过选取合适的评价指标，采用各种量化方式，用以客观反映发生交通事故的情况，它是改进道路交通安全、评价交通安全管理水平的重要指标。

9.1.1 交通安全评价的目的及意义

交通事故的频繁发生不但会给当事受害者及其家庭造成极大的痛苦和不幸，而且会使医疗、保险、管理和事故处理等社会部门背负沉重的负担和压力，给国家造成巨大的经济损失与社会损失，影响社会稳定与经济的正常发展。因此，应该进行交通安全评价，从而预防交通事故发生，降低交通事故的严重度和经济损失。

道路交通安全评价的意义具体体现在以下几个方面：

1）从国家和区域层面上宏观分析道路交通安全与人口、机动化水平、路网、经济等因素的关系，依此制订宏观的技术和政策方面的道路交通安全改进对策，可以持续地、有针对性地减少国家、区域的交通安全事故。

2）在道路规划、设计阶段，通过进行交通安全评价，预先找出方案的不安全因素，修改设计，提高安全水平，减少事故、降低事故严重度，避免道路建成后再耗费较大的工程改造投入去消除事故多发路段。

3）在道路运营阶段，通过安全评价可以找出危险路段，进行安全治理，提高安全水平，减少事故率，降低事故严重度。

4）通过各阶段的道路交通安全评价的实施，以较少的投入实现整个道路全寿命周期的安全效益最大化。

5）通过实施道路交通安全评价，各方更关注规划、设计阶段的安全性，促进道路交通安全方面的技术、标准规范的进步。

6）减少道路交通事故引发的减速、拥堵等，提高道路的通行效率。

7）引导道路向着宽容、人性化的方向发展。加强道路交通安全的研究，建立更为科学有效的管理方法，力争减少交通事故的发生，对提高我国城市道路安全水平，保障人民生命财产安全，增加社会效益具有重要的现实意义。

9.1.2 交通事故统计的概念

交通安全的评价离不开交通事故的统计。道路交通事故统计分析是对交通事故总体进行的调查研究活动，目的是查明交通事故总体的分布状况、发展动向及各种影响因素对交通事故总体的作用和相互关系，以便从宏观上定量地认识交通事故的本质和内在的规律性。

在我国，交通事故统计分析资料必须由国家交通管理部门登记和汇总，交通事故的统计采用基层初步统计和逐步汇总的方式进行。初步统计资料的一般形式是交通管理部门基层单位所填写的交通事故统计报表，统计报表的格式和项目一般由上级管理机关统一设计。由于采用逐步汇总方式，条目过多不便于人工汇总，我国事故统计报表的格式比较简单，条目也不够详尽。随着计算机网络技术和信息技术的发展，我国各省市的公安交通管理部门已经统一采用"道路交通事故信息系统"。该系统利用先进的科技手段，不仅详细地记录了交通事故各方面的信息，而且具有强大的统计分析和报表功能，已成为交通事故统计调查的重要手段。

交通事故统计资料的汇总广泛应用的是分类统计方法，该方法有以下四种常见的分类形式：

(1) 按地区分类 按交通事故的发生地区进行分组统计和汇总。全国性的统计资料多按省、市分组，省一级按市（地）、县分组，国际性统计资料则按国别分组。

（2）**按时间分类** 按交通事故的发生时间进行分组统计和汇总。从按时间分类的统计结果中，可明显看到交通事故随时间变化的情况，因此统计结果具有动态性。

（3）**按质别分类** 按交通事故统计对象的属性不同进行分组统计和汇总，如按车辆类型、事故原因、伤亡人员类型、道路状况、天气条件、事故形态等分组统计和汇总。

（4）**按量别分类** 按统计对象的数值大小进行分组统计和汇总，如按交通事故直接经济损失的数额、肇事驾驶人的年龄、车速以及道路坡度等分组。

除上述四种分类统计汇总方法外，在实际应用中还经常采用复合分类汇总方法。常见的形式有时间与地区的复合（如各地不同月份的事故统计）、质别与地区的复合（如各地不同路面上的事故统计）、量别与地区的复合（如各地不同年龄驾驶人事故统计）等。

另外，为了更全面地反映交通事故的本质和规律，揭示各种影响因素对交通事故的作用及其相互关系，还应从相关部门（统计部门和交通部门等）收集人口、交通工具拥有状况、道路交通状况等的大量相关资料。

9.1.3 交通事故预测的概念

交通安全评价与交通事故预测密不可分。从某个角度来说，交通事故预测是交通安全预评价的一种方法，或者说交通安全预评价包含了交通事故预测。

道路交通事故是随机事件，受到人、车、路、环境各个要素状态的制约，使交通事故发生的时间、空间和特征等呈现出偶然性。从表面上看，事故发生似乎没有规律可循。其实，道路交通事故偶然性的表象始终受其内部的规律所支配，而且这种规律在一定条件下经常起作用，并决定着道路交通事故的发展变化。

道路交通事故预测的目的是掌握道路交通事故的未来状况和发展趋势，以便及时采取相应的对策，避免工作中的盲目性和被动性，有效控制各影响因素，减少道路交通事故。

道路交通事故预测的作用主要有：

1）预测道路交通事故的发展趋势，为制定预防道路交通事故的对策和交通安全宣传教育提供依据。

2）预测道路交通事故的变化特点，为制定有针对性的防范措施和交通法规提供依据。

3）预测道路交通事故的近期状态特征，为制定合理的交通安全管理目标提供依据。

9.2 交通安全评价指标与体系

9.2.1 交通事故统计指标

为了反映交通事故总体的数量特征，须建立相应的统计分析指标。由于交通事故的复杂性，需要用一系列的指标才能反映出交通事故总体各方面的数量特征，揭示出其内在规律。统计分析指标应具有实用性、相对性和可比性，能明确反映出交通事故发生的频率和严重程度。另外，所建立的指标与计算模式应简单明了，便于使用时收集数据资料，计算也应简单方便。

1. 绝对指标

绝对指标是用来反映交通事故的总体规模和水平的绝对数量的指标。根据所反映的时间状况不同，绝对指标可分为时点指标和时期指标。前者反映某一时刻的规模和水平，如某一年的汽车拥有量、人口总数等，后者反映某一时间间隔内的累积数量，如某一年或某一月份的事故次数、事故伤亡人数等。

绝对指标既是认识交通事故总体的起点，又是计算其他相对指标的基础，在事故统计分析中具有重要意义。目前我国在交通安全管理上常采用的绝对指标有交通事故次数、受伤人数、死亡人数和直接经济损失，称为交通安全四项指标。

2. 相对指标

相对指标是通过对交通事故总体中的有关指标进行对比得到的。利用相对指标可深入地认识交通事故的发展变化程度、内部构成、对比情况以及事故强度等。此外，还可把一些不能直接对比的绝对指标放在共同基础上进行分析比较。

相对指标可分为结构相对数、比较相对数和强度相对数。

（1）结构相对数 结构相对数即部分数与总数的比，通常用在事故质别分组中，以表明各类构成占总数量的比值，说明各构成的比例。例如，交通事故的总数为208起，其中机动车事故131起、非机动车事故52起、行人事故25起，那么它们的结构相对数分别为63%、25%和12%。我国2015年全国道路交通事故死亡人数的构成情况如表9-1所示。

表9-1　2015年全国道路交通事故死亡人数构成

省或自治区	死亡人数/人	占总数的百分比（%）	省或自治区	死亡人数/人	占总数的百分比（%）
北京	922	1.58	吉林	1301	2.25
天津	826	1.42	黑龙江	1151	1.98
河北	2498	4.3	上海	869	1.5
山西	2015	3.47	江苏	4642	8
内蒙古	973	1.67	浙江	4275	7.37
辽宁	1993	3.43	安徽	2651	4.57
福建	1890	3.25	湖南	1792	3.09
江西	1439	2.48	广东	5562	9.59
山东	3652	6.29	广西	2099	3.62
河南	1776	3.06	海南	629	1.08
湖北	1695	2.92	重庆	969	1.67
四川	2640	4.55	贵州	741	1.28
云南	3036	5.23	西藏	168	0.3
陕西	1615	2.78	甘肃	1396	2.41
青海	531	0.92	宁夏	395	0.68
新疆	1881	3.24	总计	58022	100

（2）比较相对数 比较相对数即同一交通事故现象在同一时期内的指标数在不同地区之间的比较值或同一总体中有联系的两个指标值的相对比。例如，2014年中国交通事故的

死亡人数为 58 523 人，美国为 29 989 人，二者的比较相对数是 1.95。2014 年美国交通事故中受伤人数与死亡人数的相对比（比较相对数，常用来反映事故的严重程度）为 55∶1，中国为 2∶1，显然中国交通事故的严重程度明显高于美国。

(3) 强度相对数 强度相对数即两个性质不同但有密切联系的绝对指标间的相互对比值，用以表现交通事故总体中某一方面的严重程度，如交通事故死亡人数与机动车保有量之比、交通事故死亡人数与总人口数之比等。后续将要讲解的亿车公里事故率（起/亿车公里）、百万辆车事故率（起/百万辆）等即为强度相对数指标。强度相对数指标的计算方法为

$$强度相对数 = \frac{某一绝对指标数}{另一有联系而性质不同的绝对指标数} \quad (9\text{-}1)$$

3. 平均指标

平均指标即平均数，是说明交通事故总体一般水平的统计指标，通常用以表明某地或某一时间段内的平均事故状况。其计算形式有算术平均数、调和平均数、中位数和几何平均数等，在实际工作中多采用算术平均数。

4. 动态指标

为进一步认识交通事故在时间上的变化规律，需要一些动态分析指标。在交通事故统计分析中，常采用的动态分析指标有动态绝对数、动态相对数和动态平均数。

(1) 动态绝对数

1) 动态绝对数列。动态绝对数列就是将反映交通事故的某一绝对指标在不同时间上的不同数值按时间先后顺序排列起来形成的数列。

2) 增减量。增减量是指交通事故指标在一定时期内增加或减少的绝对数量。由于使用的基准期不同，增减量可分为定基增减量和环比增减量。前者在每次计算时，都以计算期前的某一特定时期为固定的基准期（一般取动态绝对数列的最初时期作为固定基准期），用以表明一段时间内累积增减的数量；后者在计算时，都以计算期的前一期为基准期，用以表明单位时间内的增减量。

(2) 动态相对数 动态相对数是同一事故现象在不同时期的两个数值之比，动态相对数指标主要有事故发展率和事故增长率。

1) 事故发展率。事故发展率是本期数值与基期数值之比，用以表明同类型事故统计数在不同时期发展变化的程度。事故发展率可分为定基发展率和环比发展率两种。

① 定基发展率 K_g 是本期统计数与基期统计数的比率，即

$$K_g = \frac{F_C}{F_E} \times 100\% \quad (9\text{-}2)$$

式中，F_C 为本期统计数；F_E 为基期统计数。

② 环比发展率 K_C 是本期统计数与前期统计数的比率，即

$$K_C = \frac{F_C}{F_B} \times 100\% \quad (9\text{-}3)$$

式中，F_B 为前期统计数。

2) 事故增长率。事故增长率用来表明事故统计数以基期或前期为基础时净增长的比率，分为定基增长率和环比增长率。

① 定基增长率 j_g 是定基增减量与基期统计数的比率，即

$$j_g = \frac{F_C - F_E}{F_E} \times 100\% \quad (9\text{-}4)$$

② 环比增长率 j_b 是环比增减量与前期统计数的比率，即

$$j_b = \frac{F_C - F_B}{F_B} \times 100\% \quad (9\text{-}5)$$

表 9-2 所示为我国 1997～2015 年全国道路交通事故动态统计表，其中事故次数与死亡人数的数值所形成的数列即为动态绝对数列，同时也展现了增减量、发展率及增长率等动态指标计算结果。

(3) 动态平均数

动态平均数包括平均增减量、平均发展率和平均增长率。平均增减量是环比增减量时间序列的序时平均数，可用简单算术平均数计算。平均发展率是环比发展率时间序列的序时平均数，采用几何平均算法计算。平均增长率可视作环比增长率的序时平均数，但它是根据平均发展率计算的，而不是直接根据环比增长率计算。

9.2.2 交通安全评价指标

道路交通安全可用交通安全度来表征。交通安全度即交通安全的程度，使用各种统计指标通过一定的运算方式来评价客观的交通安全状况。常用的评价指标可分为绝对指标与相对指标两大类。

1. 绝对指标

基于交通事故数据的绝对指标有 4 项，即事故次数、死亡人数、受伤人数和直接经济损失。这 4 项指标是安全评价的基础资料，可用于同一地区或同一城市交通安全状况的考核与分析，也可用于同一地区或同一城市不同时期交通安全状况的比较，但无法对不同地区或不同城市的交通安全状况进行横向比较。另外，基于非事故数据的绝对指标有单位时间内的冲突数、单位时间内每千辆通过平交路口车辆产生的冲突数、单位交通量通过平交路口所产生的冲突数等。

2. 相对指标

除绝对指标外，还可采用适当的相对指标来评价道路交通安全状况。

(1) 单位里程事故率/死亡率 单位里程事故率/死亡率即单位里程发生的事故次数或死亡人数，常用的有百万公里事故率/死亡率或亿公里事故率/死亡率。由于将公路长度作为考虑因素，结论更具有可比性，是仅次于事故次数的基础指标。以百万公里事故率/死亡率为例，计算方法为

$$R_L = \frac{D}{L} \times 10^6 \quad (9\text{-}6)$$

式中，R_L 为百万公里事故率/死亡率（起或人/百万公里）；D 为事故数量或死亡人数（起或人）；L 是里程（公里）。

(2) 百万辆车事故率/死亡率 百万辆车事故率/死亡率是一定时期内交通事故数或死亡人数与机动车保有量的比值，是反映交通事故数或死亡人数的相对指标，侧重于评价机动车数量对交通事故数/死亡人数的影响。其计算方法为

表 9-2 1997~2015 年全国道路交通事故动态统计表

年份	1997	1998	1999	2000	2001	2002	2003	2004	2005	2006	2007	2008	2009	2010	2011	2012	2013	2014	2015
事故次数/起	304217	346129	412860	616971	754919	773137	667507	517889	450254	378781	327209	265204	238351	219521	210812	204196	198394	196812	187781
定基增减量/起		41912	108643	312754	450702	468920	363290	213672	146037	74564	22992	-39013	-65866	-84696	-93405	-100021	-105823	-107405	-116436
环比增减量/起		41912	66731	204111	137948	18218	-105630	-149618	-67635	-71473	-51572	-62005	-26853	-18830	-8709	-6616	-12418	-1582	-9031
定基发展率(%)	100	113.8	135.7	202.8	122.4	102.4	219.4	170.2	148.0	124.5	107.6	87.2	78.3	72.2	69.3	67.1	65.2	64.7	61.7
环比发展率(%)		113.8	119.3	149.4	122.4	102.4	86.3	77.6	86.9	84.1	86.4	81.1	89.9	92.1	96.0	96.9	94.1	99.2	95.4
定基增长率(%)		13.8	35.7	102.8	148.2	154.1	119.4	70.2	48.0	24.5	7.6	-12.8	-21.7	-27.8	-30.7	-32.9	-34.8	-35.3	-38.3
环比增长率(%)		13.8	19.3	49.4	22.4	2.4	-13.7	-22.4	-13.1	-15.9	-13.6	-18.9	-10.1	-7.9	-4.0	-3.1	-5.9	-0.8	-4.6
死亡人数/人	73861	78067	83529	93853	105930	109381	104372	107077	98738	89455	81649	73484	67759	65225	62387	59997	58539	58523	58022
定基增减量/人		4206	9668	19992	32069	35520	30511	33216	24877	15594	7788	-377	-6102	-8636	-11474	-13864	-15322	-15338	-15839
环比增减量/人		4206	5462	10324	12077	3451	-5009	2705	-8339	-9283	-7806	-8165	-5725	-2554	-2838	-2390	-1458	-16	-501
定基发展率(%)	100	105.7	113.1	127.1	143.4	148.1	141.3	145.0	133.7	121.1	110.5	99.5	91.7	88.3	84.5	81.2	79.3	79.2	78.6
环比发展率(%)		105.7	107.0	112.4	112.9	103.3	95.4	102.6	92.2	90.6	91.3	90.0	92.2	96.3	95.6	96.2	97.6	100.0	99.1
定基增长率(%)		5.7	13.1	27.1	43.4	48.1	41.3	45.0	33.7	21.1	10.5	-0.5	-8.3	-11.7	-15.5	-18.8	-20.7	-20.8	-21.4
环比增长率(%)		5.7	7.0	12.4	12.9	3.3	-4.6	2.6	-7.8	-9.4	-8.7	-10.0	-7.8	-3.7	-4.4	-3.8	-2.4	-0.03	-0.9

$$R_M = \frac{D}{M} \times 10^6 \tag{9-7}$$

式中，R_M 为百万辆车事故率/死亡率（起或人/百万辆）；D 为事故数量或死亡人数（起或人）；M 为交通量。若用百万辆车事故率计算交叉口的交通事故率/死亡率，则交通量为进入交叉口的车辆总数，单位为辆。

（3）百万人事故率/死亡率 百万人事故率/死亡率是一定时期内交通事故数或死亡人数与人口数量的比值，也是反映交通事故数或死亡人数的相对指标，侧重于评价人口数量对交通事故/死亡人数的影响。

$$R_P = \frac{D}{P} \times 10^6 \tag{9-8}$$

式中，R_P 为百万人事故率/死亡率（起或人/百万人）；D 为事故数量或死亡人数（起或人）；P 为统计区域人口数量（人）。

（4）亿车公里事故指标 亿车公里事故指标包括亿车公里事故率、亿车公里死亡率、亿车公里受伤率，侧重于评价交通量对交通事故的影响，这是一组评价指标，可综合反映交通工具是否先进、道路状况及交通管理是否现代化，也是国外评价交通安全的常用指标之一。

$$R_V = \frac{D}{V} \times 10^8 \tag{9-9}$$

式中，R_V 为亿车公里事故率/死亡率/受伤率（起或人/亿车公里）；D 为事故数量或死亡人数或受伤人数（起或人）；V 为车运行公里数（km）。

需要注意的是车运用公里数的计算方法。可采用以下几种计算方法：

1）用每辆车的年平均运行公里数乘以运行车辆数。

2）用道路长度乘以道路上的年交通量（或由某年平均日交通量推算出年交通量）。

3）以所在辖区全年总的燃料消耗量（L）除以单辆车平均每公里的燃料消耗量（L/km）。

［例 9-1］ 我国某省内的一条一级公路某一年间共发生交通事故 90 次、受伤人数为 60 人、死亡人数为 19 人，公路长度为 80km，全程年平均日交通量为 5500 辆/日，请计算亿车公里的事故率、受伤率和死亡率。

解：根据式（9-9）可得，该公路的亿车公里事故率（R_{V1}）、受伤率（R_{V2}）和死亡率（R_{V3}）分别为

$$R_{V1} = \frac{D_1}{V} \times 10^8 = \frac{90 \times 10^8}{80 \times 5500 \times 365} \text{（起/亿车公里）} = 56.04 \text{（起/亿车公里）}$$

$$R_{V2} = \frac{D_2}{V} \times 10^8 = \frac{60 \times 10^8}{80 \times 5500 \times 365} \text{（人/亿车公里）} = 37.36 \text{（人/亿车公里）}$$

$$R_{V3} = \frac{D_3}{V} \times 10^8 = \frac{19 \times 10^8}{80 \times 5500 \times 365} \text{（人/亿车公里）} = 11.83 \text{（人/亿车公里）}$$

（5）当量死亡率 上述评价指标大多是对某一因素单独考虑和计算的，每一种事故率都反映了事故的一个侧面，对综合因素的反映不够。在一个交通事故中，往往有经济损失，也可能会有人员伤亡的损失，不同的损失严重性不同。为了便于统一衡量交通事故的损失，可以根据死亡、受伤及经济损失对社会危害的大小赋予它们不同的权值，即当量的概念。由

于死亡造成的后果最为严重,可以把所有的损失当量为死亡,当量死亡人数的计算方法为

$$D_s = D + K_1 D_1 + K_2 D_2 + K_3 D_3 \tag{9-10}$$

式中,D_s 为当量死亡人数(人);D 为直接死亡人数(人);D_1、D_2、D_3 分别为重伤人数(人)、轻伤人数(人)、直接经济损失(万元);K_1、K_2、K_3 分别为重伤、轻伤、直接经济损失的换算系数。

可以按照上述死亡率指标计算当量死亡率。

(6) 交通事故致死率 交通事故致死率是一定时期内交通事故死亡人数与交通事故伤亡总人数的比值,即

$$d = \frac{D}{(W+D)} \times 100\% \tag{9-11}$$

式中,d 为致死率(%);D 为死亡人数(人);W 为受伤人数(人)。

交通事故致死率可以综合反映车辆性能、安全防护设施、道路状况、救护水平等因素的影响,是衡量道路事故恶性程度的重要指标。

(7) 综合事故率 综合事故率是万车事故率和万人事故率的几何平均值,或万车死亡率和亿车公里死亡率的几何平均值,它同时考虑了人与车对交通安全的影响,但未考虑车的行驶里程对交通安全的影响。综合事故率的计算方法为

$$R_{PV} = \frac{D}{\sqrt{V \times P}} \times 10^4 \tag{9-12}$$

式中,R_{PV} 为综合事故率,当 D 采用死亡人数时 R_{PV} 也称死亡系数;D 为事故数或死亡人数(起或人);V 为机动车保有量(辆);P 为区域内人口总数(人)。

除了以上相对指标外,还有交通冲突率、速度比等非事故相对指标。

道路交通安全评价指标可以反映道路安全的综合状况,也可以反映道路交通安全状况的某一个或几个侧面,这取决于选用的评价指标。另外,评价指标的使用又受到可获得数据的约束,这也从侧面反映了数据在交通安全评价中的重要性。

9.2.3 交通安全评价指标体系

1. 交通安全评价指标体系的功能

在对道路交通安全状况进行评价时,仅使用绝对指标表示不够充分,必须在应用绝对指标的基础上应用相对指标。仅使用相对指标的单项指标也不够充分,必须选择一系列的评价指标组成一个评价指标体系,综合考虑人、车、路和环境诸方面因素的作用和影响,对道路交通安全状况做出全面准确的评价,为安全决策和事故控制提供可靠的依据,以利于道路交通安全水平的提高,进而达到为国民经济建设服务的目标。

道路交通安全评价指标体系应具有以下两种功能:

(1) 认识功能 认识功能是该指标体系应能使管理部门认识到辖区内交通事故的总体规模和危害程度。

(2) 激励功能 激励功能是管理部门可以根据指标判断辖区内交通事故的发展趋势、本辖区与其他区域之间管理水平上的差距,从而激励管理部门寻求改善管理水平的途径。

2. 交通安全评价指标体系的结构

根据评价指标的功能分析和交通因素的系统分析,道路交通安全评价指标体系应包括事故

总量指标（事故绝对指标）、事故率指标（事故相对指标）和安全管理水平指标这三类指标。前两类指标向管理部门提供认识功能，而第三类指标则主要提供激励功能。这三类指标是一个相互联系的整体，是进行事故宏观分析和宏观管理的依据。其中，事故总量指标虽然比较粗略，但它是一切其他指标的数据基础。事故率指标是比较通用的指标，安全管理水平指标则是从管理角度进行深入分析的工具。道路交通安全评价指标体系的结构如图 9-1 所示。

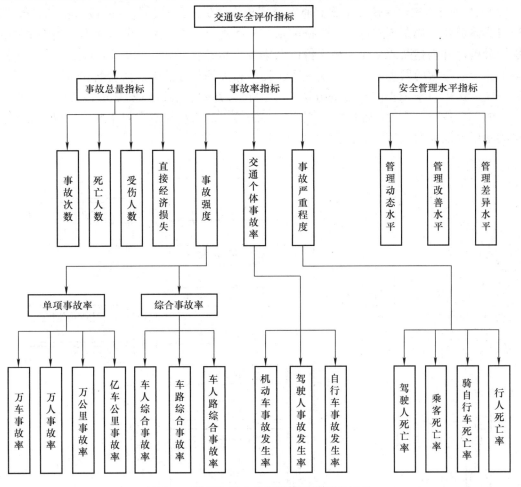

图 9-1　道路交通安全评价指标体系的结构

9.3　交通安全评价类型

交通安全评价分类是为了根据安全评价对象已有的相关信息和评价目的来选择适用的评价方法。道路交通安全评价可从不同角度分类。按照评价对象不同，可分为宏观和微观评价。按照评价的量化特征不同，可分为定性和定量评价。按照风险源数据的来源不同，可分为基于事故数据和非事故数据的安全评价。

1. 按不同评价对象分类

（1）宏观交通安全评价　宏观交通安全评价主要针对区域路网进行交通安全评价，从国家、区域层面上分析与识别对区域道路交通系统产生危害的因素或潜在隐患，根据区域交通安全评价体系，得出路网现状和全面的交通安全指标。以评价指标为基础，还可预测路网交通事故发生的可能性以及危害程度，提出相应的改善建议和措施，从而为制定宏观的路网安全防护技术、安全管理政策以及整个区域的交通安全战略提供有效的技术支持和科学依据。常见的方法有绝对数法、四项指标相对数法、区域事故率法、绝对数—事故率法、事故强度法、概率数理统计法等。

（2）微观交通安全评价　微观交通安全评价主要针对具体路线、路段、交叉口等进行，通过对具体道路交通系统进行相关数据测量，从微观层面上对路段危害因素、潜在威胁进行识别和分析，并根据路线交通安全评价体系排查出事故多发段，得出具体道路的安全水平，预测道路交通事故的发生次数及严重程度，提出相关的改善措施，为道路安全防范措施和道路管理决策提供科学依据。常见的方法有规范符合性检验、道路安全审核、设计一致性检验、事故率系数法、速度比辅助法、交通冲突法等。从宏观与微观的角度进行道路交通安全评价的常用方法如图9-2所示。

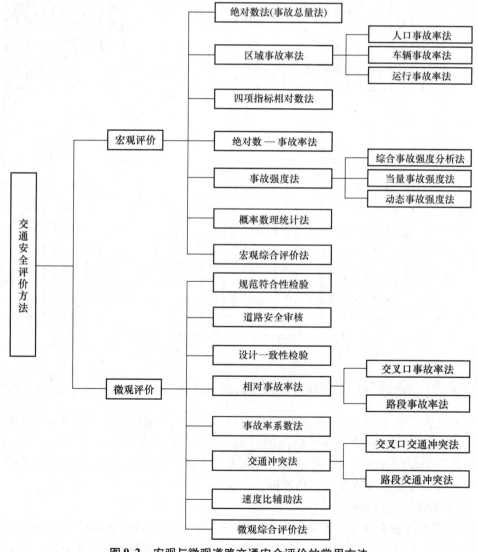

图9-2　宏观与微观道路交通安全评价的常用方法

2. 按评价的量化特征分类

（1）定性交通安全评价 定性交通安全评价主要是对道路交通系统中人、车、路、环境、管理措施等方面的运行状况进行全面的定性分析，依据直观判断和专家经验，得出关于交通系统的定性安全评价指标，使得道路管理者了解道路交通系统符合以及不符合哪些安全指标。常见的方法有规范符合性检验、设计一致性检验、道路安全审核等。

（2）定量交通安全评价 定量交通安全评价是根据交通量调查数据、事故资料、现场试验记录以及道路线形等统计数据，建立安全评价指标与模型，对交通系统各方面的安全性进行定量计算，从而得到数值化的评价结果。常见的方法有绝对数法、相对事故率法、四项指标相对数法、绝对数—事故率法、事故强度法、概率数理统计法、交通冲突法等。

实际工程中，往往是定性与定量评价结合使用。定性与定量道路交通安全评价的常用方法如图9-3所示。

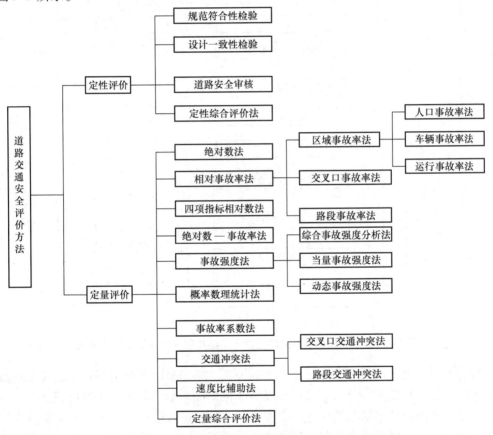

图9-3 定性与定量道路交通安全评价的常用方法

3. 按照风险源数据来源分类

（1）基于事故数据的交通安全评价 基于事故数据的交通安全评价方法是最直观的评价方法，在大量采集道路、交通特征与事故数据后，通过数理统计的方法，分析各种条件与事故的关系，从而将交通安全评价定量化。常见的方法有绝对数法、相对事故率法、四项指标事故率法、绝对数—事故率法、事故强度法等。

（2）基于非事故数据的交通安全评价 在道路交通事故数据不够完整的情况下，采用能够反映交通安全状况的其他数据来评价交通安全，这就回避了采用事故数据评价存在的小样本、长周期、影响因素多等缺点。常见的方法有规范符合性检验、设计一致性检验、道路安全审核、交通冲突法、速度比辅助法等。

基于事故与非事故数据进行道路交通安全评价的常用方法如图9-4所示。

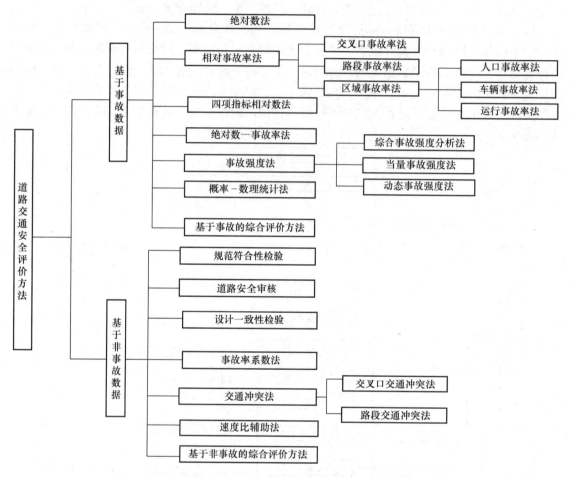

图9-4　基于事故和非事故数据进行道路交通安全评价的常用方法

评价的不同分类之间往往存在互相交叉的关系。基于事故数据的评价以交通事故数据作为评价基础，是一种定量评价。定量评价以事故数据或非事故数据作为评价基础，可应用于宏观战略层面和微观技术层面的交通安全评价。一种评价方法从不同的角度可能分别属于不同的评价类型，如区域事故率法是一种基于事故数据的安全评价方法，同时它又属于宏观评价以及定量评价。

9.4　交通安全评价方法

交通安全评价的方法很多，本节将介绍几种常见的交通安全评价方法。需要注意的是，具体的交通安全评价方法往往与具体的交通安全评价指标相关联。

9.4.1 规范符合性检验

规范符合性检验属于微观、定性和基于非事故数据的评价，是检查被评价项目是否满足与安全有关的指标、标准规范的要求规定等。理想的情况是道路项目建设、养护、运营等全寿命周期的技术、管理都有健全的标准规范可依。但是，由于建设时期不同，建设时的经济情况、交通量情况、建设水平、车辆性能、所遵循的设计规范等建设背景不尽相同，满足建设期规范但不满足现行规范的路段是否安全仍需进一步的分析。

9.4.2 道路安全审核

道路安全审核属于微观、定性和基于非事故数据的评价，是由一个经验丰富的安全专家小组为了所有道路使用者的安全，采用一定的方法，通过一定的程序，考察道路的安全性能，发现并修正项目方案中的安全隐患，并制订出具备更强安全性的道路设计方案。道路安全审核可应用于道路项目规划、设计、运营阶段的全过程。当用于运营阶段时，道路安全审核能够鉴别潜在的安全隐患，并采取相应的交通工程措施对其进行改善，以避免事故或降低事故的严重程度。

9.4.3 设计一致性检验

设计一致性检验属于微观、定性和基于非事故数据的评价。狭义来说，设计一致性是指公路线形的设计与驾驶人的期望驾驶速度的一致性。广义来说，设计一致性是指公路各设计要素的改变应该与驾驶行为相匹配。可以采用设计速度、运行速度或两种方法相结合来检验线形设计的优劣。我国一般采用《公路项目安全性评价规范》（JTG B05—2015）中相邻路段运行速度的差值来评价运行速度协调性，从而得出设计是否符合一致性要求。

9.4.4 绝对数法

绝对数法属于宏观、定量和基于事故数据的评价。用事故绝对数进行评价时，采用事故次数、死亡人数、受伤人数及直接经济损失这四项指标来表示。如 2014 年我国涉及人员伤亡的交通事故 196 812 起，造成 58 523 人死亡，21 882 人受伤，直接经济损失 10.75 亿元；2015 年我国涉及人员伤亡的交通事故 187 781 起，造成 58 022 人死亡，19 880 人受伤，直接经济损失 10.37 亿元。可以得出，2015 年较 2014 年事故数降低 4.59%，死亡人数降低 0.86%，受伤人数降低 9.15%，直接经济损失降低 3.53%。该方法直观易懂，简单地以数值的大小作为评价的标准，但是不涉及影响交通事故发生的因素，因而无法反映实际道路、交通条件的差异对事故的影响。由于各个国家的面积、人口、经济发展状况等相差巨大，各国之间直接采用事故死亡人数的绝对数进行交通安全水平的比较不是很合理。对于我国来说，交通安全统计还不够全面，上报数据还不够翔实，因此用此方法来评价道路交通安全并不十分可靠。

9.4.5 四项指标相对数法

四项指标相对数法属于宏观、定量和基于事故数据的评价，是把不同类型的道路（公路分为高速公路、一级公路、二级公路、三级公路、四级公路和等外公路六类，城市道路分为快速路、城市主干路、城市次干路、支路和其他城市道路五类）交通事故的四项指标的绝对数占总数的百分比作为一个相对指标，计算式为

$$\eta = \frac{A_i}{\sum A_i} \times 100\% \tag{9-13}$$

式中，η 为指标的相对数；A_i 为不同道路类型的交通事故各项指标的绝对数；$\sum A_i$ 为不同道路类型的交通事故各项指标的总数。

四项指标相对数法可以从总体上对各种类型道路的交通事故情况进行分析，得到各种道路类型事故发生的比例，判断不同道路类型的安全状况，以便对事故多发的道路类型采取事故预防措施，该方法对于降低事故率及事故严重程度具有十分重要的意义。2015 年我国各类型公路交通事故相关统计数据见表 9-3。

表 9-3　2015 年我国各类型公路交通事故相关统计数据

公路等级	事故数/起	占总数的百分比（%）	死亡人数/人	占总数的百分比（%）
高速公路	8252	8.07	5477	13.68
一级公路	14119	13.80	5385	13.45
二级公路	31150	30.46	12987	32.44
三级公路	20508	20.05	7390	18.46
四级公路	16245	15.88	5233	13.07
等外公路	12007	11.74	3558	8.90
总和	102281	100	40030	100

应用四项指标相对数法对 2015 年我国不同等级公路的事故情况进行统计分析，各种公路类型的事故数与死亡人数指标相对数如图 9-5 所示。从图中可以看出，二级公路上发生的事故数和死亡人数在所有公路中的比例最大。因此，应在资金有限的情况下优先考虑对二级公路采取事故预防措施。

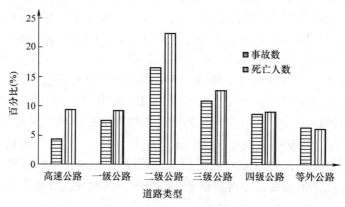

图 9-5　2015 年我国各种公路类型的事故数与死亡人数指标相对数

9.4.6　相对事故率法

相对事故率法是在绝对数法的基础上，引入一些事故关联因素作为比较的基础，这些关

联因素与事故有着间接或内在的联系,从而使相对于这些关联因素的事故指标有较好的可比性。这样的关联因素很多,常用的有车辆保有量、交通量、人口等。根据评价的对象不同,相对事故率法可分为交叉口事故率法、路段事故率法和区域事故率法。

1. 交叉口事故率法

交叉口事故率法属于微观、定量和基于事故数据的评价,是用来评价交叉口安全性的方法。交叉口事故率用每百万辆车发生交通事故的次数表示,即

$$A_I = \frac{N}{M} \times 10^6 \tag{9-14}$$

式中,A_I 为交叉口事故率(起/百万辆);N 为交叉口范围内发生的事故次数(起);M 为通过交叉口的车辆数(辆)。

运用交叉口事故率法对交叉口进行评价,考虑了交通量对交通事故的影响,指标比较合理,缺点是交通事故的偶发性易导致误评价,因为对于交通流量较小的交叉口,只要发生交通事故就可能被认为是危险交叉口。

2. 路段事故率法

路段事故率法属于微观、定量和基于事故数据的评价,以每亿车公里交通事故次数表示,即

$$AH = \frac{N}{QL} \times 10^8 \tag{9-15}$$

式中,AH 为事故率(起/亿车公里);N 为路段内发生的交通事故次数(起);Q 为路段年交通量(辆);L 为路段长度(公里)。

路段事故率表征了某一路段发生交通事故的危险程度。它与交通参与者遵章行驶的状态有关,与交通流量紧密相连,是较为科学的路段安全评价方法。

3. 区域事故率法

区域事故率法属于宏观、定量和基于事故数据的评价,主要是从宏观的角度来评价道路交通安全,常用的方法有人口事故率法、车辆事故率法和运行事故率法三种。

(1)人口事故率法 人口事故率表示在一定区域内按人口所平均的交通事故数、死亡人数、受伤人数、直接经济损失,常用的是 10 万人口死亡率,表达式为

$$R_P = \frac{F}{P} \times 10^5 \tag{9-16}$$

式中,R_P 为道路交通事故 10 万人口死亡率(人/10 万人口);F 为全年或一定期间内道路交通事故死亡人数(人);P 为统计区域的常住人口数(人)。

如 2015 年全国交通事故死亡人数 58 022 人,全国总人口为 137 462 万人,则 2015 年全国 10 万人口死亡率约为 4.2 人/10 万人口。

(2)车辆事故率法 车辆事故率表示在一定区域内按单位机动车保有量所平均的交通事故数、死亡人数、受伤人数、直接经济损失,最常用的是万车死亡率,表达式为

$$R_V = \frac{F}{V} \times 10^4 \tag{9-17}$$

式中,R_V 为道路交通事故万车死亡率(人/万车);F 为全年或一定期间内道路交通事故死亡人数(人);V 为统计区域的机动车保有量(辆)。

如 2015 年全国交通事故死亡人数 58 022 人,全国机动车保有量为 27 869.42 万辆,则

R_V 约为 2.08 人/万车。

当研究的区域范围变大、机动车保有量较大时，为方便起见，车辆事故率也可用百万车或亿车来计量。

一般 10 万人口死亡率侧重于评价人口数量对交通事故死亡人数的影响，万车死亡率侧重于评价机动车数量对交通事故死亡人数的影响，仅反映道路交通安全的不同侧面。如果采用同一指标对同一地区各个年份的交通安全进行评价，具有一定的可比性，但缺点是采用不同的评价指标得出的结果不同，甚至相互矛盾。对于相互矛盾之处，需要进行深入分析。中国与美国道路交通事故区域事故率对比见表 9-4。若以 10 万人口死亡率为指标来衡量，中国的交通安全明显好于美国，但若以万车死亡率来比较，中国的情况要比美国差。造成这样矛盾结论的主要原因是美国的道路交通机动化水平远高于中国。这一结论也可以这样理解，中国人面临的交通安全风险要低于美国，但中国道路交通参与者面临的风险要远高于美国。

表 9-4　中国与美国道路交通事故区域事故率对比

年份	10 万人口死亡率/(人/10 万人口)		万车死亡率/(人/万车)	
	中国	美国	中国	美国
2008	5.5	12.3	4.3	1.5
2009	5.1	11.1	3.6	1.4
2010	4.7	10.6	3.2	1.3

（3）运行事故率法　运行事故率表示在一定区域内按所有机动车行驶一年的公里数总和所平均的交通事故数、死亡人数、受伤人数、直接经济损失，通常以亿车公里死亡率来表示，表达式为

$$R_t = \frac{F}{T} \times 10^8 \tag{9-18}$$

式中，R_t 为 1 年间道路交通事故亿车公里死亡率（人/亿车公里）；F 为全年道路交通事故死亡人数（人）；T 为统计区域内总运行车公里数（km）。

其中运行车公里数的计算方法如前所述。

例如，某高速公路一年间共发生交通事故 86 起，受伤 115 人，死亡 23 人，公路长度为 60km，全程年平均日交通量为 15000 辆/日，其运行事故率为

$$R_t = \frac{23}{60 \times 15000 \times 365} \times 10^8 \text{ 人/亿车公里} = 7.0 \text{ 人/亿车公里}$$

运行事故率法侧重于评价交通量对交通事故的影响，较为科学，但目前交通运营量难以及时掌握，一般只能采用估算值。

9.4.7　绝对数—事故率法

绝对数—事故率法属于宏观、定量和基于事故数据的评价，是将绝对数法和相对事故率法结合起来评价交通安全的方法。以事故绝对数为横坐标，以每公里事故率为纵坐标，按事故绝对数和事故率的一定值将绝对数—事故率分析图划出不同的危险级别区。绝对数—事故率分析图如图 9-6 所示，Ⅰ区、Ⅱ区、Ⅲ区分别代表不同的危险级别，Ⅰ区为最危险区，道路交通事故数和事故率均最高，据此可以直观地判断不同路段的安全度。

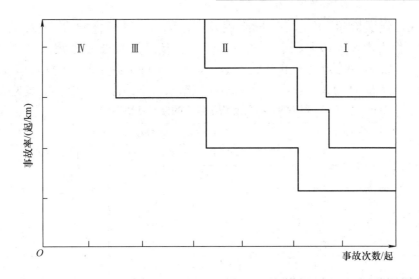

图 9-6　绝对数—事故率分析图

该方法能够较直观地体现出不同道路类型或不同区域的交通安全程度处于哪个危险级别，从而及时加强安全度等级较低对象的事故预防措施。但是，如何区分处于同一危险级别对象的安全性具有一定的困难。

9.4.8　事故强度法

绝对数—事故率法往往仅考虑了某一因素，而对综合因素的反映不够。而事故强度法属于宏观、定量和基于事故数据的评价，考虑的因素较全面。

1. 当量事故强度法

在实际交通事故中，有死亡的人、有受伤的人，机动车有汽车、摩托车、自行车等，如果不进行当量计算，很难衡量与比较事故是否严重。当量事故强度法就是把某些变量当量为统一的变量，然后对事故进行评价。常用的是当量综合死亡率，其指标结构为：

$$K_d = \frac{D_d}{\sqrt[3]{PN_dL}} \times 10^3 \tag{9-19}$$

式中，K_d 为当量综合死亡率；D_d 为当量死亡人数（人），D_d = 死亡人数 + a_1 × 重伤人数 + a_2 × 轻伤人数 + a_3 × 直接经济损失（万元），a_1、a_2、a_3 分别为重伤、轻伤、直接经济损失与死亡人数的当量换算系数；N_d 为当量汽车数（辆），N_d = 汽车数 + b_1 × 摩托车和三轮车数 + b_2 × 自行车数 + b_3 × 畜力车数，b_1、b_2、b_3 分别为摩托车和三轮车、自行车、畜力车与标准汽车数的换算系数；P 为人口总数（人）；L 为公路里程（km）。

K_d 采用了当量值，且考虑的因素全面，基本概括了人、车、路对交通事故的影响，但当量换算系数等的标准化问题尚需研究。

2. 综合事故强度分析法

该方法考虑死亡人数、汽车保有量、人口数，以及道路条件等，能比较全面地反映多个因素与交通事故发生的关系。

$$K = \frac{D_d}{\sqrt{RCW}} \times 10^4 \tag{9-20}$$

式中，K 为死亡强度指标，K 越小，安全度越高；D_d 为当量死亡人数（人），M = 死亡人数 + 0.33 × 重伤人数 + 0.10 × 轻伤人数 + 0.05 × 直接经济损失（万元）；C 为当量汽车数（辆），C = 汽车数 + 0.4 × 摩托车和三轮车数 + 0.3 × 自行车数 + 0.2 × 畜力车数；R 为人口数（人），$R = 0.7P$，P 为人口总数；W 为不同道路条件下的修正系数，取值见表9-5。

表 9-5 不同道路条件下的修正系数 W

公路等级	里程/km				
	<50	50~500	500~2000	2000~10 000	>10 000
一级	0.8	0.9	1.0	1.1	1.2
二级	0.9	1.0	1.1	1.2	1.3
三级	1.0	1.1	1.2	1.3	1.4
四级	0.9	1.0	1.1	1.2	1.3
等外	0.8	0.9	1.0	1.1	1.2

3. 动态事故强度法

在计算事故强度时，采用的是实际参与到交通系统中的人员、车辆和道路里程，而不是直接采用全部人口这一静态指标，因此称为动态事故强度法。动态事故强度的表达式为

$$P_{OW} = \frac{\beta \cdot F}{\sqrt[3]{EP \cdot EV \cdot L/k}} \times 10^4 \tag{9-21}$$

式中，P_{OW} 为动态事故强度，P_{OW} 值越小，表明道路交通安全状况越好；β 为各国道路交通事故死亡人数换算系数，如德国、英国取 1.00，意大利、中国取 1.08，法国取 1.09 等；F 为道路交通事故死亡人数（人）；L 为等级公路里程（公里）；k 为公路事故系数，即公路当量总事故次数占全部路网当量总事故次数的比例，通过统计分析，全国取 0.72，黑龙江省取 0.41，广州市取 0.60，哈尔滨市取 0.26，大庆市取 0.48，其他国家或城市可根据各地事故特点参照取值；EP 为当量交通参与者人数（人），$EP = \mu_1 P_1 + \mu_2 P_2$，其中 μ_1，μ_2 为城市、乡村人口中的交通参与者比例，据抽样调查显示，中国城市人口中的交通参与者比例约占 69%，乡村人口中的交通参与者比例占 31%，发达国家暂无调查数据，μ_1、μ_2 暂取 1.0，P_1、P_2 为城市、乡村人口数量；EV 为当量机动车数（辆），$EV = V_1 + 0.15V_2$，其中 V_1、V_2 为机动车（包括汽车、摩托车、拖拉机）数、自行车数（辆）。

这里特别提出当量交通参与者的概念，它指的是实际参与（包括驾车、乘车、骑车及步行等）到道路交通中的人员，可以反映出人对交通系统的实际影响，较之采用全部人口的做法更加合理。

应用事故强度法、人口事故率、车辆事故率和运行事故率对部分国家的道路交通安全进行评价比较，结果如表9-6、图9-7 和图9-8 所示。

表 9-6 部分国家道路交通安全比较（1998 年）

国家	人口事故率（人/10 万人口）	车辆事故率（人/万车）	运行事故率（人/亿车公里）	事故强度
美国	15.68	2.10	0.53	5.39
英国	6.34	1.42	0.23	4.03

（续）

国家	人口事故率 （人/10万人口）	车辆事故率 （人/万车）	运行事故率 （人/亿车公里）	事故强度
法国	14.30	2.59	0.53	6.88
德国	10.43	1.92	0.54	12.34
意大利	11.00	1.86	1.34	5.64
中国	6.25	17.32	5.33	24.59

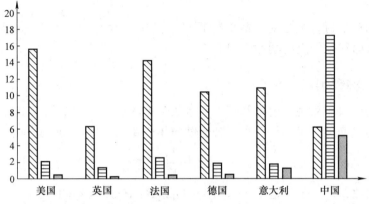

图 9-7　部分国家事故率比较

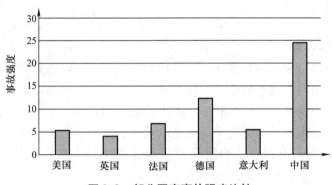

图 9-8　部分国家事故强度比较

由图 9-7 可以看出，三种常规事故率的评价方法只能从某个侧面分析道路交通安全水平，选取指标不同时，评价结果也会不同，因而不能做出全面的评价。为了全面、综合地比较各国的交通安全状况，按照重新定义的动态事故强度法重新进行评价，由于缺乏各个国家的公路事故数据，公路事故系数值均取用 0.72。从图 9-8 中可以看出，我国的事故强度远远高于其他国家。

9.4.9　概率—数理统计法

概率—数理统计法属于宏观、定量和基于事故数据的评价，基本思路一般为确定正常条件下事故发生的概率分布，以这种分布作为判断的依据。判断事故发生次数是否在正常的概率范围之内，超出这一范围则定义为比较危险，低于这一范围则定义为比较安全。通常认为

一定地区内发生的事故数近似地服从正态分布,定义随机变量 Z 为

$$Z = \frac{Y - \tilde{Y}}{\sqrt{\bar{Y}}} \tag{9-22}$$

式中,Y 为事故数;$\tilde{Y}$ 为事故理论允许值;$\bar{Y}$ 为事故发生次数的估计值。

随机变量 Z 服从正态分布,取某一置信度值,如取 95%,则当 $Z > 1.96$ 或 $Z < -1.96$ 时,是不安全的事故数,属于危险地区;当 $-1.96 < Z < 1.96$ 时,属于正常范围,Z 值越小,表明越安全。

这种方法简单易行,但是对事故的分析过于简单,没有考虑到不同道路交通条件的差别,使得结果有时往往缺乏科学性和说服力。

9.4.10 速度比辅助法

速度比辅助法属于微观、定量和基于非事故数据的评价,主要用于交叉口的交通安全评价,速度比用通过交叉路口的机动车行驶速度与相应路段上的区间车速的比值表示,即

$$R_I = \frac{V_I}{V_H} \tag{9-23}$$

式中,R_I 为速度比;V_I 为路口速度(km/h);V_H 为区间速度(km/h)。

一般在交叉口冲突点多,行车干扰大,车速低,甚至会造成行车阻滞。速度比能够表征交叉口的行车秩序和交通管理状况,是一项综合指标,并且是一个无量纲的值,它与交叉口事故率法结合使用时,更具有可比性。

9.4.11 事故率系数法

事故率系数法属于微观、定量和基于非事故数据的评价。由道路纵断面各种特征所确定的道路各组成部分对道路交通事故数量的相对影响系数,可以解决以下几个问题:在设计或必须改建的路段上,根据平面、纵横断面的各组成部分与路旁地形的综合情况,查明增加道路交通事故危险性的原因;比较评价平行道路以及个别路段的行车安全性;比较评价个别路段消除行车危险性措施的有效性;确定不会引起道路交通事故危险性升高的最大允许交通量。

每个路段的道路交通事故相对概率可用总事故率系数 K 来评价,它是各种不同路段上的各部分相对事故率系数(影响系数或各部分的事故率系数)的乘积。这些系数表征了交通条件的恶化程度,是由道路平纵线形、横断面及路旁地带的各组成部分对交通条件的影响情况与路面宽度 7.5m、加固路肩、粗糙路面的双车道道路对交通条件的影响相对比而确定的。总事故率系数的计算公式为

$$K = K_1 K_2 K_3 \cdots K_n \tag{9-24}$$

各部分的事故率系数 K_1 到 K_n,其值可按国内外统计资料来确定,它们考虑了交通量与道路平、纵、横断面各组成部分之间的关系。表 9-7 为国外某一类型道路经过大量统计分析后得出的不同道路交通条件下事故率系数值。

根据总事故率系数可以比较不同路段的交通安全性,但随着统计资料的进一步积累,影响因素及各系数的数值将会更加精确化。

表9-7 不同道路交通条件下事故率系数 K_i 值

交通量/(辆/天)	500	1000	2000	3000	5000	6000	7000	9000	11 000	13 000	15 000	20 000
K_1	0.50	0.50	0.60	0.75	1.00	1.15	1.30	1.70	1.80	1.50	1.00	0.60

对于有分隔带的道路，确定 K_1 时采用相应于一个方向的交通量

行车道宽度/m	4.50	5.50	6.00	7.50	9.00	10.50
加固路肩时 K_1	2.20	1.50	1.35	1.00	0.80	0.70
未加固路肩时 K_2	4.00	2.75	2.50	1.50	1.00	0.90
路肩宽度/m	0.5	1.0	1.5	2.0	2.5	3.0
K_3	2.20	1.70	1.40	1.20	1.10	1.00

纵坡/%	2	3	5	7	8
K_4	1.00	1.25	2.50	2.80	3.00

平曲线半径/m	50	100	150	200~300	400~600	600~1000	1000~2000	>2000
K_5	10	5.40	4.00	2.25	1.60	1.40	1.25	1.00

视距/m	50	100	150	200	250	350	400	500
平面上的 K_6	3.60	3.00	2.70	3.25	2.00	1.45	1.20	1.00
纵断面上的 K_6	5.00	4.00	3.40	2.50	2.40	2.00	1.40	1.00

桥面与道路行车道宽度的差别	窄1m	相等	宽1m	宽2m
K_7	6.0	3.0	2.0	1.5

直线段长度/km	3	5	10	15	20	52
K_8	1.00	1.10	1.40	1.60	1.90	2.00

交叉口类型	立体交叉	环形交叉	平面交叉			
交通量/(辆/天)	500 1000	2000 3000	5000 6000	7000 9000	11 000 13 000	15 000 20 000
K_9			横道的交通量占两条道路总交通量的百分数			
			<10	10~20	>20	
	0.35	0.70	1.50	3.00	4.00	

平面交叉的主要道路的交通量/(辆/天)	<1600	1600~3500	3500~5000	>5000
K_{10}	1.50	2	3	4

(续)

交通量 (辆/天)	500	1000	2000	3000	5000	6000	7000	9000	11 000	13 000	15 000	20 000
K_1	0.50	0.50	0.60	0.75	1.00	1.15	1.30	1.70	1.80	1.50	1.00	0.60
从岔路上看平面交叉口的视距/m	\>60				60～40		40～30		30～20		<20	
K_{11}	1.00				1.10		1.65		2.50		1.00	
行车道的车道数	2		3		3		4		4		4	
	无路面划线		无路面划线		有路面划线		无分隔带		有分隔带		立交	
K_{12}	1.00		1.50		0.90		0.80		0.65		0.35	
路旁建筑物至行车道边缘的距离/m	15～20				5～10		<5		<5			
	有地方行车道				有人行道		没有地方行车道		没有人行道及地方行车道			
K_{13}	2.50				5.00		7.50		10.00			
集镇段长度/km	0.50		1		2		3		5		6	
K_{14}	1		1.20		1.70		2.20		2.70		3.00	
临近集镇的直线路段长度/km	<0.20				0.20～0.60				>0.60			
K_{15}	2.00				1.50				1.20			
路面特性	光滑、被泥土覆盖的				光滑的		干净、干燥		粗糙		很粗糙	
附着系数	0.20～0.30				0.40		0.60		0.70		0.75	
K_{16}	2.50				2.00		1.30		1.00		0.75	
分隔带宽/m	1		2		3		5		10		15	
K_{17}	2.50		2.00		1.50		1		0.50		0.40	

9.4.12 模型法

模型法有两类：一类是经验模型法；另一类是回归模型法。

1. 经验模型法

(1) 拉波波尔特模型 1955年，联邦德国的拉波波尔特在对平面交叉口方案和带有方向岛方案进行比较时，提出交叉口危险指数评价模型为

$$G = \sum \frac{\alpha\beta}{10} \tag{9-25}$$

式中，G 为交叉口危险指数；β 为每一个交错点（分流点与合流点）处的交通量总和；α 为与 β 相对应的系数。

(2) 洛巴诺夫模型 苏联的洛巴诺夫在分析平面交叉口处交通事故统计资料的基础上，考虑不同方向的车流量、转弯半径以及车流之间的交角，提出了确定交叉口交错点（分流点与合流点）处可能发生事故的计算模型为

$$g_i = 25 \times 10^{-7} K_i M_i N_i / K_r \tag{9-26}$$

式中，g_i 为 i 种交错点处通过 1 万辆汽车时可能发生的交通事故数；K_i 为 i 种交错点交通事故严重性系数；M_i 为 i 种交错点处交叉的次要道路上的车流量（辆/天）；N_i 为 i 种交错点处交叉的主要道路上的车流量（辆/天）；K_r 为年交通量月不均匀系数。

同时提出了用 1 千万辆车通过交叉口所发生的道路交通事故数量来评价交叉口的危险指数模型为

$$K_a = \frac{\sum_{i=1}^{n} g_i \times 10^7 \times K_r}{25(M_r + N_r)} \tag{9-27}$$

式中，K_a 为交叉口危险度；M_r 为次要道路上的车流量（辆/天）；N_r 为主要道路上的车流量（辆/天）。

根据 K_a 值将交叉口按照危险指数分等级：$K_a < 3$ 为不危险；$3.1 < K_a < 8$ 为稍有危险；$8.1 < K_a < 12$ 为危险；$K_a > 12$ 为很危险。

2. 回归模型法

(1) 一元线性回归模型 一元线性回归模型是根据交通事故记录和交通安全的影响因素，利用一元线性回归方法建立预测模型，然后预测出以后各年的事故数，据此评价交叉口或路段的交通安全状况。模型的基本形式为

$$Y = ax + b \tag{9-28}$$

式中，Y 为事故数；a、b 是模型回归系数；x 为交通安全影响因素，如交通流量、道路宽度等。

一元线性回归模型形式简单，结论明确，当研究某一种因素对交叉口或路段安全影响程度时比较合适，它的不足之处是无法分析交叉口或路段其他各种因素对安全水平的综合影响，模型往往不具有逻辑合理性。

(2) 多元线性回归模型 选取多个参数，如交通量、道路条数、车道宽度等作为因变量，通过对这些参数与交通事故间的关系分析，得出回归模型，预测交通事故，并做出安全评价。模型的基本形式为

$$Y = b_0 + b_1 x_1 + \cdots + b_p x_p \tag{9-29}$$

式中，Y 为事故数；b_0，b_1，$\cdots$，b_p 是模型回归系数；x_1，$\cdots$，x_p 为交通事故影响因素，如交通量、道路条数等。

(3) 非线性回归模型 美国的 Mcdonald 和 Webb 调查了加州的 150 个有分隔带道路的交叉口的事故情况，建议用下列模型计算交叉口的事故数：

$$W = 0.000783 N_d^{0.045} N_c^{0.633} \tag{9-30}$$

式中，W 为一年内交叉口的交通事故次数；N_d 为主线的年平均日交通量；N_c 为交叉道路的年平均日交通量。

对于无信号灯的交叉口，提出如下模型：
对于市区，车速接近40km/h时，有
$$W = 0.03 X^{0.045} Y^{0.633} \tag{9-31}$$
对于郊区，车速接近40~72km/h时，有
$$W = 0.17 X^{0.045} Y^{0.38} \tag{9-32}$$
对于乡村，车速接近72km/h时，有
$$W = 0.28 X^{0.50} Y^{0.29} \tag{9-33}$$
式中，W为一年内交叉口的交通事故次数；X为主线的年平均日交通量的1/100；Y为交叉口道路的年平均日交通量的1/100。

根据以上非线性回归模型，只需要主线的年平均日交通量和交叉口道路的年平均日交通量，即可预测交叉口事故数，从而对交叉口进行交通安全评价。该方法的不足之处在于缺乏逻辑上的合理性，事故数与年平均日交通量虽然有统计上的相关性，但并没有逻辑上的因果关系，只有不同类型的事故与相关交通流（如追尾事故与同向交通流）才有逻辑上的因果关系。

9.4.13 交通冲突法

1. 交通冲突的定义

1977年，瑞典在挪威召开的第一届交通冲突国际学术会议上最先提出了交通冲突的基本定义，即在可观测的条件下，两个或两个以上道路使用者在一定的空间和时间上相互接近到一定程度，以至于如果任何一方不改变其运动状态，就有发生碰撞危险的交通现象。

交叉口交通冲突是在可观测条件下，两个或两个以上道路使用者在同一时间、空间上相互接近，如果其中一方采取非正常交通行为，如转换方向、改变车速、突然停车等，除非另一方也相应采取避险行为，否则会处于碰撞的境地。

路段交通冲突是指两个或多个道路使用者之间或道路使用者与道路构造物之间，在同一时间、空间上相互逼近，其中一个道路使用者进行了某种不规范或不恰当的操作，如转换车道、改变车速、突然停车等，导致一方至少一个或多个道路使用者必须采取回避措施（改变行车状态），否则会处于碰撞或危险的境地。

路段交通冲突与交叉口交通冲突的差别在于，前者强调了（单方）道路使用者与构造物之间的冲突问题，突破了传统意义上仅仅局限于交通行为主体的冲突定义。

2. 交通冲突的形成过程

交通冲突的形成过程与交通事故的形成过程相似，两者的唯一区别在于是否存在损害后果，交通冲突可描述为两个做相对运动的物体在一定时间内向事故接触点逼近的空间变化趋势。这一特定的时空变化关系可由时间、距离、速度等物理参数定量描述。

交通冲突的产生与交通流有密切关系，分析其交通特性可知，各种类型的交通冲突与相关交通流在逻辑上有内在明显的因果关系。交通冲突产生的过程可用图9-9说明。

3. 交通冲突的采集方法

交通冲突的采集方法主要有人工观测法和录像观测法。

(1) 人工观测法 人工观测法是指通过人工观测员对现场的交通冲突状况进行记录的方法。该观测方法具有以下优点：

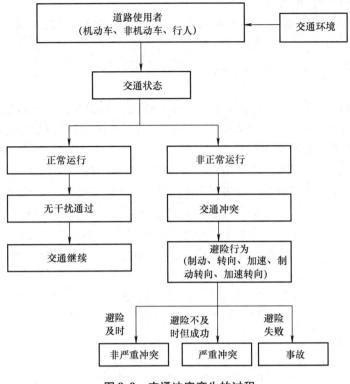

图 9-9 交通冲突产生的过程

1)具有较大的灵活性,观测工作的组织和实施,以及记录形式和内容的变化调整比较容易。

2)观测员可以亲身接近交通现场,观察冲突发生的全过程,真实地反映现场冲突状况。

3)观测方法简单,可以根据观测的需要来移动调整自己的位置和角度。

在实际应用中,也有一些不利因素:

1)要求观测员具有较高的冲突辨别及数据统计和记录能力。

2)恶劣的天气环境会对人工观测员造成不利影响,可能会限制这一记录技术的应用。

3)由于交通流量等因素影响,冲突频次过低将使观测周期延长,从而增大人工费用开支和时间的耗损。

(2)录像观测法 录像观测法是指采用现场录像、室内放映进行交通冲突记录的方法。该观测方法具有一些明显的优点,表现在:

1)录像可以反复倒带放映,并可以随时定格研究,对于交通冲突观测具有重要意义。

2)录像可以供多人同时在同一条件下观察同一事件,并进行讨论分析,以确定交通冲突的发生、成因及类型。

3)录像可以对交通冲突发生瞬间及整个过程进行全面的跟踪记录,便于对交通冲突的进一步研究。

但是该方法也存在一些应用上的缺陷:

1)在录像过程中对拍摄位置有严格要求,必须选择高处且与被拍摄现场保持一定距离，方可观察记录整个冲突现场。

2）由于被拍摄对象一般都存在不同程度的遮挡物（如交叉口往往会受到道路两侧树木或其他建筑物的遮挡），往往需要几部摄像机才能观测全貌。

3）摄像机必须保持固定与平稳，摄像过程中不能有突然移动，而且还会出现大型车的遮挡干扰等现象。

4）由于摄像机录下的是整个冲突现场的远景环境，不能突出交通冲突的真实情况，道路使用者在冲突中的声音反应（如车辆制动声、行人惊呼声等）很难从录像中分辨清楚。

4. 交通冲突的分类与严重程度

交通冲突可以按交通主体、冲突角度以及冲突的严重程度不同来分类。

（1）按交叉口交通主体分类 道路使用者包括机动车驾驶人、非机动车驾驶人、行人。由于他们的交通工具不同，为了便于描述，把道路使用者与其交通工具统称为交通主体，并分为机动车、非机动车、行人。由于非机动车与非机动车、非机动车与行人、行人与行人之间的交通冲突的结果都非常轻微，可不考虑。按交通主体将交叉口交通冲突分为以下几类：①机动车与机动车交通冲突。②机动车与非机动车交通冲突。③机动车与行人车交通冲突。在进行科学研究与实际工程中，可以对以上三类进行更细致的划分。例如，在道路交叉口，按照机动车行驶方向和可能造成相近似事故后果的原则，可以将4路交叉口的机动车与机动车冲突分为3类12种。

（2）按交通冲突角度分类 冲突角度是指发生交通冲突的交通主体行驶方向之间的夹角 $\theta(\theta\in[0°,180°])$。按照冲突角度近似时可能造成的事故类型也相似的原则，将交叉口机动车与机动车交通冲突分为以下三类：①正向冲突。冲突角 $\theta\in[135°,180°]$ 时的交通冲突称为正向冲突，主要表现为冲突车辆以相反的方向相互逼近，是车头与车头之间的冲突碰撞，如图9-10所示。②侧向冲突。冲突角 $\theta\in[45°,135°]$ 时的交通冲突称为侧向冲突，主要表现为冲突车辆以交错的方式相互逼近，是车头与车辆中部之间的冲突碰撞，如图9-11所示。③追尾冲突。冲突角 $\theta\in[0°,45°]$ 时的交通冲突称为追尾冲突，主要表现为冲突车辆以相同的方向相互逼近，是车头与车尾之间的冲突碰撞，如图9-12所示。

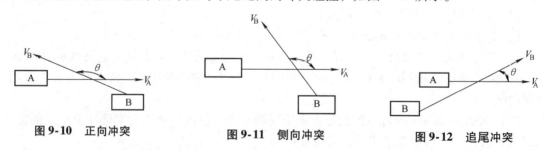

图9-10 正向冲突　　　　图9-11 侧向冲突　　　　图9-12 追尾冲突

（3）按交通冲突严重程度分类 从冲突严重程度出发可用多个指标对交通冲突进行分类，如TTC、TTD、冲突能量等。

1）按照冲突时间分类。冲突时间（TTC）是指冲突当事者避险行为生效瞬间至事故接触点的过程所经历的时间（s）。在交通严重程度方面，国内外常把冲突分为非严重冲突和严重冲突两类，并且采用TTC作为冲突严重程度的界定标准。如美国采用1s、瑞典采用1.5s作为非严重冲突和严重冲突的临界值，但符合我国交通实际情况的冲突界定标准还有待于进一步确定。

2）按照冲突距离分类。冲突距离（TTD）是指冲突当事者避险行为生效瞬间位置距事故接触点的距离（m）。按照冲突距离对交通冲突严重性分类时，可以以车辆的制动距离为临界值，将实际的交通冲突距离与理论制动距离做比较，如果冲突距离大于制动距离，可认为是非严重冲突；如果冲突距离小于制动距离，则可认为是严重冲突。

3）按照冲突速度分类。冲突速度（TTS）是指冲突当事者避险行为生效时的瞬间速度（m/s）。冲突速度可以实测，但是难度比较大。实际上冲突速度往往根据冲突距离与冲突时间获得，并根据 TTC 与 TTD 来进行冲突是否严重的判断。

4）按照冲突能量分类。冲突能量能够反映车辆的质量、速度、距离、路面附着系数、冲突角度等多个因素，是一个综合全面的冲突严重性指标，但是所涉及的因素较多，在分析时也较为复杂。为了简化，可做如下约定：①冲突双方的行驶速度和方向不变。②考虑冲突参与者均为质点，即只有质量和运动方向而没有大小和运动形状。③冲突分析中，对于机动车与机动车冲突仅仅考虑速度高的一方或首先采取避险行为的一方，对于机动车与非机动车、机动车与行人冲突只考虑机动车。这样，冲突时具有破坏性的动能可以表示为

$$E_S = 0.5 M V'^2 \tag{9-34}$$

式中，E_S 为发生冲突时车辆所具有的破坏性动能；M 为发生冲突车辆的质量；当正面冲突和追尾冲突时，$V' = V\cos\theta$，当侧面冲突时，$V' = V\sin\theta$；V 为发生冲突时车辆所具有的速度；θ 为碰撞角度。

找到临界冲突能量值，就可以区分严重冲突与非严重冲突。

5. 交通冲突与交通事故的关系

交通冲突的实质是交通行为不安全的表现形式，其发展可能导致交通事故发生，也可能因采取避险行为而避免事故发生，因而交通冲突与交通事故存在着极为相似的形式，两者的主要差别在于是否发生了直接的损害性后果。交通冲突与交通事故的关系可用冲突的严重性程度进行描述，根据交通危险事件的严重性可具体分为无干扰通过、非严重冲突、严重冲突和交通事故，其数量关系呈塔形分布，如图 9-13 所示。对交通冲突研究的重要内容之一就是确定严重冲突与事故的定量关系。

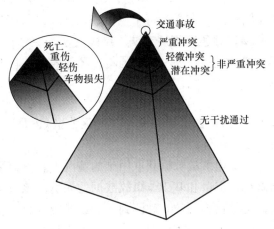

图 9-13 交通冲突与交通事故的关系

6. 交通冲突的指标

（1）交叉口冲突率 类似于交通事故率，交通冲突也有各种表示方法，典型的有单位时间内的冲突数（P）、单位时间内每千辆通过平交路口车辆产生的冲突数（P_n）和单位交通量通过平交口所产生的冲突数（P_c），表达式为

$$P = \frac{交叉口冲突数}{产生冲突总时间} \tag{9-35}$$

$$P_n = \frac{交叉口冲突数}{1000 辆车 \times 产生冲突总时间} \tag{9-36}$$

$$P_c = \frac{交叉口冲突数}{交叉口交通量} \tag{9-37}$$

冲突率能够表征冲突与产生冲突的时间以及交叉口内交通量的关系，因此优于冲突数表示方法。

(2) 交叉口冲突严重度 在冲突严重性划分的基础上，可以用冲突严重性指标建立评价模型对交叉口安全度进行评价。常用的冲突严重性指标模型为

$$\begin{cases} RI_j = \sum_{i=1}^{n} RI_{ij} \\ RI_{ij} = K_i \times IV_{ij} \\ K_i = \dfrac{W_i}{\sum_{i=1}^{n} W_i} \end{cases} \tag{9-38}$$

式中，RI_j 为平交口 j 的危险度；RI_{ij} 为平交口 j 的第 i 种冲突的危险度；K_i 为第 i 种冲突的相对权重；W_i 为第 i 种冲突的严重性分值；IV_{ij} 为第 i 种冲突在平交口 j 的冲突数或冲突率。

上述模型中的 W 是基于主观定量的标准，例如可以把冲突严重程度划分为三等，低危险冲突分值为 1.0，中等危险的分值为 2.0，高危险的分值为 3.0。IV_{ij} 是与参与冲突的交通量相联系的，定义为每千辆车进入交叉口所产生的冲突数或每小时所产生的冲突数。

(3) 路段交通冲突法 路段交通冲突法也可以采用冲突数和冲突率进行评价，采用冲突率评价时不仅要考虑交通量，还要考虑路段长度，计算式为

$$f = \frac{TC}{QL} \tag{9-39}$$

式中，f 为车公里冲突率（次/(辆公里)）；TC 为冲突数（次）；Q 为交通量（辆/h）；L 为路段长度（km）。

在交通事故数据获取困难的情况下，可以采用交通冲突法进行交通安全评价，该方法属于微观、定量和基于非事故数据的评价。该方法的缺点是每个人对交通冲突的判别标准不一致，会导致不同的人观测到的交通冲突数有一定的差别。

9.4.14 综合评价方法

综合评价方法主要是把多个描述被评价对象的不同方面且量纲不同的定性及定量指标转化为无量纲的评价值，并综合这些评价值，以得出对该评价对象的整体评价。指标可以是事故指标，也可以是非事故指标。一般情况下，该方法属于定量客观评价，适用于宏观战略和微观技术的评价。常用的有层次分析法、模糊数学法、灰色聚类评价法、专家评价法、经济分析法、综合指数法、因子分析法、模糊综合评判法（FC）、多目标效用综合法、熵值法、数据包络分析法（DEA）、理想点法（TOPSIS）等。

1. 构成综合评价问题的要素

(1) 被评价对象 道路交通安全评价的对象可以大于 1 (不同被评价对象进行比较) 或等于 1 (识别某评价对象的安全薄弱环节,其下层指标数大于 1)。

(2) 评价指标 系统的安全状况可用一系列的评价指标表示,其中每个评价指标都从某一侧面反映了系统的安全现状。

(3) 权重系数 相对于某种安全评价来说,评价指标之间的相对重要性是不同的。评价指标之间这种相对重要性的大小,可用权重系数来表示。若 ω_j 是评价指标 $x_j (j=1, 2, \cdots, m)$ 的权重系数,一般应有

$$\begin{cases} \omega_j \geq 0 \\ \sum_{j=1}^{m} \omega_j = 1 \end{cases} (j=1,2,\cdots,m) \tag{9-40}$$

显然,当被评价对象及评价指标都给定时,综合评价(或对各被评价对象进行排序)的结果依赖于权重系数,即权重系数的合理与否关系到综合评价结果的可信程度。因此,对权重系数的确定应谨慎。

(4) 综合评价模型 多指标综合评价就是指通过一定的数学模型(或算法)将多个评价指标值合成为一个整体性的综合评价值。可用于合成的数学方法较多,问题在于如何根据评价目的及被评价系统的特点来选择较为合适的合成方法。也就是说,在得到 n 个系统的安全评价指标值 $x_{ij} (i=1, 2, \cdots, n; j=1, 2, \cdots, m)$ 的基础上,还需选用或构造综合评价函数

$$y = f(\omega, x) \tag{9-41}$$

式中,$\omega = (\omega_1, \omega_2, \cdots, \omega_m)^T$ 为指标权重向量,$x = (x_1, x_2, \cdots, x_m)$ 为被评价对象(系统)的状态向量(评价指标值)。由式(9-41)可求出各评价对象(系统)的安全综合评价值为

$$y_i = f(\omega, x_i) \tag{9-42}$$

式中,$x_i = (x_{i1}, x_{i2}, \cdots, x_{im})$ 为第 $i(i=1, 2, \cdots, n)$ 个系统的状态向量。

根据 y_i 的大小(由小到大或由大到小),将这 n 个系统进行排序或分类。同时,也可将 y_i 值与既定的安全目标值进行判断比较,确定被评价对象(系统)的危险程度,以便采取相应的安全措施。

(5) 评价者 评价者可以是某个人或某团体。评价目的的确定、评价指标的建立、评价模型的建立、权重系数的确定都与评价者有关。因此,评价者在评价过程中的作用是不可轻视的。

2. 综合评价的步骤

安全综合评价的一般步骤包括:
1) 明确评价目的。
2) 确定评价对象。
3) 建立评价指标体系。
4) 确定各项评价指标对应的权重系数。
5) 选择或构造综合评价数学模型。

6）计算评价对象的综合评价值进行排序、分类或比较。

7）根据评价过程得到的信息，进行系统分析和决策。

其中，最为关键的问题是指标体系的建立、指标评价值和权重系数以及评价模型的确定，只有解决好这些问题，才能得到较为切合实际的安全评价结果。

3. 评价指标体系建立遵循的原则

安全评价的核心问题是建立评价指标体系。指标体系必须客观合理，尽可能全面地反映影响系统的所有因素。为此，必须按照一定的原则和评价目的建立一套评价指标体系。评价指标体系的建立一般应遵循下列原则：

（1）目的性原则　评价指标体系要紧紧围绕改进系统安全这一目标来设计，并由代表系统安全的各个典型指标构成，多方位、多角度地反映系统的安全水平。

（2）科学性原则　指标体系结构的拟定、指标的取舍等都要有科学的依据。只有坚持科学性原则，获取的信息才具有可靠性和客观性，评价的结果才可信。因此，必须注意评价资料的全面性、可靠性和正确性。

（3）系统性原则　指标体系要包括系统安全所涉及的众多方面，各指标之间应注意：①相关性。要运用系统论的相关性原理不断分析，组合设计安全评价指标体系。②层次性。指标体系要形成阶层性的功能群，层次之间要相互适应并具有一致性，要具有与其相适应的导向作用，即每项上层指标都要有相应的下层指标与其相适应。③整体性。不仅要注意指标体系整体的内在联系，而且要注意整体的功能和目标。④综合性。指标体系的设计不仅要有反应事故状况的指标，更重要的是具有隐性指标，事前与事后的综合指标，这样不同时期（历史、现状、将来）的综合指标才能更为客观和全面。

（4）可操作性原则　指标的设计要求概念明确、定义清楚，能方便地采集数据与收集情况，要考虑现行科技水平，并且有利于系统安全的改进。同时，指标的内容不应太繁太细，否则会过于庞杂和冗长，给评价工作带来不必要的麻烦。

（5）时效性原则　指标体系不仅要反映一定时期系统安全的实际情况，而且还要跟踪其变化情况，以便及时发现问题，防患于未然。

（6）突出性原则　指标的选择要全面，但应该区别主次、轻重，要突出当前带有全局性而又极为关键的安全问题，以保证重点和集中力量控制住那些发生频率高、后果严重的事件。

（7）可比性原则　指标体系中同一层次的指标具有可比性，即具有相同的计量范围、计量口径和计量方法。指标取值宜采用相对值，这样使得指标既能反映实际状况，又便于比较优劣，查明安全薄弱环节。

（8）定性与定量相结合的原则　指标体系的设计应在定性分析的基础上进行量化处理，只有量化才能较为准确地揭示事物的本来面目。对于缺乏统计数据的定性指标，可采用评分法，利用专家意见近似实现其量化。

4. 基础指标评价值的确定

基础指标评价即评价指标体系中不能再进一步分解的指标，可分为定性基础指标和定量基础指标，简称定性指标和定量指标。基础指标评价值的确定可分为两部分，即定性指标评价值的确定和定量指标评价值的确定。

在求基础指标评价值时，有不少文献采用等级论域的方法，将定性指标取值范围按评语等级硬性划分为几个分值范围，如很好（90~100）、较好（80~90）、一般（70~80）、较差（60~70）、很差（0~60）。而对于定量指标，也要确定相应于各种评语等级的临界值，这种做法值得商榷，原因在于：①事物本身所具有的模糊性决定了它没有固定的临界值（如从很好到很差的中间状态是模糊的，并不存在一个明确好与差的等级界限），因而由此计算出的指标评价值可信度较低。②定量指标等级临界值的确定非常困难，而它对于定量值的确定又至关重要，这给定量指标评价值的确定工作带来了不必要的麻烦。基于上述理由，建议采用舍弃等级论域的方法确定基础指标评价值，将指标取值范围规定为0~100，相当于将指标评判等级划分为100个小等级，指标值越大，说明其隶属于安全的程度越高，同时也表明其安全性越好。舍弃等级论域的做法不仅克服了等级论域法的不足，而且得到的指标值为点值而非向量，不再局限于模糊综合评判的处理方法。

定性指标值具有模糊和非定量化的特点，很难用精确数字来表示，只能采用模糊数学的方法对模糊信息进行量化处理。确定定性指标评价值的常用方法有等级比重法（又称实验统计法）、专家评分法、集值统计法。

定量指标即可量化指标，它可以通过一定的技术测量手段确定其量值。由于定量指标的计量单位各不相同，不具有可比性，在确定指标实际值之后，还必须解决指标间的可综合性问题，进行评价指标类型的一致化和评价指标的无量纲化处理。无量纲化处理的常用方法有标准差方法、极值差方法和功效系数方法等。

5. 指标体系的赋权处理

指标体系中各评价指标对系统安全的贡献大小和重要程度不同，评价指标间的这种差异可通过赋以不同权重值的办法表示。

权重系数的确定方法可分为三大类，即基于"功能驱动"原理的赋权法、基于"差异驱动"原理的赋权法和综合集成赋权法。

6. 综合评价的数学模型

在确定了指标体系基础指标评价值及指标体系权重系数之后，还要根据指标体系特点，确定各级指标的合成方法，即将各级下层指标值合成上层指标值的计算方法。常用的合成方法有线性加权综合法、非线性加权综合法、加乘混合法、代换法、理想点法等。具体选用何种方法需要结合指标间的相互关系来确定。

综合评价方法中指标值及指标权重的确定所用的方法可以查阅相关文献。

9.5 事故多发地点的辨识与改造

道路事故多发点（Accident-prone Locations）的鉴别是道路设计、道路安全检核、交通运营管理、道路安全分析的重要内容，也是道路安全保障体系得以建立的基本保证。通过对道路事故多发点的鉴别，确定道路交通的微观特性与事故的关系，确定道路危险路段，以便提出解决方案，减少交通事故的发生，改善道路运营环境，提高道路整体交通安全性能。

9.5.1 事故多发地点的含义

事故多发地点也称为危险路段或危险路口。在统计周期内，如果某个路段（路口）的事故指标明显高于其他相似路段（路口），或超过某一规定的数值时，则该地点即为事故多发地点。

事故多发地点是客观存在的。广义上，交通事故的发生具有随机性，但大量的统计结果和事实表明，在一条道路的多个路段上或某一区域的多个路口上，交通事故发生的频率是不同的，确实存在着事故频率突出的路段或路口，即事故多发地点。

事故多发地点处频繁发生性质类似的交通事故，这说明除了人和车辆的原因外，必然在道路条件或景观环境上也存在着安全隐患，是它们直接促成或间接诱导了交通事故的发生。判断出事故多发地点，找出其中的道路条件或交通环境上的影响因素，进而有针对性地提出改造措施，才能从本质上改善事故多发地点处的交通安全状况。

9.5.2 事故多发地点的辨识

1. 事故次数法

事故次数法即按一定时期内的事故次数进行筛选。首先选取一临界的事故次数作为鉴别标准，如果某一地点的事故次数大于临界值，则认为是事故多发地点。

该方法的优点是简单、直接、容易应用。但是仅以事故次数作为鉴别的单一标准时，没有考虑交通量和路段长度等影响因素，可能会将非危险路段当作危险路段进行改善。因此，该方法适用于鉴别较小的交叉口或街道等。

2. 事故率法

事故率法即按事故率的大小进行评定。对于道路路段，常以每年亿车公里或百万车公里的事故次数作为评价标准。对于交叉口，常以百万辆车的事故次数作为评价标准。当路段或交叉口的事故超过某一可接受的临界值时，即认为其是事故多发路段或交叉口。

由于同时考虑了交通量与路段长度，这种方法优于事故次数法。但是，该方法也容易导致以下情况出现：具有较低交通量的短路段拥有高事故率，而具有高事故次数、高交通量的路段拥有低事故率；具有低百万辆车、低事故次数的交叉口拥有高事故率，而具有高百万辆车、高事故数的交叉口拥有低事故率。故当以事故率作为唯一标准进行危险路段或交叉口鉴别时，同样也可能会将非危险路段当作危险路段进行改善，或滤掉了更为严重的危险路段，导致改善投资上的失误。

3. 事故次数与事故率综合

该法也称矩阵法，是把事故次数和事故率联合起来作为鉴别标准的方法。如图 9-6 所示，以事故次数为横坐标，以事故率为纵坐标，按事故次数和事故率的一定值在图中划出不同的危险度区域（矩阵单元），如处于危险级别Ⅰ区域内的评价对象比危险级别Ⅱ区域内的更危险。图中右上角的矩阵单元是最危险区域，亦是交通事故次数和事故率最高的事故多发地点。

该方法的优点是兼顾了事故次数法和事故率法，可直观地判断不同评价地点的安全程度，矩阵的大小可根据使用者的需要来确定。但是，该方法只表示了评价地点的危险程度，而不能对低事故次数高事故率的地点与高事故次数低事故率的地点做出本质区别，只是简单地将其作为非危险路段对待。

4. 质量控制法

质量控制法是将特定地点的事故率与所有相似特征地点的平均事故率作比较，并根据显著性水平建立评价危险路段的事故率的上限和下限，具体计算公式为

$$\begin{cases} R_c^+ = A + K\sqrt{\dfrac{A}{M}} + \dfrac{1}{2M} \\ R_c^- = A - K\sqrt{\dfrac{A}{M}} - \dfrac{1}{2M} \end{cases} \tag{9-43}$$

式中，R_c 为临界事故率（起/亿辆），R_c^+ 为上限值，R_c^- 为下限值；A 为相似类型交叉口或路段的平均事故率（起/亿辆）；K 为统计常数，取 1.96（95% 置信度）；M 为评价地点在调查期内的平均车辆数（交叉口以百万辆车计，路段以亿辆计）。

如果评价地点的事故率大于上限值，则认为是危险地段；如果小于下限值，则认为是非危险地段；处于上下限之间的则需经过更为详细的考查后再进行确定。

质量控制法是一种基于假设的理论方法。实际应用表明，该法要比上述统计方法更合理，但它没有表明危险路段改善的优先次序。

[例 9-2] 我国某省主干道路路网近几年的年平均事故率为 38 起/亿辆，其中某一路段每年有 34 起事故，年平均日交通量为 22500 辆/日。请用质量控制法评定该路段的安全状况。（95% 置信度，$K=1.96$，计算结果保留 3 位小数）

解：
$$A = 38 \text{（起/亿辆）}$$
$$K = 1.96$$
$$M = \dfrac{22500 \times 365}{10^8} = 0.082 \text{（亿辆）}$$
$$R = \dfrac{A}{M} = \dfrac{34}{0.082} \text{（起/亿辆）} = 414.634 \text{（起/亿辆）}$$

临界事故率上限

$$R_c^+ = A + K\sqrt{\dfrac{A}{M}} + \dfrac{1}{2M} = 38 + 1.96\sqrt{\dfrac{38}{0.082}} + \dfrac{1}{2 \times 0.082} \text{（起/亿辆）} = 86.281 \text{（起/亿辆）}$$

临界事故率下限

$$R_c^- = A - K\sqrt{\dfrac{A}{M}} - \dfrac{1}{2M} = 38 - 1.96\sqrt{\dfrac{38}{0.082}} - \dfrac{1}{2 \times 0.082} \text{（起/亿辆）} = -10.928 \text{（起/亿辆）}$$

该路段事故率 $R > R_c^+$，说明路段交通安全状况很差，属于危险路段。

5. 速度比判断法

交通心理研究表明，驾驶人在行车过程中会产生一种心理惯性。在高速行驶状态下，驶入危险路段时仍不减速或减速幅度不够。当驾驶人由行车条件好的路段进入条件差的路段时，由于惯性使得实际车速大于道路条件允许的车速，这就有可能导致交通事故。因此，可从相邻路段的行车条件来确定危险路段。若车辆从路段 L_1 驶入路段 L_2，路段 L_1 上能保证的车速为 v_1，路段 L_2 上能保证的车速为 v_2，则有

$$R = \dfrac{v_1}{v_2} \tag{9-44}$$

式中，R 为相邻两路段的车速比。当 $R \geqslant 0.8$ 时，路段 L_2 为安全路段；当 $0.5 \leqslant R < 0.8$ 时，L_2 为稍有危险路段；当 $R < 0.5$ 时，L_2 为危险路段。

车速可以实测，或根据道路、交通条件来推测。通常，危险路段有以下几种情况：道路上有坑洼或阻挡物；连接不良；视距不够；线形急转弯；坡度突变；超高不足或反超高；行

人、非机动车设施不足或质量差；交通工程设施等不足或设置不当。

对于交叉口，可用通过交叉口的机动车行驶速度与相应路段上的区间速度之比来判定是否安全，即

$$R = \frac{V_J}{V_H} \tag{9-45}$$

式中，V_J 为交叉口车速（km/h）；V_H 为交叉口间路段的区间车速（km/h）。

速度比是一项综合性指标，当它与事故率结合使用时，可使事故多发地点的评定更加可靠。

9.5.3 事故多发地点的改造措施

对交通事故多发地点进行辨识的主要目的在于对所发现的交通事故多发路段、交叉口进行工程或者管理上的可行措施改造，提高交通安全水平，改善交通条件。

1. 路段事故多发地点的改造措施

根据一些高速公路及国省干道上的事故多发点的道路条件及交通环境特点，针对一些急弯、陡坡、高填方、视距不良路段，可采取相应措施进行整治。

(1) 单个急弯路段 单个急弯路段存在的主要安全隐患一般是视距不良或车速过快，易造成两车相撞、单车碰撞山体或车辆驶出路外，可单独或综合采用以下措施：

1）设置向左（右）弯路或事故多发路段等警告标志。
2）设置限速标志，并根据需要设置限速解除标志。
3）设置禁止超车标志，并根据需要设置解除禁止超车标志。
4）路侧设置线形诱导标、轮廓标志。
5）设置中心实线或物理硬分隔设施，减少因视距不良车辆越过中心线发生的对撞事故。
6）根据路侧危险程度和历史事故数据资料在弯道外侧设置护栏。

(2) 连续急弯路段 连续急弯路段存在的安全隐患与单个急弯路段类似，但交通事故的发生率一般更高。因此，除可选择单个急弯路段采取的处置措施外，还可以综合采用以下措施：

1）设置"连续弯道，超速危险"警告标志，还可以加设辅助标志说明前方连续弯路的长度，或使用告示牌说明前方连续弯道。
2）设置限速标志，并设置限速解除标志或使用一块辅助标志说明限速路段长度。
3）修剪、处置弯道内侧树木，使弯道内侧通视。

(3) 急弯陡坡路段 由于下陡坡路段的车速比较快，急弯陡坡路段除具有单个急弯路段的安全隐患外，还容易产生因车速过快、视距不良等综合因素造成的车辆侧翻、对撞或冲出路外事故。在方案设计时，除可选择单个急弯路段采取的处置措施外，还可单独或综合采用以下措施：

1）在急弯前的直线路段就设置限速标志，宜结合设置其他减速设施，逐步控制车速，使车辆能以较安全的车速通过小半径曲线。
2）如果路侧较危险且事故较多，可考虑设置护栏。

(4) 下坡路段 下坡路段存在的主要安全隐患一般是车速过快或连续制动导致车辆制

动失效，易造成追尾或对撞事故。在方案设计时，可单独或综合采用以下措施：

1) 设置下坡警告标志或其他文字型警告标志。
2) 设置限速标志、减速设施和视线诱导设施。
3) 根据路侧危险程度和历史事故资料设置护栏。

如果设置了避险车道，应在坡道起点处设置避险车道的告示牌，在避险车道前应至少设置两处预告标志。

（5）上坡路段 上坡路段存在的主要安全隐患一般是占道行驶或违章超车，这容易造成与下坡车辆发生对撞事故。在方案设计时，应重点以标志和标线为主要措施进行处置，提醒驾驶人禁止超车。

（6）连续下坡路段 连续下坡路段的主要安全隐患与陡坡路段类似，但是由于下坡较长，交通事故发生率较高且事故较严重。在方案设计时，可采用以下措施之一或综合采用以下措施：

1) 设置连续下坡告示牌，根据情况可以用辅助标志标明连续下坡长度，或使用告示牌说明"前方连续下坡×米，超速危险"。
2) 设置限速标志、禁止超车标线以及减速设施。
3) 在因制动失效造成事故频发的路段，可根据地形条件设置避险车道，如果设置了避险车道，应在坡道起点处设置避险车道告示牌。
4) 根据路侧危险程度和历史事故资料设置护栏。

（7）车道宽度不足 如果事故频发是行车道宽度设计不合理所致，应对车道宽度进行治理。若车道宽度不足，尤其是弯道处，可拓宽车道；若车道宽度过宽，可通过加宽分隔带或路肩宽度来减小车行道宽度。

（8）路基宽度变化路段 路基宽度变化路段是指路基突然变窄，其主要安全隐患是车辆碰撞障碍物导致单车事故，但是若存在违章超车，也可能造成对撞、追尾等多车事故。在方案设计时，可根据实际情况采用以下措施进行治理：

1) 设置窄路、窄桥警告标志。
2) 设置限速和禁止（解除禁止）超车标志。
3) 在窄桥两端宜设置护栏或设置诱导设施。

2. 交叉口事故多发地点的改造措施

交叉口包括平面交叉、互通立体交叉和分离式立体交叉等类型。据资料统计，道路上有1/3的事故发生在交叉口。因此，做好交叉口事故多发地点的改造设计，对交通安全非常有意义。

（1）平面交叉口 在交通网络中，平面交叉口是最易发生交通事故的部分。我国以前修建的道路交叉口中有许多不甚合理。交叉口的改造主要应注意以下几点：

1) 平面交叉路线尽量为直线正交，必须斜交时，其交角不宜小于45°，各相交道路距交叉口前后停车距范围内应保持通视，受条件限制时视距可减小30%，但必须在醒目的位置设置减速标志。
2) 平面交叉地点应设在水平路段，且紧接水平路段的纵坡一般坡度不应大于3%，困难地段不得大于5%。
3) 一、二级公路的平面交叉根据需要应设置转弯车道、变速车道、交通岛。转弯车道宽度应不小于3m,并根据道路等级设置适当的缓和段,有时还要进行不同程度的渠化。

4) 改造不合适的道路连接,这需要认真考虑车流方向,在某些情况下还要利用视觉原理,使驾驶人在心理上受其影响而降低车速。

5) 减少冲突点。交叉口的冲突点减少后,其事故数相应地也会减少。

6) 控制相对速度。对于交叉口,可采取物理隔离或交通信号控制等措施,降低交叉口交通流的相对速度。

(2) 互通立体交叉

1) 基本情况　互通立体交叉与平面交叉形式的路口相比,其安全性更高。但立交形式也会带来另一些不安全的因素,如立交类型与布局、交通控制和立交间距等。反映立交特征的主要是匝道、集散匝道的布局,匝道和连接道的交通事故主要随交通量的增加和其半径的减小而增加。立交的交通控制主要体现在进入立交区的各种分离设施、引导标志标线、警告和禁令标志,这些设施与标志标线的位置、尺寸和颜色直接关系到交通安全。

2) 立交的均衡性　立交的均衡性主要是要考虑驾驶人对道路变化的预估问题。一般来说,驾驶人都愿意从右侧进入(或驶出),如果左侧出口靠近右侧,因交通流方向不同,车辆不可避免地需横穿所有车道去下一出口,会严重影响交通安全。

(3) 分离式立体交叉　分离式立体交叉口的处理也要依照一定的路线设计规范。

1) 跨线桥应满足桥下道路的净空规定,交角最好大于45°,当位于平曲线内时,视距要满足停车视距。

2) 主干路跨越次干路时,要保证其桥墩不影响次干路的视线,当桥墩的设置位于次干路中央分隔带时,前后位置需加设防撞护栏。桥墩不得设在双车道中间,桥梁上部应设防撞护栏。

3) 主干路下穿时,上跨桥应保证一孔跨越,同时尽量避免中央有桥墩。若不可避免,应在桥墩前后加防撞护栏或防护网,并与车道相协调。

4) 在铁路与公路的分离式立交中,道路上跨时保证铁路净空要求即可,下穿时,其要求与主干路下穿时一致。

9.6　交通安全分析软件简介

近年来,国外涌现出一些交通安全软件,为交通安全分析、交通安全评价、交通安全设计、交通事故再现提供了强有力的技术支撑。下面就几个典型软件做简单介绍。

1. 交通事故再现软件 PC Crash

交通事故再现软件 PC Crash 通过计算机调用指定车辆的性能参数来模拟两辆以上相同种类车辆或不同种类车辆之间的碰撞,自动计算并分析碰撞后的数据,从而帮助改进车辆的安全设计、预防潜在事故,以及为已发生事故提供证据。目前较为著名的是奥地利 DSD 股份有限公司(Dr. Steffan Datentechnik GmbH)的 PC Crash 软件。另外,法国 ESI 集团推出的新一代计算机三维碰撞冲击仿真模拟系统(PAM – CRASH2G),以其友好的用户界面、丰富的材料模型等在世界范围内得到广泛应用。PC Crash 软件的主要功能如下。

1) 可以同时对多达32辆汽车进行模拟,并且所有的输入数据都是以图形形式显示出来的。

2）可以计算时间与距离的相互关系，但是不同的图表对应着各自的测量方法。

3）可以通过自动计算来预防潜在事故的发生（例如限定最高车速和制动系数等）。

4）可以自动记录固定和移动的视频信息。

5）可以自动计算几辆车之间的多重碰撞。

6）可以建立三维碰撞模型。

7）自动计算车辆从碰撞到停止的运动形式。

8）指出碰撞点处的分离速度和回弹系数。

9）利用默认参数可以自动计算主要和次要的碰撞。

10）可以自动计算车辆撞击变形量。

11）碰撞计算时必须考虑汽车的牵引车与车厢之间是如何连接的。

12）改进后的路线跟随技术可以用作汽车和拖车碰撞仿真。

13）可以使用一个或者多个拖车进行卡车碰撞仿真。

14）软件包含广泛使用的先进的数据库（大约可以容纳 5000 辆汽车的资料）。不同的汽车数据库对应不同的接口。数据文件的保存都是在后台进行的，因此在保存文件时会有一点延迟。

15）碰撞后的车辆滑动与轮胎类型有关。

16）通过最终的停车位置可以最优化碰撞参数。

17）可以限定和计算前后轴的制动力分配。

18）在仿真时考虑到了路面的坡度及坡度的变化趋势。

19）软件定义和配置了多种人员分析系统（行人、摩托车人、驾驶人和乘客），这套系统可以灵活的方式进行修改。

20）通过 PC – CRASH 乘客和座位模型，可以计算乘客的运动和载重量。

21）软件主要改进了行人和摩托车人模型，计算中使用了实车外形参数。

22）基于 PC – CRASH 仿真，车辆、乘客的运动状态和压力水平等能够直接计算出来。

23）仿真结果是以图表形式输出的，能够灵活改进，而且可以 DXF 和 Excel 形式输出。

24）多重位图可以在二维窗口中相互连接。在二维窗口中，用汽车的照片和扫描图片表示汽车。所有的碰撞参数都可以显示和打印出来。

25）软件还集成了画图程序。

2. 安全评价软件 Safe NET 简介

Safe NET 软件是由英国最大的交通研究实验室 TRL（Transport Research Laboratory）研制开发的，用来帮助交通工程师设计和建造乡村、城市更安全的道路网络。Safe NET 允许根据个人伤害事故频率（每年个人伤害事故数量）来评估路网的具体要素（不同类型的交叉口和路段）。

Safe NET 主要是为公路工程师设计的，他们需要更好地掌握现有路网的安全状况，利用 Safe NET 软件能够预测路网的一些点在将来需要进行的改善。例如，Safe NET 可以用来预测某交叉口和路段的交通状况在安全期间内超过设计预期而变坏，它也能对已完成设计但未开工的道路交通新建项目和改进项目做出评估，并提出改善道路施工的管理方案和改变路线的修改方案，以及预测修改后的收益（效果）。

为了预测在一段路网内的个人伤害事故频率，使用者需要输入这段路网内每个交叉口和路段的车流、人流和几何图形数据。然后 Safe NET 软件将运用这些信息来预测在一年时间内可能发生多少起个人伤害事故，这些数据的总和就是整个路网可能发生交通事故的数目。Safe NET 能够根据有限的输入数据做出不同标准的预测，输入的信息越多，预测的准确性也就越高。

Safe NET 能够模拟以下几种路网状况：
1) 道路交叉口环形路。
2) 道路小交叉口环形路。
3) 交叉口交通信号。
4) 城市和乡村优先级交叉口。
5) 城市十字路口和交错的交叉口。
6) 城市单车道道路。
7) 城市小交叉口道路。

对于路网控制时发生的潜在变化，Safe NET 能够做出快速评估。它的图形显示功能能够让工程师立即看到在交叉口结构、控制形式和交通流分配方面的变化，而这些变化将影响整个路网的事故发生频率。

Safe NET 在评价交通管理规划的安全性方面可谓是一个完美的软件，而且使用起来也非常方便容易。它能单独作为一个快速评估交通规划安全性的软件产品，也可以与交通流分配模型相结合，对交通延误、旅游时段和事故频率做综合的评估。

Safe NET 程序包括以下四个主要模块：
1) 建立网络。
2) 数据输入。
3) 结果输出。
4) 数据处理。

"建立网络"模块允许建立和展示路网连接方式的图样。这对于建立包含许多交叉口和路段的路网有很大帮助，能够获得各个交叉口和路段的数据，这些数据对于数据处理至关重要。利用建立网络模块可以增加、移动或删除交叉口和路段，连接交叉口和路段或改变交叉口和路段的类型。

"数据输入"模块主要用来输入路网中每个交叉口和路段的数据，从而预测伤亡事故发生的频率。"数据输入"模块常常和"建立网络"模块结合运用。当然，它也可以单独应用，如果没有先选择"建立网络"模块，就需要在数据输入时输入路网的特征数据。但是，只有在建立网络模块中才能增加或删除路网特征。"数据输入"窗口允许选择一种特性进行编辑。

通过"结果输出"模块可以预测在已设计的路网中交通事故发生的频率和伤亡人数。有两种结果显示方式，一种是列表的形式，另一种是图形的形式。

"数据处理"模块是用来处理当前的交通流数据的。

3. 微电脑事故分析软件 MAAP

微电脑事故分析软件 MAAP（Microcomputer Accidents Analysis Processor）是英国 TRL 研制的最有效和应用最广泛的软件之一，在英国受到了用户的一致好评。MAAP 给事故调查者提供了事故数据存储和分析的最新技术。它能够隔离交通事故中的共性特征，确认、分析交通事故中的个性问题，而且使用起来也比较简单，大大提高了工作效率。

MAAP 可以用作交通事故、伤亡人数和车辆碰撞的图表分析和柱状图分析，也可以通过 MAAP 地理信息系统的矢量图和擦伤仪的现场检查来展示和分析交通事故。MAAP 数据处理基于 Access 或 SQL 数据库，给用户提供了以下便利：

1）用户容易掌握并使用数据登录界面。

2）不管是单个用户还是小型网络用户，或者是基于 SQL 数据库工业标准网络的用户，都可以通过个人计算机存储数据。

3）内建多用户功能。

4）具有灵活而强大的数据保护功能。

MAAP 是一个用户可定制的产品，目前已经在警察机关、地方交通部门、政府和公路网络部门得到广泛应用，并受到了一致好评。它也可以用来存储、分析公路交通事故数据。MAAP 的每个文件都是根据用户的特殊需要配置的，特别的是，软件程序中有适应用户的地图、数据库和事故报告形式，甚至还包含部分公路交通安全方案。

MAAP 的主要功能如下：

1）查询功能　用户可以利用 MAAP 的查询功能查看和分析数据库中的数据，而且可以自定义并运行一个新的查询内容，已经提出的问题显示在屏幕的左下角。用户也可以调出或删除以前存储的问题，或查看整个数据库。

2）交叉表分析功能　交叉表的特点是允许用户分析数据库各子集之间的关系。用户可以自定义并运行一个新的交叉表，并查看各项数据和它们的图形。

3）柱状图分析功能　MAAP 的柱状图分析功能允许用户以文本、图形和图标的形式展示已选择的项目。用户可以定义新的柱状图，也可以运行以前的柱状图，还可以把柱状图数据分门别类地存储到特定的数据库子集中。

4）地理信息系统（GIS）　MAAP 链接的地理信息系统功能允许用户在电子地图上查看交通事故。用户可以选择交通事故组进行实时分析，或者自定义监视位置等。

5）丛、密度分析功能　使用 MAAP 的丛和密度分析功能，可以确定并分析事故丛的特征。用户可以进行丛分析、栅格密度分析以及用户（监视）点分析等。

4. 行人和自行车与汽车碰撞分析软件 PBCAT

行人和自行车与汽车碰撞分析软件 PBCAT（Pedestrian and Bicycle Crash Analysis Tool）主要用于诊断行人和自行车道的危险路段，先进的分析工具有助于道路设计人员和交通管理人员更好地理解和确定事故多发点（路段），以寻求减少对弱势道路使用者的伤害的对策。

9.7　美国《道路安全手册》简介

历经多年研究，美国国家公路和运输官员协会（AASHTO）终于在 2010 年出版发行了 Highway Safety Manual（HSM）《道路安全手册》。该手册是 Traffic Engineering Manual《交通工程手册》、Highway Capacity Manual《道路通行能力手册》之后，由美国交通运输部和 AASHTO 大力推广的第三部手册。

《道路安全手册》为基于交通安全性能的决策提供知识和工具，其主要目的是为安全决策提供数量化的信息。《道路安全手册》集合了现有的在测量、预估和评价道路事故频率

（每年发生事故次数）和事故严重性（由事故造成的伤亡等）方面可用的信息和方法，这些信息和方法将安全因素贯穿于道路工程的各个阶段，如规划、设计、项目开发、建设、运营和维护等，并借此向广大的交通专业人员传达当前在道路安全方面最新的信息和知识。

《道路安全手册》共四部分，包括17章：第一部分主要包括引言及道路交通安全基础知识；第二部分主要介绍道路网络交通事故的监控诊断，并从工程实施全过程角度详细阐述了改善道路交通安全的步骤，涉及事故多发地点识别、事故成因分析、事故预防对策选择、经济评价、工程优先排序以及效果评价等；第三部分主要介绍道路交通事故的预测方法，涉及乡村双向双车道道路、多车道公路，城市和郊区干道等；第四部分主要介绍道路交通事故预防与安全改善措施，涉及道路路段、平面交叉口、立体交叉口、特殊设施以及道路网络等。HSM由以下章节构成：

  A部分 引言、人为因素和基础知识
  第1章 引言和概述
  第2章 人为因素
  第3章 基础知识
  B部分 道路安全管理流程
  第4章 网络审查
  第5章 事故诊断
  第6章 选择对策
  第7章 经济评价
  第8章 项目优先排序
  第9章 安全效用评估
  C部分 简介及应用指导
  第10章 乡村双向双车道道路预测方法
  第11章 乡村多车道公路预测方法
  第12章 城区和郊区干道的预测方法
  D部分 事故修正系数
  第13章 道路路段
  第14章 平面交叉口
  第15章 立体交叉
  第16章 特殊设施和几何特征
  第17章 道路网络

复 习 思 考 题

1. 为什么要进行交通安全评价？
2. 交通事故统计有哪四种常见的分类形式？
3. 交通事故统计指标中，相对指标有哪些？
4. 交通安全评价指标中常用的相对指标有哪些？
5. 交通冲突的定义是什么？它的分类方法有哪些？

6. 道路交叉口的交通安全评价方法主要有哪些?
7. 简要叙述事故多发地点的概念与辨识方法。
8. 某地区主干道道路网的年平均事故率为 50 起/亿车公里,其中某路段长 19km,每年有 65 起事故,年平均日交通量为 5000 辆/日。试采用质量控制法分析该路段是否为事故多发地点（K = 1.96）。
9. 目前有哪几种主流的交通安全分析软件?

第10章

新技术在交通安全中的应用

本章学习目标
1. 掌握接入管理技术的定义、交叉口的接入管理技术。
2. 掌握交通静化的概念、具体的交通静化技术。
3. 掌握交通冲突点的定义、交叉口机动车冲突点数计算模型的思路。
4. 掌握安全服务水平的概念、交叉口安全服务水平评价的流程。
5. 了解智能交通系统的概念及其基本分类。
6. 了解智能交通技术对交通安全的改善作用。
7. 了解交通大数据在交通安全中的应用。
8. 了解共享单车带来的安全问题。
9. 了解无人驾驶事故存在的法律风险。

当今社会已经步入了信息社会,科技发展日新月异,在交通领域,新技术也层出不穷。本章所讨论的新技术,不是狭义上刚刚出现的技术,而是广义上的新技术。虽然某个技术在国外存在了几十年,但是在国内没有进行较为系统的应用,或者说这个技术原本只体现在交通效率方面,最近才在交通安全中开始应用,这些也都算是新技术,如接入管理技术、智能交通技术等。

新技术对解决交通领域的问题、优化交通结构以及提高交通效率起到了推进作用。一切新技术的落脚点都应该放在安全上,不以安全为根本的新技术要么会逐渐被淘汰,要么会转变为以安全为根本。本章主要阐述一些新技术在交通安全方面的应用,而不强调这些新技术在交通效率方面的应用。

10.1 接入管理技术在交通安全中的运用

交叉口是道路网络的节点和枢纽,对路网中交通流的转换起着重要作用。虽然交叉口在路网里程中所占比例很小,但是发生在交叉口及其附近的交通事故比例很高。交叉口成为交通事故多发点的原因有多种,其中一个重要的原因是交叉口本身存在安全问题和安全隐患。根据文献,目前我国交叉口存在的主要安全问题包括交叉口接入太多、交叉口选位不当,从而导致交叉口存在大量的冲突点,这些冲突点会进一步引发交通冲突和交通事故。道路接入管理技术是以交通安全为首要出发点,对道路设施进行合理设计并对交通运行进行科学管理的一种技术。把道路接入管理技术运用到平面交叉口,有助于提高交叉口设计的合理性和规范性,能有效降低交通事故发生的可能性和严重程度,提高交叉口交通安全水平。

10.1.1 接入管理技术概述

美国从 20 世纪 70 年代开始研究道路通行效率和交通安全，至今已形成了一套较为完善的技术体系，称为道路接入管理技术（Access Management Techniques）。根据美国 TRB《接入管理手册》的定义，接入管理是对道路交叉口、分隔带开口、立交及路段上接入道路的选位、设计、管理的一种系统的管理控制。接入管理是为了在土地开发利用的过程中，为机动车提供方便接入的同时，保证整个交通运输体系的安全和效率，维护道路的功能。接入管理技术面向整个道路网络系统，范围很广，本节只研究适用于交叉口范围的接入管理技术，因此需要确定交叉口的范围，即交叉口功能区。

10.1.2 交叉口功能区的界定

平面交叉口区域面积的定义可分为交叉口物理区和交叉口功能区两种，如图 10-1 所示。交叉口物理区是指交叉道路的重叠部分，以交叉口转角及相邻的所有边界为限，通常被认为是交叉口的"入口"。交叉口功能区是指交叉口物理区及其上游和下游车道的延伸，包括辅助车道。交叉口功能区的定义对交叉口交通运行的机动性和安全性有着重要意义。机动车进入交叉口要进行一系列复杂的操作，包括反应、减速、排队等待、转向或穿越、加速等，功能区则是实施这一系列复杂操作的面积范围，或者说是交叉口对其相交道路的影响区域范围。

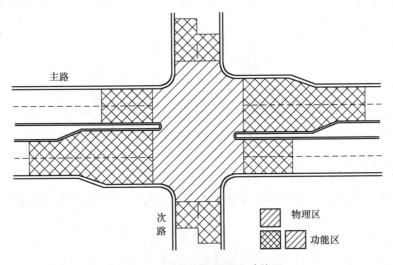

图 10-1 交叉口物理区和功能区

根据车辆驶入和驶出，交叉口进口道分为功能区上游和功能区下游，驶入车道为上游区，驶出车道为下游区。交叉口功能区范围的界定就是确定各进口道上下游车道的长度。通常，交叉口功能区上游由三部分组成，即驾驶人发现交叉口的感知反应时间内行驶的距离 d_1、车辆减速行驶的距离 d_2 和车辆排队长度 d_3。交叉口功能区上游长度 $d_{up} = d_1 + d_2 + d_3$，如图 10-2 所示。

功能区下游长度由交叉口车辆的停车视距决定，即功能区下游长度不能小于以交叉口相交道路设计速度计算的停车视距长度。这样规定的目的是确保车辆在发现功能区外潜在冲突时能及时制动，从而避免事故。结合我国公路设计规范中的设计参数，通过计算，建议各等

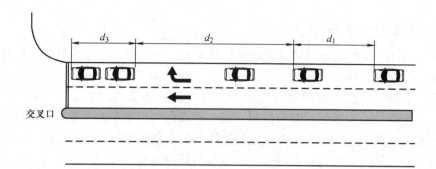

图 10-2 交叉口功能区上游车道组成

级公路进口道功能区上下游长度值见表 10-1。

表 10-1 各等级公路进口道功能区上下游长度值

进口道等级	设计速度/(km/h)	d_1/m		d_2/m		d_3/m	d_{up}/m	d_{dw}/m
		乡村区 ($t=2.5s$)	城镇区 ($t=1.5s$)	主路 $a=-2.5m/s^2$	次路 $a=-3.0m/s^2$			
具干线功能的一级公路	100/80	70/55	40/35	155/100	130/85	15/20	185~240/140~175	160/110
具集散功能的一级公路	80/60	55/40	35/25	100/55	85/50	20/25	140~175/100~120	110/75
具干线功能的二级公路	80	55	35	100	85	20	140~175	110
具集散功能的二级公路	60/40	40/30	25/20	55/25	50/20	25/30	100~120/70~85	75/40

10.1.3 接入管理技术类型

接入管理技术有多种。在交叉口安全改善中,具有明显效果的接入管理技术主要有以下六种。

1. 功能区内接入道路的关闭

在接入管理技术中,所有与交叉口直接相连的支路或次要道路统称为接入道路。理想状况下,在交叉口功能区范围内不允许有任何形式的接入道路存在,但在实际中,交叉口功能区内存在接入道路的现象相当普遍。在接近交叉口物理区附近,接入道路导致冲突点多而密集,严重影响交通安全,见图 10-3。因此有必要界定这一范围,这一范围之内不允许有接入道路。

当车流由路段进入交叉口时,速度会由相对稳定变为逐渐波动,车辆速度差逐渐变大。可以将速度差(一般取 15km/h)作为控制参数来限制接入距离,即在车辆速度差大于某个数值时禁止任何接入。通过大量观测发现,在交叉口入口 60m 以内车辆速度差大于 15km/h,在该范围内的接入道路会对交叉口安全产生严重影响。因此,建议关闭距交叉口 60m 内的所有接入道路。

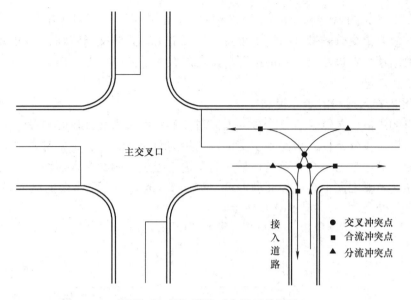

图 10-3　接入道路对交叉口的影响

2. 功能区内接入道路的出入控制

当交叉口功能区内接入道路为双向道路时，根据主路交通量的大小对接入道路进行出入控制管理。出入控制的方式主要有禁止左进（见图 10-4a、b）、禁止左出（见图 10-4c、d）

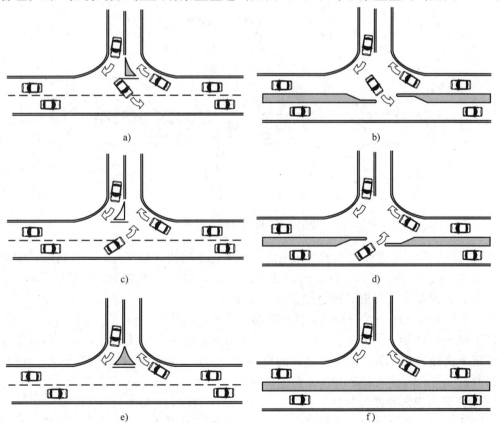

图 10-4　接入道路的出入控制

和禁止左进左出（见图10-4e、f）。主路没有中央分隔带的，可以设置渠划岛，主路已有中央分隔带的，应对中央分隔带开口进行处理。根据交叉口具体交通特征，建议功能区内上游车道的接入道路禁止左进左出，功能区下游车道的接入道路则根据主路支路间的交通流状况禁止左出或禁止左进。

3. 功能区内接入道路的顺序控制

当交叉口的进口道两侧各有一个接入道路时，其先后接入交叉口的顺序不同会产生不同的交通冲突后果。在分析接入道路对主交叉口产生的交通冲突时，主要考虑主交叉口的交通流。正确的接入顺序是当主交叉口进口道上的车辆先经过左侧的接入道路，再经过右侧的接入道路时，左转车辆之间不会产生交通冲突，如图10-5所示。而错误的接入顺序则会产生严重程度较高的交叉冲突，如图10-6所示。

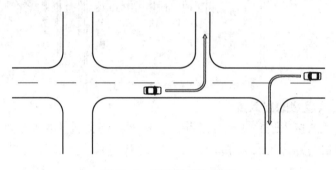

图10-5　正确的接入顺序

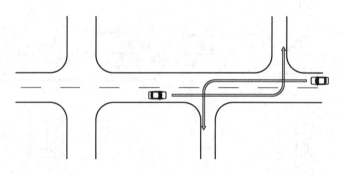

图10-6　错误的接入顺序

因此，当交叉口某进口道两侧接入道路出现不合适的接入顺序时，建议将靠近主交叉口的接入道路关闭，重新设置到反向接入道路的下游，以减少对主交叉口的不利影响。

4. 接入道路与交叉口进口道直接相交的处理

在交叉口功能区内，若一条接入道路直接与交叉口的进口道相交，会对主交叉口的安全运行产生很不利的影响，这相当于在主交叉口附近增加了一个交叉口。在交叉口的新建或改建中应避免这种情况出现，若存在这样的直接相交，建议将接入道路进行偏置，如图10-7所示，并且偏置后的接入顺序应符合前述要求。

5. 功能区内接入道路的合并

若交叉口功能区内的接入道路或接入口过多过密，可以考虑将其合并，再将合并而成的道路对交叉口的接入口设置于功能区之外，如图10-8所示，尽可能地消除接入道路对主交

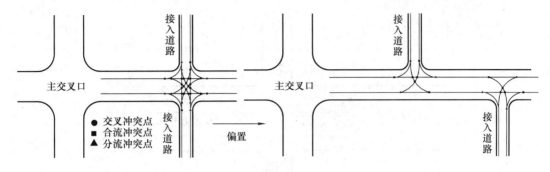

图 10-7　偏置接入道路

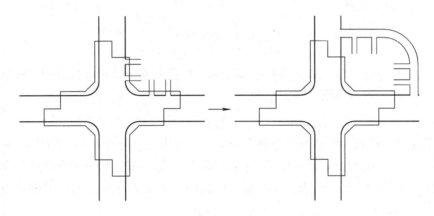

图 10-8　交叉口接入道路的合并

叉口的冲突。通过这样的道路合并可以减少接入道路对主交叉口的不利影响。

6. 交叉口 U 形转弯

当交叉口的某条相交道路左转车辆流量很大时，直接左转导致的交通冲突往往很严重。为了分离左转车流与直行车流的交通冲突，可采用间接左转的方式。U 形转弯是接入管理中较为普遍的间接左转方式，左转车辆进入交叉口时，先右转运行，行驶一段距离后再左转往回行驶，以此代替直接左转，如图 10-9 所示。U 形转弯的实施一般要求中央分隔带较宽，因为较宽的中央分隔带可容纳车辆，并允许其选择恰当时机左转。一般要求中央分隔带的宽度不小于 4m，另外车辆右转后直行的一段距离不能过短，过短的距离不能起到降低冲突的作用，国外研究表明该直行距离不得小于 150m。

10.1.4　安全改善评价方法

美国在评价某种接入管理技术运用所带来的安全效益时，往往通过分析交通事故数和交通冲突率来得到结论，但是所需要的周期较长，工作量大，而且评价数据只有在接入管理技术实施后才能获得。从交通事故和交通冲突发生的机理来看，冲突点是导致两者发生的关键因素，因此，基于冲突点开发安全改善评价方法能代替基于交通事故和交通冲突的评价方法，不但可以避免大量的数据观测，还可以预先评价接入管理技术的运用效果。

接入管理技术在交叉口实施后，主要是冲突点会产生变化，冲突点的数量减少或恶性程

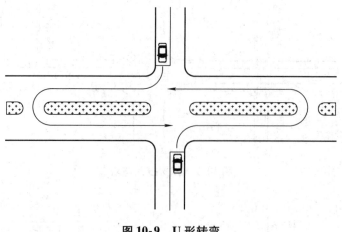

图 10-9 U 形转弯

度降低。因此，可以构造包含冲突点数量和冲突点类型的安全改善评价模型来评价接入管理技术对交叉口的安全改善作用。评价模型为

$$I = \sum k_i C_i \qquad (10\text{-}1)$$

式中，I 为潜在冲突指数，即安全改善评价指标，I 值越大说明交叉口的潜在冲突减少得越多，接入管理技术运用的安全效果越好；i 为冲突点类型，分别为分流冲突点、合流冲突点和交叉冲突点；k_i 为 i 类冲突点的恶性程度，反映冲突点可能导致交通事故的严重程度；C_i 为减少的 i 类冲突点数。

国内外大量的资料和实践经验表明，分流冲突点所导致的碰撞事故一般为追尾事故，合流冲突点所导致的碰撞事故一般为侧面撞击，而交叉冲突点所导致的碰撞事故一般为迎面碰撞和直角碰撞。因此，分流冲突点、合流冲突点、交叉冲突点的恶性程度依次升高，根据美国交叉口交通事故统计数据计算出的交叉冲突点、合流冲突点、分流冲突点的相对恶性程度分别为 3.0、1.5、1.0。

运用安全改善评价方法对以上六种接入管理技术对交叉口的安全改善作用进行评价。假设公路为双车道，计算得出各接入管理技术下的 I 值，见表 10-2。由表 10-2 可知，每种技术都能减少可能发生交通事故的危险性。

表 10-2 各接入管理技术下的 I 值

接入管理技术	说明	减少的冲突点数			I
		分流	合流	交叉	
功能区内接入道路的关闭	关闭 1 个接入道路	3	3	3	16.5
功能区内接入道路的出入控制	禁止左进	1	1	2	8.5
	禁止左出	1	1	2	8.5
	禁止左进左出	2	2	3	14.0
功能区内接入道路的顺序控制	只考虑主路车流转入接入道路	0	0	2	6.0
接入道路与交叉口进口道直接相交的处理	偏置 1 个接入道路	2	2	10	35

（续）

接入管理技术	说明	减少的冲突点数			I
		分流	合流	交叉	
功能区内接入道路的合并	合并2个接入道路，新合并道路接入口设置于功能区之外	6	6	6	33
交叉口U形转弯	交叉口1条相交道路设置U形转弯	0	0	8	24

接入管理技术的运用能明显地改善交叉口的安全性。因此，我国应加强对道路接入管理技术的研究，把接入管理技术应用于实际道路工程中，这对提高整个道路网络的交通安全性具有重要意义。

10.2　交通静化技术在交通安全中的运用

近些年来，西方发达国家对交通安全的关注胜于交通效率，在发展交通时更多地考虑人。为了减少交通事故发生的次数，降低事故的严重程度，改善道路交通环境，特别是社区的交通、生活环境，西方发达国家越来越多地使用交通静化技术（Traffic Calming Technology），并且取得了良好效果。而我国在这方面的研究和应用却很少，因此，把交通静化技术引入我国，进行相应研究并逐步应用到我国日益发达的交通系统中，对提高我国交通安全水平、营造一个和谐的交通环境具有重要的意义。

10.2.1　交通静化的起源与概念

交通静化的思想产生较早，但真正实施可以追溯到20世纪60年代，丹麦当地社区居民开始采取措施限制或者"静化"进入社区的车辆。到了20世纪70年代，交通静化的理念已经在欧洲普及，美国的交通静化也始于此时。1971年，美国的加利福尼亚州、俄勒冈州等开始尝试使用交通静化措施，并在1979~1981年间完成了第一个受联邦基金资助的关于交通静化的研究。研究表明，美国市民很关心他们认为不可接受的交通入侵他们的社区街道，并且愿意采用新的方法、措施来"静化"车辆交通，提高交通安全性。

虽然交通静化的想法由来已久，但是其定义目前尚未完全达到一致。1988年，加拿大交通运输协会和加拿大交通工程师学会对交通静化定义为：交通静化涉及改变一条道路上或者一个道路网络中机动车驾驶人的行为，它也包括旨在改变一个社区内的交通路线、交通流空间分布等的交通管理。美国交通工程师学会（ITE）曾这样描述交通静化：交通静化涉及道路线形的改变、安装障碍物或者其他物理设施来降低交通速度并（或）减少利用社区道路作为捷径的交通量，以保证道路的交通安全、可居住性以及其他公共利益。经过较长时间的争论，1999年，美国ITE下属的交通静化委员会定义交通静化为：交通静化是减少机动车使用负面影响的若干物理措施的组合，以改变驾驶人行为和改善道路中非机动车使用者的环境。

交通静化早期应用于社区，但是随着交通静化技术的发展，其应用的区域空间越来越广，内涵和外延也不断丰富，目的和目标也趋向多元化。

10.2.2 实施交通静化的目的与依据

实施交通静化的目的和原则为：①改善居民的居住环境，提高当地街道上行人、骑自行车人、机动车驾驶人及乘车人的交通安全性。②降低当地街道上的车速。③减少抄捷径而穿越当地街道的交通量。④保护并提高行人和骑自行车人通往临近社区的交通安全性。

交通静化不仅要提高行人、乘员、自行车、机动车的交通安全性，还要营造一个舒适愉悦的交通环境，从而提高整个交通系统的安全水平。应鼓励当地居民参与交通静化方案的制定，为居民之间的相互接触提供一个积极的社区氛围。交通静化应以社区居民的期望和行为偏好为出发点，并平衡整个社区不同居民区域的交通静化需要。

每一种交通静化措施的实施都有其具体依据，通用的实施依据有：①最小机动车交通量。②利用当地街道抄捷径的机动车交通量的百分率。③85%位运行车速。④行人过街交通量。⑤事故率。

交通静化的顺利实施并达到预期目的需要以 3E 安全管理体系方法为基础，即工程技术（Engineering）、教育培训（Education）、强制管理（Enforcement）。但是，交通静化更依赖工程技术，更倾向于通过交通出行者的自律而非强制管理来达到交通静化的目的。

10.2.3 交通静化技术与措施

交通静化技术与措施一般包括速度控制措施、交通量控制措施、组合控制措施等工程措施以及教育、执法等非工程措施。工程措施的首要目的就是降低车速和控制交通量，因为车速的降低和交通量的减少能够减少实际交通冲突，进而减少交通事故数量和（或）事故的恶性程度。有关研究也已证明，交通事故的发生和车速、交通量高度相关。

1. 速度控制措施

速度控制措施包括水平速度控制措施、垂直速度控制措施以及车道断面窄化措施。

(1) 水平速度控制措施　水平速度控制措施是通过改变传统的直线行驶方式来降低车速的。典型的措施包括交通花坛、交通环岛、曲折车行道、变形交叉口。

1）交通花坛（Traffic Circle）。交通花坛是设置在交叉口中心位置的圆形交通岛，车辆沿其周围环绕行驶。交通花坛外形呈圆形，在其凸起的平台上进行绿化。交通花坛一般适用于社区内部，特别是交通量不大、不关心大型车运行而注重降低车速和提高交通安全水平的地点。

交通花坛的优点是可有效降低车速，提高交通安全水平；可同时控制两条大路上的车速，并且美化了道路环境。缺点是大型车，如消防车，环绕行驶困难；车辆通过时可能会侵占人行横道，也可能会占用一部分的路边停车空间，并且交通花坛需要专门维护。交通花坛可使85%位运行车速平均降低11%，并可使平均事故率（起/年，下同）降低73%。交通花坛的具体形式有多种，图10-10所示是其中的一种。

2）交通环岛（Roundabout）。交通环岛比交通花坛大，它往往设置在交通量较大、车速较高的交叉口，车辆通过时逆时针环绕行驶，从而为来自不同方向的交通流分配路权。其优点是能够缓和主干道上的车速；与信号控制相比，能够提高交通安全性；能够减少交叉口排队长度；若美化得当，交通环岛可成为令人愉悦的道路风景；运营成本比交通信号控制方式低。缺点是可能会造成大型车，如消防车，环绕行驶困难；环绕车道可能会侵占人行横道；

可能会占用一部分路边停车空间；交通环岛需要专门维护。交通环岛可使平均事故率降低29%。交通环岛的具体形式有多种，图10-11是其中的一种。

图10-10　交通花坛形式之一

图10-11　交通环岛形式之一

3）曲折车行道（Chicane）。曲折车行道是通过交替延伸道路两侧的路缘，使得车行道呈S形，实现曲折车行道的另一个方法是在道路两侧交替设置斜向或平行的路边停车泊位，适用于车速和噪声都需要控制的地点。其优点是可通过车行道的横向偏转来降低车速；在交通负荷不大的情况下，大型车可容易通过。缺点是曲折车行道必须精确设计以确保车辆不会偏离车道；重新设置路缘带及其绿化造价可能较高；可能会占用一部分路边停车空间。曲折车行道的具体形式有多种，图10-12是其中的一种。

4）变形交叉口（Realigned Intersection）。变形交叉口应用在T形交叉口，它通过改变直行进口道的线形，使直行车流由直行通过变为转弯通过。其优点是可有效降低T形交叉口的车速，特别是那些容易被机动车驾驶人忽视的T形的交叉口，能够有效地提高交通安全性。缺点是路缘重置造价可能会比较高；对于切角绕行的车辆可能需要额外的路权。变形交叉口也有多种形式，图10-13是其中的一种。

图10-12　曲折车行道形式之一

图10-13　变形交叉口形式之一

（2）垂直速度控制措施　垂直速度控制措施是把车行道的一段提高，以降低车速。典型的措施包括减速丘、减速台、凸起的人行横道、凸起的交叉口等。

1）减速丘（Speed Hump）。减速丘是一个横穿车行道的圆拱形凸起区域。一般沿行车方向宽度为3~4.3m，高度为7.6~10cm。减速丘的纵断面可以是圆曲线、抛物线、正弦曲线。当接近路缘时，应设置渐变段，以利于排水。减速丘与减速条（Speed Bump）的显著不同是减速丘在宽度方向上大于减速条，后者往往用在停车场中。减速丘适用于需要控制车速，但对噪声和空气质量要求不高的地点。其优点是造价相对较低，自行车相对容易通过，能有效地降低车速。缺点是降低了行车舒适性，特别是对于有残疾的人来说；强迫大型车辆（如救援车辆）和刚性悬架车辆以更低的车速通过；可能会增加噪声和空气污染；在视觉美观度上欠佳。3.65m 宽的减速丘可使 85% 位运行车速平均降低 22%，平均事故率可降低 11%；4.25m 宽的减速丘，可使 85% 位运行车速平均降低 23%，平均事故率可降低 41%。减速丘的具体形式之一如图 10-14 所示。

2) 减速台（Speed Table）。减速台是一种平顶的减速丘，一般用砖或者具有纹理的材料建造，沿行车方向的宽度可以使一辆客车停留在它的平顶上面。砖或者其他纹理材料改善了减速台的外观，容易引起机动车的注意，从而降低车速和提高交通安全性。减速台适用于需要控制车速，又需要考虑大型车行驶舒适性的地点。其优点，对大型车辆来说，行驶舒适性要优于减速丘，能有效地减小车速。缺点是如果不用有纹理的材料，视觉美观度不好；如果使用纹理材料则造价较高；可能增加噪声和空气污染。6.7m 宽的减速台可使 85% 位运行车速平均降低 18%，平均事故率可降低 45%。减速台的具体形式之一如图 10-15 所示。

图 10-14　减速丘形式之一　　　　　　　　图 10-15　减速台形式之一

3) 凸起的人行横道（Raised Crosswalk）。凸起的人行横道是配有人行横道标线的减速台，以渠化行人过街，使机动车驾驶人更容易发现过街行人，适用于行人偶然穿越道路和车速过高的地点。其优点是同时提高了行人和机动车的交通安全性；如果设计得当，视觉美观度较好；能较好地降低车速。缺点是如果使用有纹理的材料，造价可能较高；可能影响路面排水；可能增加噪声和空气污染。6.7m 宽的减速台可使 85% 位运行车速平均降低 18%，平均事故率可降低 45%。凸起的人行横道具体形式之一如图 10-16 所示。

4) 凸起的交叉口（Raised Intersection）。凸起的交叉口是把整个交叉口区域全部平凸起的一种交叉口，且四周与各进口道斜坡过渡，平凸部分一般用砖或有纹理的材料建造，凸起高度往往与人行道一样高。凸起的交叉口适用于行人交通量大，且无法使用需要占用停车空间的其他静化控制措施的交叉口。其优点是同时改善了行人和机动车的交通安全性；如果设计得当，视觉美观度较好；可以同时净化两条相交道路。缺点是造价可能较高；可能影响路面排水；在降低车速方面不如减速丘、减速台和凸起的人行横道效果好。从一个小样本统计来看，凸起的交叉口可使 85% 位运行车速平均降低 1%。凸起的交叉口的具体形式之一如图

10-17 所示。

图 10-16　凸起的人行横道形式之一

图 10-17　凸起的交叉口形式之一

5）纹理路面（Textured Pavement）。纹理路面和有颜色路面一般用压印图案或者交替使用不同铺路材料来创造不平的道路表面。这种路面往往用在整个交叉口或者人行横道，有时甚至用于社区的全部道路。纹理路面适用于行人活动频繁，且对噪声不关心的主要街道区域。其优点是能够在一个较长范围内降低车速；如果设计得当，视觉美观度较好；可以同时净化两条相交道路。缺点是造价较高；如果用在人行横道，可能造成轮椅使用者和视力有障碍的行人过街困难。纹理路面具体形式之一如图 10-18 所示。

(3) 车道断面窄化措施　车道断面窄化措施包括交叉口瓶颈化、中心岛窄化和路面窄化。

1）交叉口瓶颈化（Neckdown）。交叉口瓶颈化是指交叉口处两侧路缘向中间延伸，从而减少进口宽度的交叉口。通过缩短行人穿越交叉口的距离和凸起的交通岛使得机动车容易注意行人，并因此成为一种"行人化"交叉口。交叉口瓶颈化适用于行人活动频繁，且不宜使用垂直速度控制措施带来噪声的地点。其优点是改善了行人的交通空间；大型车可比较容易进行直行和左转；能够提供受保护的路面停车区；能够降低车速，特别是右转车辆。缺点是如果不配以垂直或水平速度控制措施，则效果有限；可能会降低右转救援车辆的车速；可能会使得自行车暂时与机动车合流。交叉口瓶颈化可使 85% 位运行车速平均降低 7%。交叉口瓶颈化具体形式之一如图 10-19 所示。

图 10-18　纹理路面形式之一

图 10-19　交叉口瓶颈化形式之一

2）中心岛窄化（Center Island Narrowing）。中心岛窄化是在街道中线上设置凸起的中心交通岛，以窄化两侧的车行道。中心岛往往需要进行绿化以提高视觉美感。中心岛窄化适用于社区出入口处和街道较宽、行人过街需要较长时间的地点。其优点是提高了行人交通安全性；如果设计得当，视觉美观度较好；可以降低车速和减少交通量。缺点是如果不配以垂直或水平速度控制措施，则减速效果有限；可能会占用一部分路边停车空间。中心岛窄化可使85%位运行车速平均降低7%。中心岛窄化具体形式之一如图10-20所示。

3）路面窄化（Choker）。路面窄化是在行人过街处，通过拓宽人行道或绿化带来延伸路缘，以窄化道路断面的一种方式。如果配以人行横道标线，就是所谓的"安全人行横道"。路面窄化适合于需要限制速度，而且又不缺少路边停车泊位的地点。其优点是大型车可较容易地通过；如果设计得当，视觉美观度较好；能够同时控制速度和交通量。缺点是若不配以垂直或水平速度控制措施，则减速效果有限；可能会使得自行车暂时与机动车合流；可能会占用一部分路边停车空间。路面窄化可使85%位运行车速平均降低7%。路面窄化具体形式之一如图10-21所示。

图 10-20 中心岛窄化形式之一

图 10-21 路面窄化形式之一

（4）**其他速度控制措施** 其他速度控制措施包括交叉口颠簸带（Intersection Giggle Bump）、锤头交通岛（Hammerhead）以及一些以上提到的速度控制措施组合。交叉口颠簸带设置在交叉口入口前，以提醒驾驶人已经到达交叉口，其形式如图10-22所示。锤头交通岛是在交叉口内部使用奇形交通岛来组织大型且形状不规则交叉口的交通流，其形式如图10-23所示。

图 10-22 交叉口颠簸带形式

图 10-23 锤头交通岛交叉口形式

2. 交通量控制措施

交通量控制措施的主要目的是减少机动车交通量，一般包括全封闭、半封闭、对角分流岛、中央隔离岛、强迫转弯岛等措施。

（1）全封闭（Full Closure）　全封闭是指在街道上设置横跨街道的障碍物，以完全切断所有车辆通过，通常只开放人行道。全封闭适用于存在很多交通问题，且其他几种控制措施没有成效的地点。其优点是能够保持行人和自行车通过，完全切断了机动车流，极大地提高了行人和自行车的交通安全。缺点是需要通过法律程序或有关部门同意才能实施；社区内部和救援车辆需要绕过封闭街道；造价可能较高；可能会限制社区内部的商业活动。街道全封闭的具体形式之一如图 10-24 所示。

（2）半封闭（Half Closure）　半封闭是在双向通行街道的局部位置设置一个方向上的障碍物，以阻断这个方向的机动车流。半封闭适用于存在很多交通问题，且其他几种控制措施没有成效的地点。其优点是能够保持自行车在两个方向上通过，有效地降低了机动车交通量。缺点是社区内部和救援车辆需要绕过半封闭街道；可能会限制社区内部的商业活动；如果设计不恰当，车辆可能能够绕过障碍物。半封闭可降低42%的交通量（车/天，下同）。街道半封闭的具体形式之一如图 10-25 所示。

图 10-24　街道全封闭形式之一

图 10-25　街道半封闭形式之一

（3）对角分流岛（Diagonal Diverter）　对角分流岛是设置在交叉口对角线上的障碍物，以阻断直行交通流，并形成两个独立的 L 形街道。对角分流岛适用于不存在内部交通量问题的社区街道交叉口。其优点是不需要封闭街道，只需要改变现有街道的方向；能够保证行人和自行车通行；能够减少机动车交通量。缺点是社区内部和救援车辆有时需要绕行；造价可能较高；可能需要重新改造拐角处的路缘。对角分流岛可降低35%的交通量。对角分流岛的具体形式之一如图 10-26 所示。

（4）中央隔离岛（Median Barrier）　中央隔离岛是设置在交叉口处，并沿主路中线延伸的交通岛，其长度大于支路进口的宽度，以阻断来自支路的直行车流。中央隔离岛适用于支路与主路相交且支路直行车流不安全的交叉口和主路左转车流不安全的交叉口。其优点是通过禁止危险的转弯行为提高了支路和主路的交通安全；可减少支路上的直行交通量。缺点是要求主路有足够的宽度；限制转弯使得毗邻社区内的车辆和救护车辆行驶不便。中央隔离岛可降低31%的交通量。中央隔离岛的具体形式之一如图 10-27 所示。

图 10-26 对角分流岛形式之一

图 10-27 中央隔离岛形式之一

（5）**强迫转弯岛**（Forced Turn Island） 强迫转弯岛是设置在交叉口的凸起交通岛，以阻断某一进口道特定方向的转向运动。强迫转弯岛适用于支路与主路相交，且支路直行车流存在交通安全问题或主路左转车流存在安全隐患的交叉口。其优点是通过禁止危险的转弯行为提高了交叉口的交通安全性，减少了交通量。缺点是如果设计不当，车辆可能会非法转弯绕过强迫转弯岛，也可能会把交通问题转移到其他道路上。强迫转弯岛可降低31%的交通量。强迫转弯岛的具体形式之一如图10-28所示。

（6）**其他交通量控制措施** 其他交通量控制措施包括星形分流岛（Star Diverter）和双向—单向分流岛（One way – Two way）等。

星形分流岛与对角分流岛相似，也是设置在交叉口，在每个进口道只允许右转。星形分流岛形式如图10-29所示。

图 10-28 强迫转弯岛形式之一

图 10-29 星形分流岛形式

双向—单向分流岛是强迫转弯岛的变形，通过该岛把双向直行道路变为单向道路来限制转向行为。双向—单向分流岛形式如图10-30所示。

3. 组合控制措施

多种速度控制措施可以组合使用，速度控制措施也可以与交通量控制措施组合使用，以发挥各自的优势，达到降低车速和减少交通量的交通静化目的。具体来说，速度控制措施的组合使用有多种方式，交通花坛与减速台的组合如图10-31所示，凸起的交叉口与交叉口瓶颈化的组合如图10-32所示。

图 10-30　双向—单向分流岛形式

图 10-31　交通花坛与减速台的组合

4. 非工程措施

为了保证交通静化工程措施正常发挥作用，除了建好工程设施外，还要配以相应的非工程措施，包括对居民和机动车驾驶人进行交通静化方面的培训教育和交通执法。交通主管部门可采取讲座的形式，通过幻灯片、录像等方法讲解社区内的交通静化设施，重点说明交通静化规则与常规交通规则的区别，特别是机动车驾驶人、骑自行车人以及行人等交通出行者应该遵守的特殊规定。同时，还要进行交通执法监督，虽然交通静化的初衷是通过工程措施和出行者的自律来达到静化的目的，但是也需要进行一定的执法监督。

图 10-32　凸起的交叉口与交叉口瓶颈化的组合

10.2.4　交通静化在我国的发展空间

在西方发达国家，人们正式对待交通静化技术已有 30 年了。近几年，在我国的一些校园、居民小区等也能见到交通花坛，在道路交叉口也设置有交通环岛，但这些仅仅是与交通静化的"巧合"，其设计原则、目的、实施依据与交通静化理念并非完全一致，交通静化技术才刚开始引入我国，其理念还没有被普遍接受。我国对交通静化的研究也才刚刚进入认知阶段，距离具体设计、安装、应用还有较大距离。然而，交通静化在我国有很大的发展空间。在我国，支路上、次干道上，甚至主干道上机动车、非机动车、行人混行严重，且某些机动车驾驶人行为粗鲁，很容易造成机动车与非机动车、机动车与行人之间的交通事故，而且易造成人员伤亡。实施交通静化技术可有效地降低车速、减少交通量，从而减少交通冲突，减少交通事故。因此，交通静化会越来越受到市民的欢迎和有关政府部门的重视。另外，随着经济和交通事业的发展，我国必将从重视交通效率转向重视交通安全、保护交通弱者，以人为本的观念也会逐渐体现在交通政策和交通管理上。随着交通静化技术的引入，我国在进行交通规划和交通管理时也会逐渐考虑交通静化技术并逐步将其应用。需要注意的是，交通静化技术的具体应用必须与我国国情结合起来并进行大量的研究，以形成适合我国交通状况的本土化交通静化，切实达到预期的静化目的。

10.3 交通冲突点的计算技术

平面交叉口是事故多发地点和交通危险地点,就世界范围来说,大约30%~50%的道路交通事故发生在平面交叉口,造成这种现象的主要原因是平面交叉口存在很多交通冲突点。交通冲突点的存在在很大程度上导致了实际交通冲突的发生,进而导致交通事故的发生。因此,许多研究均把减少交通冲突点数作为交叉口接入管理设计和交叉口交通安全改善的重要措施之一。根据美国对不同冲突点数交叉口交通事故的统计研究,有16个交叉冲突点、8个合流冲突点、8个分流冲突点的双向2车道十字形无信号平面交叉口的平均事故率为4×10^{-7}/车,对该类型交叉口进行接入管理技术改造,限制支路上的交通流直行左转,使得交叉口只有2个交叉冲突点、4个合流冲突点、4个分流冲突点,此时交叉口的平均事故率为2×10^{-7}/车。可见,减少冲突点数对提高交叉口安全性具有重要作用。由于冲突点在很大程度上对交通安全有影响,在交叉口交通安全评价中经常考虑冲突点的种类与个数。例如交叉口安全服务水平评价方法就基于冲突点的种类和数量,在直观上,冲突点的种类属于恶性冲突点、冲突点的个数越多,交叉口的交通安全状况就越趋于不安全;反之,就越趋于安全。

交叉口机动车与机动车冲突点(简称机动车冲突点)在交通安全评价和安全改善中经常用到,可分为交叉冲突点、合流冲突点、分流冲突点。目前除了最简单的双向2车道T型与十字形无信号平面交叉口的机动车冲突点个数可用模型进行计算外,其他类型交叉口的机动车冲突点个数通常依靠手工画图得到。本节提出了虚拟车道和交叉口象限的概念,以及虚拟车道的转化方法,开发了多车道多控制方式的T形和十字形无信号交叉口机动车冲突点中不同种类冲突点数的计算模型。若没有特别指出,本节所指的交叉口均为无信号交叉口。

10.3.1 交叉口的虚拟车道和象限表示

目前已存在的双向2车道T形和十字形交叉口的机动车冲突点数计算模型为

$$N_c = \frac{1}{6}n^2(n-1)(n-2) \tag{10-2}$$

$$N_m = N_d = n(n-2) \tag{10-3}$$

式中,N_c为交叉冲突点数;N_m为合流冲突点数,N_d为分流冲突点数;n为交叉口相交道路数。

上述冲突点数计算模型只针对交叉口进口道为双向2车道的情况,但实际中进口道往往有多条,进口道的设置也有多种,如左直右车道、左直车道、直右车道、专用车道等,这些情况增加了不同种类冲突点的个数以模型形式表达的难度。

为了寻找交叉口机动车冲突点中不同种类冲突点的统一计算模型,定义两个概念,即虚拟车道和交叉口象限。虚拟车道是指交叉口进口处实际车道在停车线后分化出来的、以实现交通流直行、左转、右转的流向车道。这些流向车道在交叉口内部可能并没有画出,也不同于停车线前的实际车道。1条实际车道最多分化出1条直行虚拟车道、1条左转虚拟车道和1条右转虚拟车道。例如,1个左直车道,在停车线后可分化出1个直行的虚拟车道和1个左转的虚拟车道。为了便于区别,如果没有特别指出是虚拟车道,则为实际存在的车道。交叉口象限是指把交叉口物理区进行象限处理，以形成容易辨识的区域。根据十字形交叉口与T型交叉口相交道路数的不同，定义十字形交叉口为8个象限，以2条道路的中央分隔带的中心线或者双/单黄线的延长线的交点为象限的原点，延长线交叉形成4个大象限，每1个大象限包括2个小象限，其中1个为道路1的进口象限，另1个为道路2的出口象限，即十字形交叉口包括4个进口象限与4个出口象限，其象限示意图如图10-33所示。

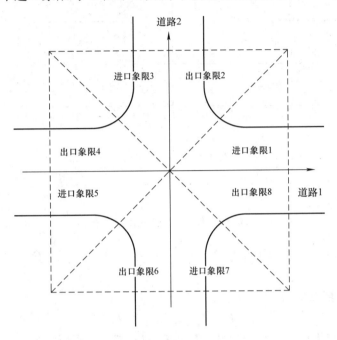

图 10-33　十字形交叉口的象限示意图

对于T形交叉口，由于是3路，只有6个象限，但是为了与十字形交叉口一致，对其中2个不存在的象限默认为其存在，但在计算冲突点时并未用到。T形交叉口的象限示意图如图10-34所示。

需要指明的是，为了便于叙述，在图10-33、图10-34中道路1默认为主路，道路2默认为支路。实际上，交叉口的具体形式可能不同于所示样式，如Y形、X形交叉口，但是分析原理相同。

10.3.2　虚拟车道的转化方法

给定交叉口进口某种运动（直行、左转、右转）的虚拟车道数可以按照下述方法进行转化。

(1) 直行的虚拟车道数

$$E_t = L_t + L_{lt} + L_{ltr} + L_{tr} \tag{10-4}$$

式中，E_t为给定进口直行的虚拟车道数；L_t为该进口直行专用车道数；L_{lt}为该进口左直车道数；L_{ltr}为该进口左直右车道数；L_{tr}为该进口直右车道数。

(2) 左转的虚拟车道数

$$E_l = L_l + L_{lt} + L_{ltr} + L_{lr} \tag{10-5}$$

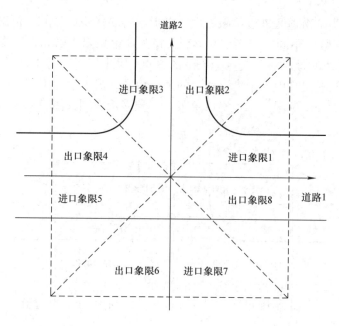

图 10-34　T 形交叉口的象限示意图

式中，E_l 为给定进口左转的虚拟车道数；L_l 为该进口左转专用车道数；L_{lr} 为该进口左右车道数。

(3) 右转的虚拟车道数

$$E_r = L_r + L_{tr} + L_{ltr} + L_{lr} \tag{10-6}$$

式中，E_r 为给定进口右转的虚拟车道数；L_r 为该进口右转专用车道数。

对于 T 形交叉口，某些进口的直行、左转、右转的虚拟车道数为 0。

10.3.3　交叉口机动车冲突点数计算模型

基于虚拟车道和交叉口象限的概念，以及虚拟车道的转化方法，分别开发 T 形交叉口和十字形交叉口机动车冲突点数的计算模型。

1. T 形交叉口冲突点数计算模型

(1) 交叉冲突点　交叉冲突点数的计算模型为

$$N_c^T = E_{t,1}(E_{l,3} + E_{l,5}) + E_{l,3}E_{l,5} \tag{10-7}$$

式中，N_c^T 为交叉冲突点数；$E_{t,1}$ 为进口象限 1 的直行虚拟车道数；$E_{l,3}$、$E_{l,5}$ 为进口象限 3、5 的左转虚拟车道数。

(2) 合流冲突点　合流冲突点都发生在出口象限，因此计算每一个出口象限中的合流冲突点数然后累加即可。

1）出口象限 2 的合流冲突点数为

$$N_{m,2}^T = \begin{cases} E_{r,1} + E_{l,5} - D_{w,2} & N_{m,2}^T \geq 0 \\ 0 & N_{m,2}^T < 0 \end{cases} \tag{10-8}$$

式中，$N_{m,2}^T$ 为出口象限 2 的合流冲突点数；$E_{r,1}$ 为进口象限 1 的右转虚拟车道数；$D_{w,2}$ 为出口象限 2 的车道数。

2) 出口象限 4 的合流冲突点数为

$$N_{m,4}^{T} = \begin{cases} E_{r,3} + E_{t,1} - D_{w,4} & N_{m,4}^{T} \geq 0 \\ 0 & N_{m,4}^{T} < 0 \end{cases} \quad (10\text{-}9)$$

式中，$N_{m,4}^{T}$ 为出口象限 4 的合流冲突点数；$E_{r,3}$ 为进口象限 3 的右转虚拟车道数；$D_{w,4}$ 为出口象限 4 的车道数。

3) 出口象限 8 的合流冲突点数为

$$N_{m,8}^{T} = \begin{cases} E_{l,3} + E_{t,5} - D_{w,8} & N_{m,8}^{T} \geq 0 \\ 0 & N_{m,8}^{T} < 0 \end{cases} \quad (10\text{-}10)$$

式中，$N_{m,8}^{T}$ 为出口象限 8 的合流冲突点数；$E_{t,5}$ 为进口象限 5 的直行虚拟车道数；$D_{w,8}$ 为出口象限 8 的车道数。

则产生的总的合流冲突点数为

$$N_{m}^{T} = N_{m,2}^{T} + N_{m,4}^{T} + N_{m,8}^{T} \quad (10\text{-}11)$$

(3) 分流冲突点数

分流冲突点都发生在进口象限中，因此计算每一个进口象限中的分流冲突点数然后累加即可。

进口象限 1、3、5 的分流点数分别为

$$N_{d,1}^{T} = L_{tr,1} \quad (10\text{-}12)$$

$$N_{d,3}^{T} = L_{lr,3} \quad (10\text{-}13)$$

$$N_{d,5}^{T} = L_{lt,5} \quad (10\text{-}14)$$

式中，$N_{d,1}^{T}$、$N_{d,3}^{T}$、$N_{d,5}^{T}$ 为进口象限 1、3、5 的分流冲突点数；$L_{tr,1}$ 为进口象限 1 的直右混合车道数；$L_{lr,3}$ 为进口象限 3 的左右混合车道数；$L_{lt,5}$ 为进口象限 5 的直左混合车道数。

则产生的总的分流冲突点为

$$N_{d}^{T} = N_{d,1}^{T} + N_{d,3}^{T} + N_{d,5}^{T} \quad (10\text{-}15)$$

2. 十字形交叉口冲突点数计算模型

(1) 交叉冲突点 交叉冲突点数为

$$\begin{aligned} N_{c}^{+} = &(E_{t,1} + E_{t,5})(E_{t,3} + E_{t,7}) + E_{l,1}(E_{l,3} + E_{t,5} + E_{t,7} + E_{l,7}) + \\ & E_{l,3}(E_{l,5} + E_{t,7} + E_{t,1}) + E_{l,5}(E_{l,7} + E_{t,1} + E_{t,3}) + E_{l,7}(E_{t,3} + E_{t,5}) \end{aligned} \quad (10\text{-}16)$$

式中，$E_{t,3}$ 为进口象限 3 的直行虚拟车道数；$E_{l,1}$ 为进口象限 1 的左转虚拟车道数；$E_{t,7}$ 为进口象限 7 的直行虚拟车道数；$E_{l,7}$ 为进口象限 7 的左转虚拟车道数。

(2) 合流冲突点 合流冲突点都发生在出口象限中，因此计算每一个出口象限中的合流冲突点数然后累加即可。

1) 出口象限 2 的合流冲突点数为

$$N_{m,2}^{+} = \begin{cases} E_{r,1} + E_{l,5} + E_{t,7} - D_{w,2} & N_{m,2}^{+} \geq 0 \\ 0 & N_{m,2}^{+} < 0 \end{cases} \quad (10\text{-}17)$$

2) 出口象限 4 的合流冲突点数为

$$N_{m,4}^{+} = \begin{cases} E_{r,3} + E_{l,7} + E_{t,1} - D_{w,4} & N_{m,4}^{+} \geq 0 \\ 0 & N_{m,4}^{+} < 0 \end{cases} \quad (10\text{-}18)$$

3) 出口象限 6 的合流冲突点数为

$$N_{m,6}^+ = \begin{cases} E_{r,5} + E_{l,1} + E_{t,3} - D_{w,6} & N_{m,6}^+ \geqslant 0 \\ 0 & N_{m,6}^+ < 0 \end{cases} \quad (10\text{-}19)$$

式中，$E_{r,5}$ 为进口象限 5 的右转虚拟车道数；$D_{w,6}$ 为出口象限 6 的车道数。

4) 出口象限 8 的合流冲突点数为

$$N_{m,8}^+ = \begin{cases} E_{r,7} + E_{l,3} + E_{t,5} - D_{w,8} & N_{m,8}^+ \geqslant 0 \\ 0 & N_{m,8}^+ < 0 \end{cases} \quad (10\text{-}20)$$

式中，$E_{r,7}$ 为进口象限 7 的右转虚拟车道数。

则产生的总的合流冲突点数为

$$N_m^+ = N_{m,2}^+ + N_{m,4}^+ + N_{m,6}^+ + N_{m,8}^+ \quad (10\text{-}21)$$

(3) 分流冲突点数 分流冲突点都发生在进口象限中，因此计算每一个进口象限中的分流冲突点数然后累加即可。

进口象限 1、3、5、7 的分流点数为

$$N_{d,1}^+ = 2L_{ltr,1} + L_{lt,1} + L_{tr,1} \quad (10\text{-}22)$$

$$N_{d,3}^+ = 2L_{ltr,3} + L_{lt,3} + L_{tr,3} \quad (10\text{-}23)$$

$$N_{d,5}^+ = 2L_{ltr,5} + L_{lt,5} + L_{tr,5} \quad (10\text{-}24)$$

$$N_{d,7}^+ = 2L_{ltr,7} + L_{lt,7} + L_{tr,7} \quad (10\text{-}25)$$

式中，$L_{ltr,1}$、$L_{ltr,3}$、$L_{ltr,5}$、$L_{ltr,7}$ 分别为进口象限 1、3、5、7 的左直右混合车道数；$L_{lt,1}$、$L_{lt,3}$、$L_{lt,5}$、$L_{lt,7}$ 分别为进口象限 1、3、5、7 的左直混合车道数；$L_{tr,1}$、$L_{tr,3}$、$L_{tr,5}$、$L_{tr,7}$ 分别为进口象限 1、3、5、7 的直右混合车道数。

则产生的总的分流冲突点数为

$$N_d^+ = N_{d,1}^+ + N_{d,3}^+ + N_{d,5}^+ + N_{d,7}^+ \quad (10\text{-}26)$$

10.3.4 实例验证与分析

为了验证 T 形与十字形交叉口不同种类冲突点数计算模型的正确性，可以采用画图的方法进行模型验证，即通过画图，得出不同类型冲突点数，而后与冲突点数计算模型的计算结果进行比较，检验冲突点数计算模型是否正确。

1. T 形交叉口冲突点数计算模型验证

采用任意一个 T 形交叉口进行验证，该交叉口主路为双向 4 车道，支路为双向 2 车道，首先采用画图法画出该交叉口不同种类冲突点数，如图 10-35 所示。

然后利用所开发的冲突点数模型进行计算，根据式（10-4）~式（10-6）有：$E_{t,1} = 1 + 0 + 0 + 1 = 2$；$E_{t,3} = 0 + 0 + 0 + 0 = 0$；$E_{t,5} = 1 + 1 + 0 + 0 = 2$；$E_{l,1} = 0 + 0 + 0 + 0 = 0$；$E_{l,3} = 0 + 0 + 0 + 1 = 1$；$E_{l,5} = 0 + 1 + 0 + 0 = 1$；$E_{r,1} = 0 + 1 + 0 + 0 = 1$；$E_{r,3} = 0 + 0 + 0 + 1 = 1$；$E_{r,5} = 0 + 0 + 0 + 0 = 0$。

(1) 交叉冲突点 根据式（10-7）有：$N_c^T = 2 \times (1+1) + 1 \times 1 = 5$。

(2) 合流冲突点 根据式（10-8）~式（10-11）有：$N_{m,2}^T = 1 + 1 - 1 = 1$；$N_{m,4}^T = 1 + 2 - 2 = 1$；$N_{m,8}^T = 1 + 2 - 2 = 1$；$N_m^T = 1 + 1 + 1 = 3$。

(3) 分流冲突点 根据式（10-12）~式（10-15）有：$N_{d,1}^T = 1$；$N_{d,3}^T = 1$；$N_{d,5}^T = 1$；

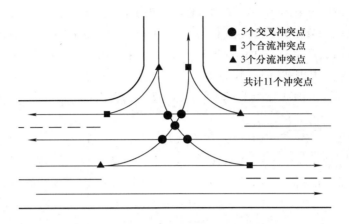

图 10-35 T形交叉口不同类型冲突点数

$N_d^T = 1 + 1 + 1 = 3$。

通过比较可见，该类型交叉口冲突点数的两种求解方法得到的结果相同。同理，选择其他形式的 T 形交叉口进行冲突点数的画图计算与模型计算，二者结果也应一致。因此，T 形交叉口不同类型冲突点数计算模型正确，并且用该模型计算冲突点数明显快于画图法计算冲突点数。

2. 十字形交叉口冲突点数计算模型验证

任意选择一个十字形交叉口进行验证，该交叉口主路为双向 4 车道，进口道 2 个车道中 1 个为直右车道，1 个为左直车道，支路为双向 2 车道，进口道为 1 个为左直右车道，首先采用画图法画出该交叉口不同类型冲突点数，如图 10-36 所示。

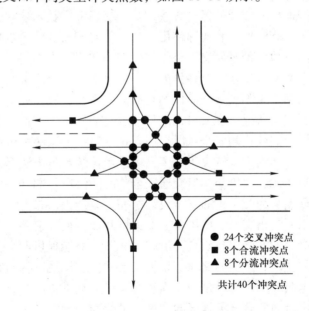

图 10-36 十字形交叉口不同类型冲突点数

然后利用所开发的冲突点数模型进行计算，根据式（10-4）~式（10-6）有：$E_{t,1} = 0 +$

$1+0+1=2$；$E_{t,3}=0+0+1+0=1$；$E_{t,5}=0+1+0+1=2$；$E_{t,7}=0+0+1+0=1$；$E_{l,1}=0+1+0+0=1$；$E_{l,3}=0+0+1+0=1$；$E_{l,5}=0+1+0+0=1$；$E_{l,7}=0+0+1+0=1$；$E_{r,1}=0+1+0+0=1$；$E_{r,3}=0+0+1+0=1$；$E_{r,5}=0+1+0+0=1$；$E_{r,7}=0+0+1+0=1$。

1）交叉冲突点。根据式（10-16）有：

$N_c^+ = (2+2)\times(1+1)+1\times(1+2+1+1)+1\times(1+1+2)+1\times(1+2+1)+1\times(1+2)=24$。

2）合流冲突点。根据式（10-17）~式（10-21）有：$N_{m,2}^+=1+1+1-1=2$；$N_{m,4}^+=1+1+2-2=2$；$N_{m,6}^+=1+1+1-1=2$；$N_{m,8}^+=1+1+2-2=2$；$N_m^+=2+2+2+2=8$。

3）分流冲突点。根据式（10-22）~式（10-26）有：$N_{d,1}^+=2\times0+1+1=2$；$N_{d,3}^+=2\times1+0+0=2$；$N_{d,5}^+=2\times0+1+1=2$；$N_{d,7}^+=2\times1+0+0=2$；$N_d^+=2+2+2+2=8$。

通过比较可见，该类型交叉口冲突点数的2种求解方法得到的结果相同。同理，选择其他形式的十字形交叉口进行冲突点数的画图计算与模型计算，二者结果也应一致。因此，十字形交叉口不同类型冲突点数计算模型正确，并且用模型计算冲突点数明显快于画图法计算冲突点数。

总之，只要获得交叉口不同设置的车道数量，就能够通过该机动车冲突点计算方法与模型迅速地计算得到各种冲突点的个数，解决了难以快速准确计算交叉口冲突点数的问题，为冲突点在交叉口接入管理设计和交叉口交通安全中的应用提供了便利。

10.4 交叉口安全服务水平评价

道路设施交通安全评价是交通安全改善的前提和依据。对于平面交叉口的交通安全评价，目前主要有基于交通事故统计的评价方法和基于交通冲突技术的评价方法。但是这两类方法都存在一些缺点，不利于推广和普遍使用，特别是对于缺少评价数据的发展中国家。为了更加准确、方便、经济地评价平面交叉口的交通安全状况，本书提出了一种新的非交通事故、非交通冲突的平面交叉口交通安全评价方法——交叉口安全服务水平评价。该方法不需要交叉口的交通事故数据，也不需要交叉口的交通冲突数据，只需要交叉口不同类型冲突点的数目、交叉口的交通流量状况、交叉口几何特征、交通标志、交通标线、路面、照明、信号灯等情况，就能够评价交叉口的安全状况。而且这些数据的采集相较而言比较方便，不需要花费大量的时间、人力和物力，解决了许多国家采用传统评价方法但无交通事故数据，或无力采集交通冲突数据而无法评价交叉口交通安全状况的困境。此外，该方法除了能够评价交叉口的安全状况，还能够为交叉口的安全设计、安全改造提供参考标准。

交叉口安全服务水平是指交叉口使用者从交叉口几何特征、道路状况、交通控制、交通环境等方面可能得到的交通安全服务质量，也就是交叉口所能提供的交通安全服务程度。如交叉口能够提供良好的视距、坚实的路面、系统完善的标志标线、合理完善的路权分配和交通渠化等。交叉口安全服务水平等级是为了描述交叉口以其本身所具有的基本条件所能向驾驶人、乘客、行人提供交通安全服务程度的一种质量标准。

美国《道路通行能力手册》提出了道路设施服务水平的概念，并通过服务水平把利用效率指标分析道路设施得到的数值结果转化成公众容易理解的等级。但是，当前道路设施服务水平评价标准中不包含交通安全指标，不同的道路设施设计方案并不能比较其安全效果。

本书基于目前交叉口交通安全问题严重、《道路通行能力手册》对安全没有给予足够的重视，以及现有评价方法都存在较大缺点的现状，提出交叉口安全服务水平的基本概念，分别开发无信号、信号平面交叉口安全服务水平模型，从交叉口安全服务水平的角度，不但能够对平面交叉口的交通安全状况进行客观评价，还可以给出人们容易理解的安全服务水平等级。

10.4.1 无信号平面交叉口安全服务水平评价

1. 影响无信号平面交叉口安全服务水平的因素

影响无信号平面交叉口（为了方便，本节下文中简称交叉口）安全服务水平的因素众多，既有客观因素，又有主观因素。客观因素主要指交叉口几何特征、道路状况、交通控制、交通环境等有关因素，如交通标志标线、照明、交通量等。主观因素主要指与人有关的因素，如驾驶行为、交通安全意识等。由于主观因素变化大，加之其中的某些机理尚未完全了解清楚，应重点考虑客观因素。

利用层次分析法、专家咨询法，以及实地调查，通过分析、筛选，去掉一些对交叉口安全影响较小的因素，把影响交叉口安全服务水平的因素分为主要影响因素、次要影响因素和交通量三类，其中有的类还包括小类，小类包括若干具体影响因素，如下所示：

（1）主要影响因素

1）机动车与机动车冲突点：交叉冲突点、合流冲突点、分流冲突点。

2）机动车与非机动车冲突点：直行机动车与非机动车冲突点、左转机动车与非机动车冲突点、右转机动车与非机动车冲突点。

3）机动车与行人冲突点：直行机动车与行人冲突点、左转机动车与行人冲突点、右转机动车与行人冲突点。

（2）次要影响因素

1）几何特征：纵坡度、交叉角度、视距、车道设置、物理渠化。

2）交通标志：标志可视性、标志设置、标志信息量。

3）交通标线：标线可视性、标线设置。

4）路面：路面平整性、路面抗滑性。

5）照明：路灯设置、路灯完整性。

（3）交通量

2. 交叉口安全服务水平评价方案

根据对交叉口安全服务水平影响因素的分析和分类，在确定交叉口安全服务水平评价方案时，着重考虑主要影响因素和交通量，即交叉口存在的各种冲突点和进入交叉口的交通量。假设次要影响因素为理想状况时，从冲突点的个数、类型、恶性程度等方面建立交叉口安全服务水平的主模型，并通过主要影响因素和交通量数据得到理想状况下的交叉口安全服务水平。但是，这时的安全服务水平并没有反映出次要影响因素实际影响交叉口安全的情况。因此，需要进一步考虑次要影响因素对交叉口安全可能造成的影响，建立次要因素影响交叉口安全服务水平的修正模型，通过次要影响因素数据得到次要影响因素修正系数，并修正由主要影响因素和交通量得到的安全服务水平，从而得到交叉口实际的安全服务水平。交叉口安全服务水平评价方案如图10-37所示。

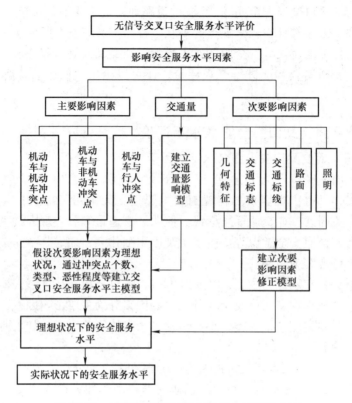

图 10-37　无信号交叉口安全服务水平评价方案

3. 交叉口安全服务水平模型建立

为了更好地表达各影响因素与安全服务水平之间的关系，在建立安全服务水平模型时，分别从主要影响因素和交通量建立主模型，从次要影响因素建立次要因素修正模型。

（1）主模型建立

1）机动车与机动车冲突点潜在危险度模型。对于机动车，由于交通流的直行、右转、左转，交叉口存在很多内在交通冲突点，例如双向 2 车道十字形交叉口一共存在 32 个机动车与机动车冲突点，其中 16 个交叉冲突点、8 个合流冲突点、8 个分流冲突点。这些交织在一起的冲突点使得交通流在通过交叉口时极易发生交通冲突，进而诱发交通事故。若对十字形交叉口进行接入管理技术改造，限制支路上的交通流直行和左转，则冲突点变为 10 个，其中交叉冲突点 2 个、合流冲突点 4 个、分流冲突点 4 个。由于后者的冲突点数大大减少，交通流发生实际冲突的可能性大大降低，发生交通事故的可能性也相应降低。据美国资料统计，前者的事故率为 0.4 起/百万辆车，而后者的事故率为 0.2 起/百万辆车。显然，后者比前者的安全水平高。因此，以机动车冲突点为基础建立的机动车与机动车冲突点潜在危险度模型是合理的。由于不同类型冲突点的恶性程度不同，在建立模型时，不但要考虑冲突点的个数，还要考虑冲突点的类型和恶性程度。

交叉口冲突点在本质上决定了交叉口是否安全，但是实际交通量状况也可能影响冲突点的负面作用，如果交通量较大且交通秩序混乱，必然会加重冲突点的负面作用，如果交通量较小且交通秩序好，则可能减轻冲突点的负面作用。有关交通量对交通安全影响的研究也间接证明了这一点,即交通量与交通安全的关系一般是随着交通量的增加,交通趋于不安全。相关研究得出的结论都表示事故率是随着 V/C(最大服务交通量与基准通行能力之比)的增加而增加。另外,关于通行能力服务水平对交通安全影响的研究表明,随着服务水平的下降(从 A 到 F),无论事故数还是事故率都会上升。因此,在建立机动车与机动车冲突点潜在危险度模型时,还要适当考虑交通量的影响,模型为

$$R_\mathrm{m} = K_\mathrm{m} \sum_{i=1}^{n} N_{\mathrm{m}i} S_{\mathrm{m}i} \tag{10-27}$$

式中,R_m 为机动车与机动车冲突点造成的交叉口潜在危险度;i 为机动车与机动车冲突点的种类;$N_{\mathrm{m}i}$ 为 i 种冲突点的个数;$S_{\mathrm{m}i}$ 为 i 种冲突点的恶性程度;K_m 为机动车交通量影响系数,且有

$$K_\mathrm{m} = 1 + \frac{V}{C} \tag{10-28}$$

式中,V 为交叉口入口机动车交通量;C 为交叉口机动车通行能力。

2)机动车与非机动车冲突点潜在危险度模型。目前,在我国和其他许多发展中国家,很多道路没有设置机动车与非机动车或行人分隔带,机动车与非机动车、行人混行严重,这一点在交叉口尤为突出。在交叉口混合交通中,非机动车和行人处于明显的弱势。因此,在建立安全服务水平模型时,要考虑非机动车和行人。在交叉口,机动车与非机动车之间也存在大量冲突点。为了方便分析这种冲突点,把行驶在非机动车道上的非机动车看作 1 个非机动车流(若没有划分非机动车道,则最右侧机动车道的右侧作为非机动车道),而不具体考虑并行的非机动车数目。例如双向 2 车道十字形无信号交叉口,机动车与非机动车之间一共存在 52 个冲突点,其中直行、左转、右转机动车与非机动车分别有 24、16、12 个冲突点。虽然交叉口机动车、非机动车、行人混行严重,但是非机动车流量往往不大,故在建立模型时,交通量的处理采用了不同方式。机动车与非机动车冲突点潜在危险度模型为

$$R_\mathrm{n} = K_\mathrm{n} \sum_{j=1}^{n} N_{\mathrm{n}j} S_{\mathrm{n}j} \tag{10-29}$$

式中,R_n 为机动车与非机动车冲突点造成的交叉口潜在危险度;j 为机动车与非机动车冲突点的种类;$N_{\mathrm{n}j}$ 为 j 种冲突点的个数;$S_{\mathrm{n}j}$ 为 j 种冲突点的恶性程度;K_n 为机动车与非机动车交通量影响系数,其值由交通工程师对机动车与非机动车流量状况打分计算得出,计算公式为

$$K_\mathrm{n} = 1 + \frac{100 - M_\mathrm{n}}{100} \tag{10-30}$$

式中,M_n 是机动车与非机动车流量状况的打分值。

3)机动车与行人冲突点潜在危险度模型。在交叉口交通中,行人处于交通弱势,而且存在许多机动车与行人冲突点。同样,为了方便分析,把行走在人行横道上的行人看作 1 个行人流(若没有划分人行横道,则认为人行横道在停车线的前面),而不具体考虑并行的人的数目。例如双向 2 车道十字形无信号交叉口,机动车与行人之间一共存在 24 个冲突点,其中直行、左转、右转机动车与行人分别有 8 个冲突点。由于行人流量较小,模型采用了与非机动车类似的形式,即

$$R_\mathrm{p} = K_\mathrm{p} \sum_{l=1}^{n} N_{\mathrm{p}l} S_{\mathrm{p}l} \tag{10-31}$$

式中,R_p 为机动车与行人冲突点造成的交叉口潜在危险度;l 为机动车与行人冲突点的种

类;N_{pl}为l种冲突点的个数;S_{pl}为l种冲突点的恶性程度;K_p为机动车与行人交通量影响系数,其值由交通工程师对机动车与行人流量状况打分计算得出,计算公式为

$$K_p = 1 + \frac{100 - M_p}{100} \tag{10-32}$$

式中,M_p为机动车与行人流量状况的打分值。

4)交叉口安全服务水平主模型。交叉口安全服务水平主模型由以上三部分组成,即

$$R = \sum W_k R_k \tag{10-33}$$

式中,R为交叉口潜在危险度;R_k($k = m, n, p$)含义同前;W_k为R_k的权重,以反映机动车、非机动车、行人之间的冲突点对交叉口服务水平的不同影响程度。

5)主模型中权重与恶性程度获得。在交叉口安全服务水平主模型中需要确定的包括权重W_k和各类型冲突点中不同种类冲突点的恶性程度。由于得不到相同地区按照机动车与机动车、机动车与非机动车、机动车与行人分别统计的交叉口交通事故资料,不能从事故造成的经济损失来计算得到权重W_k,但可以利用专家调查得到。通过较大样本的调查,得到不同类型冲突点权重,见表10-3。

表10-3 不同类型冲突点权重

冲突点类型	权重
机动车与机动车冲突点	0.25
机动车与非机动车冲突点	0.33
机动车与行人冲突点	0.42

根据对交叉口冲突点的理论分析和国内外交叉口事故资料,机动车与机动车冲突点中交叉冲突点所导致的交通事故一般为角度碰撞,合流冲突点所导致的交通事故一般为刮擦碰撞和追尾碰撞,分流冲突点所导致的交通事故一般为追尾碰撞。因此,可从不同种类冲突点所导致的碰撞事故出发,根据不同类型碰撞事故造成的经济损失来衡量交叉、合流、分流冲突点的恶性程度。根据美国的事故统计数据进行计算,得到分流、合流、交叉冲突点的相对恶性程度,见表10-4。

表10-4 机动车与机动车冲突点恶性程度

冲突点种类	恶性程度
分流冲突点	1.0
合流冲突点	1.5
交叉冲突点	3.0

在机动车与非机动车冲突点中,需要确定的冲突点恶性程度有直行、左转、右转机动车与非机动车冲突点的恶性程度。利用美国6个州的机动车与自行车交通事故数据,包括自行车交通事故的类型、事故所占百分率,以及恶性事故百分率,并根据需要对自行车交通事故类型进行了适当的合并,经过计算,得到了机动车与非机动车冲突点的相对恶性程度,见表10-5。

表 10-5　机动车与非机动车冲突点恶性程度

冲突点种类	恶性程度
右转机动车与自行车冲突点	1.0
左转机动车与自行车冲突点	1.5
直行机动车与自行车冲突点	3.0

从表 10-4、10-5 可见,这两种类型冲突点中不同种类冲突点的相对恶性程度相同。

同理,根据美国的机动车与行人交通事故数据,经过计算,并考虑与以上相对恶性程度的可比性,得到了机动车与行人冲突点的相对恶性程度,见表 10-6。

表 10-6　机动车与行人冲突点恶性程度

冲突点种类	恶性程度
右转机动车与行人冲突点	1.25
左转机动车与行人冲突点	1.25
直行机动车与行人冲突点	3.00

(2) 次要影响因素修正模型建立　除了机动车、非机动车、行人之间的冲突点决定着交叉口交通安全外,国内外很多资料表明,交叉口的几何特征、交通标志、交通标线、路面、照明也对交叉口安全有较大影响。交叉口几何特征中的交叉口视距和交叉角度对行车有很大影响,交叉口附近的树木、广告牌、建筑等会使视距非常不良,易导致交通事故,在较大锐角的交叉口行车是最危险的。交叉口标志是用图案和文字向驾驶人和行人传递交通信息的交通安全设施,合理设置交通标志以及良好的标志状态对交叉口安全起着重要的作用。美国研究表明,在公路上设置前置的交叉口警告标志可减少 30% 的交叉口交通事故。交通标线是一种用线条、箭头、文字等组成的交通安全设施,以向道路使用者传递交通信息。良好的标线会正确地引导车辆行驶和行人过街,从而提高交叉口的安全性,如反光的突起路标可以大大增加夜间和光线不足情况下地面标线的可见性,提高了行车安全水平。路面状况对交叉口交通安全同样重要。有关资料表明,在由不良道路条件引起的交通事故中,13% ~18% 是由路面不平整引起的。交叉口照明对夜间交叉口的安全也起着举足轻重的作用。根据英国和美国等国的调查,安装安全路灯后,高速道路的事故率会下降 40% ~60%,一般公路下降 30% ~70%,城市道路则下降 20% ~50%。

因此,需要建立次要影响因素的修正模型,来修正主模型得到的交叉口潜在危险度。次要影响因素的修正模型为

$$A = \sum_h \alpha_h A_h \tag{10-34}$$

式中,A 为次要影响因素总修正系数;h 为次要影响因素;A_h 为相应次要影响因素的修正系数;α_h 为次要影响因素 h 的权重,以反映不同次要影响因素对交叉口安全服务水平的影响程度。其中,A_h 由下式决定:

$$A_h = 1 + \frac{100 - \sum_s w_{hs} G_{hs}}{100} \tag{10-35}$$

式中,s 为次要影响因素的子影响因素;w_{hs} 为次要影响因素 h 中 s 子影响因素的权重;G_{hs}

为次要影响因素 h 中 s 子影响因素的打分值。

在次要影响因素修正模型中,需要确定的权重有 α_h 和 w_{hs}。次要影响因素有多个,每个次要影响因素又包含几个子影响因素,而它们对交叉口安全服务水平的影响作用又是不同的,且难以用它们本身的数据来衡量,因此利用专家的经验,通过专家调查法获得各个权重是合理的。通过较大样本的调查,得到次要影响因素及其子影响因素权重,见表10-7。

表10-7 次要影响因素及其子影响因素权重

次要影响因素	次要影响因素权重	子影响因素	子影响因素权重
几何特征	0.25	纵坡度	0.12
		交叉角度	0.20
		视距	0.30
		车道设置	0.20
		物理渠化	0.18
标志	0.22	标志可视性	0.45
		标志设置	0.33
		标志信息量	0.22
标线	0.24	标线可视性	0.58
		标线设置	0.42
路面	0.15	路面平整性	0.43
		路面抗滑性	0.57
照明	0.14	路灯设置	0.60
		路灯完整性	0.40

(3) 交叉口安全服务水平总模型建立 由主模型和次要因素修正模型得到交叉口安全服务水平的总模型,即

$$E = RA \tag{10-36}$$

式中,E 为交叉口危险度,是交叉口安全服务水平的评价指标。

4. 交叉口安全服务水平等级划分

为了划分交叉口安全服务水平等级,在不同省份进行了多个交叉口的实地调查,采集到了安全服务水平模型所需要的数据,将其代入模型后得到了各个交叉口危险度。根据交叉口危险度分布,以及研究人员对实际交叉口安全状况的感受,并与《道路通行能力手册》中的通行能力服务水平等级保持一致,把无信号交叉口的安全服务水平分为 A~F 六级,具体指标范围见表10-8。

表10-8 无信号交叉口安全服务水平等级

安全服务水平	交叉口危险度	描述
A	≤60	很安全
B	≤120	安全
C	≤180	较安全
D	≤240	一般安全
E	≤300	不安全
F	>300	危险

5. 交叉口安全服务水平验证

本书运用主观验证方法、安全指数验证方法、交通冲突方法分别对交叉口安全服务水平模型的合理性进行了验证，限于篇幅，不再给出具体的验证过程。验证结果表明，运用上述交叉口安全服务水平评价方法评价所得到的交叉口安全水平等级和运用主观验证方法、安全指数验证方法、交通冲突方法进行评价所得到的交叉口安全水平等级具有良好的一致性。

6. 实例分析

目前，本书作者在所研究的项目中使用安全服务水平模型对交叉口进行安全评价，并对多个交叉口进行了实地调查。调查的主要内容包括交叉口的冲突点、几何特征、标志、标线、路面、照明以及机动车交通量、非机动车、行人等状况。分析的实例是国道 104 与沿河路交叉口，该交叉口是一个无信号十字形交叉口，基本情况如图 10-38 所示，该交叉口存在 44 个机动车与机动车冲突点，其中交叉、合流、分流冲突点分别为 32、6、6 个，如图 10-39 所示；存在 76 个机动车与非机动车冲突点，其中直行、左转、右转机动车与非机动车冲突点分别为 48、16、12 个（自行车靠右边行驶），如图 10-40 所示；存在 32 个机动车与行人冲突点（认为人行横道在正常位置），其中直行、左转、右转机动车与行人冲突点分别为 16、8、8 个，如图 10-41 所示。根据各种冲突点和调查得到的交通量、次要影响因素等数据，代入相应模型，得到该交叉口危险度 $E = 200.7$。根据交叉口安全服务水平等级，该交叉口的安全服务水平为 D 级。

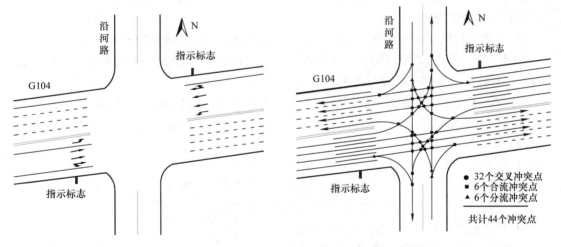

图 10-38　104 国道与沿河路交叉口平面图　　　图 10-39　机动车与机动车冲突点

10.4.2　信号平面交叉口安全服务水平评价

1. 影响信号平面交叉口安全服务水平的因素

影响信号平面交叉口（为了方便，本节以下简称信号交叉口）安全服务水平的因素有主观因素和客观因素。主观因素主要指与人有关的因素，如驾驶行为、交通安全意识等。客观因素主要指交叉口几何特征、道路状况、交通控制、交通环境等有关因素，如信号灯、交通标志、交通量等。由于主观因素变化大，加之其中的某些机理尚未完全了解清楚，应主要考虑客观因素。

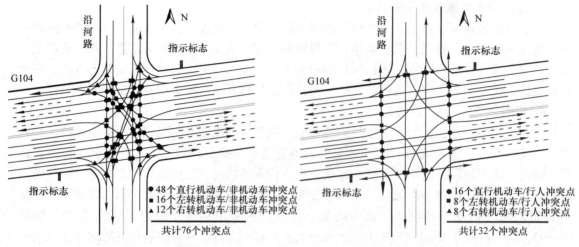

图 10-40 机动车与非机动车冲突点　　图 10-41 机动车与行人冲突点

利用主成分分析法、专家咨询法以及实地调查，通过分析，去掉一些对信号交叉口安全影响较小的因素，把影响信号交叉口安全服务水平的因素分为主要影响因素、次要影响因素和交通量三类。前两类影响因素又包括多个子影响因素，具体如下所示。

（1）主要影响因素

1) 机动车与机动车冲突点：交叉冲突点、合流冲突点、分流冲突点。

2) 机动车与非机动车冲突点：直行机动车与非机动车冲突点、左转机动车与非机动车冲突点、右转机动车与非机动车冲突点。

3) 机动车与行人冲突点：直行机动车与行人冲突点、左转机动车与行人冲突点、右转机动车与行人冲突点。

（2）次要影响因素

1) 信号灯：信号相位、黄灯时间、信号灯可视性。

2) 几何特征：纵坡度、交叉角度、视距、车道设置、物理渠化。

3) 交通标志：标志可视性、标志设置、标志信息量。

4) 交通标线：标线可视性、标线设置。

5) 路面：路面平整性、路面抗滑性。

6) 照明：路灯设置、路灯完整性。

2. 信号交叉口安全服务水平评价方案

根据对信号交叉口安全服务水平影响因素的分类，在确定信号交叉口安全服务水平方案时，着重考虑主要影响因素和交通量。首先假设次要影响因素为理想状况时，从冲突点的个数、类型、恶性程度，以及交通量等方面建立信号交叉口安全服务水平的主模型。其次考虑次要影响因素对信号交叉口安全可能造成的影响，建立次要影响因素的修正模型，然后根据主模型与修正模型建立信号交叉口安全服务水平的总模型，最后通过具体数据计算得出实际状况下的安全服务水平。评价方案如图 10-42 所示。

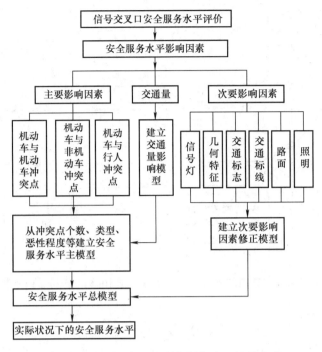

图 10-42　信号交叉口安全服务水平评价方案

3. 信号交叉口安全服务水平模型建立

（1）主模型建立

1）机动车与机动车冲突点潜在危险度模型。国内外资料显示，信号交叉口与无信号交叉口的事故类型比例有较大不同，前者追尾事故明显更多，而直角碰撞事故较少。美国 TRB 研究表明：对于新的信号交叉口或者对原有信号交叉口进行改造后，直角碰撞事故减少了 61%，但是追尾事故增加了 28%，左转事故增加了 27%（不设保护左转相位的信号交叉口）。虽然信号灯从时间上在一定程度上分离了交叉口使用者的使用权，使得信号交叉口的冲突点减少，但是导致交叉口交通冲突、交通事故发生的冲突点仍然存在，特别是对于低相位交叉口。例如双向 2 车道 2 相位控制十字形交叉口，一个信号周期内共存在 20 个机动车与机动车冲突点，其中 4 个交叉冲突点，8 个合流冲突点，8 个分流冲突点，如图 10-43、图 10-44 所示。尽管通过高相位数可以进一步减少冲突点，但是现实中很少这样去做，过多的相位数不但会降低通行效率，而且每个相位的等待时间也会大大变长。当等待时间超过一般驾驶人或者行人心理所能承受时间的阈值时，会使得道路使用者闯红灯，反而致使信号交叉口不安全。因此，以机动车冲突点为基础建立机动车与机动车冲突点潜在危险度模型是合理的。

需要注意的是，信号交叉口冲突点的计算不能简单地把各个相位的冲突点相加，而是要根据每个相位所获得的通行时间加权计算一个信号周期内总的冲突点数。由于黄灯时间仍然有可能通过车辆，保守起见，通行时间取绿灯时间与黄灯时间之和。

交叉口冲突点在本质上决定了交叉口是否安全，但是实际交通流量的状况也可能影响冲突点的负面作用。同理，在建立机动车与机动车冲突点潜在危险度模型时，还要适当考虑交通量的影响，模型为

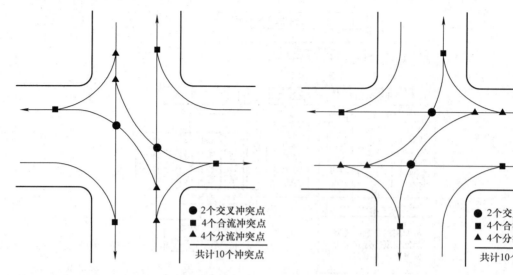

图 10-43 相位 1 时交叉口冲突点的分布　　　图 10-44 相位 2 时交叉口冲突点的分布

$$R_m = K_m \sum_r \sum_i N_{mi} \frac{g_r + y_r}{T} S_{mi} \tag{10-37}$$

式中，R_m 为机动车与机动车冲突点造成的交叉口潜在危险度；r 为信号的相位；g_r 为 r 相位的绿灯时间；y_r 为 r 相位的黄灯时间；T 为信号周期；i 为机动车与机动车冲突点的种类；N_{mi} 为 i 种冲突点的个数；S_{mi} 为 i 种冲突点的恶性程度；K_m 为机动车交通量影响系数，且有

$$K_m = 1 + \frac{V}{C} \tag{10-38}$$

式中，V 为交叉口入口机动车交通量；C 为交叉口机动车通行能力。

2）机动车与非机动车冲突点潜在危险度模型。虽然信号交叉口在一定程度上减轻了机非混行的情况，但是信号交叉口很少为非机动车和行人设置专用相位，致使机动车与非机动车、行人之间的冲突点仍然大量存在。因此，在建立安全服务水平模型时，要考虑非机动车和行人。例如双向 2 车道 2 相位控制十字形交叉口，一个信号周期内机动车与非机动车之间一共存在 24 个冲突点，其中直行、左转、右转机动车与非机动车分别有 8、4、12 个冲突点。但交叉口非机动车流量往往不大，因此在建立模型时，交通量的处理采用了不同方式。机动车与非机动车冲突点潜在危险度模型为

$$R_n = K_n \sum_r \sum_j N_{nj} \frac{g_r + y_r}{T} S_{nj} \tag{10-39}$$

式中，R_n 为机动车与非机动车冲突点造成的交叉口潜在危险度；r、g_r、y_r、T 含义同前；j 为机动车与非机动车冲突点的种类；N_{nj} 为 j 种冲突点的个数；S_{nj} 为 j 种冲突点的恶性程度；K_n 为机动车与非机动车交通量影响系数，其值由交通工程师对交叉口机动车与非机动车流量状况打分计算得出，计算公式为

$$K_n = 1 + \frac{100 - M_n}{100} \tag{10-40}$$

式中，M_n 为机动车与非机动车流量状况打分均值。

3）机动车与行人冲突点潜在危险度模型。信号交叉口也存在许多机动车与行人冲突

点。例如双向2车道（行人在人行横道通过）2相位控制十字形交叉口，一个信号周期内机动车与行人之间一共存在12个冲突点，其中直行、左转、右转机动车与行人分别有0、4、8个冲突点。由于行人流量很大，模型采用了与非机动车类似的形式，即

$$R_\mathrm{p} = K_\mathrm{p} \sum_r \sum_k N_{\mathrm{p}k} \frac{g_\mathrm{r} + y_\mathrm{r}}{T} S_{\mathrm{p}k} \tag{10-41}$$

式中，R_p 为机动车与行人冲突点造成的交叉口潜在危险度；r，g_r，y_r，T 含义同前；k 为机动车与行人冲突点的种类；$N_{\mathrm{p}k}$ 为 k 种冲突点的个数；$S_{\mathrm{p}k}$ 为 k 种冲突点的恶性程度；K_p 为机动车与行人交通量影响系数，其值由交通工程师对交叉口机动车与行人流量状况打分计算得出，计算公式为

$$K_\mathrm{p} = 1 + \frac{100 - M_\mathrm{p}}{100} \tag{10-42}$$

式中，M_p 为机动车与行人流量状况打分均值。

4）信号交叉口安全服务水平主模型。信号交叉口安全服务水平主模型由以上三部分组成，即

$$R = \sum_l W_l R_l \tag{10-43}$$

式中，R 为交叉口潜在危险度；R_l（$l = m, n, p$）含义同前；W_l 为 R_l 的权重，以反映机动车、非机动车、行人之间的冲突点对交叉口服务水平的不同影响程度。

5）主模型中权重与恶性程度获得。在信号交叉口安全服务水平主模型中需要确定的有权重 W_l 和各类型冲突点中不同种类冲突点的恶性程度。专家通过较大样本的调查，计算得到不同类型冲突点权重，见表10-9。

表10-9 不同类型冲突点权重

冲突点类型	权重
机动车与机动车冲突点	0.25
机动车与非机动车冲突点	0.33
机动车与行人冲突点	0.42

与确定无信号平面交叉口安全服务水平模型中的各种相对恶性程度的原理相同，根据有关数据进行计算，得到分流、合流、交叉冲突点的相对恶性程度、机动车与非机动车冲突点的相对恶性程度、机动车与行人冲突点的相对恶性程度，见表10-10。

表10-10 不同种类冲突点的恶性程度

冲突点种类	恶性程度
分流冲突点	1.00
合流冲突点	1.50
交叉冲突点	3.00
右转机动车与自行车冲突点	1.00
左转机动车与自行车冲突点	1.50
直行机动车与自行车冲突点	3.00
右转机动车与行人冲突点	1.25
左转机动车与行人冲突点	1.25
直行机动车与行人冲突点	3.00

（2）次要影响因素修正模型建立 除了机动车、非机动车、行人之间的冲突点决定着

信号交叉口交通安全外，国内外许多资料表明，交叉口的信号灯（除了相位）、几何特征、交通标志、交通标线、路面、照明对交叉口安全也有较大影响。信号灯的绿灯间隔时间（黄灯时间+全红时间）过短，往往会导致已经越过停车线的车辆不能完全通过交叉口，增加了发生交通事故的可能性，致使交叉口不安全。其他次要影响因素对信号交叉口安全的影响与无信号交叉口类似。

因此，需要建立次要影响因素的修正模型，来修正主模型得到的交叉口潜在危险度。次要影响因素的修正模型为

$$A = \sum_s \beta_s A_s \tag{10-44}$$

式中，A 为次要影响因素总修正系数；s 为次要影响因素；A_s 为相应次要影响因素的修正系数；β_s 为次要影响因素 s 的权重，以反映不同次要影响因素对交叉口安全服务水平的影响程度。其中，A_s 由下式决定：

$$A_s = 1 + \frac{100 - \sum_t w_{st} G_{st}}{100} \tag{10-45}$$

式中，t 为次要影响因素的子影响因素；w_{st} 为次要影响因素 s 中 t 子影响因素的权重；G_{st} 为次要影响因素 s 中 t 子影响因素的打分均值。

在次要影响因素修正模型中，需要确定的权重有 β_s 和 w_{st}。次要影响因素有多个，每个次要影响因素又包含几个子影响因素，而它们对交叉口安全服务水平的影响作用又是不同的，且难以用它们本身的数据来衡量，因此利用专家的经验，通过专家调查法获得各个权重是合理的。通过较大样本的调查，计算得到次要影响因素及其子影响因素权重，见表10-11。

表10-11　次要影响因素及其子影响因素权重

次要影响因素	次要影响因素权重	子影响因素	子影响因素权重
信号灯	0.29	信号相位	0.38
		黄灯时间	0.27
		信号灯可视性	0.35
几何特征	0.17	纵坡度	0.12
		交叉角度	0.20
		视距	0.30
		车道设置	0.20
		物理渠化	0.18
标志	0.15	标志可视性	0.45
		标志设置	0.33
		标志信息量	0.22
标线	0.16	标线可视性	0.58
		标线设置	0.42
路面	0.12	路面平整性	0.43
		路面抗滑性	0.57
照明	0.11	路灯设置	0.60
		路灯完整性	0.40

（3）信号交叉口安全服务水平总模型建立　由主模型和修正模型得到信号交叉口安全服务水平总模型，即

$$V = RA \tag{10-46}$$

式中，V 为交叉口危险度，是信号交叉口安全服务水平的评价指标。

4. 信号交叉口安全服务水平等级划分

为了划分信号交叉口安全服务水平等级，在多个省份进行了多个交叉口的实地调查，采集到了安全服务水平模型所需要的数据，将其代入模型后得到了各个交叉口危险度。根据这些交叉口危险度的分布，以及研究人员对实际交叉口安全状况的感受，把信号交叉口的安全服务水平分为 A~F 六级，具体指标范围见表 10-12。

表 10-12　信号交叉口安全服务水平等级

安全服务水平	交叉口危险度	描述
A	≤7	非常安全
B	≤14	安全
C	≤21	比较安全
D	≤28	较不安全
E	≤35	不安全
F	>35	危险

5. 信号交叉口安全服务水平验证

与无信号交叉口类似，也采用主观验证方法、安全指数验证方法、交通冲突方法对信号交叉口安全服务水平模型的合理性进行验证，结果为通过验证，在此不再赘述。

6. 实例分析

本实例是国道 104 与庄排路交叉口。该交叉口是一个外形比较规则的 3 相位信号控制十字形交叉口，南北进口为庄排路，东西进口为 104 国道。交叉口交通设施及设置、相位配时见图 10-45。

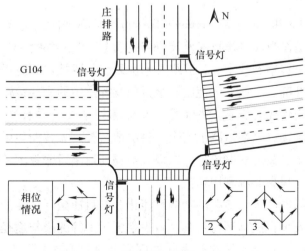

a) 交通设施及设置

图 10-45　国道 104 与庄排路交叉口

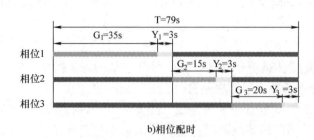

b)相位配时

图 10-45　国道 104 与庄排路交叉口（续）

把分析得到的各相位不同种类冲突点的个数，以及调查获得的机动车交通量、次要影响因素等数据代入相应模型，在短时间内即可计算得到该交叉口的危险度 $V=11.7$。根据信号交叉口安全服务水平等级，该交叉口的安全服务水平为 B 级。

10.5　智能交通技术在交通安全中的应用

10.5.1　智能运输系统概述

交通运输系统是社会经济发展的通道和载体，它决定着社会经济的运行状态。随着世界各国经济快速发展，汽车数量急剧增长，汽车保有量已超过现有道路网的承载能力，产生了一系列的交通问题，如交通拥堵、交通事故、尾气污染和能源浪费等，给社会和经济发展带来了负面影响。由于人们生活条件的改善和社会经济发展的需要，以及受到越来越严重的人口、资源和环境等约束条件的限制，传统意义上解决交通问题的两个方法——控制车辆增加和增加道路供给已经不再是解决交通问题的有效方法。随着现代科技的发展，人们提出了充分利用现代科学技术，把人、车、路综合起来考虑来解决道路交通问题的全新思路，即智能运输系统的构想。

智能运输系统（Intelligent Transportation System）又称智能交通系统（Intelligent Traffic System），简称 ITS，是在当代科学技术发展进步的背景下产生的，旨在将先进的信息技术、通信技术、电子技术、传感器技术、计算机技术和系统集成技术等应用于交通运输系统，进而建立起一种实时、准确、高效、大范围、全方位发挥作用的交通运输管理系统。

智能运输系统利用现代科学技术在道路、车辆和驾驶人（乘客）之间建立起智能的联系。借助智能系统，车辆可以在道路上安全、自由地行驶，靠智能化手段将车辆运行状态调整到最佳，保障人、车、路的和谐统一，在极大地提高道路运输效率的同时，充分保障交通安全，改善环境质量，提高能源利用率。

智能运输系统可以使汽车和道路的功能智能化，是目前国际公认的解决城市道路和公路交通拥挤、改善行车安全、提高运行效率、减少空气污染等的最佳途径，也是全世界交通运输领域研究的前沿课题。目前 ITS 比较发达的国家与地区有美国、日本、欧洲等。我国的 ITS 起步比较晚，但是近几年也发展很快，特别是在导航、不停车收费系统等方面。

10.5.2 ITS 体系结构与框架

1. 美国 ITS 体系结构

美国 ITS 体系结构的研究始于 1992 年，该项目是 ITS America 作为美国联邦运输部的咨询机构向运输部提出的第一个正式建议。该体系结构最终建立了一个基于用户需求与目标的框架结构，确定了系统包括的子系统，定义了各个子系统的功能及各子系统间的数据流。更重要的是，体系结构为各个子系统之间通信标准与协议的发展提供了基础，整个体系结构为 ITS 奠定了良好的基础，但它并不是具体的系统设计。美国 ITS 体系结构的目标是支持多达 30 项的用户服务，这 30 项用户服务功能又被分为 7 个大组，见表 10-13。这些用户服务并不是固定不变的，随着 ITS 技术与社会的发展，越来越多的用户服务将会被增加到里面去。

表 10-13 美国 ITS 体系结构的用户服务

分组名称	用户服务
出行及交通管理	1. 在途驾驶人信息 2. 路径诱导 3. 出行者服务信息 4. 交通控制 5. 突发事件管理 6. 排放测试与缓解 7. 公、铁路交叉道口管理
出行及交通需求管理	1. 出行前的出行信息 2. 搭乘及预约 3. 需求管理及运营
公共交通运营	1. 公共运输管理 2. 在途公交信息 3. 个性化公共交通 4. 公共运输安全
电子付费服务	电子付费服务
商用车辆运营	1. 商用车辆电子通关 2. 自动路侧安全检测 3. 商用车行政管理 4. 车载安全监视 5. 危险品应急反应 6. 商用车队管理
应急管理	1. 紧急事件通告与人员安全 2. 应急车辆管理
先进的车辆控制与安全系统	1. 纵向防撞 2. 横向防撞 3. 交叉口防撞 4. 防撞视野强化 5. 碰撞前乘客安全防护 6. 危险预警 7. 自动公路系统

2. 我国的ITS体系结构

我国已经制定了国家ITS体系框架，目前已经发展到第2版。我国ITS体系框架主要由以下几个方面组成，即用户主体、服务主体、用户服务、系统功能、逻辑框架、物理框架、ITS标准和经济技术评价。表10-14给出了我国ITS体系框架各组成部分及其与服务的关系。

表10-14 我国ITS体系框架各组成部分及其与服务的关系

组成部分名称	与服务的关系
用户主体	谁将是被服务的对象，明确了服务中的一方
服务主体	谁将提供服务，明确服务中的另一方，这与用户主体和特定的用户服务组成了系统基本的运行方式
用户服务	明确系统能提供什么样的服务
系统功能	将服务转化成系统待定的目标
逻辑框架	服务的组织化
物理框架	怎样具体提供服务
ITS标准和经济技术评价	其他经济技术

我国ITS体系框架共分为8个服务领域、34项服务内容、138项子服务，见表10-15。

表10-15 我国ITS体系框架的服务领域和服务体系

服务领域	服务名称	服务领域	服务名称
交通管理与规划	交通法规监督与执行	车辆安全与辅助驾驶	碰撞前乘员保护
	交通运输规划与支持		车辆自动驾驶
	基础设施维护管理	紧急事件和安全	紧急情况的确认和个人安全
	交通控制		紧急车辆管理
	需求管理		危险品及事故通告
	紧急事件管理		公共出行安全
电子收费	电子收费		易受伤害的道路使用者的安全措施
出行者信息	出行前信息服务		交汇处的安全服务
	行驶中驾驶人信息服务	运营管理	公交规划
	在途公共交通信息服务		车辆监视
	个性化信息服务		公交运营管理
	路径诱导及导航服务		一般货物运输管理
车辆安全与辅助驾驶	视野范围的扩展		特种运输管理
	纵向防撞	综合运输	交换客货运信息资源
	横向防撞		提供旅客联运服务
	交叉口防撞		提供货物联运服务
	安全状况（检测）	自动公路	自动公路

由于ITS正处于快速发展阶段，各个国家发展的出发点、关注重点和主导机构存在一定的差别，不同国家的ITS体系结构与框架以及研究内容不尽相同。目前国际上公认的ITS服务领域为以下五个方面：

(1) 先进的交通管理系统（Advanced Traffic Management System，简称 ATMS） ATMS 是一种利用先进的交通信息采集、数据通信、电子控制和计算机处理等当代科技以及现代交通工程理论，根据系统工程原理进行集成，实现对地区道路网络交通的实时监测、主动控制、协调管理与操作的综合交通管理系统。它通过对道路交通网络中的各种交通信息进行实时采集与传输，并根据现代交通工程理论模型进行实时处理和评价，开展和协调交通网络系统运行所需要的事件反应，为交通网络使用者提供实时准确的交通网络状态、出行选择及决策信息支持，同时也与其他 ITS 子系统之间进行有效的数据交换。

ATMS 的有效实施能够达到缓解交通拥挤、缩短旅行时间、降低能耗、减少交通事故、提高交通管理水平、实现社会效益和经济效益的最大化等目标。

(2) 先进的交通信息服务系统（Advanced Traffic Information System，简称 ATIS） ATIS 是通过车载终端、广播、热线电话、互联网等多种方式向交通参与者（包括行人和机动车驾驶人）实时提供道路交通信息、公共交通信息、换乘信息、交通气象信息、停车场信息以及与出行相关的其他信息，帮助出行者选择合适的出行线路，以压缩出行时间，降低燃油消耗和废气排放，缓解交通拥挤状况。

(3) 先进的公共交通系统（Advanced Public Transportation System，简称 APTS） APTS 是在公交网络分配、公交调度等基础理论的前提下，利用系统工程的理论和方法，将现代通信、信息、电子、控制、GPS 等现代科技集成并应用于公共交通系统而建立的，通过公共交通智能调度系统、公共交通信息服务系统、公共交通电子收费系统等实现。

APTS 通过采集处理客流量、交通流量、车辆位置、紧急事件地点等动态交通信息和交通法规，以及道路管制措施等静态交通信息，利用多种媒体为出行者规划出行，并对公交车辆进行动态监控、实时调度等，进而提高公交服务水平。

(4) 先进的车辆控制和安全系统（Advanced Vehicle Control & Safety System，简称 AVCSS） AVCSS 是借助于车载设备及基础设施或其协调系统中的检测设备来检测周围行驶环境对驾驶人和车辆产生影响的各种因素，进行部分或完全自动驾驶，使行车安全高效并增加道路通行能力的系统。从当前的发展看，AVCSS 可以分为车辆辅助安全驾驶系统和自动驾驶系统两个层次。

车辆辅助安全驾驶系统由车载传感器（微波雷达、激光雷达、摄像机、其他形式的传感器等）、车载计算机和控制执行机构等组成。行驶中的车辆通过车载传感器测定出与前车、周围车辆以及与道路设施的距离，然后由车载计算机进行处理，对驾驶人提出警告，在紧急情况下会强制车辆制动。

装备了自动驾驶系统的汽车也称智能汽车，在行驶中可以自动导向、自动检测和回避障碍物，在装备了传感器与信息接收装置的智能公路上能够在较高的速度下自动保持与前车的距离。但智能汽车又有在智能公路上使用时才能发挥出全部功能，若在普通公路上使用，它仅仅是一辆装备了辅助安全驾驶系统的汽车。

(5) 不停车电子收费系统（Electronic Toll Collection System，简称 ETC） ETC 利用车辆自动识别技术完成车辆与收费站之间的无线数据通信，进行车辆自动识别和有关收费数据的交换，通过计算机网络进行收费数据的处理，实现不停车自动收费的全电子收费系统。使用该系统，车主只要在车窗上安装感应卡并预存费用，通过收费站时便不用人工缴费，也无须停车，过路费将从卡中自动扣除。

随着道路里程的增加以及人们对道路交通需求的增长,很多国家的道路交通事故数、死亡和受伤人数都呈现逐年上升趋势或者保持在一个高位状态。传统上,采用改进道路几何设计、增加交通安全标志标线,以及安装车辆安全设备等措施来减少道路交通事故率。但是随着信息技术、自动化技术、计算机技术等的发展,应用 ITS 来改善道路交通安全已成为一种新的有效方法。

10.5.3 ITS 分类与主要技术

ITS 对交通安全的作用体现在运用先进技术检测道路交通信息,为驾驶人提供足够的信息,降低道路环境中的事故因素,在紧急情况下自动进行紧急避险,在事故发生后尽量加快救援速度并减少后处理的延误。目前 ITS 技术种类繁多,某些 ITS 技术的目标是减少交通事故的发生概率,而另一些则是在事故发生后降低人员的伤亡程度。为了减少交通事故发生率,一些 ITS 技术着眼于降低交通冲突的数量和严重程度,而另一些 ITS 技术则为驾驶人和行人提供预警。

从 ITS 技术对于交通安全的影响出发,根据智能交通系统的技术特性,可将 ITS 分为以下三类:①路基式 ITS。指安装在路侧或交通中心节点的 ITS 系统。其主要功能是检测道路交通环境信息和事故信息,并将这些信息提供给交通控制中心以产生控制策略,从而减少道路上交通冲突的数量和严重程度,同时为驾驶人和行人提供有效的事故预警。②车载式 ITS。包括安装在车辆上面的紧急避险系统(Crash Avoidance System,CAS),其主要功能是在紧急情况下限制驾驶人的某些操作行为,或者自动控制车辆的操控,来帮助驾驶人避免事故的发生。此外,车载式 ITS 也包括夜间视觉增强系统(Night Vision)和驾驶人监视系统(Driver Monitoring)。③协作式 ITS。需要路侧系统和车载系统之间进行信息交换和协作。ITS 的主要技术和交通安全功能见表 10-16。

表 10-16 ITS 的主要技术和交通安全功能

类型	ITS 技术	交通安全功能
路基式	高速公路交通控制系统	通过交通控制设备如匝道控制器和可变情报板来缓解高速公路上的交通拥挤并减少交通冲突的数量
	事故管理系统	快速检测道路上发生的事故,为驾驶人提供预警,防止 2 次事故发生。另外,快速排除事故车辆,增强道路的安全性
	视频监视系统	利用视频监测和自动执法技术防止道路上的超速行为和交叉口闯红灯行为
	交通信号控制系统	通过先进的信号控制设备来避免道路交叉口交通事故的发生
	重载车辆先进预警系统	为商用重载车辆提供必要信息和预警。重载车辆匝道预警系统在重载车辆出入匝道超过安全速度时会向驾驶人发出警报,重载车辆坡度警报系统则会在重载车辆进入山区下坡道时警示驾驶人降低速度
	道路天气监测系统	实时监测道路天气状况,并通过可变情报板或车载设备提示驾驶人前方道路天气情况和路面情况,更换出行路线或者降低车速
	火车道口管理系统	利用先进的信号灯、自动栏杆等设备来减少火车道口事故。利用视频监测设备来防止闯道口的行为发生
	施工区车道汇合动态控制系统	根据施工区交通状态形成动态禁止通行区域,通过一系列交通标志的实时信息指示车辆的车道汇合,减少发生交通冲突的可能性,提高施工区的交通安全

(续)

类型	ITS 技术	交通安全功能
车载式	前后碰撞报警系统	实时监视与前方车辆的距离和本车车速,当有碰撞危险时,发出警报或者自动紧急减速
	车道更换报警系统	实时监视相邻道路上的车辆运行情况和本车驾驶人的驾驶行为,当有危险的换道行为时,发出警报或自动避险
	道路偏离报警系统	当车辆速度太快,或者有偏离道路的行为时,发出警报
协作式	车载导航系统	为驾驶人提供实时交通信息和电子地图,并进行路线导航,防止拥挤的产生,提高安全性
	紧急事件救援车辆支援系统	为紧急事故救援车辆提供定位、导航以及优先通过权的支援,以减少事故中受伤人员的救援时间
	智能速度控制系统	根据交通状况,交通控制中心实时制定可变的速度限制,并通过路侧和车载设备通知驾驶人或者自动控制车辆的速度
	不停车收费系统	车辆付费无须停车,减少收费站前的交通拥挤
	商用/公共车辆管理系统	为商用/公共车辆提供自动定位、路线导航、动态称重、危险提示等服务

10.5.4 ITS 技术对交通事故率的影响

避免事故发生或减轻交通事故的伤亡程度是 ITS 应用的重要目标。ITS 技术主要从三个层次来达到这个目标:①减少交通冲突的数量,降低交通事故发生的可能性。②在交通事故发生过程中,降低事故的严重程度。③在事故发生后,减少救援时间,降低死亡和重伤的可能性。

美国对 ITS 技术的研究和应用都较早,目前大量的 ITS 技术已经投入使用多年。为了能够更好地评估 ITS 技术对于改善道路交通安全的效用,美国交通部下属的智能交通系统项目联合办公室(ITS Joint Program Office,简称 ITS JPO)收集了美国各个州关于 ITS 系统应用部署的评估信息。这些评估项目采用的主要研究方法包括:①现场测试。②根据历史事故数据进行比较分析。③仿真研究。

ITS 技术对交通安全影响的一个主要指标是在 ITS 技术应用之后交通事故率的减少程度。交通事故率一般用年度事故数量或单位车辆里程事故数量来表示。根据相关研究,归纳了一些 ITS 技术对交通事故率的影响,见表 10-17。可见,这些 ITS 技术对交通安全的改善都有一定作用。

表 10-17 ITS 技术对交通事故率的影响

类型	ITS 技术	事故率减少百分比
路基式	主干道路交通控制系统(交通信号)	20%~75%
	高速公路交通控制系统(匝道控制)	15%~50%
	事故管理系统	18%~40%
	视频监视系统	20%
	火车道口管理系统	78%
	道路天气监测系统(冰雪)	40%
	道路天气监测系统(雾)	85%

(续)

类型	ITS 技术	事故率减少百分比
车载式	前后碰撞报警系统	48%
	车道更换报警系统	37%
	道路偏离报警系统	24%
协作式	车载导航系统	1%
	紧急事件救援车辆支援系统	7%
	智能速度控制系统	20%
	商用/公共车辆管理系统	2%

下面对几种主要 ITS 技术对交通事故率的影响进行较为详细的说明：

1. 高速公路交通控制系统

高速公路交通控制系统主要包括交通信息的监测、交通控制和交通信息发布这三种功能。匝道控制是最常用的高速公路交通控制手段，其安全效用主要体现在车辆在高速公路入口汇合区汇入主道时，减少侧向和前后碰撞的可能性。图 10-46 给出了波特兰、孟菲斯等 9 个城市进行匝道控制后交通事故率减少的百分比，可以看出，事故率的下降趋势较为明显。

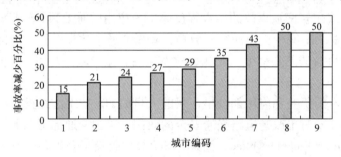

图 10-46 进行匝道控制后交通事故率减少的百分比

2. 事故管理系统

事故管理系统能够及时检测和定位交通事故，迅速移除事故车辆，并警示上游车辆减速，防止二次事故的发生。图 10-47 给出了美国费城、圣安东尼奥、日本以及英国应用事故管理系统后交通事故率减少的百分比。

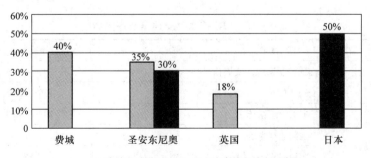

图 10-47 应用事故管理系统后交通事故率减少的百分比

3. 视频监视系统

在交叉口，违反交通规则的行为（如闯红灯）极易诱发交通事故。在交叉口安装视频监视系统，自动记录和识别违反交通规则的行为，能够有效减少驾驶人的违规行为，从而防止交叉口交通事故的发生。图10-48给出了美国5个城市应用视频监视系统后交叉口违反交通规则行为减少的百分比。

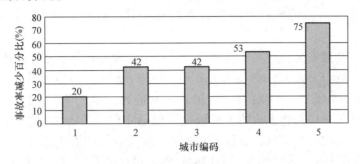

图 10-48　应用视频监视系统后交叉口交通违规行为减少的百分比

4. 施工区车道汇合动态控制系统

道路施工区是道路交通事故易发区域。受到交通事故威胁的不仅包括道路上的施工人员，还有缺乏经验的驾驶人，这些驾驶人不善于处理复杂的交通状况（如变换车道、拥挤等），容易发生交通事故。根据2004年美国交通统计数据，与道路施工相关的交通事故死亡人数达1000多人，受伤人数超过37000人。因此，道路施工区的安全已经成为交通安全领域内重要的研究方向。

美国许多州将ITS技术应用到道路施工区的交通管理中，以减缓区域内的交通拥挤，提高交通安全水平。针对道路施工区的ITS技术主要有：①施工信息发布系统。②临时交通管理系统。③临时事故管理系统。④施工区车道控制系统。⑤施工区速度控制系统。⑥非施工车辆闯入施工区域监测系统。

在施工区交通事故中，不当的变道行为是导致事故发生的重要原因，其引发的事故数量占总事故的11.35%，比例较大。车道汇合动态控制系统（Dynamic Lane Merger System，DLM）作为一种先进的ITS技术，能够有效地防止不当的变道行为，降低其所引起的交通冲突数量，从而减少交通事故

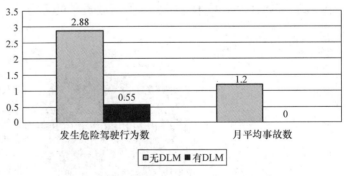

图 10-49　密歇根州DLM应用测试的安全相关结果

发生的可能性。2002年~2003年，美国密歇根州在I-94公路上进行了DLM应用测试。测试期间，关闭单向3车道中的一条车道，高峰时期车流量为3000~3800辆。图10-49显示了测试所得的安全相关结果。从图中可以看出，容易导致事故产生的危险驾驶行为数从2.88降低到0.55；安装DLM之前的三四个月里，月平均事故数量是1.2起/月，而安装DLM之后的两个月内没有事故发生，可见DLM对安全有较大的改善作用。

10.5.5　ITS 技术对伤亡事故的影响

ITS 技术应用后死亡事故和致伤事故的减少率也是评估 ITS 技术对交通安全影响的两个重要指标。为了评估 ITS 技术对于减少死亡事故和致伤事故的效用，以全美一年伤亡事故数据作为基础数，然后根据 ITS 技术相应的事故率减少百分比推算出在全面应用 ITS 技术之后伤亡事故的减少量，最后将此数量与基础数量相比较，得到各种 ITS 技术对伤亡事故的影响。

美国国家公路交通安全管理局发展并维护着两个主要的道路交通事故数据库，即死亡事故分析报告系统（the Fatality Analysis Reporting System，FARS）和通用评估系统（the General-al Estimates System，GES）。前者保存了美国历年交通死亡事故的完整数据，后者则根据警察的事故报告记录了全国交通事故的严重程度，包括死亡、受伤和财产损失。以 1995 年美国全国交通事故伤亡数据为基础，分析 ITS 技术对伤亡事故的影响，见表 10-18。这个结果是在假设 100% 应用 ITS 技术的前提下得到的，因此可以被看作 ITS 技术安全效用的上限值。

表 10-18　ITS 技术对伤亡事故的影响

类型	致伤事故减少百分比（%）	死亡事故减少百分比（%）
路基式	14.4	11.2
车载式	13.8	10.3
协作式	1.7	4.3
总体	29.9	25.8

图 10-50（彩图 11）显示了对于一年中死亡事故的预测减少值，各种 ITS 技术所做贡献的百分比（基于 1995 年美国事故数据）。从图中可以看出，交叉口视频监测系统、紧急事件救援车辆管理系统以及匝道控制系统占有很大比例。这一方面说明这些系统所影响的交通事故数量较多，另一方面也说明这些 ITS 技术能够有效地减少死亡事故的发生。图 10-51（彩图 12）显示了 ITS 技术对减少致伤事故贡献的百分比。

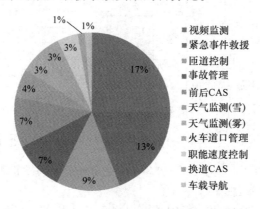

图 10-50　各种 ITS 技术对减少死亡事故贡献的百分比

ITS 技术对减少交通延误、改善交通安全具有巨大的潜力，故 ITS 技术在美国等发达国家得到了充分的研究和发展。本节对这些研究成果进行分析，发现许多研究和评估项目都证明 ITS 技术对交通安全具有较明显的改善作用。中国的 ITS 应用起步时间不长，目前还难以

第10章 新技术在交通安全中的应用

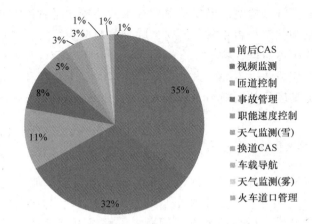

图 10-51　各种 ITS 技术对减少致伤事故贡献的百分比

评价和总结 ITS 技术对我国道路交通安全的作用。考虑到将来能够有效地对 ITS 技术进行交通安全改善评估，需要建立一个公开完善的交通安全数据库。

10.6　交通大数据发展对交通安全的影响

随着互联网的发展，社会的信息化导致信息量迅速扩大，海量化的信息使社会逐步进入了大数据时代。近年来，随着云计算技术的发展，大数据日益受到关注。目前大数据已广泛运用于各领域，包括农业经济学、生物医学以及电子商务等，交通运输领域也不例外。

世界各国陆续开始对交通运输领域数据采用数字化的方式进行收集、存储，随着交通管理信息系统的不断建设与发展，交通领域积累了大量宝贵的数据资源，形成了所谓的"交通大数据"。通过大数据技术的应用，城市发展所带来的交通拥堵、出行困难等问题可以得到较好的解决。大数据信息量巨大，种类繁多。面对众多数据，如何快速获得有价值的信息并对其进行有效的分析处理，成为大数据应用的关键所在。因此，及时、高效、准确地获取交通数据对大数据在交通中的应用具有重大意义。

面对严峻的道路交通安全形势，交通管理部门越来越重视对交通事故数据的收集和分析工作。各地交通管理部门建设了各种各样的信息管理系统，如机动车辆信息管理系统、机动车驾驶人信息管理系统、交通事故信息管理系统等。伴随着交通信息管理系统的不断建设、完善与发展，积累了大量宝贵的数据资源，这些信息系统和所积累的数据资源对提高交通管理水平起了巨大作用。目前，交通信息管理系统的主要任务是进行数据查询或对特定的数据进行简单独立的数字处理，没有对这些大量的数据所包含的有价值的信息进行有效提取。在如何利用这些海量数据资源进行交通事故发生原因及概率分布分析方面做的工作还很少，使得这些宝贵的数据资源没有发挥应有的作用。

结合大数据的发展，对这些数据进行分析归类和有效处理，利用数据挖掘等大数据技术，找出事故黑点，挖掘出表征交通事故发生原因及概率分布的内在有用信息，研判常见交通事故发生的一般规律，为制定预防事故的有效措施提供科学依据，指导交通管理部门的各项工作，防范道路交通事故发生。

大数据技术的实时性和可预测性有助于提高交通安全系统的数据处理能力。在驾驶人自动检测方面，驾驶人疲劳视频检测、酒精检测器等车载装置将实时检测驾车人是否处于警觉状态，行为、身体与精神状态是否正常。同时，联合路边探测器检查车辆运行轨迹，大数据技术可快速整合各个传感器数据，构建安全模型后综合分析车辆行驶安全性，从而有效降低交通事故的可能性。在应急救援方面，大数据以其快速的反应时间和综合决策模型，为应急决策指挥提供帮助，提高应急救援能力，减少人员伤亡和财产损失。

10.7　共享单车对交通安全的影响

近年来，我国互联网租赁自行车（共享单车）的发展与应用非常迅速，城市的大街小巷都能见到"小黄车""小绿车""小红车"的身影。共享单车在更好地满足公众出行需求、有效解决城市交通出行"最后一公里"问题、缓解城市交通拥堵、构建绿色出行体系等方面发挥了积极作用，推动了共享经济发展。

共享单车是指企业与政府合作，在校园、地铁站点、公交站点、居民区、商业区、公共服务区等提供自行车单车共享服务，是共享经济的一种新形态。用户打开共享单车应用程序，就可以查看附近可租用自行车的分布图并可以进行预约等。找到自行车后，用手机扫描二维码即可开锁骑车。此外，用户可随时随地找到自行车并骑行，骑行结束后将车辆停放在道路两侧可以停放自行车的区域，锁车后即可完成使用。

共享单车给人们带来了便利，一时风靡全国各大中小城市，随之也引发了一系列问题。如果这些问题处理不当，会对交通安全产生很大影响。

1. 共享单车的停放

共享单车并不像最初的公共自行车那样有固定的停放区域，按照要求用户只需要将共享单车停放在道路两侧。但共享单车对于用户来说不存在归属关系，很多用户自然不会关心停在哪里、是否占道停放、是否会被收缴等问题，认为怎么方便就怎么停放。因此，在城市的人行横道、非机动车道上均可以看到停放的共享单车。

2. 共享单车的质量问题

共享单车的质量问题引发的安全事故屡有发生。广东某大学女生李某骑摩拜单车时，刹车突然失灵，下坡时摔伤入院。这些潜在的问题均会对骑行中的人身安全产生影响。除了刹车失灵，还存在座椅无法调整、脚踏板脱落、车轮打摆等问题。数据显示，即便是号称业内损坏率最低的摩拜单车，损坏率也接近10%。

3. 骑行者频频违规

共享单车骑行者闯红灯、逆行、随意横穿马路等交通违规现象屡见不鲜。在武汉，电动自行车无序穿行一直是导致交通事故的重要因素。如今，大量共享单车上路，使得交通违法违规呈高发状态，如共享单车骑行者沿机动车道逆行，过往汽车频频紧急制动避让。根据《道路交通安全法》，非机动车驾驶人违反道路交通安全法律、法规的，处警告或者五元以上五十元以下罚款；非机动车驾驶人拒绝接受罚款处罚的，可扣留其非机动车。但对共享单车的用户而言，扣留车辆显然没有威慑力。

此外，骑行者违反交规、随意穿行的主要原因还在于没有自行车道，很多情况下只能与机动车混行。即使有自行车道，也无法顺畅行走。武汉民间环保组织"绿色江城"曾对中心城区的63条主干道和桥梁的自行车道进行实地调查，调查道路总里程约853km。结果显示，仅31%的路段可供自行车顺畅行驶。

4. 未成年人的安全问题

据媒体公开报道，2017年以来，因骑共享单车发生的意外事故多达18起，数据显示，超六成骑行者为未成年人，其中6人不满12周岁。交通法规规定，未满12周岁不能骑车上路，但不少小学生利用共享单车设计的漏洞，开锁骑车上路，存在严重的安全隐患。

此外，道路电子眼对自行车交通违法几乎没有遏制作用，只能依靠交警现场执法。共享单车企业应从源头把关，避免少年儿童开锁骑行单车。

相较很多城市政府提供的付费使用自行车，共享单车能够弥补政府投入的不足，其定位约车、网络支付、停放自由的功能，可以让市民享受更加完善高效的个性化用车服务，极大地方便市民出行，无疑是互联网+交通的创新之举。但是，共享单车在运营过程中出现的种种问题，显然制约了共享单车健康、良性的发展，也不利于交通安全。如何让共享单车骑得更顺畅、更便捷、更安全，这需要政府、市民和共享单车平台三方共同努力。

1）政府应站在将共享单车纳入城市公共交通体系的高度，从政策上完善配套措施，加强对共享单车的监管与维护，为共享单车创造更好的运行环境，为市民创造更好的骑车出行环境和社会氛围。

从短期来看，应将市民不文明使用共享单车的行为纳入到社会诚信体系中，对于破坏、违规使用共享单车的市民，可以列入失信"黑名单"，提高违规使用共享单车的成本。在共享单车的管理上，城管部门要提供管理力量，与共享单车平台共同管理停放在户外的共享单车。这样既能提升共享单车的管理效果，又降低了共享单车平台的管理成本。

从长远来看，政府应从土地、规划方面对共享单车停车位置的选址给予政策扶持。另一方面，政府还要规划出城市自行车道，让自行车享有基本路权，倡导骑车出行的绿色生活理念，方便市民骑车出行，让市民有意愿骑车出行。同时，加大城市空气污染的治理力度，提高空气质量，让市民骑车出行不再是"吸毒"，保障市民有健康的出行生活环境。

2）提高使用者的守法意识和守法行为。共享本身就是一种自律性理念，这种经济理念根植于良好的法治环境之中，这要求政府部门以法治思维和法治方式为共享型经济模式提供优质的公共服务，更要求共享的参与者具有良好的道德法律素养，通过自律实现"与人方便，与己方便"。共享单车能否在城市畅行无阻，其根本保障就是国民自身的法治素养。此外，交通管理部门也应进一步加强路面执法，对违规骑行者进行教育和处罚。

3）共享单车平台自身要继续发力，改进管理和维护中存在的问题。除了对骑行者进行宣传教育之外，还可以在规则设计上通过信用分来限制用户的不文明行为。比如初始分数为100分，违规停车一次扣20分，当分数低于80分时，租车费用相应增加。此外，用户举报一次违停可以加一分。其次，还要进行技术升级。共享单车平台应与政府部门、街道社区合作，共同为自行车回归城市努力。通过升级自行车智能锁技术，将GPS和通信模块集成在共享单车上，以便及时对违章停放共享单车和故障单车进行快速发现和处理。

为解决共享单车质量问题带来的安全隐患，共享单车产品质量亟待提升。目前，上海市已发布共享单车产品标准征求意见稿，涉及GPS、轮胎、锁具等单车配件标准，并在国家强制性标准的基础上，参考日本、欧盟等国家和地区的做法，增加车辆维修要求，明确报废时限为3年，实现产品质量全过程管理。除此之外，要加强对公共自行车的检修、维护和更新，加大对骑车安全注意事项的宣传和告知，还要完善租车细则和事故处理机制，提高骑车人人身意外伤害保险投保额度，防范风险，分散风险。

10.8 无人驾驶汽车发展与应用对交通安全的影响

近些年，无人驾驶汽车成为社会关注与研究的一个热点。无人驾驶汽车利用车载传感器来感知车辆周围环境，并根据感知所获得的道路、车辆位置和障碍物信息，控制车辆的转向和速度，从而使车辆能够安全、可靠地在道路上行驶。

从理论上讲，无人驾驶汽车可以极大地降低汽车事故的比例，保障通行效率，具有广阔的发展前景，是未来汽车发展的大趋势。近年来，许多国家和企业都加快了对无人驾驶汽车的研究和开发，并取得了一定进展。但是在无人驾驶汽车领域，相关法律的制定与实施却远远滞后于汽车的发展，对无人驾驶汽车上路通行的监管标准也基本上处于空白状态。

10.8.1 无人驾驶汽车的发展

20世纪中后期，欧美、日本等发达国家和地区率先进行了无人驾驶汽车的研发，并且取得了突破性的进展。谷歌等互联网公司在无人驾驶汽车领域的飞速发展，对传统汽车相关产业的发展造成了巨大冲击，这更加促进了世界上各大汽车厂家对无人驾驶汽车的研究。从当前的形势来看，无人驾驶汽车的研究正处于多种功能自动驾驶到受限自动驾驶的过渡阶段。预计到2020年左右，将推出首批真正意义上的量产无人驾驶汽车产品。

2010年，谷歌无人驾驶汽车开始在美国加利福尼亚州试路。2015年9月，加利福尼亚州政府颁发了公共道路测试自动驾驶汽车许可证。据统计，在测试的48辆无人驾驶汽车中，发生交通事故的有4辆，其中3辆由谷歌改装。在这长达6年的路试中，谷歌研发改装的无人驾驶汽车共发生了12起交通事故。

2016年2月14日，一辆由谷歌研发改装的无人驾驶汽车在低速行驶的情况下与一辆公交车发生碰撞，这场事故导致无人驾驶汽车左前翼子板、前轮和驾驶侧传感器受损，双方车辆中没有乘员受伤。谷歌称，"这场事故是两辆车相遇会车时的典型案例，我们都在考虑对方会如何行驶"。谷歌方面表示，公司已对该软件进行完善，防止类似危险事故的发生。

国内对于无人驾驶汽车的研究起步比国外要晚些，20世纪80年代中国才开始对无人驾驶汽车进行研究和开发，1992年国内第一辆真正意义上的无人驾驶汽车由国防科技大学成功研制。

2016年4月12~17日，长安睿骋两辆无人驾驶汽车开始路测，从重庆出发，途经十几个城市后抵达北京，行程超过2000km。这次无人驾驶汽车路测是我国首次长途路测，代表了我国自主品牌汽车在无人驾驶汽车研发领域的最新进展。

2017年7月5日，百度公司某高管乘坐百度参与开发的无人驾驶汽车在北京五环路上行驶，并进行媒体宣传，为百度无人驾驶汽车造势。他表示，无人驾驶在2021~2022年成为现实已达成全球共识，而要实现无人驾驶的普及，还需要包括互联网公司、汽车运营、制造厂商，乃至零部件公司在内的多方机构共同努力，才能将汽车行业的智能化推向高潮。

10.8.2 无人驾驶汽车行驶中可能遇到的问题

1. 对方不遵守交通规则

在最新科技的支持下,无人驾驶汽车已经具备了机器人的部分特质,可实现智能化操作和轮式快速移动。其主要工作原理是利用计算机技术结合路径定位达到无人驾驶的目的,这就决定了无人驾驶汽车在进行驾驶判断时会以对方的正确驾驶判断为前提,因此对方的驾驶判断会成为无人驾驶汽车驾驶判断的一个不确定因素。

2. 网络中断或者系统崩溃出错

无人驾驶汽车的正常运行几乎完全依靠网络,包括识别出交通警察或道路工人所发出的交通信号进行驾驶判断、地图路径的规划等,一旦网络中断或者系统崩溃而乘员又不能及时进行驾驶控制,造成的交通事故后果不堪设想。

3. 乘员干扰无人驾驶汽车的驾驶判断

乘员作为无人驾驶汽车的间接控制者,难免会发生与驾驶系统判断相左的情况,这时如果乘员强行干扰,甚至改变无人驾驶系统设定方向,可能会引发事故。

4. 交通事故中的道德问题

无人驾驶汽车的部分驾驶判断一直饱受争议。如果无人驾驶汽车与行人或其他汽车发生事故,车载计算机该如何判断碰撞哪一边?如果一个小学生在结冰的道路上摔倒,驶来的无人驾驶汽车是选择直接撞上去还是选择牺牲自己撞上路基让乘员伤亡?这就涉及伦理道德问题,很难处理。

5. 无人驾驶汽车事故责任划分问题

目前,无人驾驶汽车交通事故的归责和责任主体的划分等许多问题尚不明确,处理好这一世界性难题尤为重要,管理部门应该未雨绸缪。各国还未建立起完善的无人驾驶汽车损害赔偿责任体系,相关法律法规也不健全。学术界对于无人驾驶汽车事故处理的归责原则、责任主体和责任划分等问题存在争议,在实际处理层面也有许多问题难以解决。

通过分析数量不断攀升的无人驾驶汽车交通事故纠纷相关案例发现,无人驾驶汽车事故处理中存在的最大问题就是缺乏事故处理制度及法规,由于缺少适用的法律法规,乘员和无人驾驶汽车销售商等事故相关人员对无人驾驶安全方面的问题不够重视,无人驾驶汽车引发的交通事故纠纷与日俱增。无人驾驶汽车事故处理的法律风险主要表现在以下几个方面:

(1) 无人驾驶汽车制造商、销售商的责任不明确 无人驾驶汽车制造商、销售商与车主之间存在利益关系,在这样的消费体系中,乘员是消费者,无人驾驶汽车制造商和销售商是经营者。无人驾驶汽车不同于一般的汽车,价格不菲,消费者购买无人驾驶汽车肯定是希望购买到安全的无事故发生的无人驾驶汽车,若无人驾驶汽车发生事故,相当于产品存在瑕疵。但是在市场经济体系中,由于经济实力不均衡,经营者在市场中占据绝对的经济优势,消费者在消费法律关系中属于弱势群体,法律并未对无人驾驶汽车制造商和销售商的义务和责任进行明确的划分,因此车主的合法权益很难得到保障。

(2) 乘员缺乏安全意识 无人驾驶汽车乘员是无人驾驶汽车的间接控制主体,在一定程度上对无人驾驶汽车行驶过程中发生的危险状况和紧急情况具有决定性的作用。不同于传统的驾驶行为,无人驾驶汽车需要车与车、车与其他基础设施互相联系,这样才能共享路况、限行、维修等信息,以免发生故障。若网络中断导致"死亡蓝屏",乘员又缺乏安全意识，不能及时手动控制车辆，无人驾驶汽车就成了真正意义上的"无人驾驶"。另外，暴风雨等恶劣天气可能会导致无人驾驶汽车车顶的传感器损坏，一旦接收不到数字交通信号，无人驾驶汽车将无法识别路标或交警发出的信号，完全依赖无人驾驶系统恰恰是乘员安全意识缺失的表现。

（3）政府相关部门对无人驾驶汽车的监管基本处于空白　随着无人驾驶汽车路测与逐渐应用，无人驾驶所引起的交通事故数量逐年攀升，无人驾驶模式存在的安全隐患也普遍存在于汽车行驶过程中。虽然无人驾驶汽车销售商与乘员即买卖双方对于无人驾驶汽车的购买活动具有自主权，但是目前政府监管部门对无人驾驶汽车销售商没有进行很好的约束，未对无人驾驶汽车上路采取良好的管理措施，也没有相关事故处理的法律规定，对无人驾驶汽车的监管存在盲区。

目前，政府相关部门并未制定对于无人驾驶汽车具体的监管制度，对于上路测试过程中发生交通事故的无人驾驶汽车，大部分由测试企业主动担责。在无人驾驶汽车安全风险普遍存在的情况下，政府相关部门对无人驾驶汽车的管理力度明显不够，且目前还没有出台无人驾驶汽车的销售与赔偿管理方法、无人驾驶汽车交通事故法律法规、事故理赔法律法规等。因此，在无人驾驶汽车的发展与应用过程中，政府相关部门任重道远。

复 习 思 考 题

1. 什么是接入管理技术？交叉口安全改善中有哪些具体的接入管理技术？
2. 交通静化的概念、实施目的、原则以及依据是什么？
3. 交通静化技术在我国有没有发展的空间？
4. 交通冲突点与交通冲突的区别是什么？
5. 简述构建交叉口机动车冲突点计算模型的思路。
6. 什么是安全服务水平？简述交叉口安全服务水平评价的流程。
7. 什么是智能运输系统？
8. ITS 技术对交通安全有哪些方面的改善作用？
9. 大数据对交通安全发展有何作用？
10. 如何管理共享单车使之有利于交通安全？
11. 目前无人驾驶汽车应用的风险体现在哪些方面？

参考文献

[1] 潘福全. 公路平面交叉口安全服务水平研究 [D]. 南京：东南大学，2008.

[2] 潘福全，陆键，项乔君，等. 无信号平面交叉口安全服务水平计算模型 [J]. 交通运输工程学报，2007，7（4）：104－111.

[3] 潘福全，陆键，项乔君，等. 中国公路平交口交通安全现状与改善对策 [A]. 第七届世界华人交通运输学术大会论文集 [C]. 北京：人民交通出版社，2007：368－373.

[4] 潘福全，陆键，项乔君，等. 公路平面交叉口安全服务水平研究 [A]. 2006 北京国际智能交通论坛论文集 [C]. 北京：中国人民大学出版社，2006：318－326.

[5] 潘福全，项乔君，陆键. 公路平面交叉口交通冲突分类方法研究 [A]. 徐肖豪，严新平，杨赞. 中国交通研究与探索（2007）——第七届全国人交通运输领域青年学术会议论文集 [C]. 北京：中国民航出版社，2007：356－360.

[6] 潘福全. 道路交通净化在交通安全中的应用 [J]. 道路交通与安全，2006，6（7）：1－8.

[7] 潘福全，陆键，项乔君，等. 公路信号平面交叉口安全服务水平研究 [J]. 东南大学学报（自然科学版），2008，38（2）：298－303.

[8] 潘福全，张丽霞，陆键，等. 接入管理技术在公路交叉口安全改善中的运用 [J]. 北京工业大学学报，2011，37（2）：237－242.

[9] 潘福全，项乔君，陆键，张国强. 公路平面交叉口驾驶行为研究 [J]. 道路交通与安全，2007（5）：16－20.

[10] 潘福全，陆键，项乔君，等. 智能交通系统对道路交通安全的改善作用 [A]. 全国智能运输系统协调指导小组、山东省人民政府. 2008 第四届中国智能交通年会论文集 [C]. 北京：人民交通出版社，2008：6.

[11] 潘福全，陆键，项乔君，等. 效益造价比在公路平面交叉口交通安全改善中的应用 [J]. 公路，2009（10）：135－140.

[12] 潘福全，张丽霞，陆键，等. 无信号平面交叉口机动车冲突点数计算模型 [J]. 上海交通大学学报，2013，47（2）：259－263.

[13] 潘福全，刘涛，董云鹏，等. 基于 VISSIM 仿真的信号交叉口交通效率分析 [J]. 公路，2015（8）：165－169.

[14] Fuquan Pan, Lixia Zhang, Jian Lu, et al. A Method for Determining the Number of Traffic Conflict Points Between Vehicles at Major－Minor Highway Intersections [J]. Traffic Injury Prevention，2013，14（4）：425－435.

[15] 潘福全，董云鹏，张丽霞，等. 倒计时信号交叉口赶绿灯行为分析与建模 [J]. 中国安全科学学报，2015，25（7）：147－152.

[16] 潘福全，孟亚然，马昌喜，等. 道路危险货物运输研究综述与展望 [J]. 山东交通科技，2015（6）：6－9＋12.

[17] 潘福全，张丽霞，刘涛，等. 考虑车辆价值的倒计时信号交叉口驾驶员驾驶行为建模 [J]. 交通运输系统工程与信息，2016，16（2）：64－69.

[18] 潘福全，唐海梁，刘涛，等. 地铁运营安全研究综述与展望 [J]. 山东交通科技，2016（6）：9－10＋31.

[19] 曹静静，潘福全，张丽霞，等. 无乘员汽车正面碰撞仿真分析 [J]. 汽车实用技术，2013（6）：10－15.

[20] 曹静静,潘福全,张丽霞,等.汽车被动安全性及碰撞仿真研究综述[J].山东交通科技,2013(4):5-7+18.

[21] 刘涛,潘福全,董云鹏,等.智能交通在信号交叉口应用研究综述[J].青岛理工大学学报,2015,36(3):90-94.

[22] 孟亚然,潘福全,唐海梁,等.交通违法监控对驾驶人影响的研究现状与趋势[J].山东交通科技,2016,(2):6-8+31.

[23] 张丽霞,刘涛,潘福全,等.驾驶员因素对道路交通事故指标的影响分析[J].中国安全科学学报,2014,24(5):79-84.

[24] 张丽霞,赵又群,潘福全.最优控制在汽车操纵逆动力学的应用[J].应用基础与工程科学学报,2008,16(1):73-77.

[25] 张丽霞,潘福全,费贤松.提高汽车操纵稳定性的联合控制研究[J].拖拉机与农用运输车,2010,37(1):66-68.

[26] 张丽霞,陈肖媛,潘福全.汽车最速操纵稳定性评价指标研究[J].科学技术与工程,2014,14(28):125-129+139.

[27] 张丽霞,路军,潘福全,等.基于ADAMS/Car的轴距对汽车操纵稳定性影响仿真[J].山东交通科技,2015(5):6-10.

[28] Fuquan Pan, Lixia Zhang, Changxi Ma, et al. Impact of Vehicular Countdown Signals on Driving Psychologies and Behaviors: Taking China as an Example [J]. Journal of Advanced Transportation, 2017 (2017): 1-11.

[29] 潘福全,亓荣杰,张璇,等.无人驾驶汽车研究综述与发展展望[J].科技创新与应用,2017(2):27-28.

[30] 潘福全,孟亚然,张丽霞等.绿灯充足时段交通违法监控对车速及行为决策影响分析[J].科学技术与工程,2017,17(2):278-282.

[31] 潘福全,罗淑兰,孟亚然,等.基于SP调查的交叉口交通违法监控对驾驶行为影响分析[J].山东交通科技,2018(1):13-18+25.

[32] 潘福全,王健,罗淑兰,等.自动检测限高交通设施系统的设计和开发[J].现代交通技术,2018,15(1):87-90.

[33] 张丽霞,路军,潘福全,等.汽车最速操纵的客观评价指标研究[J].中国机械工程,2016,27(11):1553-1556.

[34] 张丽霞,夏永凯,张辉,等.汽车操纵稳定性优化设计研究综述[J].山东交通科技,2017(6):21-24+31.

[35] 张丽霞,张辉,夏永凯,等.湿滑路面上汽车轮胎滑水性能研究概述[J].轮胎工业,2017,37(11):643-648.

[36] 唐海梁,潘福全,罗淑兰,等.地铁运营效率研究综述与展望[J].交通科技与经济,2017,19(2):24-28.

[37] 罗淑兰,潘福全,王昕,等.大数据在城市交通中的应用研究[J].现代交通技术,2016,13(5):76-80.

[38] 罗淑兰,潘福全,王健,等.交通违法监控对职业与非职业驾驶人的心理及行为影响调查分析[J].交通信息与安全,2017,35(5):18-27+44.

[39] 王丰元,陈晓婷,潘福全.优秀与一般公交车驾驶人进出站生理特性研究[J].科学技术与工程,2017,17(19):257-261.

[40] 唐海梁.基于效率与安全的地铁运营服务水平研究[D].青岛:青岛理工大学,2016.

[41] 孟亚然.信号交叉口交通违法监控对驾驶人心理与行为影响研究[D].青岛:青岛理工大学,2016.

[42] 董云鹏．基于心理及行为的倒计时信号对交通安全的影响机理研究［D］．青岛：青岛理工大学，2015.

[43] 刘涛．倒计时信号灯对驾驶员心理及行为影响机理研究［D］．青岛：青岛理工大学，2014.

[44] 李香红．草原公路景观对驾驶人心理生理影响研究［D］．呼和浩特：内蒙古农业大学，2010.

[45] 闫莹．公路长大下坡路段线形指标对驾驶员心理生理影响的研究［D］．西安：长安大学，2006.

[46] 刘浩学．道路交通安全工程［M］．北京：人民交通出版社，2013.

[47] 肖敏敏，苗聪．道路交通安全工程［M］．北京：中国建筑工业出版社，2012.

[48] 裴玉龙．道路交通安全［M］．北京：人民交通出版社，2007.

[49] 肖贵平，朱晓宁．交通安全工程［M］．2 版．北京：中国铁道出版社，2014.

[50] 刘志强，赵艳萍，汪澎．道路交通安全工程［M］．北京：高等教育出版社，2012.

[51] 路峰，马社强．道路交通安全工程［M］．北京：中国人民公安大学出版社，2013.

[52] 余志生．汽车理论［M］．5 版．北京：机械工业出版社，2009.

[53] 马永锋．公路平面交叉口合理间距研究［D］．南京：东南大学，2007.

[54] 孙宝芸．公路平面交叉口交通安全问题诊断方法［D］．南京：东南大学，2006.

[55] 袁黎．公路平面交叉口交通控制安全保障技术的研究［D］．南京：东南大学，2007.

[56] 陆林军．基于安全考虑的公路交叉口几何设计方法［D］．南京：东南大学，2007.

[57] 裴玉龙．道路交通事故成因分析及预防对策研究［D］．南京：东南大学交通学院，2002.

[58] 项乔君，陆键，高海龙．基于交通冲突技术的公路平交路口交通安全评价方法［J］．公路交通科技，2004，21（11）：55 – 58.

[59] 陆键，王震宇，项乔君．"接入"管理技术对公路交通安全的影响［A］．交通部公路司，交通部公路科学研究所．国际公路安全研讨会论文集［C］．北京：人民交通出版社，2005：10.

[60] 戴忧华，安超杰，廖志高，等．高速公路隧道路段交通安全特性研究［J］．交通信息与安全，2010，28（2）：101 – 106.

[61] 赖金星，张鹏．高速公路隧道交通事故规律研究［J］．隧道建设，2017，37（1）：37 – 42.

[62] 郭忠印．道路安全工程［M］．北京：人民交通出版社，2012.

[63] 张殿业．道路交通事故黑点分析［M］．北京：人民交通出版社，2005.

[64] 刘玉增，王洪明．道路交通事故学［M］．成都：四川大学出版社，2005.

[65] 刘运通．道路交通安全指南［M］．北京：人民交通出版社，2004.

[66] 过秀成．道路交通安全学［M］．南京：东南大学出版社，2001.

[67] Maze T H, Hawkins N R, Burchett G. Rural expressway intersection synthesis of practice and crash analysis［R］．Ames, Iowa：Center for Transportation Research and Education Iowa State University, 2004.

[68] Howard R. Green Company. Traffic Safety Fundamentals Handbook［M］．St. Paul：Minnesota Department of Transportation – Office of Traffic Engineering, 2001：40 – 42.

[69] National Highway Traffic Safety Administration, National Center for Statistics and Analysis. Traffic Safety Facts 2005［R］．Washington DC：DOT HS 810 631, National Highway Traffic Safety Administration, 2007.

[70] Committee of Access Management. Access Management Manual［M］．Washington DC：Transportation Research Board of the National Academies, 2003：3 – 5.

[71] 中华人民共和国交通运输部．公路工程技术标准：JTG B01—2014［S］．北京：人民交通出版社，2014.

[72] 中华人民共和国交通运输部．公路路线设计规范：JTG D20—2017［S］．北京：人民交通出版社，2017.

[73] 中华人民共和国国务院令．中华人民共和国道路交通安全法（2011 年修订）［Z］．北京：法律出版社，2011.

[74] 中华人民共和国国务院令．道路交通安全法实施条例［Z］．北京：法律出版社，2004．
[75] 中华人民共和国国家标准．道路交通信号灯：GB 14887—2011［S］．北京：中国标准出版社，2011．
[76] 中华人民共和国国家标准．道路交通信号灯设置与安装规范：GB 14886—2016［S］．北京：中国标准出版社，2016．
[77] 中华人民共和国国家标准．道路交通标志和标线：GB 5768.2—2009［S］．北京：中国标准出版社，2009．
[78] 中华人民共和国交通部．公路道路交通标志和标线设置规范：JTG D82—2009［S］．北京：人民交通出版社，2009．
[79] 全国人民代表大会常务委员会．中华人民共和国海上交通安全法（中华人民共和国主席令第七号）［Z］．北京：中国民主法治出版社，1983．
[80] 中华人民共和国国务院令．生产安全事故报告和调查处理条例（中华人民共和国国务院493号令）［Z］．北京：中国法制出版社，2007．
[81] 中华人民共和国公安部．道路交通信号倒计时显示器：GA/T 508—2004［S］．北京：中国标准出版社，2004．
[82] 中华人民共和国公安部．人行横道信号灯设置规范：GA/T 851—2009［S］．北京：中国标准出版社，2009．
[83] 中华人民共和国国家标准．道路交通标志和标线：GB 5768—2009［S］．北京：中国标准出版社，2009．
[84] 中华人民共和国国家标准．城市道路交通标志和标线设置规范：GB 51038—2015［S］．北京：中国标准出版社，2015．
[85] 中华人民共和国交通部．公路交通安全设施施工技术规范：JTGF 71—2006［S］．北京：人民交通出版社，2006．
[86] 中华人民共和国交通运输部．公路护栏安全性能评价标准：JTG B05-01—2013［S］．北京：人民交通出版社，2013．
[87] 中华人民共和国交通运输部．公路项目安全性评价指南：JTG/TB 05—2004［S］．北京：人民交通出版社，2004．
[88] 中华人民共和国公安部．道路交通技术监控设备运行维护规范：GA/T 1043—2013［S］．北京：中国标准出版社，2013．
[89] 中华人民共和国交通运输部．公路隧道设计规范 第2分册 交通工程与附属设施：JTG D70-2—2014［S］．北京：人民交通出版社，2014．
[90] 中华人民共和国交通运输部．公路隧道照明设计细则：JTG/T D70/2-01—2014［S］．北京：人民交通出版社，2014．
[91] 中华人民共和国交通运输部．道路旅客运输及客运站管理规定（中华人民共和国交通运输部令2016年第34号）［Z］．北京：中国法制出版社，2016．
[92] 中华人民共和国交通运输部．道路运输车辆技术等级划分和评定要求：JTT 198—2016［S］．北京：人民交通出版社，2016．
[93] 中华人民共和国国家标准．道路运输车辆综合性能要求和检验方法：GB 18565—2016［S］．北京：中国标准出版社，2016．
[94] 中华人民共和国国家标准．客车上部结构强度的规定：GBT 17578—1998［S］．北京：中国标准出版社，1998．
[95] 中华人民共和国国家标准．客车上部结构强度要求及试验方法：GB 17578—2013［S］．北京：中国标准出版社，2013．
[96] 中华人民共和国国家标准．机动车运行安全技术条件：GB 7258—2012［S］．北京：中国标准出版

社，2012.

[97] 中国民用航空局. 2015 年民航行业发展统计公报［R］. 北京：中国民用航空局，2016.

[98] 杨兴坤，陈鑫磊. 铁路交通事故防治策略与建议［J］. 交通企业管理，2013（12）：62-64.

[99] 户佐安，严余松，张焱. 铁路平交道口交通安全管理研究［J］. 中国安全科学学报，2007，17（10）：96-102.

[100] 铁路局网站. 2015 年铁路安全情况公告［EB/OL］. http：//www.gov.cn，2016-03-18.

[101] 王武宏. 车辆人机交互安全与辅助驾驶［M］. 北京：人民交通出版社，2012.

[102] 张雨青，等. 城市拥堵与司机驾驶焦虑调研［R］. 北京：中科院心理研究所，2012.

[103] 张红卫，王文龙. 车辆超限、超载与公路运输安全性分析［J］. 公路交通科技，2004（3）：132-136.

[104] 汽车之家. 电子稳定控制系统［EB/OL］. http：//car.autohome.com.cn/shuyu/detail_16_44_1043.html，2016-10-15.

[105] 用卡汽车. 胎压监测装置［EB/OL］. http：//yp.xcar.com.cn/wiki/detail_334.html?_t=1428978071067，2016-10-16.

[106] 官阳. 机动车让行斑马线应具备技术条件［EB/OL］. http：//mp.weixin.qq.com/s/9IfQ6HV86SkfI0kPTel4zg，2017-07-05.